Владимир Захаров
(Vladimir Zakharov)

Русские Ценности
(The Russian Values)

LVZ Human Development Center, Inc.
Eden Prairie, Minnesota
2018

Захаров Владимир Петрович
Русские Ценности. ЛВЗ Центр развития человека,
8116 Куртис Лейн, Иден Прери, Миннесота 55347, США. 2018. – 407 с.
email: vladimir.zakharov@gmail.com

Об авторе и его книге:

Владимир Захаров, доктор психологии. В течение девятнадцати лет работал в Ленинградском Государственном Университете. Занимался проблемами психодиагностики и социально-психологического тренинга, затем основал и в течение пяти лет руководил кафедрой промышленной психологии в Санкт-Петербургском Техническом Университете. Автор многочисленных публикаций и, в частности, книг "Русская расплата" ("The Price Russians Pay," 2014) и "Кандалы президента" ("Putin: A Shackled President," 2017). В настоящее время проживает в США, штат Миннесота.

Предлагаемая вниманию читателе книга является заключительной частью трилогии, посвящённой ментальности русского человека. Первая книга - "Русская расплата" ("The Price Russians Pay," 2014) даёт представление о том, чего стоили людям, проживающим в России, их достижения и провалы, во что обошлись войны, революции, террор и перестройка. Во второй книге - "Кандалы президента" ("Putin: A Shackled President," 2017) я постарался осветить понятие "русская ментальность" "снизу," с позиций частного человека – во многом типичного представителя русской популяции – президента страны, Владимира Путина.

Про русскую ментальность, загадочную русскую душу, национальные ценности написано много – может быть даже слишком много. Достаточно для того, чтобы запутать вопрос, но недостаточно, чтобы понять, что же это такое. В эти понятия включают и ценности, и установки, и качества личности, якобы присущие русскому народу. При этом авторы говорят о русских людях вообще, об их соборности и коллективизме, о нестяжательстве и презрении к богатству, о стремлении к справедливости. Между тем, многое из расхожих стереотипов и частных житейских истин устарело, неактуально или подавлено последующими культурными и цивилизационными наслоениями.

ISBN-13: 978-0692138595 (Vladimir Zakharov) (USA)

Моей жене, Ларисе

Содержание

Содержание

Contents in English

Предисловие

Предлагаемая вниманию читателе книга является заключительной частью трилогии, посвящённой ментальности русского человека. Первая книга - "Русская расплата" ("The Price Russians Pay," 2014) даёт представление о том, чего стоили людям, проживающим в России, их достижения и провалы, во что обошлись войны, революции, террор и перестройка. Во второй книге - "Кандалы президента" ("Putin: A Shackled President," 2017) я постарался осветить понятие "русская ментальность" "снизу," с позиций частного человека – во многом типичного представителя русской популяции – президента страны, Владимира Путина. Получилось психографическое описание личности незаурядного волевого человека, который вот уже восемнадцать лет оказывает сильное влияние на развитие современной России. Через одного частного человека, я попытался показать природу национального характера.

В первой половине XX века во всём мире происходило много несчастий, связанных с Первой мировой войной, но то, что случились с Россией – это вообще несчастие в квадрате, если не в десятой степени. В стране торжествовали глупость вперемешку с аморальностью. Самоотверженность вперемешку с предательством. Жестокость вперемешку с социальной справедливостью. Страх и выживание, благородство и подлость, варварство и милосердие. Все эти ужасы и противоречия оказались сконцентрированы в России, которая пережила Первую Мировую войну и глупейшую революцию. Я имею в виду Февральскую революцию, которая в нормальной стране должна была завершиться военной диктатурой, а на деле плавно перетекла в Октябрьский Переворот, завершившийся псевдомарксистской Большевистской революцией.

Делая свою революцию 1917 года, русские марксисты хотели перепрыгнуть через капиталистическую стадию развития России и прийти к социалистической стадии непосредственно из феодальной. Поэтому народ заплатил очень высокую цену за индустриализацию, космические достижения и т.д., а к коммунистическому счастью так и не пришёл.

Про русскую ментальность, загадочную русскую душу, национальные ценности написано много – может быть даже слишком много. Достаточно для того, чтобы запутать вопрос, но недостаточно, чтобы понять, что же это такое. В эти понятия включают и ценности, и установки, и качества личности, якобы присущие русскому народу. При этом авторы говорят о русских людях вообще, об их соборности и коллективизме, о нестяжательстве и презрении к богатству, о стремлении к справедливости. Между тем, многое из расхожих стереотипов и частных житейских истин устарело, неактуально или подавлено последующими культурными и цивилизационными наслоениями.

Для описания русской ментальности я использовал термин "ценности." Ценности — это устойчивые психологические когнитивно-эмоциональные процессы. Ценности включают в себя потребности, цели и установки.

Этих ценностей в русском человеке я выделил ровно двенадцать: четыре из них – базовые, восемь – вспомогательные, социально-психологические. На мой взгляд все они вписываются в концепцию современной русской ментальности. Кто-то найдёт этот список неполным. Чувствуйте себя свободно и дополните.

В моём обзоре базовые ценности представлены, как такие, которые заставляют русских людей куда-то стремиться, осмысленно действовать. Это мотивационные ценности. Вот они:

1) Частная собственность.
2) Власть, как заменитель собственности.
3) Образ внешнего врага.
4) Образ внутреннего врага.

Социально-психологические ценности представлены в виде шкал. Мне бы не хотелось никого обижать, наклеивая ярлыки, и я сделал это таким образом. Читатель может сам для себя решить, в какой точке шкалы лично он (она) как представитель русского народа находится. В число этих шкал были включены:

1) Шкала Достоинства,
2) Шкала Русской Воли,
3) Шкала Правового Нигилизма,
4) Шкала Подверженности Словесным Внушениям,
5) Шкала Имитационности,
6) Шкала Честности,
7) Шкала Доверия,
8) Шкала Консервативности.

В настоящее время не древнерусские ценности-архетипы определяют мышление и поведение русских, а те ценности, которые пришли им на смену, ценности, которые внедряют в сознание народа новые лидеры, преобразователи-технократы и фантазёры-гуманитарии. Свою книгу я посвятил изучению ценностей, которые получились в результате этого внедрения.

Когда я писал книгу, у меня постоянно вертелись слова Гамлета из одноимённой трагедии Уильяма Шекспира: "Есть многое на свете, друг Горацио, что и не снилось нашим мудрецам." В числе этого недоступного для сознания - реакции теперешних жителей России. В частности, действующий президент ведёт две войны, главные чиновники и многие богатые люди под международными санкциями, страна всё больше изолирует себя от окружающего мира, экономика в состоянии близком к стагнации, люди живут в основном за счёт сырья и природных богатств, двадцать миллионов человек живут за чертой бедности в очень скромных жилищных условиях, едва сводя концы с концами, ещё двадцать миллионов не хотят регистрировать свои частные бизнесы, чтобы не платить налогов, женщины не хотят рожать детей, чиновников и силовиков в стране развелось, как комаров на болоте, они следят за каждым чихом своих граждан и ограничивают свободу самовыражения даже там, где не имеет смысла её ограничивать, а три четверти избирателей голосуют за этого президента. Ну не странный ли народ эти русские?

В России события многократно повторяются несмотря на смену условий и обстоятельств, приход новых людей во власть. Авторитарное правление, амбиции лидеров, территориальная экспансия, жизнь по понятиям, высокая цена достижения результатов – вот неизменный перечень факторов, определяющих жизнь людей в России.

Что даёт человеку внутреннюю силу и уверенность в себе? Собственность, доверие к людям и набор житейских и профессиональных навыков, которые делают его поведение осмысленным и придают достоинство и осмысленность его действиям. Присутствует ли всё это у людей в нынешней России? Давайте почитаем эту книгу и решим.

Книга написана для тех, кто заинтересован в свежем социально-психологическом взгляде на российскую и советскую историю, культуру и политику XX века и то, как эти события повлияли на ментальность русского человека. Книга может также представлять интерес для ученых и студентов в России и за рубежом.

Термин "русский" в книге употребляется не в этническом, а в цивилизационном аспекте. Всех людей, живущих в Российской Федерации, я отношу к русским независимо от их этнического происхождения.

Предисловие

Книга написана на основе данных, опубликованных в открытой печати для людей, желающих глубже понять психологическую природу современного русского человека.

Хочу поблагодарить мою жену – Ларису, зятя – Максима Антипова за обсуждение рукописи и критические замечания, а также мою дочь – Екатерину за помощь в оформлении книги.

Глава 1. Вводная

Неопределённость Национальных Ценностей и Неустойчивость Веры и Идеологии у Людей в России

1.1. Исторические Основы Русских Национальных Ценностей

В практической деятельности мы опираемся на эталоны – физические (меры длины, площади, времени) и психологические (интеллект, справедливость, порядочность). Эталоны и являются теми субъективными ценностями, которые облегчают взаимодействие с окружающим миром. Если в отношении физических мер разногласий между людьми не возникает – достаточно обозначить единицу изменения (метр, секунда), то психологические качества оценивать значительно труднее.

Например, один человек сводит интеллект к двум полюсам - умный-глупый. Его субъективная шкала оценки менее дробная, менее дифференцированная, чем у другого. Мало градаций. Другой пользуется инструментом измерения интеллекта, например, шкалой АйКью. В этой шкале интеллект имеет больше градаций: пониженный - нормальный интеллект - выше среднего – выдающийся интеллект. У него шкала оценки интеллекта более дробная, более дифференцированная.

Историю цивилизации можно свести к истории развития эталонов или ценностей. Месопотамия, Древний Египет, Китай, Древняя Греция, Иудея, Древний Рим имели свои эталоны измерения, своих богов, свои обычаи, свои представления о хорошем и плохом, свои законы и правила жизни. Разные культуры постоянно проникали друг в друга, смешивались.

Чем более детально расчленено бытие в сознании людей, тем выше уровень их цивилизованности, культуры. От шкалы “умный-глупый” они переходят к шкале: “насколько человек умён” и “в какой области он компетентен.” От шкалы: “хороший – плохой человек” люди переходят к шкале: “соблюдает – не соблюдает конкретные религиозные заповеди”.

Русская культура развивалась позднее, чем, например, средиземноморская, а потому она менее структурирована, чем западная. Несходство эталонов, понятий, ценностей при оценке одних и тех же вещей затрудняет взаимное понимание людей с русской и западной культурой. Например, давно закончилась Холодная война между социалистическими и капиталистическими странами, а понимания между Россией и цивилизованным западным миром до сих пор нет.

Из-за неустойчивости субъективных нравственных ценностей их могут по-разному понимать разные люди и группы людей даже внутри российского языкового пространства. Эта неустойчивость базовых, ценностей определяет слабость национального духа, условность религиозных, идеологических и культурных воззрений.

Русская нация изначально комплектовалась как эклектическая, вбирая куски из других языков, культур, религий. Она всегда объединялась властью “сверху,” а не “снизу.” Что неизменно сохранялось в России на протяжении веков – это авторитарная форма правления при крайней слабости права собственности, как базовой опоры цивилизованного общества. Следствием дефицита права собственности является неопределённость ценностей, связанных с этим правом у восточнославянского населения.

В исторической науке важное место занимает позиция, согласно которой прошлого вообще не существует поскольку прошлое каждый раз воссоздаётся заново новыми поколениями людей. И в этом смысле прошлое очень субъективно и подвижно. Узнавая и описывая прошлое, люди устанавливают связи между этим не совсем понятным для них прошлым и воспринимаемым настоящим, которое можно потрогать, оценить, измерить. Связками между прошлым и настоящим являются летописи, хроники, другие документы, в которых наряду с субъективными описаниями свидетелей событий, приводятся факты, которые трудно оспорить – особенно если эти факты также присутствуют в других независимых источниках.

В случае, если факты противоречат или хотя бы не стыкуются друг с другом, историк, исследователь начинается приписывать свои представления, гипотезы, концепции имеющимся документам и свидетельствам очевидцев. До правления Крестителя Руси - князя Вольдемара в конце X века, дошедший до нас летописный исторический материал неполон и часто противоречив. Верно и то, что большая часть исторической информации, относящаяся к периоду до Крещения Руси, да и позднее, носит отрывочный, фрагментарный характер. Её трудно верифицировать на основе данных независимых источников. Поэтому все события древних времён, связанные с восточнославянскими племенами и с деятельностью первых варяжских князей следует отнести скорее к области мифов и легенд, чем к реальным событиям.

Кому и в чём можно верить в плане исторической истины? Если человек относит себя к какой-либо национальности, исповедует какую-то религию, имеет свои культурные взгляды, то он ограничен в своих оценках и описаниях. Одни и те же вещи он излагает в соответствии со своими убеждениями, установками, предубеждениями, опытом и воспитанием. Про изложение событий, поведения людей, других вещей, связанных с их психологическими ценностями и эмоциональными состояниями уже и разговора нет. Вариативность описания в этой сфере очень велика.

Неоднозначность интерпретаций событий разными авторами в России даёт основание зарубежным историкам и политикам отпускать в адрес российских и советских описателей и интерпретаторов истории шуточки вроде: "Россия - это страна с непредсказуемым прошлым" (Маргарет Тэтчер), мол никогда не знаешь, каких ещё новых "открытий" в области собственной истории от них ждать поскольку эти ребята часто подают прошлое под углом сиюминутных конъюнктурных целей и задач, провозглашаемых политиками, находящимися во власти.

По словам немецкой журналистки, одной из крупнейших немецких газет Frankfurter Allgemeine Керстин Хольм, проработавшей 22 года в России: "Всякий, кто пытается зафиксировать российскую историю в соответствии с гегельянским мышлением как некое линейно развивающееся, поступательное действие, не понимает ее сути. Ни одна эпоха здесь не завершается, ни одна проблема не решается. Вопрос о том, стоили ли реформы Петра Великого, обеспечившие стране модернизацию и расцвет, жизней тьмы крепостных, которыми были оплачены царские мега проекты, по сей день не утратил своей актуальности и продолжает обсуждаться." [88]

В сознании современных людей не укладываются многие вещи из жизни и обихода древних племён - славян, половцев, аланов, монголов и др. А они понимали друг друга лучше из-за сходства традиций, обычаев и похожих ценностей – понимали даже тогда, когда грабили и убивали друг друга. Войны между ними были за территорию, за место под солнцем, за материальные ценности, за рабов, за то, чтобы побеждённые платили дань победителю и т.д. Отношения между древними людьми были значительно проще, чем сейчас. Я представляю себе с каким выражением лица посмотрели бы древние славяне на человека, который стал бы им вслух излагать психоаналитическую теорию Зигмунда Фрейда или квантовую теорию.

Современное время, пространство, масса тел и объём жидкостей основаны на эталонах и шаблонах – секундах, метрах, килограммах, литрах и пр. Физико-математические теории, например, теория относительности базируется на константах - скорости света в вакууме, числе пи, космологической постоянной, гравитационной постоянной Ньютона и др. Моральные ценности во многом основаны на библейских заповедях – что грешно, а что допустимо. Меры красоты начинаются с экспертных оценок. Юридические нормы права идут либо от прецедентов, взятых за основу в Англо-Саксонских странах, либо от положений Римского права, принятых в большинстве стран Западной Европы и Южной Америки. В основе современного российского права лежит романо-германская правовая система.

Так или иначе, в современном мире всё субъективное тем или иным способом объективируется. В этом корень человеческой цивилизации. В Древней Руси эталоны измерения или точки отсчёта времени, пространства, веса были привязаны к природе – к восходу и закату солнца, к количеству шагов между объектами (шаг - средняя длина человеческого шага равная приблизительно 71 см.), к расстоянию от кончиков пальцев вытянутой вверх руки до пальцев противоположной ей ноги (косая сажень), к количеству золотников (золотник - слово, первоначально обозначало золотую монету - равнялся примерно 4.26 граммам).

Если физические эталоны, константы устойчивы во времени, то морально-этические ценности, мировоззренческие установки людей меняются в зависимости от исторического времени и от поколения к поколению. То, что для людей одного поколения казалось хорошим и достойным, не является таковым для людей другого поколения. Поэтому, когда современные люди пытаются оценивать и даже судить тех, кто жил сто и даже тысячу лет назад со своих современных позиций – это как минимум некорректно. Это как косыми саженями измерять длину современной баллистической ракеты. В древние времена люди жили и выживали, используя понятные им критерии, воспитанные семьёй понятия о порядочности, чести, доверия и пределах допустимого в общении.

Тем более трудно применять категории современный морали к поступкам и событиям древних времён, распространять эти критерии на поведение людей, относящихся к другим культурным традициям. Если это всё же делается, то неадекватная оценка и непонимание налицо. Многое из того, что является преступлением сегодня, тысячу лет назад был частью повседневной жизни. Оппозиционеры и правозащитники в древние времена занимали куда более скромное положение, чем сейчас. Смельчаки, выступавшие против диктаторов, лидеров государств или против религиозных догматов часто заканчивали свою жизнь на костре, на плахе или на кресте. И только в случае успеха их начинаний, они могли на что-то рассчитывать, например, сами могли занять место диктатора или лидера. Русские цари не трогали только юродивых, за которыми закреплялся статус угодных богу сумасшедших, которых посещали прозрения и озарения.

Для древних религиозных описателей событий граница правды и неправды пролегала не там, где у нынешних людей, а там, где подсказывало их воображение. В их изложениях было много фантазий и приписываний поскольку мир для них был узок и ограничен стенами монастыря. Им приходилось доверять рассказам путешественников, немногим книгам и рукописям. Поскольку древние и средневековые архивы и библиотеки часто горели, рукописи и документы восстанавливали по памяти. До XII века отношение к книгам у людей было некритическим. У большинства было абсолютное доверие к написанному слову тем более, что грамотных было мало. Письменный текст был уже сакрален по определению. Свидетельств очевидцев при восстановлении документов было достаточно. В современной России большинство древних летописей представлены не в оригиналах, а в списках (копиях). Например, Лаврентьевский, Ипатьевский и Радзивилловский списки.

Когда анализируешь исторические рукописи и летописи многосотлетней давности бросается в глаза обильные приписывания историческим персонажам мотивов их поступков:
“Она хотела отомстить ему за измену и отравила его,”
“И был он ненасытен в блуде, приводя к себе замужних женщин и растлевая девиц.”
“Святослав же был виновником изгнания брата, так как стремился к еще большей власти; Всеволода же он прельстил, говоря, что “Изяслав сговорился со Всеславом, замышляя против нас; и если его не опередим, то нас прогонит.”
“Пришел тот варяг из Греческой земли и исповедовал христианскую веру. И был у него сын, прекрасный лицом и душою, на него-то и пал жребий, по зависти дьявола. Ибо не терпел его дьявол, имеющий власть над всеми, а этот был ему как терние в сердце, и пытался сгубить его окаянный и натравил людей”.

Не менее часто встречаются характеристики исторических персонажей по типу:
“немецкие рыцари постоянно конфликтовали с французами и итальянцами, ведя себя высокомерно и заносчиво” или
“они дали волю своей ненависти” или
“всем было известно, как она ревнива.”
Мало кто сейчас отваживается на подобные сентенции в отношении нынешних политиков и общественных деятелей, поскольку не желают

рисковать своей репутацией объективного учёного или журналиста. Уж больно по-человечески обнажённо это выглядит.

Проверка фактов из российского далёкого прошлого затруднена ещё и с другой стороны. В древние века пространство и время воспринимались по-другому, чем сейчас. Тогда они имели другое наполнение. Представления древних славян о времени, пространстве, произошедших событиях сильно отличались от современных. Да и вся культура того времени проявлялась по отношению к другому пониманию пространства-времени. Например, "Князь Икс внезапно напал на город Игрек," а между городами 300 верст пешего хода (чуть больше 300 километров) – о какой внезапности можно говорить.
Или: "Уже смеркалось, когда битва закончилась," тогда как всем известно, что сумерки наступают в разное время суток в зависимости от времени года, состояния погоды и других факторов.
Или: "Не успел петух прокричать три раза, как княжеское войско двинулось в поход."

В Древней Руси начало дня определялось двояко - либо по церковному счету - с полуночи, либо по житейскому критерию - с рассвета. Вот почему иногда по-разному записывается дата смерти одного и того же человека. Например, по житейскому счету Киевский князь - Ярослав Мудрый умер ещё в субботу 19 февраля 1054 года, а по церковному счёту — уже в воскресенье, 20 февраля 1054 года.

Раньше люди были более гармоничны поскольку приспосабливали окружающие вещи и природу к себе. Когда человек, живущий в России о чём-то думал или что-то делал, он привязывал все воспринимаемые вещи к своим нуждам, к своему восприятию окружающих событий. В этом смысле древние люди были более естественны и органично связаны с природой.

В Древней Руси время и календарь, а также размеры объектов, их объём и дистанция между ними носили более субъективный характер, чем в современном мире. Тогда не было единой системы летоисчисления соизмеримой для всех стран, единого календаря, системы отсчёта времени, единой системы весов и т.д. Человек в России приспосабливал время и пространство к себе и к своей деятельности – например, восходу и закату солнца, к утренним крикам петухов. Часто применялись формулы по типу: "за неделю до дня Янки Купалы" или "через три дня после рождения Богородицы" (8 ноября). В быту использовались такие старорусские меры длины как аршин, вершок, сажень, локоть, верста, такие хлебные меры как четверик, осьмина, такие винные меры как ведро, косушка, шкалик, такие меры веса как пуд, золотник. Каждая из этих мер была весьма приблизительной.

Время в обыденной жизни не имело такой ценности, как сейчас. Для древних людей числа были периодом времени-пространства. Для современных людей числа носят формальный характер. Образы и метафоры отличались раньше и теперь. Например – север-юг-запад-восток. Раньше они оценивались по положению солнца, сейчас – по компасу. Причём и север, и юг зависели от субъективных представлений человека и могли не иметь ничего общего с реальностью. Считалось, что ад находится "внизу," ниже любой самой глубокой бездны на земле, а рай, соответственно, "на верху," выше любой точки на земле.

Древних людей не волновало то, что измерять и фиксировать пространство и время – это разные вещи. Только в средние века они пришли к выводу, что измерительный инструмент должен быть отличен от объекта измерения и только так достигается объективизация пространства и времени. Измерение пространства-времени было хотя и субъективно, но понятно современникам. Мелочи, связанные с точностью измерения пространства-времени, с точностью привязки их к действиям и событиям древних людей не волновали. Человек от этого не страдал. Если бы кто-то сказал ему, что время может измеряться в деньгах ("время-деньги"), он бы очень странно посмотрел на этого человека. Приблизительность была всеобщей, универсальной. Немудрено, что новые часы появились в Москве только в 1621 году.

Десятичная система денежного счёта была введена Петром Первым в ходе денежной реформы 1698-1704 гг. Говорят, что Пётр I придумал десятичную систему денежного счёта, которой весь мир пользуется и по сей день. До Петра в рубле было 33 алтына и 2 деньги. С начала XVIII века в России 1 рубль стал равен 100 копейкам. Из всех ранее существовавших систем монетного счёта русская монетная система наиболее соответствует здравому смыслу.

Юлианский календарь был введён Юлием Цезарем с 1 января 45 года до н. э. на основе вычислений александрийских астрономов. В современной России его называют старым стилем. До юлианского календаря на Руси существовало несколько разных календарных стилей – мартовский (до начала XII века), ультрамартовский, а затем сентябрьский (с 1492 года). В 1582 году папа Григорий XIII заменил юлианский календарь в католических странах на более точный григорианский календарь. Этот календарь был введён в России декретом Совета Народных Комиссаров только в январе 1918 года. Тогда же была введена новая орфография с упрощённым правописанием. Текст при новом правописании стал короче примерно на 1/30.

Одностороннее освещение событий, использование неоднозначных критериев оценки, искажение информации – бич нынешних подходов к политике, этике, моде и искусству. Так утрачивается не только историческая правда, но и перспектива оценки и анализа будущих событий. В частности, государственный классовый монстр под названием СССР начался с большевиков-марксистов, которые сильно исказили всё, что происходило в царской России и тем самым отрицательно повлияли на историческую память и нравственность русского человека. Они же уничтожили атмосферу доверия, которая имела место между людьми в царской России (купцами, военными, промышленниками, учёными). Сейчас одностороннее освещение событий на федеральных телеканалах уже никого не удивляет. Тому, что с экранов преподносится, как истина, люди в большинстве своём доверяют. Особенно если не пользуются альтернативными источниками информации (Интернетом) на регулярной основе.

Тактики примирения, согласия и сплочения (скрепы) внутри современной России пропагандируется через федеральные государственные СМИ. Особенно эта тактика "и вашим и нашим" применяется к памятным датам, например, к дню Народного Единства 4 ноября. Такая христианская примиренческая тактика ("давайте простим друг друга") не симпатична людям, которые хоть немного знают историю своей страны полную конфликтов и противоречий. Если марксисты-ленинцы в течение 74 лет излагали историю под одним углом зрения, то в 90-е годы XX века угол зрения у историков поменялся на противоположный. В последние 18 лет подход к русско-советской истории меняется опять. При этом видимость объективности и правдоподобия изложения сохраняется, хотя доверию населения к власти такие смены не способствуют.

Из-за смены нравственных ценностей в России, жителю трудно вырабатывать единые критерии оценки явлений, событий и поведения людей. Именно поэтому, как заметил недавно один американец, живущий в России, "русские – твёрдые снаружи и мягкие изнутри," тогда как "западные люди – мягкие снаружи, но твёрдые внутри." Всё это потому, что у западных есть твёрдые ценности и ценности (частная собственность, религиозная мораль, индивидуальная свобода), воспитанные с детства. А у русских упомянутые ценности и ценности неустойчивы и зависят от обстоятельств и людей, от правителя или групповых представлений.

1.2. Критерии Сильных и Слабых Наций

1) У сильной нации главным фактором силы является её дух. В чём он состоит? Во-первых, в обособленности от других народов и наций, в привилегированности – то есть в наличии того, чего у других народов нет, в своём, отличном от других языке письма и общения, в религии, выдержавшей проверку временем и глубоко внедрённой в народ.

2) Стремление держаться друг за друга, сплочённость, взаимозависимость, помощь друг другу.

3) Поддержка и насаждение своих культурных особенностей, культурных шаблонов поведения (методы построения реальности, языковые конструкции, мифы, невербальные образы).

4) Тяготение к своим (отбор, поддержка преимущественно своих соплеменников – даже самых никудышных, их выделение, превознесение).

5) Создание сильных национальных лобби, проникающих в базовые сферы жизни государства (политику, экономику, науку, юриспруденцию, финансы, культуру).

6) Стремление к финансовой силе и независимости.

7) Стремление к новому, к учёбе, которая выделяет человека из среды себе подобных, делает его нужным, подходящим претендентом на положение в обществе.

8) Не забывать зло, которое причинили тебе, твоим родственникам, нации, предкам. Хранить в памяти имена тех, кто причинил зло. Мстить, когда есть возможность. Причём мстить в тысячекратном размере.

9) Жаловаться на свою несчастную судьбу, на то, что тебя все преследуют, унижают, дискриминируют, отбирают деньги, ценности, показывать, как ты несчастен и страдаешь постоянно и незаслуженно.

10) Хватаются за любой перспективный шанс, за любую возможность, чтобы получить выгодную перспективную работу.

11) Стараются выучиться сами и выучить своих детей, дать им наиболее благоприятный шанс в жизни.

У некоторых малых наций очень силён механизм этнической маниакальности и их представители склонны во всём, что делают представители других народов видеть оскорбление своих национальных чувств или умаление достоинства своей нации. Любую даже однократную обиду по отношению к себе лично или к своей нации, которую психически нормальный человек вскоре бы забыл, они помнят всю жизнь и тиражируют свою обиду так, как будто это случилось вчера.

С другой стороны, чем отличаются слабые нации?

1) Сильны только в группе.

2) Попав в условия другой культуры, почти не оставляют в этой культуре заметных следов.

3) Могут ассимилировать чужое, но трудно вырабатывают своё, оригинальное.

4) Игнорируют и избавляются от своих незаурядных представителей, забывают их достижения.

5) Демонстрируют напоказ недостатки своей нации, народа, даже бравируют этим.

6) Проявляют стратегическую недальновидность, неумение предвидеть и предотвратить неприятности.

7) Демонстрируют устойчиво консервативное поведение, неизменно возвращаются на привычный путь. Склонны плыть по течению.

8) Плохо пользуются своими преимуществами и возникшими благоприятными обстоятельствами.

9) Ленятся учиться и узнавать новое.

1.3. Неопределённость Национальных Ценностей у Современных Русских

Каковы изначальные народные русские ценности восточных славян, проживающих на восточноевропейской равнине?

Люди в любой стране стараются не говорить о себе плохо. Это относится и к русским. Существует значительное число социальных ценностей, которые издревле известны, как типично русские, присущие восточным славянам ещё до Рюрика. Список велик. Приведу только базовые черты-ценности, которые напрямую связывают с русской ментальностью.

1) Соборность, коллективность считается одной из важнейших русских ценностей. Совместный труд помогал тем, кто вместе работал на земле кормить семью и общину, а и воинская взаимовыручка, и солидарность помогали бойцам выживать в сражениях. Крестьяне жили общиной и "всем миром" помогали нуждающимся. Контроль со стороны общины был важнейшим моральным фактором совместной жизни.

2) Справедливость - сохранение баланса между вкладами и результатами. Принятый наверху закон всегда уходил на второй план, если он расходился с личными понятиями о должном. Справедливость по-русски — это субъективная категория сродни совести. В России всегда было принято решать вопросы по-совести, по-божески, по-человечески.

3) Уважение к родителям, почитание старших тоже идёт с первобытнообщинных времён. Отсюда патриархальность и семейная иерархия - подчинение и послушание.

4) Уважение к труду и к тем, кто много работает. Русский человек работает от души, иногда запоем без перерывов на отдых. Перерабатывает, если надо и сколько надо. А потом расслабляется, снимает напряжёнку. И тоже без меры, от души. Если русский работает "на дядю", по необходимости, то труд у него занимает подчиненное место по отношению с отдыхом, развлечениями, перекурами и т.д. Тогда вступает в силу поговорка: "Работа не волк, в лес не убежит."

5) Самоотверженность - в любом деле для русского важно себя показать, похвастать, особенно если на него смотрят уважаемые люди или красивые женщины. Недооценка отрицательных последствий поступков может плохо для него кончиться, но многие русские об этом не думают.

6) Терпеливость — это одна из главных узловых точек в системе русских национальных ценностей. Воспитанные в тяжёлых условиях крепостного права русские привыкли сдерживать негативные эмоции, поскольку невоздержанность могла плохо для них кончится. Терпеливость повышается, если известна цель - для чего терпеть и страдать.

7) Простодушие - у русского человека оно идёт от бесхитростности, незамысловатости, от естественности и импульсивности. Хитрость среди русских стала появляться, когда усложнилась жизнь в городе и деревне.

8) Отношение к имуществу, собственности и деньгам у многих русских весьма спокойное - на жизнь хватает - и ладно. Русский человек не ищет выгоду везде и во всём, не выгадывает по мелочам. Поиск выгоды в отношениях с друзьями и близкими — это не для него. К незаконным способам зарабатывания денег и приобретения собственности русские люди относятся терпимо. Богатство не является для большинства русских главной целью в жизни. По натуре русские - нестяжатели.

9) Неприхотливость, скромность потребностей. Русские люди довольствуются тем, что у них есть и не стремятся к излишествам в еде, в товарах, в жилище.

Помимо перечисленных девяти русскому народу присущи и другие ценности, с которыми можно ознакомиться в книгах по русской ментальности. Однако, цель настоящей книги не перечислять весь список, а показать, как эти ценности подавлялись и изменялись во времени с помощью других ценностей, привнесённых в Россию извне – теми, кто управлял страной в продолжении последней тысячи двухсот лет.

Ясно одно, что при таком наборе качеств и ценностей русские стали великой нацией случайно. Они не должны, не имели права ей становиться. Но так сложились обстоятельства. С самого возникновения восточных славян их использовали. Использовали для того, чтобы торговать. Использовали, чтобы воевать. Использовали, чтобы проводить социально-экономические эксперименты (внедрение марксизма), использовали, как генетический смазочный материал для обновления крови других наций. Недаром говорят о женственной природе русского человека. Будь у них сильное мужское начало, они не позволили бы с собой так обращаться другим нациям, не позволили бы так себя использовать.

Какой отрезок русской истории ни возьми, мы видим мужской доминирующее влияние какой-нибудь другой нации, какого-нибудь более сильного народа, который оказывает определяющее влияние на восточных славян. А по мере отделения от российской сферы влияния других восточнославянских народов (поляков, словаков, сейчас на очереди украинцы и белорусы), жизненное пространство собственно русского народа (его территория, язык, культура) всё более сужается.

Сейчас единственной неопределившейся частью, которая всё ещё осталась за Россией, и которая всё ещё может и готова принять в своё чрево какую-нибудь другую более мощную культуру, религию, системную идею является Российская Федерация.

Ассимиляция оставшихся русских идёт как снаружи, так и изнутри России. Однако скоро ассимилировать уже будет нечего и некого. В России все и так “гибриды,” все и так определились со своим местом в составе русского народа.

Всё время находится какой-то силовой фактор, который удерживает Россию от следующего развала и даже способствует дальнейшему приращению территории, усилению и централизации власти.

1) В самом начале это были норманны – торговцы-воины из Скандинавии, которые пришли во времена до Рюрика.

2) Через 400 лет пришли татаро-монголы, возглавляемые ханом Батыем, которые постепенно закрепили централизованную систему объединения страны и управления Россией.

3) Некоторое время было сильно влияние греков-византийцев с их Православием и южно-европейской культурой (Христианские епископы из Константинополя, Софья Палеолог - жена Ивана Третьего и другие).

4) Начиная с Петра Первого постепенно усиливается влияние немцев в руководстве страной. Они приучают Россию к порядку, но не через ассимиляцию русского народа, а через окультуривание верхушки.

5) Следующий этап – приход во власть большевиков-марксистов и интернационалистов-космополитов, которые стали перевоспитывать русский народ на свой лад уже с идеологических позиций. Если предыдущие правители сохраняли – пусть и в усечённом виде очаги русской культуры и разных религий, которые практиковались в российской империи при немецких правителях, то у интернационалистов был свой особый подход ко всему. Их влияние на создание советского человека из русского крестьянина и рабочего было самым мощным в XX веке. Но хозяйничать в России им долго не дали – слишком необычный код они пытались привить русскому народу, который к этому был неприспособлен.

6) Наступило время диктатора из кавказцев – Иосифа Сталина, который сочетал в себе марксистские наработки предшественников, у которых он учился, с деспотическим, вождистским стилем управления, к которому привычны народы, территориально примыкающие к Восточным странам и культурам.

7) И только после Сталина настал черёд Восточных славян из рабоче-крестьянских ассимилянтов, которые руководят Россией до сего времени.

При этом главный плюс русских, который до сих пор помогает им – это большая территория, которая остаётся насыщенной природными ресурсами, независимо от откалывающихся кусков-государств вроде Грузии и Украины.

В начале 20 века русский народ оказался размолот между жерновами коммунизма и нацизма. Коммунизм ему ближе по духу, но из-за своей жертвенности, когда интернационалисты его использовали в своих экспериментальных целях, русский народ так надломился, что похоже уже не воскреснет в прежнем качестве с прежними ценностями.

Существуют географические, природные, национальные, конфессиональные, экономические и политические предпосылки русской национальной неустойчивости, а именно:
- большой размер территории,
- многонациональный и многоконфессиональный состав населения,
- неразвитость инфраструктуры,
- неравномерность экономического развития регионов,
- засилье центральной власти,
- жизнь не столько по закону, сколько по понятиям на всех уровнях российской иерархической лестницы.

Откуда взялась духовная неустойчивость национальных ценностей у русских людей?

В рамках политеистических легенд и мифов в течение сотен лет восточнославянские туземцы поклонялись деревянным идолам – Перуну, Даждьбогу, Сварогу (Стрибогу), Макошь (Земле), Огонь-Сварожичу, Яриле, Симарглу, Змей–Волосу (Велесу). В 988 году князь Вольдемар распорядился скинуть деревянных идолов этих богов в Днепр, и если не сами жители Киева и других древнерусских городов, то их дети стали поклоняться чужому иностранному богу – Иисусу Христу, хотя идолы древнеславянских богов ещё долго стояли в удалённых местностях и после официального крещения Руси.

Постепенно Христианская вера прижилась на Руси или как позже говорили марксисты "овладела массами." Первый раскол Христианской церкви, который произошёл в 1054 году не сказался на верованиях населения Древней Руси. В том году церковь разделилась на Западную, Римско-Католическую с центром в Риме и Восточную, Православную с центром в Константинополе. К Западной отошли Итальянские, Французские, Испанские, Португальские, Австрийские и другие латинско-католические церкви. К Восточной отошли Греческая, Румынская, Болгарская, Русская и другие Восточноевропейские Православные церкви. Этот раскол был инициирован иерархами церкви и простой народ его в большинстве своём не заметил.

Зато второй раскол уже внутри Православной церкви, который произошёл в XVII веке был болезненно воспринят населением России. Патриарх Никон уговорил второго русского царя из династии Романовых - Алексея Михайловича провести церковную реформу. Согласно новым правилам этой реформы древлеправославным людям предложили провести унификацию богослужений в соответствии с богослужебным чином константинопольской церкви и перейти к греческим процедурам и ритуалам богослужений (пользоваться греческими книгами, креститься тремя перстами вместо двух, петь по-другому и т.д.).

Ни в Болгарии, ни в Румынии, имеющих более древние православные традиции, чем на Руси, трагедии от смены двуперстного на трёхперстное положение крестного знамения у церковнослужителей и прихожан не было. А в России старообрядцы отказались следовать новым правилам. После этого церковь и власть стали их преследовать и отправлять на каторгу. В знак протеста против нововведений многие старообрядцы сжигали себя. В конце концов официальная церковь стала более лояльной к старообрядцам и те вписались в духовную жизнь Российской империи, как особая ветвь Христианства. Другие “ереси” и “секты” [Прим.1] не оказали такого большого влияния на доминирование Православия на Руси.

Как нация, выжившая в процессе естественного отбора в суровых климатических, природных условиях, восточные славяне уютно себя чувствуют только в составе сильного государства. Без империи, без государства они свою национальную идентичность в большой мере утрачивают. В начале XX века русский националист Михаил Меньшиков писал, что у русских присутствует редчайший в мире “талант подчинения всех одной объединяющей цели и возможности отказа от … эгоизма во имя блага ближних; талант, воспитанный и окрепший за века активной церковной и государственной жизни...” [69] Князья, цари, императоры, советские вожди и нынешние правители в течении столетий эксплуатируют этот “талант.” Хотя талантом это назвать сложно. Это, по сути, отказ от своего личного индивидуального интереса, языка, религии ради интересов государства, церкви или конкретного правителя.

Человек в царской империи ощущал себя частью своей страны и частью народа, когда он служил государю, богу и отечеству в одном лице. Ослабевал один из этих элементов - ослабевала вся конструкция государства и, в частности, создавались предпосылки для дискредитации России, как целого. Первая Мировая война оказалась главным провокатором изменений в Российской империи в XX веке. Она расколола народ, создав предпосылки для революции. Этим воспользовались большевики, которые ещё в начале 1917 года не имели шансов на захват власти в России вообще, а вдруг эту власть захватили и удержали, хотя на одного большевика приходилось семь тысяч жителей империи.

Более 900 лет восточные славяне поклонялись Иисусу Христу, а затем пришли большевики, уничтожили большинство храмов и православных священников, отобрали у церкви собственность и стали навязывать жителям России атеистическое учение под названием “марксизм-ленинизм.” Самое забавное состоит в том, что немалое число рядовых жителей СССР быстро стали атеистами в соответствии с указаниями апостолов новой веры. Как же неглубоко в них сидела православие -

вера, в которой их воспитывали, что они быстро и без сильного внутреннего напряжения "перекрасились." По крайней мере, случаев самосожжения за веру в то время не наблюдалось.

Россия почти никогда не была светским, секулярным государством, исключая период с февраля по октябрь 1917 года. Только в демократическом государстве возможно свободное отправление любой религии или атеистических взглядов. Россия к религиозной толерантности и к демократии не готова до сих пор. Ментальность русского народа меняется очень медленно. С незапамятных времён Кремль использует Православную церковь и религию в своих целях. Непокорная религия Кремлю не нужна, и он от неё рано или поздно избавляется (например, выслал из России католических епископов в 2002 году) или в лучшем варианте для иной религии он её не замечает. Существуют неформальные договорённости между Кремлём и Православной церковью по вопросам разделения обязанностей, владения собственностью и пр.

Долгое время русские сохраняются как народ и выживают за счет значительного количества людей, проживающих на территории страны и за счёт обилия природных ресурсов. Мало какой народ может позволить себе такую бесхозяйственность, такое неэкономичное расходование человеческого и природного потенциала, как русские. Поскольку способы выживания русского этноса как целого крайне нерациональны и идут в основном за счет индивидуальной, а не групповой адаптации, многое в России определяется разумностью действий центральной власти. А центральная власть традиционно предпочитает управлять разобщёнными людьми и значительной частью имеющейся в стране собственности.

"Этническая идентичность русских больше, чем у любых других народов, сопряжена с идентичностью государственной, с российским патриотизмом и с верностью государственному центру." – сказал патриарх Кирилл на открытии форума Всемирного русского народного собора в Тюмени. [31] Это значит, что как при царе Православная церковь шла рука об руку с монархической властью, так она это должна делать и сейчас. Короткая память оказалась у нынешних церковников. Выходит, забыли, как их преследовала и уничтожала большевистская власть после краха русской монархии. Впрочем, истинный христианин должен уметь прощать врагов своих.

Обобщая этнические национальные тенденции, которые возникли на осколках СССР, специалист по демографической генетике Владимир Тимаков, который в настоящее время занимается демографическими исследованиями в Экспертном центре Всемирного русского народного собора, сказал: "Есть реальные проблемы столкновения разных культур.

Для нас этническое родство вторично. У нас государственное мышление. С одной стороны, отсутствие этнической замкнутости позволило русским основать великую страну. Но это не позволяет конкурировать, когда русские оказываются в меньшинстве, в диаспоре. Когда этнос должен консолидироваться, без господдержки у русских это не получается. ... Поскольку русские — это не этноцентричный, а государствоцентричный народ." [42] По Тимакову выходит, что раз в диаспоре русские не могут сравниться с другими малыми нациями – такими, как, например, чеченцы, армяне или евреи, то заботится о них везде должно русское государство. А лучше пусть возвращаются домой, в родные пенаты. Тогда и выживать в диаспоре не придётся. Или уж пусть ассимилируются в составе другой, более сильной нации.

Когда русский человек остаётся один на один с самим собой, ощущение принадлежности к своей нации у него очень слабое. В национальном плане современный русский человек напоминает манкурта[Прим.2] – человека без исторической памяти, без единых национальных традиций. Поэтому главными врагами создания своей нации являются сами русские. В этом смысле русский народ не столько жертва своей власти или неблагоприятных обстоятельств, сколько жертва самого себя.

Слабость национального духа произошла от разрозненности русских людей, отсутствия единых духовных формирующих нацию ценностей. Эклектическое смешение символов, стилей, идеологий, понятий, даже одежды преобладало в России во все времена. Сейчас с национальной самобытностью в России по-прежнему проблемы. Нет последовательности, цельности ни в чём: варяги дали принципы объединения племён, Византия дала христианство, греки Кирилл и Мефодий разработали старославянскую азбуку и перевели библию с греческого на старославянский язык, от татаро-монголов идёт деспотическая самодержавная система управления беспрерывно расширяющимся государством, российский герб в нынешнем виде идёт с времён царя Михаила Фёдоровича в 1625 году (короны на гербе символизируют три царства: Казанское, Астраханское и Сибирское, а скипетр и держава, появившиеся при царе Алексее Михайловиче в 1667 году, означают "Самодержавца и Обладателя"). Экономическую базу для теории коммунизма разработал немец Карл Маркс, классический балет пришёл из Франции с помощью Мариуса Петипа, архитектура и живопись, начиная с царствования Петра Первого, заложена итальянскими мастерами, советский гимн действует с времён коммунистического диктатора Сталина (1943 год) и поныне, большая часть технологий и технических изделий приобретены или позаимствованы за рубежом. И никого такое смешение в России не смущает – мол все народы заимствуют друг у друга. Заимствуют-то заимствуют, но помнят и отмечают вклад своих инноваторов. А в России кому голову отрубят или глаза выколют, кого в тюрьму посадят, кого из страны выгонят. Сделали бы инвентаризацию ценностей и достижений и согласовали имеющееся культурно-историческое наследие между собой что-ли?

Всё, что Россия имеет сейчас – это следствие авторитарного правления, бесконечных войн, физического и нравственного закрепощения людей и бытовых лишений народа. Русский характер, ментальность, мировоззрение, как комплекс обобщённых взглядов и представлений личности об окружающем мире и о себе, о своём месте в мире, о своих отношениях к окружающей действительности, медленно отстаивались, начиная от древних славян до настоящего времени. Однако сказать, что этот русский национальный характер обрёл устойчивость к XXI веку нельзя.

Авторитарная, тоталитарная власть плоха тем, что она строит разобщённое общество "под себя" и для своих нужд. Прямыми следствиями такого общественного устройства являются разъединение людей, когда никто не хочет рисковать своим пусть скромным положением в обществе, а поэтому не испытывает потребности в объединении "снизу" для решения общих задач (убрать общественный парк или построить мостик через местную речку). Да и сами эти общие задачи ставятся в основном "сверху".

Поэтому, когда нынешний правитель зомбирует патриотическими лозунгами согнанных по разнарядке жителей Москвы ("Мы один народ," "Мы единый народ," "Россия у нас одна," "Вместе мы победим!"), это не говорит о единстве народа. Это всего лишь говорит об организаторских способностях приближённых этого правителя, которые не мытьём, так катанием собирают народ на площадь. Ещё это говорит о том, что правитель выучился манипулировать большими массами народа по своему усмотрению - умение доступное любому человеку после небольшой тренировки.

Несмотря на любые принимаемые властью меры русская культура, русские традиции направлены на разъединение, а не объединение людей. Поэтому русская нация до сих пор такая разобщённая и ценности у неё такие неустойчивые. Сформулированные властью скрепы работают плохо не потому, что они плохие, а потому, что за ними не стоит практика. Вот русским и остаётся только существующая реальность: авторитарный правитель, внешние и внутренние враги, победоносные войны, которые способствуют объединению людей лучше, чем лозунги и красиво сформулированные цели.

В России личность поглощалась государством, служила не столько себе, сколько государственным интересам, государственной имперской машине. Кстати, цари, императоры, а потом генсеки и президенты тоже были заложниками этой машины. Принимая на себя фактически абсолютную власть над страной, они во многом уже не принадлежали себе и были так же закрепощены, как и их подданные. С установлением и укреплением советской власти зависимость человека от государства усилилась. Роль личности была нивелирована. Практически каждый превратился в исполнителя, обслуживающего государство и полностью зависящего от планов своего вождя. А этот вождь особенно не переживал, если одного исполнителя заменяли другим. Главными для него были количественные показатели деятельности - проценты, километры, тонны, киловатт-часы. А цена достижения результата не так важна – исполнителей много.

Теперешняя Россия в национальном отношении — это не то государство, в котором русские имеют свою духовную, культурную нишу, как национальность. Эстонцы, литовцы, латыши, грузины, азербайджанцы, молдаване, украинцы, узбеки, таджики и другие отделившиеся от СССР нации свои национальные особенности, свою культуру восстанавливают, воскрешают, а русские – нет. Получается, что Россия копирует в национальном отношении Советский Союз, но уже без марксистско-ленинской идеологии и в сильно уменьшенном варианте. Проклинать за это начальных интернационалистов-ленинцев, конечно, можно, но бессмысленно тем более, что предки ныне живущих приложили к этому руку.

Сейчас в начале XXI века этнические русские составляют 82.6% населения России. Вроде бы чего ещё надо для сильной многочисленной нации, у которой такая огромная территория и так много полезных ископаемых. Но из-за плохой демографической обстановки, невозможности влиять на политические и экономические процессы в стране, жители чувствуют себя в России неуютно. Для того, чтобы скомпенсировать это воображаемое чувство неустойчивости и неловкости, некоторые поднимают на щит идеи “Большого русского брата” и “Россия для русских.” Обе идеи тупиковые для многонациональной страны. Только свободное и объективное обсуждение в обществе любых национальных проблем, соблюдение законов всеми жителями России и равенство всех перед законом способно помочь в создании здоровой национальной и межнациональной атмосферы в обществе и укрепить расшатавшиеся национальные ценности.

1.4. Идеологическая База Для Советской Экспансии

После Октябрьского переворота Россия пошла неизведанным путём развития рабоче-крестьянского государства. Отличительная

особенность этого пути - разрыв с тысячелетней культурой предков, забвение старых русских традиций, обычаев. Подстёгиваемые новой марксистско-ленинской идеологией, люди в России и в СССР стали вырабатывать и развивать у себя новые классовые ценности такие, как:
-советское государство рабочих и крестьян - высшая ценность,
-обязательная преданность и доверие вождям – Ленину, а затем - Сталину,
-неизбежность следования указаниям и установкам Коммунистической партии.

Конформные и малообразованные русские люди, попавшие под влияние Ленина и его преступной клики, перепевали марксистские зады без понимания, что это такое и что за марксизмом стоит. Как бы к нему не относиться, Маркс был талантливым человеком, создавшим хоть и утопическое, но стройное и цельное учение. Он был наследником еврейских схоластов, творивших начиная с IX века до нашей эры и до III века нашей эры. И хотя Маркс, сын раввина, отрицал любую религию, считая её опиумом для народа, но, создавая свою теорию пролетарского доминирования, он действовал, как ученик этих схоластов. При этом он исходил не из заповедей Моисея, а из понятий мануфактурного производства Западной Европы XIX века. В разработке любой теории важно быть последовательным, и Маркс эту последовательность проявил. За это марксизм так популярен до сих пор несмотря на его негативные практические последствия для человечества.

Об идейных основах советского государства писали и другие авторы [3; 96; 101] Немудрено, что советская система просуществовала целых три четверти века и оказалась такой живучей. Как и всякая устойчивая система она базировалась не только на теоретических положениях Карла Маркса и тактических приложениях Ленина. В её основе, как и в основе любой религии – неважно принимающей бога или отвергающей его - лежит система идеологических ценностей. Классикой идеологического жанра всегда является несколько положений, которые в случае СССР выглядели так:

1) Сотворение мира начинается с первоначального толчка. В иудохристианской религии — это сотворение богом всего сущего и человека, как венца природы. В советской идеологии — это Великая Октябрьская Социалистическая революция, которая отделила мир социалистического порядка и света от мира капиталистического хаоса и тьмы.

2) Наличие двух альтернативных миров: светлого и тёмного, хорошего и плохого, социалистического и капиталистического, интернационалистического и националистического, рая и ада.

3) Борьба между этими мирами: добра со злом, светлых ангелов с тёмными, правильных с неправильными. Классовая борьба не на жизнь, а на смерть, до победного конца.

4) Наличие границы между хорошим и плохим мирами, которую можно переходить только с оружием в руках, чтобы сокрушить зло. А переходить границу без оружия можно только правильным, верным, преданным хорошему, правильному миру людям, которых не посещают сомнения в том, что социалистический мир всегда лучше капиталистического и представители хорошего мира всегда и во всём правы. Советские идеологи считали потенциально опасными для советской страны всех граждан, имевших предков из буржуазного и дворянского сословий.

5) Недопущение в сознание людей из хорошего советского мира информации о том, что советский мир может быть в чём-то хуже буржуазного мира. Если советский человек сомневается в преимуществах социалистического строя и его правоте, значит он - враг и должен быть своевременно выявлен и обезврежен. Необходимыми условиями для этого должны быть обстановка нетерпимости к инакомыслию и наличие карательных органов, которые своевременно выявляют чужеродные идеи, потенциальных шпионов и диверсантов и изолируют их от основного общества.

6) Культивирование в сознании советских людей системы положительных образов, присущих советской стране и советскому строю (отсутствие безработицы, дружба народов, плановая экономика, равные возможности для всех, уверенность людей в завтрашнем дне, справедливые законы, рост благосостояния народа, подлинная советская демократия) и противопоставление им системы отрицательных образов, присущих странам капиталистического мира (произвол и беззаконие властей и капиталистов-работодателей, бесправие простых людей, их неуверенность в завтрашнем дне, всеохватывающая власть денег).

Причём и положительные и отрицательные образы были придуманы советскими идеологами и пропагандистами как для внутреннего, так и для внешнего потребления. Люди, живущие в социалистической стране, обязаны гордиться великими стройками коммунизма, сооружением огромных плотин гидроэлектростанций, строительством водоканалов и водохранилищ. По мнению советских идеологов, именно западные политики создают ложные образы об СССР, как о стране "железного занавеса," инициаторе холодной войны и ядерного противостояния двух миров.

Когда большевики стали внедрять в сознание народа марксизм-ленинизм, то другим теориям, идеологиям и религиям вообще не стало места – только в качестве подмостков и ступенек для "вечно живого учения." История и культура русского народа были отодвинуты в сторону. Первые 14 лет после 1917 года всё национальное фактически находилось в России если не под запретом, то по крайней мере, в загоне. А поскольку всех людей, мысливших русскими национальными категориями, большевики расстреляли сразу во время Гражданской войны или выслали из России в 1921 году, то серьёзно думать на национальные темы в России было уже некому.

Цена победы русских людей всегда мало смущала. Этим и пользовалась советская власть, мобилизуя советского человека для труда и войны. В процессе войны этот человек был главным расходным материалом – основным безымянным субъектом войны. Его индивидуальность съёживалась до ничтожных размеров и даже исчезала. Это был особый вид толстокожего, ограниченного, преданного коммунистической партии человека, выращенного Советской властью с целью распространения идей марксизма-ленинизма по всему миру невзирая на буржуазные моральные ценности.

В обмен на лояльность, преданность и послушание компартия в лице своих чиновников заботились о жителях, как умела и распределяла товары и услуги между ними относительно ровно. Взамен советский человек обязан был отдавать свои знания, опыт и даже жизнь по первому требованию руководителей государства. В этой системе ценностей места для индивидуальности каждого человека не оставалось. Благо коллектива было важнее любого частного блага.

Система советских идеологических ценностей и мифов сложилась не враз, не одномоментно в 1917 году. Понадобилось более 10 лет, чтобы она стала доминирующей в советской идеологии и не менее четверти века, чтобы она "овладела массами" советских людей. В первый из этих переходных периодов советские пропагандисты вынуждены были лавировать между разными противоборствующими течениями, которых было немало несмотря на запрет всех партий кроме коммунистической. Большевики только вначале делали вид, что ориентируются на мнение простых людей, агитировали и убеждали их особенно во время Гражданской войны. Это уже потом, когда они "подмяли" под себя всю власть, всю собственность, все средства массовой информации и распространили свой карательный аппарат на всю Россию, они стали имитировать мнение народа, а отражало ли это поддельное мнение действительное состояние умов – это их уже не интересовало. Да и попробовал бы кто-нибудь усомниться в их мнении?

Создавая свою советскую империю – империю диктатуры пролетариата, большевики сразу стали менять природу человека, делая из отдельных личностей единую массу - советский народ. Для этого использовались самые варварские методы вроде пыток и расстрелов, но обязательно с идеологическим прикрытием. Например, загоняя иголки под ногти священнику, чекисты заставляли его сказать, что Христос учит в Евангелии тому же самому, к чему призывают большевики, а именно, чтобы не было бедных и богатых, и чтобы все были равны. Экзекуции и репрессии применялись невзирая на цену воплощения идеологических постулатов большевиков и психологию людей. Коммунистические вожди вообще относились к людям, как к экспериментальным червям в банке.

Деятельность большевиков начиная с 1917 года была направлена на подрыв национальной идентичности русских и была сродни диверсионной работе внутри страны. Меньшинство стало перевоспитывать большинство – перевоспитывать, естественно не из научного любопытства, а для того, чтобы сделать из русских людей манкуртов – людей без исторического прошлого, послушных исполнителей их воли по распространению марксистско-ленинской идеологии в форме распределительного социализма по всему миру.

“Коммунисты любят подчёркивать, что они противники христианской, евангельской морали, морали любви, жалости, сострадания. И это может быть и есть самое страшное в коммунизме.” - писал русский эмигрант, философ Николай Бердяев в 1937 году. [9, с. 98] Следует отметить, что ненависть в какие бы белые одежды справедливости она не рядилась, порождает только ненависть. В долгосрочной перспективе любая ненависть и нетерпимость к инакомыслию обречены. Причём плата за ненависть наступает не обязательно в форме ответной ненависти и уничтожения. Следствием ненависти могут быть болезнь, распад личности, потеря смысла жизни. То, как одномоментно распались коммунистические режимы почти по всему миру свидетельствует о бесперспективности идеологии противопоставления и самоутверждения за счёт чего-то или кого-то.

Для начала нужно разобраться с тем, что советский человек собой представляет, какие типичные социальные и психические отклонения имеются у представителей этой породы людей. Это не праздное любопытство, а необходимость для того, чтобы помочь вновь рождающимся в России людям адаптироваться к новым условиям жизни и не допустить клонирования Гомо Советикусов в дальнейшем. Ведь что бы там не говорили, а советские люди до сих пор управляют Россией и способствуют воспитанию других советских людей – может быть не таких ограниченных максималистов, как при Сталине, но с изрядной долей паразитического советизма. Они до сих пор думают, что являются людьми настоящего и даже будущего. Вовсе нет. Они люди советского прошлого. И место таких людей не в Кремле, Доме правительства, Государственной Думе, Совете Федерации или Верховном Суде - среди всеобщего телевизионного пиара и поклонения, а в мусорной корзине истории.

1.5. Советизация Народов Под Давлением Коммунистов

Селекционеры выводят сорта яблок, цветов, животных, обладающих заданными качествами и свойствами. За годы правления коммунисты тоже вывели нового советского человека. Им сравнительно быстро удалось переродить, советизировать русский народ через выборочное уничтожение думающих, честных людей старой закалки и через систематическое "промывание мозгов" остальным. Как следствие этого все, кто родился в стране в советские годы — это люди с искривлённой психикой, даже если они сами этого не понимают и не признают.

С тех пор, как большевики поставили всё с ног на голову – возвели идею обобществления всей собственности, которая имелась в государстве в культ, люди стали жить и воспитываться "вверх ногами." "Не собственность для человека, а человек для государства, как владельца всей народной собственности." И так продолжалось в течение трёх поколений. Поэтому сегодня несмотря на то, что с момента краха сталинских практических приложений к марксистско-ленинской идеологии прошло уже более 20 лет, стереотипы научного коммунизма всё ещё довлеют над людьми, проживающими в России.

Краткий курс истории ВКП(б), впервые изданный под присмотром диктатора Сталина в 1938 году [40] и положенный в основу советского образа и понимания жизни всё ещё живее всех живых. Русские никак не могут преодолеть мавзолей Ленина и образ Сталина внутри себя. И последователи большевиков ленинской поры, которые в 90-е годы перекрасились в либералы, могут проклинать Сталина в своих многочисленных книгах и статьях до потери пульса, а русский народ в массе своей хорошо к Сталину относится.

А всё потому, что для Сталина своих и чужих не существовало независимо от национальности, знакомств и стажа партийной работы. Если он объявлял кампанию по уничтожению какой-то прослойки населения, то эта кампания касалась всех - и выше, и нижестоящих. У Сталина не было своих и чужих. А у тех, кто захватил власть в 1917 году, наличие своих и чужих были обязательным условием сохранения их незаконной власти. Исходным большевикам надо было на кого-то опираться для того, чтобы выжить - хоть на жуликов, хоть на убийц, хоть на подлецов. Чистые руки в сочетании с холодной головой и горячим сердцем - эта мантра Дзержинского была только для своих - тех, кто отдавал приказы на уничтожение порядочных людей России. У наёмных солдат-карателей - латышей, китайцев, венгров и других руки могли быть очень даже грязные в крови невинных жертв.

Однако, Ленина, Свердлова, Троцкого, Зиновьева и прочих вождей революции не очень интересовало, из каких источников пополняется их личная сокровищница, прилегающая к служебному кабинету и сколько крови прилипло к каждому бриллианту. И Сталина простые, вновь принятые в коммунистическую партию люди с тремя классами образования поддерживали недаром. Они видели, что Сталин действительно радеет за справедливый уравнительный социализм для всех, а не переправляет уворованные у русских людей деньги и ценности за границу якобы для помощи братьям по классу. И это при том, что свой народ умирал от голода. Если бы не помощь американских благотворительных организаций, то количество умерших от голода в Гражданскую войну было бы не 2 миллиона, а 20 миллионов человек. Но для прибывших в пломбированных вагонах революционеров из-за границы жизнь русских людей была безразлична.

Они и вернулись в ненавидимую ими Россию для того, чтобы "наварить" свой гешефт подобно тому, как стервятники слетаются на падаль, на труп когда-то мощной Российской империи. А что до их идеологической платформы – левоэсеровской, анархистской, меньшевистской, или какой-то другой – для стервятников это было уже неважно. Единственно, что их останавливало от того, чтобы немедленно после переворота и грабежа русских сокровищ удрать с ними за границу был страх международного суда. Они были обречены оставаться в России вместе с народом, который они презирали, и, который в свою очередь их ненавидел, но был вынужден их терпеть из-за Красного террора и голода, которые они организовали.

Для психологов и историков полезно понять феномен советского человека – откуда он возник. В этом разделе предпринята попытка такого анализа.

Советских людей с детства воспитывали в духе марксистско-ленинской догматики, которую насаждали в неокрепшие головы октябрят, пионеров, комсомольцев, не считаясь с их желаниями. А если какие-то общечеловеческие гуманистические мысли и проникали в детские, искривлённые коммунистической идеологией души, то полуподпольным, странным образом уживаясь с концепциями бородатого пророка, а также инструкциями лысого и усатого советских вождей.

По мнению сотрудника Института мировой культуры при МГУ филолога и этнографа Ольги Седаковой, которое она высказала в своём интервью журналисту Елене Кудрявцевой, весь Советский Союз был своего рода воспитательным домом, что сразу же замечали приезжие, не привыкшие, чтобы их везде и всегда воспитывали. "Советского "нового человека" растили не на голой, а на специально подготовленной почве и под колпаком. Кроме того, проводилась самая жесткая селекция "семян." Сначала на генетической, классовой основе: из всех сословий дореволюционной России для продолжения рода в советском государстве были допущены только сельская беднота и неквалифицированные рабочие ... В следующих поколениях селекция проходила по другим признакам: физически изымались из жизни (или из гражданской жизни и из профессии) самые независимые, одаренные, информированные. Так и создавалась "новая историческая общность - советский народ." Что касается почвы, то почвой было единственно верное учение, которое объясняло все: и природу, и историю, и искусство, и науку и т.п. Вырасти на другой почве возможности не представлялось." [66, с.5]

Начиная с первого дня прихода большевиков к власти обычные человеческие понятия в России стали искажаться: честь, совесть, дружба, порядочность, нравственность, достоинство, патриотизм, верность слову и пр. Этим понятиям придавался государственный, общественный смысл. Персональная, частная составляющая этих понятий нивелировалась и подавлялась, а общественная составляющая взаимоотношений выпячивалась и выдвигалась на первый план. Эта тенденция всё усиливалась и дошла до своего максимума в 30-х годах XX века:

-Не во имя и на благо Васи Иванова, а во имя и на благо советского человека.

-Не Коля Петров – гордый человек, а человек – это звучит гордо.

-Не честь Маши Сидоровой, а честь класса, в котором Маша учится.

Коммунистическая система была устроена так, что она подавляла и искажала индивидуальность человека.

Для воспитания в СССР применялись канонизированные легенды и мифы разного уровня, такие, как "подвиг" Павлика Морозова, легенда о добром дедушке Ленине, любившем маленьких детей до самозабвения или миф о шахтёре Стаханове, в одиночку выполнившем двадцать две нормы за одну смену. Использовались и обобщённые мифы о том, какие все пионеры молодцы и как они помогают старушкам колоть дрова и носить воду из колодца.

Советская система ценностей приводила к искажениям во взаимоотношениях между родителями и детьми. Когда растишь в советском обществе ребёнка, то нет никакой гарантии, что он будут относиться к тебе по-человечески, а не как по официальной легенде относился пионер Павлик Морозов к отцу или как дети, уехавшие из деревни в большой город, относились к своим родителям, не навещая их до самой смерти. Впрочем, как и большинство легенд советского периода, легенда о Павлике Морозове была ложью от первого до последнего слова. Официальная версия гласила, что советский пионер донёс на своего отца-кулака, который хотел совершить диверсию против советской власти. За это отец убил своего сына. На самом деле всё было не так.

Отец Павлика - Трофим Морозов был председателем сельсовета, а не кулаком. Трофим ушёл к другой женщине от матери Павлика, у которой было четверо детей от Трофима. Ни одного письменного свидетельства о том, что Павлик написал донос на своего отца не найдено. Трофима привлекли к суду за фальшивые справки из сельсовета, которые он выдавал спецпереселенцам - "кулакам" за взятки. В уголовном деле сохранились только свидетельские показания матери Павлика. Речь Павлика на суде в передаче журналиста Петра Соломеина содержит обвинения в адрес отца, касающиеся только выдачи фальшивых справок. Трофима посадили на 10 лет, но он отработал на строительстве Беломорско-Балтийского канала только 3 из них. А Павлика и его младшего брата Федю убил его двоюродный брат Данила Морозов. Данилу расстреляли вместе с крёстным отцом Павлика - Арсением Кулукановым (заказчиком преступления). Дедушку и бабушку Павлика тоже осудили за соучастие в совершении двойного убийства и посадили в тюрьму, где они и умерли. То есть это было обычное бытовое убийство из мести. Тем не менее, Павлик Морозов был провозглашен героем – символом беззаветной верности "делу Ленина-Сталина." Так создавались практически все мифы в советской стране. Легенда о Павлике Морозове была использована советской властью, как один из предлогов для оправдания Коллективизации в стране.

Важнейшим элементом воспитания советского человека было безусловное, безоговорочное подчинение хозяину – то есть вождю или генеральному секретарю КПСС. Он же был носителем верховной власти, который сам был для всех закон. По сравнению с царским самодержавием в советском государстве появилась новая установка: "Приказы, советы и предложения хозяина не обсуждаются, они выполняются, независимо от того, что он сказал, предложил или даже посоветовал." Сомнения запрещены. Кто сомневается – тот враг.

Людей, оставшихся в живых после Красного коммунистического террора и Гражданской войны, большевики рассортировали. Часть превратили в рабочих трудовых милитаризированных лагерей, состоящих из раскулаченных крестьян, из бывших офицеров, буржуев, из священников, из коммунистов других стран, которые не пришлись ко двору сталинской власти, из уголовников, которые строили каналы, плотины, железные дороги, оборонные объекты. Другим дали возможность учиться, чтобы сделать из них новую интеллектуальную прослойку страны, используемую в основном для разработки оружия для армии. Были выделены и те категории населения, которые должны были воевать, охранять, следить за порядком и идейным воспитанием трудящихся. Так насаждался новый советский порядок сначала в СССР, а потом и в других захваченных (по советской версии – освобождённых) странах. К счастью, процедуру перевоспитания населения всего мира коммунистам, равно как и их "двоюродным братьям" – национал-социалистам, завершить не удалось. Хотя испортили они многим жизнь изрядно. Людей с покалеченной коммунистами психикой можно встретить по всему миру до сих пор.

Новая гуманитарная "интеллигенция" должна была обслуживать этот милитаризованный советский трудовой лагерь – писать стихи, сочинять хвалебную прозу во славу советского социалистического строя и показывать преимущества этого строя немногочисленным иностранцам, которых по специально утверждённому "наверху" списку пускали в СССР посмотреть на счастливую жизнь людей в стране победившего социализма и написать о ней книги и статьи. Другая часть интеллигенции (в основном технической) после бесед или допросов с пристрастием в НКВД, работала в "шарагах" над созданием вооружений.

Естественно, что всё это преподносилось жителям страны так, что СССР вооружался для обороны от агрессивного внешнего противника, каковым согласно марксистской теории считалась мировая буржуазия, а по факту, на практике были все те, кто был не за коммунистов и имел собственное мнение отличное от их мнения или те, кто проводил политику, несогласованную с политикой СССР и его хозяев. Командовали этими советскими трудовыми лагерями одуревшие от страха бывшие революционеры, которые для того, чтобы выслужиться перед Сталиным и остаться в живых, гнали на смерть десятки тысяч бывших крестьян, а также людей в чём-нибудь обвинённых и осуждённых. И всё это ради пустякового рапорта вождю, сидевшему, как паук в Кремле в центре огромной советской паутины.

Как уже было сказано, с момента прихода большевиков к власти оппозиционная пресса была запрещена. Коммунистические пропагандисты давали людям только ограниченные порции информации – как правило, односторонней, классовой, выгодной для тех, кто узурпировал власть в стране в 1917 году. Рядовой советский обыватель, а таких становилось всё больше и больше по мере того, как большевики становились информационными монополистами в стране, получал от власти только нужную информацию. В конце концов каждый житель страны Советов становился или зомбированным фанатиком, или конформистом-соглашателем, или пассивным наблюдателем, не смевшим рта раскрыть из страха, что на него донесут соседи или сослуживцы. За идеологическую оппозиционность при Сталине разговор был короткий – к стенке или в Гулаг. При последующих лидерах СССР власти ограничивались тюремным сроком или психушкой.

Дети, воспитанные в СССР, не имели возможность знакомиться с разными точками зрения, читать зарубежные источники информации и оценить отношение людей в других странах к тому, что происходит в СССР. Не могли они заглянуть в архивы, объективно сопоставить факты, сделать собственные выводы. Поэтому они читали, говорили и писали только о том, чему их учили коммунисты и их приспешники. Дальнейшее обучение и воспитание зависело от внушаемости, исполнительности детей, от обстановки в семье и искренности родителей, которые помнили или слышали про жизнь до 1917 года больше, чем их дети и имели смелость рассказать об этом своим детям.

Частью идеологического воспитания советского человека было шельмование того, что было до прихода большевиков к власти и превозношение себя и своих деяний. Тенденциозные фильмы о деградации царского режима, иконописные портреты творцов Октябрьской революции – всё это тенденциозное враньё советскому народу выдавалось для того, чтобы оправдать криминальный большевистский переворот, уничтоживший частную собственность, общечеловеческую мораль и национальное достоинство людей, населявших страну до 1917 года.

Насильственными методами советская власть переделывала "штучного" уникального человека в массового стандартного среднестатистического советского человека. Актуализация личности и её творческого потенциала при Сталине разрешалась только в рамках заданной наверху установки, приказа или распоряжения, например, при разработке вооружений, добыче полезных ископаемых, проектировании актуальных для народного хозяйства зданий и сооружений, создании художественных произведений на заданную классово выдержанную тему. Творить по своей инициативе было чревато обвинениями в отступлении от классовых постулатов или от социалистического реализма.

В результате направленной идеологической обработки населения в СССР выработался тип толстокожего советского человека без глубоких нравственных устоев, но с большими амбициями и чувством своего превосходства над другими людьми и народами, которые - тупые и недалёкие - не знают, куда надо идти и что надо делать. И только некоторые из тех, кто выезжал за рубеж начинали понемногу "прозревать" и понимать истинное положение советского человека в своей стране и Советского Союза в окружающем мире. Хотя от этого понимания до практических шагов по изменению себя и других – дистанция была весьма большой и нередко трагической.

Вторая Мировая Война, которая в России больше известна, как Великая Отечественная, окончательно отсеяла колеблющихся внутри СССР, а также молчаливых оппозиционеров - тех, кто всё ещё испытывал антипатию к советской власти после большевистского переворота. После этого воспитательный эффект от созданной марксистами-ленинцами идеологии и системы распределительного социализма стал большим преимуществом для формирования мировоззрения новых советских людей.

Ещё раз хочу процитировать слова филолога и этнографа Ольги Седаковой о том, что люди старой закваски отличались от советских тем, что "у них была душа, и они с ней общались. Советский человек свою душу сдал в какую-то инстанцию, делегировал. У них ("бывших") были свои взгляды, неожиданные слова, реакции и суждения, ставящие в тупик "нового" человека, – и какое-то спокойствие, которое "советским" не давалось. Точка опоры была у них внутри. А в "новых" всегда было что-то шальное." [66]

Формализованное восприятие и понимание мира является одним из следствий советской системы воспитания, когда человек доходил до культурных и моральных ценностей как с помощью школы, армии, так и с помощью марксистско-ленинского начётчика, который учил готовой правильной схеме жизни, учил классовой морали по пунктам "А," "Б," "В" или во-первых, во-вторых, в-третьих, или если из А следует Б, а из Б следует В, то, следовательно, из А неизбежно и неотвратимо следует В.

Такой формализованный подход ко всему, что советского человека окружало широко применялся в гуманитарной сфере. Как известно, формализация — это сведение содержания к форме, то есть словесных или образных представлений об объектах и процессах к моделям, формулам, схемам и обозначениям. Типовыми вопросами, задаваемыми в рамках начётнических полемик, были следующие: "Ты за или против?" "Ты враг или друг?" "Ты принимаешь или отвергаешь?" Грубость, примитивность выражения мыслей и чувств, доходящая до убожества, отличала советского человека от русского человека предыдущей досоветской эпохи.

Достаточно посмотреть практически любые политические статьи, опубликованные в советских газетах конца двадцатых – начала пятидесятых годов ("Правда," "Известия" и других), чтобы понять до какого примитивного уровня может довести людей начётническое, некритическое внедрение марксистско-ленинской идеологии в практическую жизнь. Всё ограничивалось отбором подходящих случаю цитат, применением устоявшихся штампов, обязательному присутствию врага, ссылками на авторитеты, партийные постановления и пр.

Для воспитания нового человека коммунисты решили следующие задачи:
1) выстроили пирамиду (вертикаль) власти, чтобы только группа лидеров-единомышленников (как при Ленине) или один лидер (хозяин, вождь вроде Сталина) могли принимать окончательное решение по любому вопросу,

2) повязали многих жителей СССР кровью как своих соотечественников - буржуев, помещиков, капиталистов, интеллигенции, зажиточных крестьян, так и своих завоёванных соседей, чтобы они долго не могли "отмыться" от пролитой крови,

3) сделали наличие частной собственности постыдной для советского человека, поставили её вне закона,

4) сделали всех людей, живущих в СССР, заложниками государства,

5) отняли христианского, иудейского, мусульманского и других богов у проживающих в СССР людей и заменить их новыми богами - Марксом, Лениным и их наместником на земле – товарищем Сталиным, который для выполнения конкретных "мокрых" дел привлекал своих подчинённых рангом пониже,

6) заставили всех живущих в СССР людей, как попугаев повторять сказки дядюшки Маркса, и дедушки Ленина, выдавая эти сказки за свои внутренние убеждения,

7) на постоянной основе стали распределять остатки (после обязательных расходов на войну) государственного "общака" между всеми жителями СССР так, чтобы все жили бедно, но ровненько и "по справедливости" (кроме главных "слуг народа," которые жили более "ровно," чем остальные),

8) изолировали жителей СССР от вредоносных влияний буржуазной идеологии и буржуазного образа жизни большим "железным занавесом",

9) ещё больше разобщили людей так, чтобы ими было легче управлять сверху, из единого центра,

10) сделали из СССР интернациональный "плавильный котёл," в котором нации утрачивали свою специфичность, уникальность постепенно превращаясь в сообщество советских людей,

11) сделали из СССР осаждённую крепость, обречённую победить или умереть.

Сопутствующие приведённым задачам преобразования и изменения осуществлялись с помощью следующих методов воздействия:
-постановка перед народом завораживающих, глобальных целей,

-выстраивание людей в ряды и колонны по указке хозяина,

-опора на послушных и зависимых людей,

-централизованная выдача нужной информации порциями,

-устройство “потёмкинских деревень”,

-победоносные зажигательные рапорты о показательных свершениях и победах, идущие через государственные средства массовой информации (печатные издания, радио) и штатных пропагандистов,

-преуменьшение или сокрытие истинных причин неудач, истинных потерь и цены достижения результатов.

После Второй мировой войны уже бесполезно было рассчитывать на свободолюбие людей, являющихся частью советской системы. В социально-политическом плане вновь “изготавливаемые” этой системой люди были похожи на муравьёв, которые умеют строить только один тип муравейника – иерархический, вертикальный с одним главным муравьём наверху. Когда люди служат только коммунистическому государству, то об их личности и бессмертной душе, имеющей гуманистическое предназначение можно забыть.

Главный недостаток всех усилий коммунистов по социалистическому преобразованию Советской страны состоял в том, что они строили страну для всех, а не для каждого в отдельности. Поэтому и каждому советскому человеку после развала СССР пришлось строить свою жизнь и свой быт для себя и своей семьи самому. Поэтому Россия до сих пор такая экономически низкоэффективная страна. Для создания страны с более высокой эффективностью государство должно быть производным от человека, а не человек от государства. Национальное единство является производным от такого устройства общества, при котором государство создаёт условия для успешной жизни и деятельности человека, а не подавляет его активность запретительными законами и ограничениями. При централизованном управлении это невозможно. Главный человек в стране может иметь самые лучшие намерения, но система, которую он строит работает против него и его намерений.

К моменту смерти Сталина в 1953 году из людей, выживших после войн, коллективизации, депортаций, чисток и направленной обработки сознания, получился особый тип человека, которого философ Александр Зиновьев назвал Гомо Советикусом. Всем набором желательных для коммунистов качеств эти люди может быть и не обладали, но и обычными человеческими существами они уже не были. В идеале советский человек должен был получиться, как агрессивный фанатик готовый перевоспитывать других людей – неважно, своих или чужих - ради реализации коммунистических планов. Целенаправленная селекция и социальное зомбирование сильно изменили сознание, ценностные ориентации, взаимоотношения и личность тех людей, которые в СССР жили.

После смерти Сталина жители СССР потихоньку стали возвращаться к более естественному устройству жизни и общества. Марксизм-ленинизм всё ещё доминировал в советской идеологии, но произвол со стороны властей понемногу уменьшался. Очень медленно, но классовые ценности стали трансформироваться в общечеловеческие. Происходил возврат к традиционным основам жизни. Это и явилось началом конца советской идеологии и советского государства.

Поскольку в течение десятилетий советское общество было изолировано от остального мира с помощью “железного занавеса,” уникальная человеческая личность в СССР была подавлена и сведена к положению “винтика” в государственной машине. “Счастливый” советский человек жил как в вольере, в загончике, который ему отвели его новые коммунистические хозяева. Правда сами эти хозяева так и не сумели избавиться от простых человеческих слабостей – гордыни, амбиций, карьеризма, лживости, лицемерия, двойной морали. Они и сами были простыми исполнителями, жившими под дамокловым мечом главного хозяина. Просто их загончик был немного побольше. Поэтому и создаваемый советский человек получился весьма ограниченным, несовершенным.

Советский человек – это как клеймо, которое не отмыть в течение жизни. Он может на некоторое время замаскироваться под нормального, но рано или поздно его сущность проявится всё равно. Это как неизлечимая болезнь. “Рожки” советского человека каждый раз вылезают из-под любой шляпы, которую он на себя надевает.

Воспитанные в Советском Союзе советские люди создали свой особый советский мир. Они могли этот мир критиковать, ругать, даже ненавидеть, но это был их мир. И отказаться от него они уже были неспособны поскольку имели своё особое советское сознание. Даже советские диссиденты, которых выгнали из страны, были советскими людьми. В чём это сознание состоит? Во-первых, в неопределённости морально-этических точек отсчёта, хотя эта неопределённость самого советского человека нисколько не волновала. Во-вторых, в зависимости от советского государства, то есть в надежде на то, что в любой ситуации государство выручит, поможет, защитит, не даст пропасть. И в-третьих, в иррациональной, утопической вере в возможность реализации своего личностного потенциала в советской стране.

За время коммунистической диктатуры русские окончательно забыли, откуда они родом, разучились гордиться своей нацией. Они превратились в жителей РСФСР - людей без нации потому, что Советский Союз для них был не столько родиной, сколько местом обязательного проживания. Искусственность страны под названием СССР подтвердилась тем, с какой лёгкостью и без большой крови (в сравнении с Югославией) она распалась на 16 независимых государств (а могла бы и на большее число). Ностальгия, конечно, у некоторых людей старшего поколения осталась, но не настолько большая, чтобы ради этого жертвовать жизнью или идти на баррикады.

К этому добавляется слабость национальных исторических корней у русских, у которых весь XX век коммунисты направленно уничтожали их национальную память. Поскольку информационное ограничение продолжалось при советской власти в течение трёх поколений, русский национальный дух был подавлен и даже уничтожен, а русская история сведена к классовой истории. От народа осталось одно название – “русские люди.” С этнической точки зрения они и были русскими. Но этим их принадлежность к русской нации и исчерпывалась.

После освобождения из Гулага в 1954 году инженер Игорь Кривошеин – сын бывшего министра земледелия Российской Империи в разговоре с писателем Бенедиктом Сарновым на вопрос: “Есть ли что-нибудь общее между прежней Россией и Советским Союзом?” коротко ответил: “Только снег.” К этому времени Россия перестала быть православной страной с сильной духовной нравственной жизнью. Связь и преемственность поколений была не просто нарушена, но и утрачена полностью. Культура России трансформировалась в непонятный советский гибрид. Недаром Игорь Кривошеин, который всю жизнь был патриотом своей страны, где бы он ни жил, сражался за неё во Франции, сидел в гитлеровском концлагере, работал в Советском Союзе, сидел в Сталинском концлагере, в конце концов не смог в такой России жить и уехал умирать во Францию. То, во что большевики превратили его Родину, его никак не устраивало.

При Горбачёве модификация советского человека остановилось совсем. Гомо Советикус всё больше стал напоминать Гомо Сапиенса. Но процесс очеловечивания оказался весьма долгим и болезненным. Ведь трансформация происходила внутри советской системы. А лечить самого себя очень непросто. Сейчас в XXI веке, спустя четверть века после начала перестройки ментальность советского человека всё ещё пронизывает сознание жителей России. Вот насколько устойчивой оказалась психическая организация советского человека, выжившего в результате войн, чисток и репрессий, сформировавшаяся в результате направленной селекции и идеологической обработки сознания. В начале 2018 года о сползании нынешней России к "совку" вслух говорят даже лояльные власти издания.

Большинство русских людей к развалу СССР отнеслись весьма спокойно. Они привыкли к тому, что их роль в принятии государственных решений ничтожна и что все политические и экономические решения принимаются без их участи и согласия, что любое самостоятельное мнение и тем более выступление подавляется, что системе государственного принуждения можно противопоставить только настороженную пассивность. Поэтому для большинства жителей кроме тех, кто искренне верил в советские идеалы, развал СССР был не более, чем политическим ходом власть предержащих, которые таким образом в очередной раз разделили между собой власть и собственность.

На первых порах распад СССР оказался для жителей скорее экономической, чем идеологической катастрофой. Разрушился созданный и налаженный десятилетиями военно-коммунистической диктатуры единый механизм экономических связей, кооперации, взаимоотношений и взаимодействий между республиками СССР. Кроме того, обесценились сбережения и накопления людей, многие потеряли работу.

Как обычно разрушить старое оказалось легко, а создать новое, а именно, юридически подкреплённую собственность, границы морали, новые производственные отношения – трудно. Проще жить старым советско-российским багажом, сделав вид, что так оно и должно быть. Кстати, то, как консервативно по-советски реагируют уже современные люди в России на телевизионные политические новости, дискуссии, опросы, говорит о том, что они недалеко ушли от советских стереотипов и образа мышления.

В 1991 году радикально поменялась власть в России, коммунисты сменили кожу, как змеи по весне и, чтобы остаться у власти, стали ходить в церкви, мечети, буддистские храмы и синагоги. Вместе с ними подавляющее число жителей Российской Федерации опять стали считать себя православными христианами, мусульманами, буддистами и иудеями. Адаптивным народом жители России оказались. Перечисленное даёт мне основание считать, что национальные и религиозные ценности у людей в России и в СССР неглубоки, неустойчивы и подвержены лёгкому пересмотру в зависимости от смены власти и идеологии в стране.

После 1991 года сознание советского человека не хотело быстро меняться в "правильную сторону" общечеловеческих ценностей и соблюдения законов и правил цивилизованной жизни. Наступил длительный период смены стереотипов, который можно назвать периодом жизни по понятиям. Каждый человек сам для себя и каждая группа определяют пределы своих возможностей и допустимости действий. Этот период продолжается до сих пор. И конца краю ему не видно. Всё это потому, что советскому человеку было трудно отделить дозволенное от недозволенного, порядочное от непорядочного, жульническое от честного. Ему слишком много запрещали в области политики, права, собственности. Жизнь не по закону, а по понятиям отсюда и идёт.

За 74 года своего правления коммунисты оставили из области идеологии только то, что им не мешало. В частности, они оставили идеологизированную интерпретацию русской истории. После них история России была как будто написана про наших предков, а как будто про чьих-то ещё. Привкус формальности и искусственности оставался и после изучения многих "классово окрашенных" школьных предметов – русской литературы, обществоведения.

Теперь о символах России, которые до сих пор определяют ментальность и мировоззрение русских людей. Только народ, который утратил чувство своей нации, может хранить и лелеять кладбище со своими "знаменитыми" покойниками, уничтожившими Россию во имя Советского Союза, в центре столицы у стен Кремля. Причём не потому, что так уж город строился и не в специальных усыпальницах и в соборах, а потому, что покойники эти являются символами советского государства. Коммунистическая идея обанкротилась четверть века назад, СССР распался. А покойники всё лежат и лежат. Не в усыпальницах храмов и не в фамильных склепах, не на кладбищах в специально отведённых местах, а в центре столицы русского централизованного государства – городе Москве.

Часть из этих покойников – преступники, убийцы собственного народа, часть честные люди, герои, оставшиеся – бюрократы, умершие в нужное время и в нужном месте, люди из страха или по глупости служившие коммунистическим вождям и обладавшие такой гибкой спиной, что за время своей службы умудрились не проштрафиться перед главным боссом. Из тысячелетней истории России отобрали только их. Безымянные и неухоженные кости миллионов простых людей, убитых чекистами, умерших от голода, отдавших жизнь за родину в войнах, до сих пор гниют по всей территории России и за рубежом незахороненными, или под заброшенными развалившимися памятниками, демонстрируя реальную роль народа в советском государстве.

Украина пошла путём национальной независимости от России в 2014 году. Был принят пакет законов Верховной Рады о декоммунизации страны. Согласно этим законам почти тысяча населенных пунктов с советскими названиями должны быть переименованы в срок до 21 мая 2016 года. И это было выполнено. Президент Украины Порошенко отчитался, что в рамках декоммунизации на начало мая 2016 года было демонтировано более тысячи памятников Ленину, переименовано 688 населенных пунктов и 15 районов. А в областных центрах Украины были изменены названия более тысячи улиц.

Однако, то, что произошло на Украине не произошло в России. И это несмотря на то, что каждое возведение памятника, переименование улицы, площади или города коммунистическая власть делала, игнорируя мнение народа и прикрываясь значимостью какого-нибудь местного или интернационального террориста, или убийцы для мировой истории. А теперь по истечении времени получается, что не только нынешняя российская власть, но и русский народ не стремится к обратным переименованиям. Например: название города “Кировск” более благозвучно, чем старорусское название “Вятка". Пусть остаётся “Кировском", хотя коммунист Киров был человеком далёким от высоких нравственных образцов.

То, как обращаются с памятниками и названиями в разных странах во многом зависит от культуры народа. Чем она ниже – тем хуже обращаются с памятниками. Цивилизованные культурные люди даже в жестоких войнах не утрачивают воинской чести, не опускаются до положения варваров.

Например, в США стоят памятники как северянам, так и южанам, погибшим во время Гражданской войны в середине XIX века. В стране имеется мемориал северянину генералу Улиссу Гранту в Нью-Йорке и памятник конфедерату Роберту Ли в Ричмонде Вирджиния. В Париже во Франции есть памятники революционерам Максимилиану Робеспьеру и Жоржу Жаку Дантону, которые мирно соседствуют с памятниками императору Наполеону и французским королям (в Париже и его пригороде). В Лондоне в Великобритании есть памятник Кромвелю, отдавшему под суд короля Карла Первого, которого приговорили к смертной казни. Есть и памятник самому этому королю. Генерал Франсиско Франко в Испании, которого, как только большевики не называли – и фашистом, и нацистом, воздвигнул памятник всем жертвам Гражданской войны в Валенсии невзирая на то, на чьей стороне они воевали.

И только в России количество памятников и топонимических названий преступникам в сотни и тысячи раз превосходит количество наименований тем, кто создавал Россию и её культуру. У большевиков, как у людей низкой культуры (и пусть никого не вводит в заблуждение полученный экстерном университетский диплом или количество публикаций на революционные темы, которых почти никто не читал до 1917 года), не было уважения к противнику – тем более поверженному. Оно всегда было уничтожающим, стирающим противника с лица земли и из памяти. Расправляясь с памятью о своих врагах, все эти революционеры сами превращались в скотов.

Естественным следствием коммунистического эксперимента стало фактическое "упразднение" русской нации, как духовного образования. Есть русский язык, есть территория, заселённая этническими русскими, есть в конце концов графа "национальность," используемая при разного рода социологических опросах. Только сама нация очень слаба. Её ослабили коммунисты под знаменем интернационализма, а сейчас русофобы всех мастей списывают проявления русскости на национализм и ксенофобию.

Вроде бы русские националисты занимают далеко не первые позиции в политическом спектре России, а страх перед восстановлением русской нации, русской идентичности, русской ментальности у некоторых "интеллектуалов" остался. Об этом говорит и главный редактор Независимой газеты Константин Ремчуков: "русский мир он у нас в стране традиционно недоразвит. У нас любые высказывания о русскости, апелляции к русскому воспринимаются традиционно негативно и сразу видятся здесь националистические какие-то тенденции." [62] Все другие национальности и этносы в составе России имеют право говорить о себе, о своих национальных интересах, ценностях, а русские – нет. "Титульная нация должна быть скромной" - видимо, полагают идеологи последнего столетия.

В 2012 году взамен утраченный советских ценностей президент Путин предложил народу духовные скрепы – заменители традиционных для Российской империи основ: Православия, Самодержавия, Народности. Новые скрепы-ценности должны объединять народ России в единое духовное пространство. Формулируя их, президент говорил о русском языке, русской культуре и совместной тысячелетней истории восточнославянских народов. Духовные скрепы подразумевают:

1) Нравственные основы, включающие веру в ценность семьи, дружбы, труда и межчеловеческих отношений.
2) Положительные черты национального характера, подразумевающие патриотизм, терпение и преданность власти.
3) Сохранение исторической памяти об основных победах и трагедиях в истории страны.
4) Гордость за достижения страны.

5) Приверженность лучшим традициям – русским и советским.
6) Поддержание общего языка и культуры.
7) Защита своей территории.

Перечисленные скрепы вместе призваны возродить милосердие, сострадание и сочувствие друг к другу издавна присущие русскому народу. Выглядит действительно красиво, если бы не предыдущая трагическая история страны, которая тоже опиралась на красивые идеи большевиков об интернациональном равенстве и братстве пролетариев всех стран. Скрепы, которые работают только под личным присмотром правителя, скрепляют плохо.

Часть 1
Основные русские ценности

Глава 2

Роль и Место Ценности "Частная Собственность" в России

2.1. Неустойчивость частной собственности в России

Две с половиной тысячи лет тому назад римский философ Луций Анней Сенека сформулировал основу свободной личности в виде утверждения: "Царям принадлежит власть, а гражданам - собственность." И это разделение ценностей, лежащих в основе цивилизованного западноевропейского мировоззрения, действует в западном обществе и сейчас.

Собственность – это базовая приоритетная ценность, которая является устойчивым фундаментом, на котором покоятся вторичные ценности сознания и, в частности, моральные заповеди, правовые, социально-психологические, а также ценности свободной личности – нравственность и ответственность, осознание прав и обязанностей человека и гражданина.

Собственность – это то, что законодательно закреплено в сознании человека, как принадлежащее лично ему. Ощущение собственности может быть первого, второго, и третьего порядка. Моя рука, нога, тело и пр. – это моя собственность первого порядка. Личная одежда, дом, машина, другие товары, деньги, земля – это собственность второго порядка.

Собственность второго порядка, как правило, законодательно закреплена на документальном, конвенциальном, юридическом уровне. Например, право владения землёй, домами, машинами, предприятиями, право распоряжаться им по своему усмотрению. Экономисты имеют дело в основном с собственностью второго порядка, с частной собственностью.

Частная собственность – основа жизни по закону. Закон основан на праве человека владеть своим имуществом, и передавать его по наследству. А раз владеть, значит защищать. Самому защищать накладно. В нормальной цивилизованной стране собственник нанимает государство, чтобы оно выполняло функцию защиты его собственности. Собственник платит государству налоги за то, что оно защищает его и его собственность издавая нужные ему и всему обществу законы и организуя структуры, осуществляющие эту защиту. Тогда собственнику не надо жить по понятиям. Ему достаточно выполнять законы, принятые в его государстве для него и таких, как он.

Собственность, связанная с другими людьми, с ощущением права на другого человека можно расценивать как ощущение собственности третьего порядка. Она состоит в праве на власть над другим человеком (людьми). Этот вид собственности может быть закреплён на формальном, договорном, законодательном уровне (в рабовладельческом обществе) или определяться служебными инструкциями в армии или на работе.

Вся неустойчивая ментальность русского человека идёт от слабости юридической платформы частной собственности второго порядка в России.

Что такое личность? Это человек сам и всё, чем он владеет. Римское право в основном регулирует права собственности. Права собственности непререкаемы, отсюда происходят права личности. В России и в СССР личность – это умозрительная, психологическая категория. Если раньше человек и его личность принадлежали князю, царю, помещику, монастырю, то после 1917 года они стали принадлежать государству. После 1991 года у человека в России появилась частная собственность, но законодательно она до сих пор не закреплена за ним и его личность до сих пор остаётся бесправной в юридическом смысле слова.

Краткая предыстория деградации главной ценности в личности русского человека - собственности второго порядка.

В VI - VII вв. члены восточнославянской родовой общины (туземцы) были равноправными людьми, коллективно вели хозяйство, их поведение регулировалось родовой моралью и обычаями. Каждый член общины владел той землёй, которую он очистил от леса. Он мог использовать эту землю для вспашки или бортничества (пчеловодства), а общинную территорию для рыболовства и охоты. Величина обрабатываемого участка земли не была фиксированной и часто определялась исключительно работоспособностью землепашца. В юридическом смысле эта земля не являлась собственностью члена общины. Её нельзя было передавать по наследству. Точных границ племенных владений не существовало, хотя род и племя защищали от чужаков ту территорию, которую они считали своей. Потребление произведённых общинниками продуктов осуществлялось на уравнительной основе.

В то время "родовой союз держался на двух опорах: на власти родового старшины и нераздельности родового имущества. Родовой культ, почитание предков освящало и скрепляло обе эти опоры" - писал русский историк Василий Ключевский. Высшим органом управления у славян было вече – народное собрание, сообща решавшее важнейшие вопросы. Но постепенно по мере усиления роли военачальника (князя) значение вече падало. [33]

В VII - IX вв. по мере разложения родо-племенного строя у восточных славян шел процесс перехода от родовой общины к соседской. В родовой общине все члены одного рода вели хозяйство сообща и совместно владели имуществом. В соседской общине соседи вели хозяйство индивидуально, но некоторые работы, например, расчистку земли из-под леса осуществляли совместно. Пастбища, лесные угодья, скот и места лова рыбы по-прежнему находились в общественной собственности. Общинники жили в отдельных домах - полуземлянках, рассчитанных на одну семью. Примыкающие к жилищам водоёмы, леса и поля находились по совместной защитой общины.

Право собственности в Древней Руси было размытым. И вот почему. Во-первых, сама собственность была скудная и всё время менялась (землянки, меняющиеся заново обрабатываемые участки земли со всё оскудевающей почвой, непритязательные предметы личного обихода). Во-вторых, значительная часть собственности носила распределённый характер и принадлежала всей общине, племени, роду, семье. Ключевая роль в принятии решений по поводу собственности принадлежала старшему в семье, который заведовал этим родовым "общаком."

Российский историк Николай Усков пишет о причинах длительного сохранении отсталых общественных и экономических отношений на восточнославянской равнине в то время так: "Низкая плотность населения в сочетании с огромными пространствами законсервировала экстенсивный тип экономики, в которой решающую роль играют не производительность труда и технические инновации, как в Западной Европе, а неограниченность ресурсов - земли, леса, дичи, рыбы, мехов и, наконец, нефти и газа." [83]

Из-за того, что права собственности на Руси были законодательно не закреплены и их передача по наследству была затруднена, во владение князей (местных и пришлых варяжских) постепенно попадали бывшие общинные земли. В конце концов, всё заканчивалось тем, что князь объявлял определённую территорию (например, город и его окрестности) своей вотчиной, которую он считал своей собственностью.

Главным делом древнерусских князей изначально была война. При этом дилемма была простая - либо ты покоряешь другие племена и народы, завоёвываешь чужие земли и страны, и они тебе платят дань, поставляют рекрутов, являются источником рабов, либо другие завоёвывают твоё княжество, твоё племя и ты платишь завоевателю дань, являешься для него поставщиком рабов и обслуживающего персонала. Туземцам древних славянских племён, проживающих на русской равнине проще было нанять профессиональных воинов - варягов, чем защищаться самим. В те времена действовало простое правило: "Кто сильнее, тот и прав." Морально-этические соображения при ведении войн уходили на второй план.

В VIII-IX вв. военно-дружинная знать (элита) племён и племенных союзов богатела за счет военной добычи. Захваченных военнопленных эти более знатные соплеменники (воины) превращали в рабов, которые должны были работать на общинников в качестве неполноправных членов их семей. Князья и дружинники облагали данью (налогом) не только покорённые народы, но и своих соплеменников. Постепенно они сосредотачивали в своих руках власть и богатство.

Мировоззрение людей, живущих в России в отношении собственности, складывалось не так, как на Западе. Историк Карамзин пишет, что древние славяне не ценили собственность. Они зарывали военную добычу в землю, не зная, как ей пользоваться. Они строили хижины среди болот и лесов и легко могли менять место жительства. С развитием земледелия члены родовой общины подчинялись старшему, которому принадлежало решающее слово при принятии решений, связанных с родовой собственностью. Совершая военные набеги на более богатых соседей или на Византийскую империю, "Славяне свирепствовали в Империи и не щадили собственной крови для приобретения драгоценностей, им ненужных." [30, с. 28]

Согласно "Повести временных лет" по договору, заключённому между князем Олегом и греческими царями Львом, Александром и Константином "те злодеяния, которые будут явно удостоверены, пусть считаются бесспорно совершившимися; а каким не станут верить, пусть клянется та сторона, которая домогается, чтобы злодеянию этому не верили; и когда поклянется сторона та, пусть будет такое наказание, каким окажется преступление." Или если "пойман будет вор пострадавшим в то самое время, когда совершает кражу, либо если приготовится вор красть и будет убит, то не взыщется смерть его ни от христиан, ни от русских." Или "если кто из христиан или из русских посредством побоев покусится (на грабеж) и явно силою возьмет что-либо, принадлежащее другому, то пусть вернет в тройном размере." [30] Этот договор был одним из первых документов, регулировавших имущественные отношения между Византией и Древней Русью.

Утрата частной собственности людьми в восточнославянских землях началась с усиления власти варяжских князей во второй половине IX века. Функции князя в те времена сводились прежде всего к защите населения, проживающего на его территории от внешних угроз и нападений. Во вторую очередь князь отвечал за завоевание новых территорий и обретение военной добычи. Постепенно князья расширяли свои полномочия. Они увеличивали свою собственность, нанимали солдат и работников, прислугу и пр. Они вводили правила поведения на зависимой от них территории, становились судьями для своего населения, то есть обретали всё новые административно-управленческие права и функции. В конце концов, все города и племена были вынуждены платить налог на содержание княжеских войск.

Уже первые князья Древнерусского государства владели земельной собственностью (вотчинное владение), а во времена Ивана Третьего и людьми, прикреплёнными к этой земле. С тех пор российская цивилизация стала строиться с опорой на собственность на землю и людей, как единого целого.

Постепенно по мере укрепления монархического правления земля вместе с прикреплёнными к ней крепостными крестьянами стала принадлежать не только князьям-царям, но и помещикам, монастырям и фабрикантам.

Атмосфера нестабильности и неуверенности в завтрашнем дне побуждала крестьян уходить со своих земель и искать счастья у других правителей в Прикарпатье или в Суздальскую землю. При этом крестьяне из собственников превращались в арендаторов чужой земли. А отсюда уже рукой подать до утраты личной свободы и полной крепостной зависимости, что и стало происходить, начиная с XV века. Постепенно русские обрели централизованный порядок в своём государстве, но большинство из них утратило собственность.

Княжества разделялись по значимости и по доходу, который они приносили. Долгое время (в течение почти 360 лет) ведущим княжеством (столом) в Древней Руси было Киевское княжество. После полного разорения Киева в 1240 году административный центр тяжести сместился во Владимир, а затем в Москву.

В XII в. главный город на северо-востоке территории - Ростов Великий стал наследственной собственностью князя Юрия Долгорукого (из младшей ветви семьи великого князя киевского Владимира Мономаха). Долгорукий построил много городов, деревень, церквей и монастырей в окрестностях Ростова. В отличие от юго-западных территорий, где князья занимали территории, уже населённые местными туземными племенами, на северо-востоке власть предвосхитила заселение. Люди приходили на княжескую землю.

Княжество Ростовское явилось прототипом Московского княжества. Щедрость князя и разумная налоговая политика привлекли к нему многих переселенцев из других княжеств. Здесь лежат корни абсолютной монархической власти князей, а потом царей и императоров Московского княжества, когда московский монарх являлся собственником территории (или как выразился позднее император Николай Второй - “хозяином земли Русской”). Собственность и полномочия, унаследованные от отца в средневековой России, обозначали термином “вотчина.” Вотчиной обозначали весь спектр собственности и прав её владения. В это понятие включали и политическую власть, и жилища, и рабов, и права на разработку недр, и даже родословную.

Со временем в Древней Руси менялось сознание тех, кто работал на земле, с одной стороны, и князей, с другой. Эти изменения проходили в сторону усиления зависимости общинников (которых потом стали называть крестьянами, потом смердами, а потом дворовыми или холопами) и увеличения властных полномочий и собственности у князей. Вслед за лишением земли происходило юридическое прикрепление крестьян к земле, на которой они работали, а потом и их физическое закрепощение. Постепенно князь – правитель города и примыкающей к нему территории становился собственником и владельцем не только земли, но и людей, которые на этой земле жили, а с укоренением на Руси Православной религии – верховным государем или наместником Бога на земле, контролирующим через церковников души людей. На севере (Псков, Новгород) этот процесс закрепощения проходил медленнее, а в центральных областях, прилегающих к Москве, - быстрее.

С тех пор процесс централизации власти и собственности на восточнославянских землях продолжался несколько столетий. Приходили в упадок одни центры власти и влияния (Киевская Русь, Золотая Орда) и возникали другие (Московское княжество). Вместе с этим шёл процесс утраты населением частной собственности и личной свободы. За три века, с времени основания древнерусского государства количество наследников Рюрика многократно увеличилось и каждый из них претендовал на власть и на собственность. На всех наследников уделов и городов не хватало. В борьбе за власть и за собственность князья всё время друг с другом воевали. Доходило до того, что они приглашали иноземные войска (половцев, печенегов, поляков, венгров), чтобы разграбить уделы своих родственников из рода Рюрика и угнать в рабство непокорных горожан и крестьян.

Модель “власть равна собственности” была создана на Руси при Иване III и Василии III во второй половине XV и первой трети XVI века. Для России категории власти и собственности оказались соединены. Тот, в чьих руках была власть – тот владел и собственностью. Начиная с Московского князя Ивана Третьего, это единство проявилось в виде формулы: “государство — это собственность государя. Для власти государя нет границ – ни правовых, ни имущественных.” В этом сущность русского самодержавия. Может быть кто-то из русских императоров и хотел бы впоследствии изменить это соотношение между властью и собственностью, но традиции царского рода, семьи не позволяли ему (ей) это сделать. Цари и императоры сами стали заложниками созданной ими централизованной государственной системы и огромной территории с трудом, поддающейся управлению. Император Александр II как-то пошутил: “Россией управлять несложно, но совершенно бесполезно”.

Постепенно на основании царских указов значительную часть крестьян прикрепили к земле – царской, монастырской, помещичьей. Только на периферии Московского царства (на севере в Мурманске и Архангельске, на юге в Запорожские Сечи, на Кубани и в Сибири) ещё сохранились земельные собственники. Основная часть людей, населявших Россию, осталась без принадлежавшей им лично земли. И это при бескрайних русских просторах. Без земли, без собственности русские перестали быть свободными, независимыми людьми. В царской России императоры владели огромной собственностью, были крупнейшими феодалами и землевладельцами, оказывали огромное влияние на распределение государственного имущества. Немалое число людей занимались обслуживанием этой собственности и августейших персон.

Итак, эволюция древнерусского общества от родоплеменного доклассового к феодальному, монархическому шло от родовой общины (коммуны) с коллективной собственностью на землю, а иногда и на инвентарь для её обработки, к зависимости крестьян от монарха, монастыря или помещика, когда земля, на которой крестьяне работали, им уже не принадлежала. С изменением отношения к собственности менялась и психология жителей земли русской.

В течение сотен лет распоряжение собственностью в России была прерогативой царя, церкви, и тонкого слоя помещиков. Процесс массового обретения собственности в России начался с реформ Александра II. Крестьяне были освобождены от крепостной зависимости и получили право выкупать землю у помещиков, взяв кредиты в банке. Земля стала переходить в собственность крестьянских общин, богатых купцов и крестьян-единоличников. Процесс этот набирал обороты и при естественном течении событий к 1930 году стал бы необратимым.

Россия должна была обрести реальных собственников и стать нормальной евроазиатской страной. Но этот короткий промежуток времени в последней трети XIX – в начале XX века, когда значительная часть крестьян и крестьянских артелей России владела полностью или частично выкупленной у помещиков землёй, которую они могли передавать по наследству детям и внукам, продолжался недолго. России не хватило буквально полутора-двух десятков лет, чтобы встать в один ряд с другими европейскими странами.

23 февраля 1917 года под влиянием социал-демократов (преимущественно меньшевиков во главе с Николаем Чхеидзе и социалистов-революционеров, которые организовали перебои с доставкой хлеба в столицу) в Петрограде началась рабочая забастовка, которая к 27 февраля переросла во всеобщую забастовку. Солдаты петроградского гарнизона, находившиеся под влиянием социалистических смутьянов, спровоцировали других солдат, которые не желали воевать на фронте, присоединиться к рабочим. В тот же день их лидеры организовали Петроградский Совет рабочих и солдатских депутатов. Причём этот Совет не хотел брать на себя ответственность за ведение или прекращение войны. Лидеры Совета хотела свергнуть монархию, а если получиться, то установить демократические порядки в стране и ни за что при этом в России не отвечать. Низовые члены Совета хотели обеспечить себе привилегированное положение при решении своих повседневных вопросов (улучшения жилищных и бытовых условий, повышение зарплаты, неучастия в военных действиях и пр.).

Тогда же генералы армии и депутаты Думы вынудили Николая Второго отречься от престола, пользуясь его стремлением продолжать войну с Германией. После отречения царя, происшедшего на закате первой мировой войны, начала разваливаться русская армия, которая и держалась-то на одном этом символе – Самодержце всероссийском. Начиная с июля 1917 года вооружённые дезертиры с фронта начинают захватывать помещичьи и монастырские земли.

Вначале возглавили революцию хотя бы грамотные, разумные люди - князь Львов и его Временное правительство. Однако, существовавшие параллельно с ним Советы, опиравшиеся на солдат, которые не желали воевать на фронте, постепенно заполнили большевики во главе с Троцким. Большевики опирались на всё самое аморальное и тёмное, что было в русском обществе того времени, то есть на солдат, недовольных рабочих, малограмотных людей и интернационалистов-бездельников, которых к концу войны было много в Российской империи, то есть на худшее, что было в российском обществе. И это худшее возобладало над честным, совестливым, моральным. С тех пор это аморальное, тёмное начало вот уже сто лет так и правит Россией. Несчастье большевистских последышей состоит в том, что они не понимают насколько они аморальны и реакционны с точки зрения отношения к собственности.

Я имею сильное подозрение, что прототипом для описания бродячего пса, превращённого в человека - Полиграфа Полиграфовича Шарикова, Михаил Булгаков выбрал Льва Троцкого. Все, кто его знал, отзываются о нём, как о ненадёжном аморальном человеке, которому нельзя было верить на слово, а перед прощанием с ним нужно было проверять карманы. Немудрено, что такой человек без чести и совести стал главным организатором октябрьского переворота в России.

2.2. Собственность при советской власти

На 1905 год в собственности крестьян (общинной или единоличной) находилось 61,8 % частновладельческой земли, к концу 1916 года — уже до 90 %. В советской историографии приводимую цифру в 150 млн десятин земли, перешедшей к крестьянам; по данным учёта на 1919 год в Европейской части России, подконтрольной большевикам, это число оценивается им в 17,2 млн, на 1920 год в 23,3 млн.; по данным Наркомзема, 15 % помещичьей земли уже было захвачено крестьянами до октября 1917 года, на февраль 1918 года — до 60 %. [26]

В апреле 1917 года министерство земледелия зафиксировало 205 “аграрных беспорядков,” охвативших 42 из 49 губерний Европейской части России. В мае зафиксировано “аграрных беспорядков” 558, в июне 1122. В июле-августе количество беспорядков снижается из-за необходимости вести активные полевые работы, однако осенью 1917 происходит взрыв. Уже во время небольшой паузы между полевыми работами в июле официально зарегистрировано 2 тыс. беспорядков, с 1 сентября по 20 октября — более 5 тыс. По данным исследователя И. В. Иллерицкой, на момент 25 октября 1917 года “аграрным движением” было охвачено, 91,2 % уездов. [26]

Русские революционеры – социал-демократы – весной-летом-осенью ездили по деревням, поместьям, спаивали крестьян несмотря на сухой закон и внушали мысль, что скоро помещиков, владельцев крупных латифундий скинут и эту землю они уже сейчас могут поделить между собой. Эти провокаторы задействовали фактор зависти у русских крестьян. Композитор Сергей Рахманинов, писатель Иван Бунин, которые жили и творили в деревне в своих поместьях в 1917 году свидетельствуют о деградации морального духа крестьян на заключительном этапе первой мировой войны. Фактор зависти социал-демократы и другие революционеры задействовали у воюющих на фронте солдат, у солдат резервистов в Петроградских казармах, у рабочих крупнейших фабрик и заводов России: “Раз вы работаете на земле, на фабриках и заводах, значит вы и должны быть владельцами того, что вы производите. А помещики, владельцы фабрик – это жулики и эксплуататоры вашего труда. Их нужно скинуть и самим занять их место. И тогда вы получите все их доходы."

В ноябре 1917 года большевики фактически "перехватывают" эсеровский лозунг "социализации земли," своим Декретом о земле раздав остатки земли крестьянам. После этого российское крестьянство вплоть до весны — лета 1918 года погружается в "чёрный передел" (самозахваты помещичьей земли), устранившись из активной политической жизни, хотя, по сути, делить уже почти нечего - в среднем на каждого крестьянина центральной России пришлось не более 0.8 га прирезков из помещичьей и монастырской земли. Зато в процессе передела были уничтожены немногие наиболее эффективные имения, в которых помещики или богатые купцы вели хозяйство по передовым европейским технологиям, причём урожайность в таких имениях могла превосходить урожайность на крестьянских землях до 50 %. Уже в начале 1918 года становится ясно, что надежды на получение значительных "прирезков" были сильно преувеличены, к дальнейшему усугублению хаоса приводит массовое прибытие в деревни дезертиров с фронта, резко возросшее с ноября 1917 года. Однако эти дезертиры, в основной массе, уже опоздали к разделу земли. [26]

Когда большевики захватили власть в 1917 году, у среднего русского крестьянина ещё не было устойчивого понимания принадлежащей только ему земельной частной собственности. Слишком сильны были вековые консервативные традиции у русского крестьянина, когда он не имел земли в полном своём распоряжении – земли, которую он мог продать и передать по наследству. По той же причине крестьяне в России, которые владели небольшими наделами земли в большинстве своём не имели возможности приобретать дорогостоящие средства обработки земли и урожая, развивать современные земельные хозяйства, а, следовательно, не стремились разнообразить и совершенствовать свою сельскохозяйственную деятельность.

Опираясь на тотальный террор, большевики сразу захватили в свои руки всю частную собственность в России (вначале банки, фабрики, заводы, здания и сооружения, потом землю). Она была объявлена принадлежащей государству. С этого времени они стали распорядителями предприятий, земли и природных ресурсов. Царя заменила группа вождей с одним главным вождём в середине, а резиденция этого главного втайне переместилась из Петрограда (Санкт-Петербурга) в Москву. С этого момента началось новое закрепощение народов, входивших в состав бывшей Российской империи - закрепощение под знаменем марксизма-ленинизма. Рабочие и крестьяне утратили даже ту ограниченную политическую и экономическую свободу, которую они имели при царе. Большевики, видимо, полагали, что мол зачем им теперь свобода, если они и так хозяева собственности в советском государстве. Интересная подмена – хозяева оказались на положении зависимых и крепостных.

ВЧК помогла большевикам ограбить всех владельцев собственности. Значительная часть ценностей Российской империи (золото, драгоценности, произведения искусства) были переправлены большевиками за границу, проданы там или хранились в их личных сейфах и кладовых, а также в ячейках швейцарских банков. Рядовым рабочим и крестьянам, которые помогла большевикам сделать революцию не досталось ничего. Низовые чекисты, которые лично грабили и убивали, получали только дополнительные продовольственные пайки в награду за верную службу коммунистической власти. Латышские стрелки, которые сыграли главную роль в установлении большевистской власти, получали хорошее жалование. На жаловании у новой власти были также другие наёмники – китайцы и венгерские интернационалисты.

В то же самое время миллионы людей в России умирали от голода, организованного большевиками для того, чтобы люди были более сговорчивыми и послушными, потому что сами большевики награбленным делиться не хотели и предпочитали скорее использовать украденные сокровища для организации таких же революций и переворотов в других странах, чтобы ограбить собственников и там. Спасали умирающих от голодной смерти в России американцы на добровольные пожертвования своего населения. Эти благотворительные пожертвования помогли спасти жизни 22 млн. человек в России. Вы думаете большевики их за это благодарили? Ничего подобного. Они дискредитировали добровольных помощников и распределяемую ими гуманитарную помощь как могли. Ведь для большевиков русский народ был расходным материалом для коммунистических экспериментов, а американцы были представителями "загнивающего буржуазного общества." По крайней мере, так это преподносилось коммунистической прессой своему народу. Хотя, если бы чудовищная афера большевиков, которые изображали из себя марксистов, провалилась, они бы мгновенно удрали в те самые буржуазные страны, которые они клеймили на всех углах, прихватив с собой самое ценное из украденного у настоящих владельцев в России.

Когда советские историки, политологи говорили о большевистской революции 1917 года, то прежде всего упирали на её идеологическую подоплёку и совершенно не касались материальной. В таком духе они и воспитывали поколения советских людей, многие из которых так и выросли неисправимыми идеалистами. Тогда как сами большевики были прежде всего материалистами и для них вопрос собственности был главным. Её – эту собственность - они и отобрали у тех, кто её имел в России прежде всего и направили её туда, куда считали нужным по своему усмотрению – и большей частью не на благо своего народа.

У Ленина и его сподвижников, начиная с 1918 года, было два уровня взаимодействия с народом:
1) уровень пустых разговоров за марксистскую идею, демагогических призывов к классовой справедливости, к необходимости достижения счастья для мирового пролетариата, своего рабочего класса, опиравшихся на лозунги и мифы;
2) уровень гнусной презираемой (на словах) большевиками частной собственности (деньги, драгоценности, фабрики, заводы, земля), которую было необходимо отнять у богатых людей, чтобы сделать всех бедных людей на земле счастливыми. Отнять-то собственность отняли, но счастливыми и богатыми рабочие и крестьяне России почему-то всё равно не стали. Распоряжаться украденной собственностью стали представители партноменклатуры и дораспоряжалась до развала "счастливой" народной империи распределительного социализма под названием Советский Союз в 1991 году.

Привожу высказывание большевистского комиссара Анатолия Луначарского, относящееся к тем временам: "Коммунистическое начало исходит из коллективного героизма: отдельную личность оно признает только тогда, когда есть уверенность, что личность все свои дарования бросила на общее дело, отказалась от личных затей и идёт в ногу с общим народным начинанием." И вот это общее начинание, которое всегда было сильно в общинном русском народе стало побеждать, подстёгиваемое сверху пролетарской марксистской коммунистической идей, которая имела много общего с коллективизмом крепостнической крестьянской эпохи. [цит. по 44] И это при том, что сам Луначарский никогда ни рабочим, ни крестьянином не работал, как, впрочем, и другие вожди большевизма. В первом рабоче-крестьянском правительстве (совете народных комиссаров) был всего один человек из рабочих - Александр Шляпников.

Среди большевиков было много теоретиков и идеалистов, но те, кто расстреливал невинных заложников были прагматиками. Им был безразличен марксизм, как теория. Большинство даже не читали "Капитал" Карла Маркса. Им нужна была русская собственность любой ценой. Сколько трупов приобретение этой собственности потребует, им было безразлично. Кто-то жертвовал сразу 10-15% русского народа в качестве платы за так называемую диктатуру пролетариата. Поэтому расстрелять императора Николая Второго и обязательно со всей семьёй, а также всех его родственников для них было делом не идеологии, а вопросом собственности. Ведь всё украденное, экспроприированное у честных людей стекалось в большевистский "общак," [Прим.3] который уходил не только на провоцирование революций в других странах, а в карманы негодяев, возглавивших октябрьский переворот в России. Большая часть экспроприированного у собственников жилья в крупных городах стала распределяться среди представителей новой власти, их родственников и знакомых, срочно прибывших из российской глубинки. Это около 800 тысяч человек.

В своём многотомном труде "Красное Колесо" Александр Солженицын так описывает процесс закрепления собственности за советским государством: "XI съезд РКП. Ленин: Отступление окончено. – Сталин как доверенный человек Ленина избран генеральным секретарём РКП (впрочем, "временно," до выздоровления Ленина); сдал РКИ; его власть пошла в быстрый рост. – С 1918 удвоился правительственный аппарат, бюрократия растёт неудержимо. Под Сталиным одно РКИ выросло до 12 тыс. человек. Закрепление грабежа революционных лет, постановлено: тогда "сама обстановка изъятия не нуждалась в юридическом обосновании," отнятые с 1917 по 1 января 1922 квартиры, движимое имущество, мебель и предметы домашнего обихода возврату не подлежат. Майская сессия ВЦИК. – НЭП возбудил надежды на мнимый возврат частной собственности на землю? ВЦИК утверждает закон "о трудовом землепользовании," никакого "владения" землёй. Верховный собственник и распорядитель земли – Государство (Уступка Ленина в октябре 1917 взята назад, земля у крестьян отобрана вся.) – ВЦИК обсуждает и принимает новый уголовный кодекс. Ленин успевает к нему с настоянием "расширить применение расстрела" и ввести разветвлённую политическую статью (будущую Пятьдесят Восьмую)." [72, с. 515-516]

Достаточно прочесть эту краткую выжимку из ненаписанных глав эпопеи Солженицына, чтобы окончательно отпали иллюзии, которые долгое время питали сторонников гипотезы о том, какой хороший был дедушка Ленин и если бы не плохой Сталин, то Россия непременно обогнала бы все страны Европы и Америки в экономическом отношении и построила свой самый красный пролетарский коммунизм на всей земле. Так что и большевики-ленинцы, и сторонники разоблачителя сталинского культа личности Никиты Хрущёва, и современные наследники большевиков, которые умиляются до слёз, вспоминая ленинский НЭП, могут помолчать. Ленин никогда не собирался отдавать землю крестьянам, а фабрики рабочим в собственность. Наделение крестьян землёй было временной вынужденной мерой, связанной с голодом и разрухой после развязанной самими же большевиками Гражданской войной и нежеланием их самих на этой земле работать. Иначе кто будет руководить несознательной народной массой, если не большевики?

Рабочие и крестьяне утратили даже ту ограниченную политическую и экономическую свободу, которую они имели при царе. Про собственность уже и разговора нет. Трудящимся, как раньше, так и после переворота ничего не принадлежало. Так что та ложь, которой большевики прикрывали своё воровство чужого, ими не заработанного, быстро рассеялась. Но рассеивать её было уже некому. Оппозиционные СМИ Ленин запретил, а тех, кто был с ним не согласен – расстрелял или выгнал за границу. Все, кто был недоволен "Николаем Кровавым," получили ещё более кровавых большевистских вождей, которые были даже не по локоть, а по самые уши в народной крови.

Вместе с тем нельзя забывать слова Карла Маркса о том, что "Подлинное упразднение частной собственности имеет смысл только тогда, когда оно свершается духовно развитыми, совестливыми людьми, которые уже переболели жаждой богатства. Нет ничего омерзительнее, чем желание люмпена обладать тем, чем обладают другие, расправиться с тем, чем не могут обладать все. Он теряет дар гуманитарного подхода к человеку и истории, когда оказывается во власти своей теории революции и диктатуры пролетариата." [цит. по 36] Но Маркс, несмотря на некоторые излишне оптимистические идеи насчёт пролетариата был гений, а те, кто захватил власть в России были обыкновенными апологетами, малокомпетентными идеалистами или властолюбцами.

26 октября 1917 г. большевики приняли декрет о земле, согласно которому все земли русской империи отныне принадлежали народу. Слово "народ," впрочем, как и слово "государство" - очень размытое – не правда ли? Если отвлечься от популистского значения, которое в него вкладывали манипуляторы–большевики, то и народ, и государство – это обозначения партийной большевистской бюрократии. На закате Гражданской войны в 1921 году земля была передана в бесплатное пользование крестьянам, которые на ней жили с условием уплаты налогов за её использование. Но крестьянским детям по наследству эта земля уже не переходила и при любых экономических и политических изменениях оставалась во владении государства. Крестьяне по наивности считали её своей собственностью, а большевистские комиссары и пропагандисты эту иллюзию до поры до времени не рассеивали. "Пусть пока поработают лапотные на земельке, пока мы не разберёмся со всей остальной Россией" – полагали вожди большевизма.

Контролируемый государством НЭП лишь ненадолго восстановил деловую активность в стране, да и то частично. Начиная с 1926 по 1930 годы все каналы частной активности постепенно были перекрыты. С этого времени идёт отсчёт умирания русского крестьянства и русской деревни. Достижения аграрной реформы Столыпина пошли прахом. Постепенно большевики отучили русских людей работать на себя. Конечно, работать на государство тоже можно, но эффективность такой работы на земле значительно ниже, что и показало последующее отставание сельского хозяйства СССР от такового в других странах. А когда власть начала охоту на кулаков – самых трудолюбивых крестьян и наиболее эффективных хозяйственников, то последующий упадок русской деревни и голод 1932-33 годов можно было предсказать.

С этих пор только суровые неотвратимо действующие законы введённые при Сталине (например, "закон о трёх колосках") ограничивали присвоение частными лицами государственного добра. Осталось только искоренить сам дух собственности из сознания людей, превратить их в государственных рабочих, государственных колхозников, государственную трудовую интеллигенцию и государственных солдат, что и было сделано в последующие годы.

Сделав труд общим, безымянным, обезличив его, советских людей постепенно развратили. Если у советского человека была возможность возложить ответственность за невыполнение работы на кого-то (например, на начальника), или на что-то (например, на обстоятельства: солярка кончилась, запчасти не подвезли и т.д.), то он это делал. Его трудно за это осуждать. Вопреки распространённому мифу, усердно насаждавшемуся советской пропагандой, русский человек работал на колхоз-совхоз хуже, чем на самого себя. Этого-то коммунисты так и не захотели понять. Они предпочли пойти своим любимым путём – путём создания мифа о коллективизме русского человека. Мол этот человек под созданный нами миф глядишь и изменится. Ну что делать, если не изменился, а вконец развратился на государственном иждивении.

При Советской власти роль собственника ресурсов стало играть государство и чиновники, которые образовали систему управления этим государством. Понятие "частная собственность" была заменена понятием "власть-собственность." Тот, кто имел власть фактически распоряжался собственностью. На бумаге людям принадлежало всё, а фактически – ничего.

2.3. Частная собственность в современной России

Когда в 1988 году вышел закон о кооперативах, а в 1991 году правительство России провозгласило переход к рыночной экономике, оно не разжевало для населения правила перехода. А именно не написало инструкции, как строить бизнес, что делать можно, а чего делать нельзя (даже при том, что официальных законов ещё не было). В результате начинающие бизнесмены начинали с самого простого и очевидного. А именно: со спекуляций и перепродажи зарубежных товаров на внутреннем рынке, с обналичивания безналичных денег (при том, что десять безналичных виртуальных рублей были равны одному наличному), с реализации части валютной выручки на внутреннем рынке, с покупки за рубежом товаров, пользующихся спросом на внутреннем рынке (например, компьютеры) с последующей их реализацией в СССР и в России и т.д.

Главный архитектор рыночных реформ 90-х годов Егор Гайдар писал об особенностях собственности в начальный период перехода от распределительного социализма к смешанному капитализму: "В результате первого этапа приватизации возникает своеобразная частно-государственная (номенклатурная) собственность, которую можно трактовать как форму проявления власти-собственности в период ослабления "деспотического" государства. В стране появляется своеобразное здание номенклатурно-государственного капитализма." [17, с. 152].

Крупная частная собственность появилась в современной России во многом незаконно, несправедливо. Люди, которые её получили, действовали не по честным правилам, не по совести, а часто и не по закону. Государство способствовало их неправедному обогащению, законы были несовершенны и к тому же не выполнялись на всех уровнях государственной иерархии, частично действовали ещё советские законы. Государственные чиновники за взятки, откаты, доли в акциях предприятий, прикрывали воровство и прочие нарушения закона. "Новые русские" богачи физически уничтожали и разоряли конкурентов без всяких правоохранительных органов и судов. Люди, получившие в свои руки большие куски государственной собственности были не столько умными, сколько наглыми и циничными и имели связи на самом верху. Об их беспринципности и аморальности можно даже не говорить - она включена имплицитно в деятельность любого разбогатевшего в России человека той поры. Честные люди долларовыми мультимиллионерами и миллиардерами на пустом месте не становятся. Богатые люди из тех, кто поумнее сами не занимались грязной работой по зачистке тех, кто им мешал богатеть. Для этого их подчинённые нанимали уголовников и представителей спецслужб, милиции, спецназа, потерявших работу.

В 90-е годы собственность приобреталась по дешёвке, значительно ниже себестоимости (иногда в сто раз ниже). Люди приобретали её, чтобы при случае или при более благоприятной экономической обстановке продать или хищнически использовать её, выжать из неё максимум, а потом обанкротить (пример - авиаперевозчики). Деньги, вырученные от такой приватизации, большей частью оседали в офшорах и потом на Россию не работали. Некоторые новые русские предпочитали на украденные таким образом деньги покупать особняки, яхты и клубы за рубежом. Ведь мало кто из них мог грамотно управлять, распоряжаться собственностью - заводами, банками, пароходами и уж, тем более развивать промышленное производство. Не сами ведь всё это создавали. Вот и оказалась экономика России за исключением торговли, лёгкой промышленности, сферы услуг и сырьевых отраслей в упадке. На одной маниакальной жажде обогащения экономику не построишь.

О модернизации и инновационном развитии приватизированных предприятий уже и речи нет. Они развивались только там и тогда, где и когда из-за рубежа приглашали управляющих с современными деловыми и инженерными мозгами и давали им карт-бланш на необходимые изменения. Однако большей частью из-за рубежа приезжали спекулянты и мошенники, которым бы хапнуть побольше и уехать назад, прихватив нажитые деньги. Таких стервятников в России развелось выше крыши. Самые предусмотрительные из них в начале 2000-х годов почуяв, куда ветер дует, продали неправедно нажитое добро и подались за границу.

Получилось так, что советская власть в течение 60 лет вырезала из народной памяти само понятие о собственности и давила самих собственников на корню – всё в соответствии с пролетарским законом “грабь награбленное,” а потом в течение нескольких лет почти задаром раздали всё народное имущество нескольким людям, которые большей частью случайно оказались в нужное время и в нужном месте.

В передаче “Полный Альбац” от 22 августа 2011 г. ведущая подняла вопрос: “Почему демократы проиграли, придя к власти в 1991 году? И через 20 лет мы имеем почти тот же совок с элементами капиталистической собственности?” И сама же ответила на этот вопрос так, что мол аморальными типами эти демократы были, а аморальный тип ничего хорошего построить не может. И в этом, несомненно, главная причина проигрыша демократов и краха попыток построить демократическое общество и нормальную экономику в России. [25]

Дефицит морали – это, конечно, правильно, но не всё. Ведь он, этот дефицит, тоже не на пустом месте вырос. А объяснение провала демократических попыток Ельцина и его команды простое. Демократы проиграли потому, что они строили свою экономическую конструкцию на ворованной большевиками в 1917 году собственности - собственности, впоследствии преумноженной коллективными усилиями всего народа. Они не разобрались с фундаментом: на чём строить новый демократический дом – на ворованных “кирпичах” или сначала разобраться с происхождением и надёжностью этих “кирпичей,” провести реституцию[Прим.4], а только потом возводить здание? И хотя давно стало трюизмом выражение, что “на чужом несчастье своего счастья не построишь” и “ворованный кусок не идёт впрок,” но правительство России не хочет расчищать завалы грязного белья в своём собственном доме.

Никто не требовал от российской власти мгновенного возврата потомкам бывших собственников, украденного большевиками у их предков добра. Тем более, что выживших наследников осталось не так много, а документы на собственность сохранились вообще у единиц. В настоящее время вопрос о реституции в России скорее морально-этический, чем имущественный. Но хотя бы обозначить, что реституция будет проведена в обозримые сроки и публично объявить об этом на весь мир было необходимо. Но для этого большую работу проводить надо, а потомки бывших будённовцев, махавших шашками в гражданскую войну работать и тогда не стремились, и сейчас предпочитают этого не делать. Ведь изменения, произошедшие в течение почти 100 последних лет в России слишком велики. Поэтому каждый случай реституции надо рассматривать особо, а не чохом – отвергнул все иски и точка. Впрочем, русские на том и проигрывают, что ленятся копаться в мелочах и деталях. Очень хлопотно. А так, шашкой махнул - и решил проблему. Она исчезла вместе с человеком, которого ты только что разрубил до седла. В результате история России в XX столетии покоится на разрубленных до седла людях.

В 1996 году вступая в Парламентскую ассамблею Совета Европы (ПАСЕ), Россия подписала договор и протоколы взяв на себя обязательства разработать Закон о Реституции, то есть о возврате бывшим законным владельцам собственности, незаконно отнятой у них с марта 1917 года по декабрь 1993 года. И ничего не сделано! Наоборот, обсуждается закон об узаконивании украденной в ходе нечестной приватизации 90-х годов собственности. Получается, что, не разобравшись с украденным большевиками у частных лиц добром, русское правительство уже больше двадцати лет распродаёт его.

Объявление о начале реституции было бы поступком сильного, самодостаточного, нравственного государства. А без этого оно продолжает оставаться вульгарным вором мало чем отличающемся от заурядного грабителя с большой дороги. В принятии закона о реституции сейчас мало кто заинтересован. Власть в России оккупировали потомки тех, “кто был ничем,” но “всем” они так и не стали.[Прим.5]

После того, как Владимир Путин увидел, что при Ельцине вместо нормальной современной экономики в России развивается сырьевая, паразитическая и что сырьевые олигархи давят другие отрасли экономики своими несметными халявными деньгами, он осуществил частичный возврат к государственному социалистическому устройству общества. Целый ряд сырьевых компаний был выкуплен (Сибнефть) или отнят у прежних владельцев под благовидными предлогами (ЮКОС). Теперь эти компании стали преимущественно государственными.

Управляют ими чиновники. Доходы от их эксплуатации идут частично в государственную казну, частично в их карманы. Это сразу почувствовали беднейшие, плохо защищённые и средние слои общества, которые при Путине стали жить лучше, чем при Ельцине. В этом главная разница между частным и государственным капитализмом. Первый более эффективен. Зато второй более социально ориентирован.

Таким образом, после краха коммунистической идеи в 1991 году и краткого периода зарождения института частной собственности в России, Кремль снова взял под своё управление значительную долю сырьевой российской собственности, приносящей реальный валютный доход. Кроме того, Кремль разрешает одним быть богатыми, а другим нет. Одно хорошо – любой гражданин России теперь может послать Кремль куда подальше и уехать куда глаза глядят как внутри России, так и за её пределы. Однако от себя далеко не уедешь.

По данным русскоязычной версии журнала "Форбс," к началу 2018 года Россия занимает 7 место в рейтинге стран по количеству долларовых миллиардеров. Их 106 человек, или на 10 человек больше, чем годом ранее. Получается, что 1,5% населения РФ владеют 50% национальных богатств. В пятёрку самых богатых россиян входят:
1) Глава "Новолипецкого металлургического комбината" Владимир Лисин (19,1 млрд дол.),
2) Владелец "Северстали" Алексей Мордашов (18,7 млрд дол.),
3) Глава компаний "Сибур" и "Новатэк" Леонид Михельсон (18 млрд дол.),
4) Президент "Лукойла" Вагит Алекперов (16,4 млрд дол.),
5) Совладелец компаний "Сибур" и "Новатэк", а также контролирующий акционер "Стройтрансгаза" и нефтетранспортной компании "Трансойл" Геннадий Тимченко (16 млрд дол.).

За ними следуют совладелец "Норникеля" Владимир Потанин (15,9 млрд дол.), владелец "Еврохима" Андрей Мельниченко (15,5 млрд дол.), основной владелец "LetterOne" и "Альфа-Групп" Михаил Фридман (15,1 млрд дол.), акционер "UC Rusal" и "Группы Ренова" Виктор Вексельберг (14,4 млрд дол.) и основной владелец "Металлоинвеста" Алишер Усманов (12,5 млрд дол.). [87]

Немалая доля русских финансов перекачана в офшоры. Налоговым раем до недавнего времени считался Кипр, находящийся в Еврозоне. Однако из-за краха банковской системы Кипра, этот офшор стал ненадёжным, а теперь и вовсе прозрачным для финансовых контролёров. Постепенно могут утратить свою привлекательность другие привлекательные с налоговой точки зрения места - например Каймановы острова. Это связано с тем, что мировая банковская система идёт по пути всё большей информационной прозрачности финансовых вложений, а для "тёмных," многократно "отмытых" капиталов из России -

открытость смерти подобна. Недавно произошла утечка информации о людях, имеющих офшоры в Панаме. Это в основном зарубежные лица, но попались и несколько россиян.

В 2000-е годы в России особенно заметен стал перекос на континууме "свобода-богатство" в сторону богатства. Большинство из богатых и просто обеспеченных людей выросли в СССР и до сих пор имеют все проблемы, присущие советскому человеку – духовную зажатость, разобщённость, низкую ответственность перед обществом и т.д. Свободными они не стали несмотря на четверть века жизни в относительно свободном российском обществе. Естественно - свободном по сравнению с тоталитарной советской диктатурой. Но гарантий неприкосновенности своей собственности пока не имеет никто. Собственники в России всё время находятся от кого-то в зависимости – от государства, от конкретных чиновников, и даже от уголовников. Получить такие гарантии можно только в свободном демократическом обществе. Но за свободу надо бороться, принимать демократические законы, воспитывать детей и внуков более свободными, чем они сами, а это трудный неблагодарный процесс с непредсказуемым финалом.

Нынешнее правительство выкупает или "отжимает" у предпринимателей бывшую государственную собственность, которую по дешёвке "разбазарили" в 90-е годы ельцинские "демократы." Высокие цены на нефть обеспечивали до 2014 года русской номенклатуре возможность тратить деньги на разные ненужные для хозяйства России, но амбициозные проекты вроде зимних Олимпийских игр в Сочи 2014 года и 21-го чемпионата мира по футболу 2018 года, фактически являющихся пиар-акциями на государственном уровне. Около двух третей банковского капитала на начало 2018 года принадлежит или находится в управлении государства и эта тенденция далека от завершения.

Бизнесмен в России уязвим перед лицом государственной машины. Собственность вроде принадлежит ему, а вроде и нет. Законы об охране собственности вроде есть, но они работают плохо. Поэтому чувства истинного хозяина у бизнесмена не возникает. Он всё время балансирует в состоянии неопределённости, иногда действует на грани закона, а иногда рискует своей свободой. Примером может послужить недавний арест в Белоруссии генерального директора компании "Уралкалий" Владислава Баумгертнера, который якобы нанёс Белорусской калийной компании "Беларуськалий" ущерб в 100 млн. долларов.

Другой пример, арест президента АФК Система Владимира Евтушенкова с целью отъема у него нефтяной кампании Башнефть. Третий пример, - посадка под домашний арест председателя совета директоров аэропорта Домодедово Дмитрия Каменщика. Это все –

известные кампании и люди. А чего стоят нашумевшие отъёмы созданных ими кампаний у Евгения Чичваркина и Павла Дурова. Что тогда говорить о десятках тысяч средних и мелких бизнесменов. Многие тысячи российских бизнесменов сидят по тюрьмам в России. Отсюда желание перевести свою собственность в валюту и управлять ей из офшоров, или вложить свободные деньги в недвижимость за рубежом.

Защитой частной собственности в России не занимается ни одна официальная государственная организация. Существующие государственные институты, включая полицию, госбезопасность, прокуратуру и суд достались России в наследство от СССР. Эти институты защищали государственную собственность от посягательств частных лиц в советские времена. Теперь к списку тех, кого эти организации защищают добавились главные лица государства, чьи интересы приоритетны над интересами всех остальных граждан. Перестроиться эти организации могут только по спецзаказу со стороны высокостоящего чиновника, да и то не всякого. В этом неформальном деловом поле “спасение утопающих есть дело рук самих утопающих” - выплыл, так выплыл, утонул, так утонул.

Нынешние русские верховные начальники (президент, премьер, ближайшие заместители, министры, главы законодательной власти), хотя формально не владеют ничем и зарплаты имеют не выше, чем чиновники в других европейских странах, но широко пользуются казённым имуществом. Обслуживают всё это имущество (самолёты, резиденции, автомобили, отели) огромное количество людей – многие тысячи человек, которым государство платит зарплату. По сути, как и в Советском Союзе пока человек имеет власть, он всемогущ. Как только он её теряет, он теряет многое, иногда почти всё.

В конце января 2013 года Россия вышла из соглашения с США о борьбе с преступностью. А это ведь не только пресечение деятельности наркоторговцев и борьба с детской порнографией. Это ещё отказ от отслеживания российских преступников, которые занимаются отмыванием денег, это отказ от расследования источников незаконного обогащения чиновников, купивших недвижимость за рубежом и тех, кто нанёс ущерб экономике России, переведя свои активы в офшоры. Если раньше, к примеру, ФБР могла сделать запрос по поводу сомнительной с точки зрения американского закона деятельности русского частного лица, то теперь российская прокуратура всегда может отказаться реагировать на этот запрос, сославшись на то, что с точки зрения российских законов этот человек “чистый” и её не интересует.

В этой связи можно вспомнить отказ Ельцинского правительства в 1992 году от принятия статьи 20 Конвенции ООН против коррупции (“незаконное обогащение”), в которой сказано о том, что государственный служащий автоматически лишается своего поста, если не может объяснить источники своих доходов. Это говорит о том, как много жуликов среди влиятельных чиновников в России было уже тогда, у истоков образования нового государства – Российской Федерации. К настоящему времени это число настолько возросло, что угрожает его существованию.

Собственность пока не принесла людям в России свободы. Те, кто её приобрёл после распада СССР, в большинстве случаев приобрели её в ущерб совести и морали. Культуры пользования собственностью до сих пор нет. Чтобы грамотно пользоваться землёй, предприятиями, другой собственностью нужно уметь ухаживать за ней - мусор убирать за собой, вкладывать средства в развитие. Например, участки Байкальского побережья продали частным владельцам, думая, что те заставят туристов убирать мусор за собой или сами займутся уборкой мусора на регулярной основе. В реальности получилось, что собственники выстроили дома, обнесли их заборами, а убирать примыкающие к их заборам мусорные кучи не желают. Пусть этим местные поселковые советы и администрация занимаются. Налицо советское потребительское отношение ко всему, что тебе досталось от государства по дешёвке или задаром.

Современная Россия после 1991 года недалеко ушла от Советского Союза. Государство не только не выполняет свою базовую функцию по охране собственности граждан и защите самих граждан, а скорее наоборот. Оно выдаёт гражданам разрешение иметь и пользоваться собственностью и устанавливает законы выгодные не столько для граждан, сколько для себя. И всё это для того, чтобы правящей верхушке было легче управлять этими гражданами, владеющими недавней государственной собственностью. То есть в России всё по-прежнему перевёрнуто с ног на голову – не государство для человека – бизнесмена, обеспечивающего экономический и технологический прогресс, а человек для государства, представленного кучкой чиновников.

Феномен "власти-собственности" это такой институт современной собственности, при котором доступ к ресурсам зависит от принадлежности субъекта к государственной иерархии. В современной России доступ к собственности и её принадлежность стали зависеть не столько от юридических прав на эту собственность, сколько от места чиновника в государственной структуре. Собственность во многом остаётся виртуальной, как было и раньше в СССР. В результате собственность до сих пор не является прерогативой свободного гражданина. В той или иной форме собственность связана с властью.

Глава 3

Власть, как Ценность и Заменитель Частной Собственности

3.1. Периодизация эпох организации общества и управления Россией

Начало цивилизованного развития восточнославянских туземных племён относится к IX - X векам. Только после формирования институтов власти и Крещения Киевской Руси, можно говорить о Древней Руси, как о самостоятельном государстве. Восточнославянская нация зародилась и устоялась в процессе обретения ей общего языка, письменности, и культуры. До этого восточные славяне не ощущали своей национальной идентичности, как части целого. У них в лучшем случае присутствовало чувство семьи, рода и племени, но не более того. Для определения того, как славяне дошли до жизни такой приведу мою периодизацию эпох изменения восточнославянской организации общества и управления Россией:

1. Эпоха семейной и родоплеменной разобщённости. (продолжалась до 862 года н.э. – года приглашения варяга Рюрика на княжение в Новгород).

2. Эпоха начальных завоеваний и крещения восточнославянских туземцев под властью Киевского князя. (с 862 до 1015 года – года смерти киевского князя Владимира Святославича, объединившего большое количество племён, народов и земель на Русской равнине.).

3. Эпоха княжеской разобщённости. (с 1015 до 1505 года – года смерти Московского князя Ивана III Васильевича, который избавил страну от власти ордынских ханов, объединил значительную часть восточнославянских земель вокруг Москвы и превратил её в центр Русского государства).

4. Эпоха рождения монархии и создания Российской империи. (с 1505 до 1721 года, когда царь Петр I принял титул Императора Всероссийского и Отца Отечества).

5. Эпоха расцвета, стагнации и заката абсолютной Российской монархии. (с 1721 до 1917 года – года отречения от власти императора Николая II).

6. Эпоха экспроприации большевиками власти в России и создания государства бюрократической диктатуры люмпенов – Советского Союза и мировой системы социализма. (с 1917 до 1953 года – года смерти диктатора Сталина).

7. Эпоха стагнации, загнивания и развала советской империи. (с 1953 до 1991 года –года сложения Горбачёвым с себя полномочий Президента СССР).

8. Эпоха частичной реанимации Российской империи в виде Российской Федерации. (с 1991 года до настоящего времени).

3.2. Централизованное государство как фактор целостности России

В России распространено мнение, что невозможно управлять такой огромной многонациональной страной, как Россия, другими методами помимо авторитарных. Иначе страна развалится. Недаром население России традиционно рассматривает власть, как хранительницу и продолжательницу авторитарных традиций. Централизованная власть поддерживает и цементирует государство, как единое целое. Результатом таких представлений является то, что государство и власть существуют и развиваются не столько ради людей, которые в нём проживают сколько ради самих государства и власти.

Имперский фантом в ментальности народа подобно любому другому социально-психологическому образу, представлению действует до тех пор, пока его подпитывают. Если его не подпитывать, то он уменьшается при жизни двух поколений. В России, как стране консервативной, имперский образ, фантом оказался удивительно живучим. Он до сих пор поддерживается всей системой государственной власти, независимо от того, совпадает этот образ с трендом развития других стран и народов или нет.

Так уж традиционно получалось, что на Руси народ “цементировался,” сплачивался не “снизу” – от людей, а “сверху” – от власти, через принудительно насаждаемую дисциплину и через образ врага. Так оно было при князьях, царях и императорах в России, так было в Советском Союзе при коммунистических генеральных секретарях, так оно сохранилось и сейчас при президентах. И всё потому, что процесс объединения людей “снизу” в России не запускается, а как только кто-то пытается это общее “снизу” создать, так его либо дискредитируют, либо игнорируют, либо он сам ссорится со своими соратниками. Отсюда, кстати, слабость любой российской оппозиции. Оппозиционеры не умеют координировать свои усилия для достижения общих целей, а личностного потенциала и политической культуры у них для этого не хватает. Да им авторитарная власть и не даёт это сделать.

Ведущим фактором, который лучше всего работает в России является мнение и воля лидера группы или главного лица организации, государства. Личное мнение князя, царя на российском престоле, вождя или президента в лидерском кресле в конце концов определяло поведение его подчинённых или зависимых от него людей, равно как и движение страны в определённом направлении. Поэтому только сверху и можно провести какие-то изменения в России и то - только до определённого предела.

Разбойничьи, варварские империи, имеющие высокий уровень внутреннего напряжения и основанные на военной силе и насилии, сравнительно быстро разваливаются. Это и случилось с Монгольской Империей, а затем и с её осколками. А образовалась Монгольская Империя начиная с 1206 года по 1260 годы во времена Чингисхана и его преемников. В период максимального могущества население империи составляло 160 млн человек, то есть треть населения земли. Столица – Каракорум. Однако после 1260 года эта империя, занимавшая значительную часть Азии и Восточную Европу, стала распадаться на улусы, во главе которых стали чингисхиды. Крупнейшие улусы: Империя Юань, Золотая Орда (Улус Джучи), Государство Хулагуидов и Чагатайский улус.

В 1266 году при хане Мангутемире Золотая Орда обрела полную самостоятельность, сохранив только формальную зависимость от имперского центра. Пиком территориальной экспансии Золотой Орды считается 1389 год. К середине XV века Золотая Орда в свою очередь распалась на несколько самостоятельных ханств: Большую Орду и Ногайскую Орду, а также Казанское, Касимовское, Крымское, Астраханское, Сибирское, Казахское и Узбекское ханства. Центральная часть Золотой Орды — Большая Орда прекратила своё существование в начале XVI века. В течение 262 лет столица Золотой Орды – город Сарай аль-Джедид из процветающего центра торговли и ремёсел с населением около 150 тысяч человек пришёл в упадок и исчез с лица земли.

Великое Княжество Московское было основано одним из потомков Рюрика младшим сыном Александра Невского князем Даниилом Александровичем в 1263 году и поначалу было ограничено бассейном реки Москвы (ок. 500 км в длину). В продолжении более 200 лет Московское княжество находилось в подчинении ханов Золотой Орды (Улус Джучи) и платило им дань.

Князь Даниил заботился о своих людях и о своём городе, строил храмы, дома, стены вокруг Москвы, заботился о процветании торговли, обеспечении людей продовольствием, освободил население от налогов сроком на 5 лет. Потоки беженцев двигались через Москву, спасаясь от монголо-татарского уничтожения и плена. Многие из них оседали в этом относительно спокойном городе.

На фоне развала Золотой Орды Московское княжество резко усилилось, а в 1390 году начало расширяться. Понемногу оно превратилось в самодержавное деспотическое государство восточного типа, управляемое из одного центра подобно упомянутым ханствам. Оно создавалось и усиливалось по восточному образцу, завоёвывая всё новые территории, вбирая в себя всё ценное с окраин, расширяя и усиливая московский центр. В 1547 году при Иване Грозном княжество стало царством.

С тех пор власть в России держалась на государевых псах (опричниках), позже на нагайках и штыках (стрельцах, казаках, армии), на государевых людях (боярах, помещиках, чиновниках) и на базовой религии России – Православии. В 1721 году при Петре Первом царство стало Российской империей со столицей в Санкт-Петербурге, а в 1922 году – Советским Союзом со столицей в городе Москве. Империя то расширялась, то уменьшалась, но, несмотря на любые катаклизмы, сохраняется до сих пор почти в первозданном централизованном виде. Только число чиновников беспрерывно растёт.

Авторитет главного лица в Российском государстве не рекомендуется разрушать и его образ лучше не компрометировать. Это как ядерный процесс – раз начавшись его уже не остановить. Вспомним смутное время в России - период в истории России с 1598 по 1613 год. Оно началось с компрометации царской власти после царя Ивана Грозного. Опричнина, завоевательные походы Ивана Грозного и Ливонская война подорвали уважение народа и бояр к власти и закону и резко ухудшили экономическое положение России. К этому добавилось разорение Великого Новгорода и насильственное перемещение служилых людей в Москву. Ситуацию катастрофически усугубил голод 1601–1603 годов, разоривший тысячи крупных и мелких хозяйств.

Не так много людей сейчас вспоминают, в какую цену России обошёлся Пётр Первый. Сколько людей погибло только на строительстве Санкт-Петербурга, насколько обнищала страна в его царствование от войн и налогов. Но зато все помнят, что Пётр развернул Россию лицом к Западу. Я полагаю, что то же самое через пару сотен лет будет с памятью о Сталине, который так "затянул гайки" в СССР, что всем стало некомфортно жить. Сталин был грубым, свирепым восточным владыкой, опиравшимся на марксизм-ленинизм. Но в отличие от других диктаторов, чьи империи развалились сразу после их смерти, результаты деятельности Сталина, до сих пор налицо несмотря на глупость последующих правителей. А вопрос цены достижений со временем забывается.

Или возьмём Первую мировую войну. К началу 1917 года на фронтах Россия её не проигрывала. По сравнению с Сербией, Турцией, Францией и многими другими странами потери России в живой силе по отношению к численности населения были даже меньше. Ей надо было просто продержаться ещё год-полтора. Она проиграла эту войну внутри страны из-за внутреннего разложения людей в тылу. Если бы нашёлся безжалостный человек подобный Дзержинскому, который воевал на стороне монархии, он бы просто собрал головорезов и приказал им публично расстрелять несколько тысяч человек без суда и следствия, не взирая на лица. Для России этого было бы достаточно и подействовало, как пощёчина бьющемуся в истерике человеку. И вся история России пошла бы по другому сценарию.

Однако более активными, наглыми, предусмотрительными оказались не царь и его правительство, а социалисты-революционеры, которые в 1916-1917 годах сумели обманом и лживыми обещаниями "разложить" крестьян, рабочих, армию, правящую верхушку и даже служителей церкви. Зато после октября 1917 года всё в России стало намного хуже, чем при царе. Проигрыш в войне. Хлеб по карточкам. Пытки и убийства большевиками сотен и тысяч заложников без суда и следствия. Голод. Беспризорность. Бандитизм. Рабочий класс и крестьянство не обрели, а, скорее, потеряли свои права, за которые они боролись и даже завоевали при царе. Недовольных рабочих чекисты расстреливали и топили вместе с офицерами, буржуазией, служащими и интеллигенцией. Бунтующих крестьян вместе с семьями травили газами и расстреливали из орудий и пулемётов. Про то, что осталось от русских думающих людей уже и речи нет. Относительно повезло только тем, кто успел уехать за границу. Вот тебе и роль русского императора. Пусть был плохонький, даже совсем никудышный Николай Второй, но всё же лучше, чем то, что случилось с Россией после его отречения.

По факту получается, что даже жестокий палач и убийца на российском престоле в России лучше, чем слабохарактерный семьянин вроде Николая Второго или человечный политик вроде Михаила Горбачёва. Главное, чтобы правитель верил в себя, в своё предназначение, в свою жизненную концепцию и мог убедить в этом других. Цельность личности и необузданная законом личная воля – главные "параметры" такого лидера. Этот человек видит только то, что хочет видеть, слышит только то, что хочет слышать. Тогда он способен что-то изменить в России. Пётр Первый, Ленин и Сталин – яркие примеры таких лидеров.

Как только правитель страны “очеловечивается,” начинает думать и заботиться о конкретных людях, как индивидуальностях, так Россия проигрывает - причём проигрывает вместе с этим правителем и вместе с теми людьми, о которых он начинает думать, как о личностях и индивидуальностях. При этом не следует путать частную заботу монарха или президента о конкретных людях с ситуацией, когда правитель создаёт в своём сознании миф, эталон для подражания, а затем награждает своего подданного человека не как индивидуальность, а как мифического образцового солдата или как эталонного русского мужика. В первом случае государь подходит к людям с психологических позиций, тогда как во втором, он оперирует функциональными статистическими категориями количества солдат, рабочих, крестьян, проживающих на квадратных километрах территории, обеспеченности их жильём и т.д.

Советская империя, скреплённая террором, военной силой и коммунистической идеологией строилась на неестественном для природы человека фундаменте, а поэтому с самого начала имела тенденцию к дезинтеграции. Но процессы распада не могли в полной мере проявиться в условиях террора и тотального военного принуждения. Только через 45 лет после Второй мировой войны эта империя экономически ослабла настолько, что стала разваливаться. И тут уж никакой марксизм не помог. Вначале из-за непродуманной экономической политики Горбачёва развалилась мировая система социализма и утратил силу Варшавский пакт, потом лидеры России, Украины и Белоруссии с подачи рвавшегося к власти Бориса Ельцина развалили Советский Союз. Остался самый большой кусок советской империи – Россия.

Традиции однопартийного директивного руководства настолько въелись в сознание народа, что Россия видимо ещё долго обречена быть страной одной доминирующей партии и одного лидера. Вертикаль власти по-путински – это единство воли. Не бог весть какая оригинальная идея, но на ограниченном отрезке времени она пока работает. По крайней мере страна ещё функционирует, хотя и в ручном режиме. Вертикаль власти – это вариант традиционной для России авторитарной модели управления. Один лидер находится в центре и всем управляет (даже если лихорадочно перемещается по всей стране и по зарубежью), другие ждут его указаний, советов, подачек и пр. На него замыкаются все главные назначения, решения и связи. Его чиновники звёзд с неба не хватают (да им и не дадут их хватать), но и технологического прорыва от власти ожидать не приходится. Народу отводится роль просителя, статиста и исполнителя ценных указаний сверху.

Когда немалая часть населения страны в соответствии с советской традицией считает, что государство обязано их обеспечить – дать им образование, медицинское обслуживание, работу, пенсию по старости и нетрудоспособности, то это типичный образец паразитического отношения человека к государству. С наступлением капиталистических отношений в России социальная поддержка населения уменьшилась, но население всё ещё рассчитывает на государство, как своего главного спонсора. Государство как умеет пытается отвечать требованиям народа.

Как только человек получил в России власть, деньги и собственность в своё пользование – он стал сильным. Теперь он может всех игнорировать, послать подальше права всех несогласных с ним людей, запретить неугодные средства массовой информации, подавлять правозащитников замалчивать всё, что ему не нравится. И никто не смеет прекословить правителю. В противном случае он враг или отлучён от власти. Право сильного позволяет писать и переписывать законы, Конституцию, свою и чужую историю, воспитывать людей в нужном ключе, развязывать те войны, которые правитель считает нужным развязать. Всё это идёт от недалёкости большинства людей, которые захватывали власть в России в последние сто лет.

Российская власть в лице её лидера ведёт себя так, как считает нужным, проводит только те решения, которые ей выгодны. Если правителю делать чего-то не хочется, то он придумывает всяческие отговорки, проводит фейковые опросы общественного мнения, в общем, не мытьём, так катанием делает так, как ему выгодно. Это связано и с проведением нужных власти законов, и с организацией всяческих празднеств, демонстраций и с топонимическими изменениями, и с захоронением тела Ленина и пр. Кто же будет всерьёз спрашивать телёнка хочет он чего-то или нет. Когда от телёнка что-нибудь нужно правительственные чиновники применяют метод кнута и пряника. Этим дело и ограничивается.

Мысль о распаде России кажется некоторым жителям, населяющим страну, кощунственной. Им кажется, что с разделением России на части русские потеряют свою национальную идентичность. И хотя эта идентичность существует только в их воображении, но фантомные ощущения огромной территории у людей ещё очень сильны. Однако, самое большое на что способны жители России, если утрата каких-то территорий всё же произойдёт без согласования с ними — это выругаться и напиться. Интеллигенция немного посудачит на кухне и в оппозиционных СМИ. А что дальше? Что бывает с камнем, брошенным в болото – пара кругов на затянутой ряской поверхности - и больше никаких следов. Забудут. И не такое забывали. Возможную утрату этих территорий скорее можно рассматривать, как пощёчину правящей верхушке полной пустых имперских амбиций, а не простым людям, которым по большому счёту всё равно.

Критика оппозиционеров даже в таких очевидных вещах, как несменяемое руководство, вертикаль власти, ухудшение уровня жизни в такой стране, как Россия ни к чему конструктивному не приводит. Слишком она велика. Это вам не Армения, где все друг другу родственники. Самое забавное, что все эти критики власти в случае угрозы их жизни или благополучию, быстренько убегут за рубеж и там буду “сосать” доброхотного дядю Сэма или сердобольную маму Меркель и жаловаться на свою несчастную жизнь в России и на “редиску” Путина, а одураченные их призывами простые люди останутся на родине отдуваться за то, что натворили под их чутким руководством, расхлёбывать ту кашу, которую недовольные и несогласные с властью заварили.

И я это пишу при том, что с симпатией отношусь ко многим оппозиционным идеям и ненавижу любое авторитарное правление и подавление частной инициативы с помощью чиновничьей вертикали власти. Но из рассказов родственников я запомнил, как грабили и убивали моих дедов и прадедов большевики, отнимали честно заработанное ими добро во имя дурацких ленинских идей и как безграмотно потом победители-убийцы распорядились этим добром. Это было задолго до прихода к власти Сталина, на которого теперь сваливают всё плохое, что случилось с моей родиной.

Теперешние лидеры России объясняют возрождение военно-промышленного комплекса, усиление армии и флота, централизацию и укрепление власти необходимостью сохранить и защитить огромную территорию. Для них это вопрос престижа. Возрастание собственной значимости в глазах как своего, так и других народов через сохранение завоёванных когда-то территорий, является в их понимании существенной частью их работы.

В XX веке стало ясно, что цена воссоздания и ещё большего расширения российской империи советскими методами была столь велика, что СССР на этом надорвался и развалился уже всерьёз и надолго в 1991 году. Попытки Владимира Путина реанимировать холодеющий имперский труп приводят только к новым тратам природных ресурсов России. И уже до конца XXI века даже самому упёртому имперскому фанатику будет ясна тщетность экспансионистских усилий московской централизованной власти. Люди хотят жить для себя, а не ради мифических имперских или гегемонистских целей своего амбициозного руководства. И так уже вместо полумиллиарда человек в Российской Федерации проживает всего 146 миллионов - и те жмутся поближе к Москве.

Путин делает для России как хорошие, так и плохие вещи. К хорошим относится его стремление сделать переход к капитализму для большинства людей менее болезненным и справедливым, к плохим – то, что он своей вертикалью власти, своим запредельным московским бюрократическим аппаратом и своим доминированием над всем в России, давит здоровое начало в народе, сводит на нет все усилия инициативных людей сделать что-то полезное для себя и своей страны. Получается, что из-за страха перед тремя жуликами на сотню человек народа власти ограничивают инициативу остальных девяносто семи честных людей, из страха перед одним террористом, ограничивают свободу десятков тысяч простых граждан.

Нынешний консервативный курс президента возвращает Россию к временам амбициозного имперского государства, но не способствует постиндустриальному развитию страны. Как переходный период к более динамичному правлению его ещё можно было рассматривать до 2008 года. Но Путин не сумел сам это вовремя осознать и добровольно уйти с политической сцены. Не для того же он выстраивал подконтрольную ему вертикаль власти, чтобы её кому-то отдать насовсем. Тем самым он отбросил Россию во времена авторитарного ручного правления, а это известно, как для страны заканчивается. И он может миллион раз повторять, как он любит Россию и работает ради неё, как раб на галерах, но в долгосрочной перспективе его политика для России не имеет перспектив несмотря на высокий, подчас зашкаливающий рейтинг. Сильный и честно работающий лопатой землекоп тоже работает много, но любой самый захудалый экскаватор оставит его далеко позади.

3.3. Сакральность Власти как Ценность

На Руси собственность традиционно была закреплена за верховной властью или зависела от неё. Исторически сложилось, что у подавляющего большинства населения собственности не было или она была ограничена. Поэтому власть всегда была главной ценностью в России, источником силы и эквивалентом частной собственности, основанной на юридическом праве

Положение о сакральности князя было основополагающим в раннем русском обществе. На этом было основано доверие простых людей к князю-государю. В народе считали, что “воля государя есть воля божья.” В этом состоял главный и последний аргумент простого человека. И это было непонятно для европейцев, для которых государь был обычным человеком, облечённым властью. Кроме того, в русском народе бытовало мнение, что хороший-плохой князь – это награда-наказание, посланное богом на народ. В любом случае приходится терпеть его. Княжеский суд был на одном уровне с Божьим судом. Только через князя можно было добиваться осуществления правосудия. Война также рассматривалась, как божий суд. Были также церковный суд и вечевой суд. Иногда несколько видов суда применялись одновременно.

Линию на сакрализацию роли государства и служение ему можно проследить в деятельности всех русских императоров, генеральных секретарей и президентов. И так уж получалось, что эта линия, эта идея рано или поздно становилась и народной идеей. Только этим можно объяснить жертвенное служение ей народа, готовность ради этой идеи отдавать свои жизни – кто бы не стоял у власти. Стоит человеку объявить себя вождём, спасителем отечества, национальным лидером или просто царём, как он уже начинает пользоваться если не любовью, то по крайней мере преклонением и уважением своих подданных, и может ввязываться во внешние войны и даже бессчётно и безнаказанно уничтожать свой народ. И народ ему всё прощает. Главное лицо страны традиционно рассматривается народом не как человек, а как служитель идее государства, как целого. Причём по мере ужесточения авторитарного правления российское общество всё больше консолидируется вокруг своего правителя.

С момента воцарения варяжского князя Владимира Святославича в X веке в его облике, как военачальника и судьи появились божественные черты кумира и государя, как носителя и выразителя идеи государства. И это постепенно стало совпадать с восточной и православной традицией. В конце концов оказалось, что не закон управляет людьми через представительные органы власти, а управляет выразитель духовного божественного начала, сконцентрированного в лице правителя (абсолютного монарха, теперь президента России). Для них верховное лицо и есть выразитель закона, государства, кумир. Просто со временем одного кумира заменяет другой – может быть даже и не похожий на прежнего, но имеющий те же сакральные черты. Откуда, вы думаете, берутся миллионы вопросов и просьб, которые приходят на прямую линию с нынешним президентом? - "Помоги, отец родной! На тебя одного вся надежда!"

В России до сих пор важна не личность правителя, а важен символ абсолютной власти, важна не кровная, персональная или должностная преемственность правителя (князя, царя, вождя, генерального секретаря, президента), а важна преемственность образа абсолютной непререкаемой власти. Важен образ головного правителя, единого представителя государства и народа. Без этого образа Россия как могучее государство в воображении подданных перестанет существовать. Душе русского человека не на кого и не на что будет опереться. Любая новая власть в России это понимает и срочно создаёт сакральный образ нового правителя, помещая его на место старого.

Подтачивая легитимность и сакральный образ прошлых правителей, каждый новый правитель подтачивает собственную легитимность, свои права на безоговорочное правление своим народом. Большинство правителей СССР таких, как Ленин и Сталин стали раскрученными брендами, а некоторые даже кумирами миллионов, что бы об их зверствах не писали потомки. Уж сколько лет "полощут" Сталина его потомки, а его популярность в народе всё ещё высока.

Рейтинг Хрущёва сильно упал в глазах современников потому, что он дискредитировал предшественника - Сталина, а косвенно и весь русский народ, который Сталину верил, поклонялся, умирал за него. Нынешний правитель – Владимир Путин действует поумнее. Он придерживается концепции непрерывности исторического процесса во времени с момента образования Древнерусского Государства и, тем самым, сакрализует себя самого, сохраняя свой рейтинг.

Ведь почему жрецы, священники, раввины, имамы и прочие служители культа с одной стороны проповедуют уважение к святым предметам и постройкам: мощам, иконам, рукописным материалам, храмам, а с другой, учат заповедям по типу: "не сотвори себе кумира"? (Имеются в виду земные кумиры.) Без этих предметов они вроде бы и не нужны. А кушать-то все хотят. Конечно, можно организовать религиозный процесс основываясь только на проповедях, молитвах, заклинаниях (вспомните: "Вначале было слово"). А слово, хоть и не воробей, но если уж вылетело, то кто-то его поймает, а кто-то и нет. Ненадёжная штука слово. А мышление большинства людей всё-таки предметное. Человеку бы потрогать, пощупать, понюхать. Вот отсюда и начинается связка между земным и небесным в сознании.

Любая сильная центральная власть в России сакральна по определению. Хотя бы потому, что то, что дозволено Сакральному Национальному Лидеру, то не дозволено рядовому гражданину России. Естественно, что политические властолюбцы стремятся в Москву и в Кремль, где этого сакрального много. Интуитивно они чувствуют, что в России место красит человека, а не человек место. Оказавшись в Кремле, они запросто меняют свои взгляды, приспосабливаются под занимаемые места. Раз вчерашнему коммунисту надо быть православным – да нет проблем – ради власти и денег – хоть шаманом племени майя может себя назвать.

Сакральность власти в России основана ещё и на противопоставлении: "Кто я - и кто он?" "Между мной и ним – пропасть." Я – простой маленький человек, а он – президент, царь и прочая, и прочая. Его вон сколько много, а меня так мало. Налицо самоуничижение вплоть до потери личного достоинства. А отсюда рукой подать до обожествления того, кто ещё совсем недавно был рядовым человеком.

Нынешняя вертикаль власти, организованная президентом Путиным, – это усовершенствованная российская схема патриархального управления народом с добавкой промежуточных звеньев, которые отражают тысячелетний прогресс цивилизации. Один отец, патриарх, вождь, национальный лидер отвечает за всё в своём семействе-государстве. Он управляет, опираясь на вооружённых людей – полицейских, чекистов, а также законодателей, прокурорских, судейских и прочих, которым он хорошо платит и тем самым обеспечивает их лояльность. Естественно, платит государство, но лимиты оплаты всех этих военных и гражданских бюрократов задаются президентом и его исполнительной властью.

Своим народом Путин управляет просто, но с выдумкой. Чтобы стать диктатором и вождём Сталину понадобилось 17 лет. Путин стал безусловным национальным лидером через 7 лет. Народ-то оказался заранее подготовлен к такой трансформации правителя и власти. Подготовлен всем ходом своей истории. Ну и Путин действует более аккуратно, чем Сталин. Это требует больше времени, но зато результат более надёжный и эффект от такой аккуратной работы продолжается дольше. Смотрите: 2018 год, экономика ползёт на брюхе, уровень жизни населения падает, а три четверти народа президента поддерживает. Парадокс!

А фокус-то всего лишь в том, что при том же самом Николае Втором, которого, как только не называли революционеры и ниспровергатели, народ чувствовал себя более свободным и вёл себя с большим достоинством, чем при большевиках, которые низвели этот народ до положения настоящего духовного раба. Так что, создавая свою вертикаль власти, Путин пришёл на всё готовенькое, то есть на взрыхлённую и унавоженную марксистско-ленинскими идеями почву.

3.4. Преувеличенная Роль Отца, Патриарха, Правителя

До сих пор ведущая ценность в ментальности жителя России определяется системой отношений, называемых патерналистическими. Патернализм (от латинского слова paternus — отцовский, отеческий) основан на покровительстве, опеке и контроле старших над младшими и подчинении младших старшим. На уровне государства при таких отношениях власти обеспечивают потребности граждан, а граждане в обмен на это позволяют диктовать им модели поведения, как публичного, так и частного. Патернализм личности — это ориентация на авторитарную власть отца или правителя государства.

Из Ветхого Завета известно, что с времён мифического Адама муж господствовал над своей женой Евой, которую Господь сотворил из его ребра. В большинстве мировых религий и мифологий патриархат является базовым обозначением взаимоотношения полов, доминирования мужского пола над женским, структурной и функциональной организации общественных отношений. Этот джендерный перекос в пользу мужчин, как "сильного" пола до сих пор не выправлен даже в цивилизованных странах, хотя женщинам в XX-XXI веках достаётся всё больше и больше реальных, а не только "бумажных" прав.

В древнегреческом языке слово патриарх, или отец, означает господствующее начало, власть. Вот на этом стержневом образе, идущем у восточных славян с незапамятных времён (по крайней мере с V-VI века н.э.) закрепились и другие образы: бога, князя, царя, императора, вождя, президента и др. Этот собирательный образ власти, образ обладателя души и собственности до сих пор является доминантным при построении властной, духовной и имущественной иерархий в русском сознании.

Патриархат, как власть отца — это форма социальной организации, в которой мужчина является основным носителем экономической и политической власти и морального авторитета. Патриархальное устройство характерно практически для всех традиционных обществ. Патриархату соответствует авторитарный способ правления, когда основу семьи, племени или государства составляет власть, диктатура одного лица или группы из зависимых, подчиняющихся, преданных лично патриарху или лидеру лиц. При авторитарном правлении народ от власти отчуждён, а повиновение людей осуществляется с помощью силы, с опорой на религию и моральный авторитет. Патриарх, диктатор или группа лиц, осуществляющих властные полномочия, отвечает за благополучие, общественный порядок, безопасность семьи, племени или государства и за организацию взаимодействия с другими семьями, племенами, государствами.

Патриархальность состоит в первобытной простоте нравов, безыскусственности, устарелости, старозаветности, допотопности, несовременности, традиционности. Патернализм и патриархальность – это генерализованные феномены или интегральные личностные характеристики – аккумуляторы мировоззренческих ценностей человека в России. Эти характеристики личности или ценности очень живучи на Руси.

В Древней Руси патриархальная семейная община состояла из 3-5 поколений ближайших родственников по отцовской линии, потомков одного предка численностью до 300 человек. Жизнью такой общины руководил семейный совет под руководством патриарха. Власть патриарха была непререкаема. Когда глава семьи, рода распоряжался или наказывал своего родственника, он ссылался на права, которые даёт ему старшинство, первородство, собственность или физическая сила. Выполняемые в общине работы разделялись по сферам – мужские и женские. "Старший" распоряжался повседневным трудом, а "старшая" - женским хозяйством. Имущество семейной общины принадлежало всей общине и никому в отдельности.

Организационные структуры Древнерусской власти были всегда привязаны к сильным лидерам. Вначале военачальников, князей выбирали из местных лидеров, обладавших военными навыками. У каждого из них была своя дружина, которую лидер набирал по своему усмотрению из общинников или из пришлых людей. Дружина использовалась для нападений на другие племена и народы, для сбора дани (налогов), для захвата добычи и рабов. Рабы должны были работать на общинников в качестве неполноправных членов их семей. Дружинники также управляли присоединенными землями и покорёнными племенами.

Восточные славяне, как люди малоцивилизованные в правовом отношении сами не умели себя ограничить в своих желаниях, и традиционно имели низкую общественную дисциплину. Причин для недовольства друг другом у них всегда было много. Поэтому патриарх племени, а затем верховный правитель страны (князь, царь) брал на себя всю полноту ответственности за жизнь своих подданных и благополучие своей территории, страны. Он задействовал патриархальную государственную модель: "непогрешимый отец – неразумные дети." Отец приказывал, дети беспрекословно исполняли приказания. Если дети не выполняли волю отца, то подвергались наказаниям. Это классическая авторитарная модель, которая без изменений воспроизводится с момента образования российского, а потом советского государства. Иногда доброго царя заменяет злой вождь, но народ терпит и такого поскольку вождь даёт людям закон и порядок.

Северо-восточные славяне были храбрыми людьми, но имели существенный недостаток – плохую договороспособность. В середине IX века они нередко побеждали воинственных варягов с Балтийского моря, но потом начинали враждовать и истреблять друг друга. Часто им был нужен нейтральный посредник и тогда они приглашали князей со стороны.

В Приильменье проживала группа племён разного этнического происхождения (славяне, угро-финны), на которых нередко нападали пришлые варяжские дружины. Приглашение варяга Рюрика на княжение было приглашением его в качестве военачальника и третейского судьи для разрешения споров, возникающих внутри родов и племён. Постепенно Рюрик обложил данью те племена, которые его позвали на княжение. А поскольку в руках дружинников было оружие, и они хорошо им владели, то управлять местными туземцами им становилось всё легче и легче. Постепенно все племена были вынуждены платить налог на содержание княжеских войск.

Старое славянское слово "государь" или "господарь" относилось к владельцу территории - князю-правителю в Древней Руси, а затем к русскому монарху. Слово "господарь" в свою очередь является родственным слову "господь," то есть Бог, Всевышний, Творец, Создатель душ людей. Согласно некоторым трактовкам слово "господь" представляет собой перевод ивритского непроизносимого имени Бога - Адонаи. Древнееврейское слово адон или "господин" в значении "собственник и властелин" — это титул, который принадлежит не только Богу, как Властелину и Собственнику "всей земли," но и человеку, например, царю. [5, с.с. 446, 448] Таким образом, представление восточных славян о главенствующей роли и даже божественном происхождении своих правителей (князя, царя, императора) имеет глубокие этимологические корни. Слово "государство" в русском языке происходит от старославянского слова "государь".

Государь - владетель территории и людей, на ней живущих, нёс за всё персональную ответственность – за целостность территории, за благополучие народа, за строительство крепостных стен и зданий, за работу государственных учреждений, за организацию снабжения и т.п. Он также являлся верховным судьёй. На государственном уровне государь управлял княжеством, царством, как своей вотчиной.

Изначально восточнославянские туземцы привыкли полагаться на свои силы и силы своей семьи, рода, племени. По мере усиления власти варяжских князей и христианизации Руси они попали в зависимость от главных обладателей земли и собственности, то есть князей и церкви. Постепенно происходила потеря простыми людьми оставшейся земельной собственности, закрепощение их тела и духа. Сотни лет зависимости от правителей, земельных собственников, церковников и государственных организаций заставили простого человека координировать с ними свою деятельность и рассчитывать на их помощь и поддержку в трудных ситуациях (неурожай и голод, нападение врага и т.д.). В результате начиная с XVI века главным скрепляющим русских людей фактором стала фигура князя, царя, императора, потом генерального секретаря, а теперь президента. Только одна эта фигура заставляет русских почувствовать себя единой нацией, хотя без собственности они превратились в расходный материал для своих правителей и в генетический смазочный материал, помогающий выживать другим народам и нациям.

Я полагаю, что не следует обольщаться по поводу корней, истоков происхождения ментальности населения теперешней России. Патриархальный, монархический способ правления, централизованная организация государства и армии пришли, скорее с Востока, из Азии, а культурная, религиозная составляющая восточнославянской цивилизации идёт с Запада, из Средиземноморья и из Европы. Европеизация Киевской Руси продолжалась с времён князя Владимира Святославича (988 г.) до завоевания Киева ханом Батыем в 1240 году. Затем в культурном развитии России был перерыв примерно на 240 лет. За это время на Руси укоренилась Восточная автократическая культура управления княжествами. Только Новгород и Псков сохраняли свою относительную независимость от татаро-монголов и от влияния Золотой орды, от Владимирских и Московских князей, да и то только до 1471 года. Начиная с правления князя Ивана III, жёсткое, авторитарное правление Восточного типа стало устанавливаться как в Новгороде, так и в других северных городах, находившихся в зоне влияния Новгородской Республики.

Новый этап европеизации России начался с середины XVII века с правления царя Алексея Михайловича Романова, продолжился его дочерью Софьей, а затем и сыном – Петром Первым. Несмотря на веяния с Запада, в России продолжала развиваться патриархальная абсолютная монархия, предполагающая практически неограниченную власть князя, царя, императора над своим народом. Бояре, помещики, служилые люди, другие органы власти были целиком зависимы от монархов и существовали на уровне советников и входили в совещательные органы при монархе.

Шли столетия, а в патриархальной восточнославянской традиции ведущую роль в семье, как первичной ячейке общества продолжал играть глава семьи. В XVIII - XIX веках в России таким главой крестьянской семьи был мужчина - "большак," "старшой." Его главенствующее положение в хозяйственном, административном и религиозно-нравственном отношении признавали все члены семьи, община и даже власти.

До сих пор в сознании многих жителей России силён образ патриарха: главы семейства, рода, племени, народа, нации. Это не значит, что в Русской ментальности с древних времён ничего не изменилось, но патриархальный дух в народе сохраняется и в XXI веке. Русские князья, цари, вожди, генеральные секретари КПСС, все президенты России этот дух поддерживают и даже культивируют. При этом неважно какими ценностями или идеологиями правители этот дух маскируют и что говорят народу. Недаром, захватив власть в Российской империи вместе с Лениным, Лев Троцкий так боялся тех, кто может воскресить традиционное монархическое сознание русского народа. Поэтому большевики поспешили расстрелять всех потомков рода Романовых (а это более 100 человек) в 1918-1919 годах, до которых смогли дотянуться. Правда, очень быстро тонкошеи большевистские вожди заняли их место, а самый хитрый – Сталин влез на место главного. Всё вернулось на круги своя, правда уже без русской культуры.

Исходные "теоретики" нового общественного строя, названного по недоразумению "диктатурой пролетариата" на самом деле никакими марксистами не были (кроме Ленина и ещё нескольких человек поумнее, которые хотя бы читали "Капитал" Маркса), но зато прикрывались марксизмом для захвата и упрочения своей преступной власти. Все они обладали психологией уголовников и каторжников. Подобно тому, как начальству колонии правонарушителей, отбывающих срок наказания, легче управлять заключёнными с помощью воров в законе, которые управляют, опираясь на понятия, так российской власти легче управлять народом, опираясь на коммунистов и чекистов, которые руководствовались традиционными русскими ценностями и, в частности, патернализмом и патриархальностью.

Ожидания простых людей связаны с этим всеобъемлющим патриархальным руководством и контролем за всеми и вся. При этом они ведут себя, как птенцы, которые только открывают клювики, чтобы получить очередную порцию корма в виде благ, поощрений или подставляют зад, чтобы получить свою порцию пинков и нагоняев - заслуженных, незаслуженных - неважно. Главное, что награды и наказания идут сверху, от представителей государства.

Глава 4

Образ Внешнего Врага, как Базовая Русская Ценность

4.1. Образ Внешнего Врага, как Механизм Объединения и Управления Народом и как Средство Удержания и Усиления Власти в России

Если исходить из лаконической формулы императора Александра Третьего о том, что "у России только два союзника – армия и флот," то все остальные страны, народы, нации, которые не входят в сферу влияния России подразумеваются как враги. Образ врага — это палочка-выручалочка советских и российских властей. Этот образ работает до сих пор при отсутствии других более позитивных идей. Врагов искали и находили практически все руководители Древней Руси, Российской империи, Советского Союза и Российской Федерации, ну, может быть, за исключением Горбачёва. Ну и что, принесла борьба со всё новыми врагами русскому народу счастье и процветание?

Страны и народы, которые по очереди играли для России роль внешнего врага в IX-XX веках были: Византия, печенеги, половцы, монголо-татары, Золотая Орда, Казанское, Астраханское, Крымское ханства, Ливония, Литва, Польша, Швеция, Турция, Персия, Франция, Великобритания, Япония, Германия, Австро-Венгрия, Финляндия, США и другие. Причём если до 1917 года это были враги имперские, территориальные экспансионисты, как и сами русские, то потом это стали враги политические и идеологические. После 1991 года это враги ради поддержания амбиций и самоутверждения правителей современной России, ради ложно понимаемых ценностей, ради виртуальных обязательств.

Нападать первому противно реактивной природе русского человека. Поэтому, когда российские правители хотят совершить агрессию против какой-то страны или ввязаться в войну, они стараются выставить убедительные аргументы, оправдания, отговорки – мол ради выживания нации или потому, что на нас напали и мы вынуждены защищаться, или нужно спасти наших братьев, друзей от злых и плохих правителей других стран (но ни в коем случае не от народа этих стран).

Советские вожди вовсю использовали патриотическое начало в русских людях для достижения своих утопических целей, насильственно насаждая распределительный социализм по всему миру. Все войны, которые вёл СССР были реактивными войнами или имитациями таковых. Даже нападая, русский человек и советское государство пытались показать себя жертвой или борцом за справедливость – большей частью абстрактную справедливость.

Для разобщённой многонациональной России образ внешнего врага является важнейшим фактором объединения людей, у которых слабо присутствуют общие духовные ценности. Люди в России ощущают себя единой нацией в основном при наличии врага, на которого им указывает их правитель. Без общего врага – это разобщённое многонациональное население, которое наглый, аморальный или убеждённый в своей правоте человек вроде Ленина, воспользовавшись благоприятной ситуацией, может натравить на кого угодно – на буржуазию, на кулаков, на попов, на анархистов, на басмачей, на белых офицеров, на другие страны и пр. Теперь враги поменялись – это США и Западные страны. А кроме того, украинские и грузинские националисты, исламские террористы и прочая. При необходимости в качестве врагов власти придумают инопланетян, которых российские спецслужбы немедленно отыщут среди российского населения – “вот ведь, гады, так ловко замаскировались под славянскую внешность”.

Как только русские видят внешнюю угрозу, они подобно стаду животных инстинктивно объединяются вокруг своего лидера и готовы на любые жертвы под началом этого лидера. Главная цель успешного русского лидера – создать образ внешнего врага. Этот образ может быть реальным или воображаемым, фейковым. Во втором случае создаётся иллюзия внешней угрозы у населения страны. Но этой иллюзии бывает достаточно. В последние сто лет СССР, а теперь Россия живут в кольце врагов.

На самом деле практически все правители России обманывают своих граждан, пугая их этими самыми врагами, которых на самом деле не существует. Но если они это признают, то чем и как они будут прикрывать свои ошибки и своё неумение руководить народом?

4.2. Территориальная Экспансия в Феодальной России

Большинство войн, которые имели место в человеческой истории были неразумными войнами. Короли, императоры, князья сражались не столько потому, что это было необходимо, но скорее потому, что это было в традициях общества, к которому они принадлежали. Война была их основной работой и профессией. Их родители и прародители воевали всё время, и их дети следовали их примеру.

Только в случаях, когда люди вынуждены защищаться от внешней агрессии и под угрозу поставлено выживание их семьи, рода, племени, государства, то войны оправданы. Что до агрессора, то большей частью в основе его поведения лежит мотивация, основанная на тщеславии, амбициях, желании жить за чужой счёт или стремление захватить чужие территории, чужое имущество. Иногда на первый план выступает порочность личности завоевателя, захватчика, его природная агрессивность.

Выживание, а иногда и процветание народов в древние времена шло стандартными путями - разбойнические войны и грабежи, с одной стороны, и защита от нападений извне, с другой. Как ни почитаешь историю наших предков – либо они воевали, либо они защищались от нападений. Причём складывается впечатление, что воевать им было всё равно с кем – лишь бы это сулило добычу, доход в виде дани или живого товара. Они не были озабочены высокими моральными соображениями. Также просто относились они к жизни и смерти – своей и чужой.

В Древнерусском государстве, как и во всём мире многие войны поражают своей бессмысленностью. Возьмем древнерусских князей. Часто они шли воевать, потому что ничего больше не умели делать. Некоторые князья не умели читать и писать. В то время было не так много престижных профессий "достойных" этих князей. Мелкие обиды заслоняли русским князьям интересы подданных. Князья ссорились-мирились, заключали военные союзы и разбегались по своим княжествам, шли войной друг на друга и выплачивали друг другу дань. И это притом, что они нередко приходились друг другу близкими родственниками.

По мнению известного теоретика монархизма Ивана Солоневича у русских изначально стремление к национальной идентичности подменялось стремлением к наднациональной или сверхнациональной идентичности. [75] Отсюда и их непрекращающееся стремление к экспансии, к завоеванию других народов и захвату новых территорий. Причём экспансия нередко идёт без всякой выгоды для русского народа и даже для российских правителей. Но расширение государства — это самый простой путь управления, особенно если у правителя есть деньги и много солдат. В конце концов, расширяться проще, чем развивать производственную базу, совершенствовать технологии, повышать уровень образования, развивать культуру, живя на одной и той же территории.

Как в давние времена, так и сейчас, главным смыслом существования для восточнославянского человека является понятие "экспансия." Оно является ключевым для понимания его ментальности, его способа мышления.

Экспансия (от лат. expansio — распространение, расширение) — территориальное, географическое или иное расширение зоны обитания, или зоны влияния отдельного государства, народа, культуры или биологического вида. Применяется также как синоним распространения чего-либо неживого за первоначальные пределы.

Бывает биологическая, культурная, политико-экономическая (этническая) экспансия. В России с XX века под экспансией понимают агрессивную политику распространения политического и экономического влияния одних стран на другие вплоть до захвата чужих территорий.

Экспансия объединяет разобщённый многонациональный народ России в единое целое. Для того, чтобы экспансия стала движущей силой агрессивного расширения территории или идеологии нужен образ внешнего врага, который является важнейшим фактором объединения людей, у которых слабо присутствуют общие духовные ценности. Образ внешнего врага бывает также полезен, когда нужно удержать людей от социального взрыва во времена экономических кризисов, реформ и обнищания трудящихся.

Для большинства людей, живущих в приземлённых, рациональных странах, войны и захваты чужих территорий были средством экономической выгоды в виде сбора дани с населения, выкачивания материальных и интеллектуальных ценностей покорённого народа, захвата природных запасов сырья, морских и лесных угодий, расширения рынков сбыта своих товаров. Иногда целью покорения народа, страны было обращение её населения в свою веру, но религиозные, идеологические войны в Европе и Азии велись в основном в VI-XVI веках нашей эры. Только в XX веке идеологические разногласия оказались не менее, если не более важными, чем экономические.

С самого начала создания Московского княжества и до настоящего времени отличительной особенностью российских князей, царей, императоров, генсеков и президентов является стремление к усилению личной власти, расширению территории и влияния на другие страны. Важность новых завоеваний и расширения империи обычно сопровождаются пропагандой величия страны и входят составной частью в русский имперский комплекс. Теории, которыми правители при этом руководствуются, не имеют значения – монархическая, марксистская, или какая-то ещё.

Русские правители воюют за фантомы и мифы – за власть, за влияние в мире, за могущество. Территория – это главный признак власти, влияния и могущества. Особенности русской ярмарки тщеславия состоят в том, чтобы показать, какие мы крутые, независимо от реального состояния дел с экономикой, политикой, правами и свободами человека.

Экспансия всегда была частью русского мироощущения, а лидеры России, да и простой народ всегда были заложниками своей огромной территории. Лиши русского человека ощущения огромных размеров своей страны и у него останутся пустопорожние разговоры за стаканом водки, агрессия и тоска от убогой забитой жизни, от каждодневного унижения при столкновении с реальностью – бюрократами, взятками, невыполнением обещаний и обязательств. Будучи экспансионистом по природе, русский человек ощущает власть пространства над собой, но не умеет это пространство как следует организовать и использовать как для себя, так и для других.

Русский философ Николай Бердяев как-то сказал: "Русская душа ушиблена ширью" [7, с. 63]. Пространство задавило русскую душу, поработило её. Права личности традиционно подавлялись, смирение поощрялось. Русские пространства властвовали над русским человеком, а он над ними – нет. Неплодородность земли, ограниченность территории, недостаток природных ресурсов обычно заставляют представителей других наций (японцев, китайцев, западноевропейцев) думать о том, как получше распорядиться теми скромными запасами земли и природными ископаемыми, которые они имеют. Перед русским человеком такая задача никогда не стояла. У него всего этого было много, хотя принадлежало по большей части не ему. Для него территория его страны была всегда скорее мифом, чем реальностью, которую он может "пощупать" и грамотно использовать. Использование природных ресурсов захваченных территорий – это самая лёгкая часть разумной утилизации имеющихся земель.

Основополагающим законом функционирования русского государства и народа является закон территориальной экспансии и расширения влияния государства на сопредельные территории. Причём чем более забит, задавлен, психологически ущербен человек в России, тем больше он хочет скомпенсировать свою ущербность. Делает это он чаще не вглубь, а вширь, не через развитие и совершенствование своей личности, методов своей работы, углубление своих знаний, приобретение новых навыков, а через совершенствование вооружений, увеличение территории. Вооружения и территория являются по мнению многих российских граждан показателем силы и мощи – чем их больше, тем лучше для увеличение государственной потенции, которая, правда, существует только в их воображении. Несмотря на это граждане России поддерживают и оправдывают любого правителя, который помогает им жить в мире экспансионистских иллюзий и мифов.

В разные исторические эпохи Россия неоднократно меняла свои границы. Эти территориальные трансформации являются итогом войн, международных договоров, аннексий и присоединений – добровольных и вынужденных.

Историю Древней Руси принято считать от Рюрика – с 862 года – года образования Новгородского княжества. Рюрик объединил северные земли под своим началом и явился основоположником рода Рюриковичей, которые правили Русью до XVI века.

Главным занятием князей были война и торговля. Они постепенно расширяли свои владения за счёт всё новых племён, которых они облагали данью. За первые 138 лет своего существования под властью варяжских князей (с 862 до 1000 года) территория Восточнославянского государства русов практически утроилась.

Древнерусско-византийские войны конца IX - XI века относятся к числу типично грабительских войн, развязанных князьями ради военной добычи. Историки выделяют не менее восьми крупных русско-византийских войн между 830 и 1043 годами. Сражения протекали с переменным успехом, но иногда князьям удавалось полюбовно договориться, и византийские императоры платили им выкуп.

Кроме Византии древнерусские князья постоянно воевали с кочевыми племенами Северного Причерноморья – печенегами, половцами, скандинавами, с племенами северного Кавказа, с Волжскими булгарами, а также друг с другом. Причём удаль князей редко была стратегически осмысленной. Они проигрывали и выигрывали сражения, защищали свои княжества и разоряли чужие – в общем вели себя, как разбойники, живущие сегодняшним днём. Военные походы и грабежи были частью жизни древних князей и воспринимались всеми, как норма. Также нормой было установление дипломатических отношений после войн.

В течение 200 лет - с XI по XIII век - насчитывается 148 войн и походов князей друг на друга и на соседние народы. Из них 52 похода кочевников-половцев на русских, 30 походов русских на половцев. Было также около 70 совместных походов. Главной целью этих военных походов было заставить одни народы платить дань другим, захватить чужие пастбища, угнать в рабство и продать часть захваченного в плен населения.

Из-за неумения координировать усилия и русские, и половцы вместе оказались неподготовленными к монголо-татарским нашествиям на Русь, которые начались с 20-х годов XIII века. Завоевателям земля была не нужна. Они покоряли народы с целью захвата военной добычи и рабов, а также обложения покорённых народов данью и поставку рекрутов в их войско. Череда поражений русских князей от монголо-татар началась в 1223 году. В первом же сражении объединённого войска, состоявшего из русских и половецких князей на реке Калка, со вспомогательными силами Чингисхана, из 21 князя, принимавших участие в сражении погибло 12. А всего домой вернулся лишь каждый десятый воин.

Урок поражения на Калке, к сожалению, не был усвоен другими князьями Руси для подготовки достойного отпора самому грозному агрессору, с которым когда-либо до сих пор имела дело Киевская Русь. Князья оставались разъединёнными и совместным действиям предпочитали сражения своими силами. Поодиночке монголы их и перебили. 1240 год считается последним годом существования Киевской Руси. В том году Киев был практически уничтожен войсками хана Батыя. С этих времён начался период полной зависимости князей Руси от монголо-татар.

Из 300 городов Древней Руси многие были сожжены и более трети из них впоследствии так и не поднялись после Батыева погрома. В течение 50 лет на Руси не строились каменные храмы. В результате нашествия к концу XIII века из примерно 5 млн человек населявших Русь осталось в живых меньше 2 млн. Только через 300 лет население России восстановилось в прежнем количестве. В 1646 году подворная перепись в Московском царстве дала цифру 6,5-7,0 млн чел (Без Украины и Белоруссии, но с Сибирью). При Петре Первом население Российской империи уже превышало 15 млн чел. [83]

Почти четверть тысячелетия вплоть до конца XV века (1480 года) русские князья платили монголо-татарам дань, а те назначали и утверждали князей на правление городами и землями с помощью ярлыков на княжение и оказывали князьям военную помощь участвуя в сражениях со шведами, литовцами, поляками и немцами.

По мнению крупного русского историка Георгия Вернадского, Московское государство образовалось на развалинах Золотой Орды и “татарский” источник русской государственной организации - определяющий. Православию и влиянию Византии он отводит роль духовного источника при “обрусении", христианизации татарщины. [51] Этой позиции придерживаются другие авторы, которые считают татар основоположниками Московской государственности. [56] Недаром западноевропейские демократические формы правления на Руси не приживаются.

После укрепления Московского княжества войны стали носить территориально-захватнический характер и были направлены на расширение владений Московского князя. Историк Василий Ключевский писал: "В продолжение 234 лет (1228 - 1462) Северная Русь вынесла 90 внутренних усобиц и до 160 внешних войн при частых поветриях, неурожаях и неисчислимых пожарах" [33, с. 273].

Впрочем, даже монголо-татарское владычество не отучило русских князей от междоусобных войн. Они продолжались весь "ордынский" период истории Руси. По данным известного историка Сергея Соловьёва, вплоть до победы на Куликовском поле, когда русские перестали быть данниками Золотой Орды, число внешних войн северной Руси – 160 (татары – 45, литовцы – 41, ливонские немцы - 30 и прочие). [74, с. 150]. Кроме того, количество усобиц между князьями насчитывалось 99. Завоёванные народы платили русским дань рекрутами и налогами. Само Московское княжество было весьма бедным и прибавление населения вместе с территорией давало Московскому центру солдат и ремесленников с полезным опытом.

После 1462 года захватнические войны стали постоянными спутниками княжеских, царских и императорских фамилий. На северо-западных европейских фронтах шла борьба со Швецией и Ливонией за восточные берега Балтийского моря, с Литвой - Польшей за Западную Русь. В 1492 - 1595 гг. было три войны со Швецией и семь войн с Литвой - Польшей совместно с Ливонией. Эти войны поглотили не менее 50 лет, следовательно, на западе в эти 103 года Россия круглым счетом год воевала и год отдыхала. [74]

С одной Швецией русские воевали несколько десятков раз в продолжение 667 лет с 1142 вплоть до 1809 года. Войны шли с переменным успехом, но за счёт численного преимущества Россия в конечном итоге чаще выигрывала территории, чем проигрывала. В результате русские захватили несколько прибалтийских стран (Финляндию, Эстонию, Латвию), целый ряд островов и основали город Санкт-Петербург в устье реки Невы.

"Только за первую половину XVI столетия летописные документы упоминают о 43 нападениях со стороны Крымского ханства. В борьбе с ним не было ни мира, ни перемирий. Набеги осуществлялись практически ежегодно. В войнах с Крымом убыль гражданского населения многократно превосходит военные потери. По оценке историка В.И.Ламанского, с XV по XVIII век крымцы угнали в неволю от 3 до 5 миллионов жителей России и Украины. Не стоит забывать, что население Московского государства в XVI века не превышало 8 миллионов человек.

При Василии III и Иване IV (Грозном) произошло значительное увеличение территории России. В 1510 году захвачен Псков, в 1514 году - Смоленск, в 1521 году – Рязань. В 1552 году штурмом взята Казань после чего покорилось Казанское ханство, в 1556 году захвачена Астрахань (Астраханское ханство) и в 1598 году - Сибирское ханство. В течение 88 лет площадь Московского княжества более чем удвоилась в основном за счёт южных и северо-восточных приобретений. Кроме того, все земли в бассейне Волги и большая часть земель в бассейне Дона теперь принадлежали Московскому княжеству. Оно простиралась до Северного Кавказа и Каспия на Юго-Востоке и включала реки Обь и Енисей на Востоке (Восточно-Европейская равнина за Уральскими горами).

С 1609 по 1667, а затем с 1733 по 1792 годы Россия несколько раз воевала с Польшей (Речью Посполитой). В XVIII веке русско-польские войны имели целью вмешательство во внутренние дела Польши, которая была на грани развала. В 1795 году польское государство было полностью ликвидировано и разделено между Россией, Пруссией и Австрией.

Самые большие приращения территории России произошли при первых царях Романовых – Михаиле и Алексее. Были возвращены большие территории, ранее завоёванные Швецией, освоены земли по реке Яик, Прибайкалье, Якутия, осуществлено присоединение к России всей Сибири, включая Чукотку и Камчатку, с выходом к Тихому океану. Произошло объединение России с Украиной (Переяславская Рада).

Новые захваты земель случились уже в царствование императора Петра Первого до 1725 года. У Швеции были отвоёваны юго-западные земли, примыкающие к Финскому заливу, основана новая столица России - Санкт-Петербург, захвачены земли вокруг Ладожского озера. В 1711-1713 годах Россия уступила Запорожье и город Азов Османской империи.

К концу правления императрицы Елизаветы Петровны в 1739 году Россия отвоевала у турков Запорожье, расположенное севернее Азовского и Чёрного морей и в 1726-1762 годах захватила младший и средний Казахские жузы (Северный Казахстан). После захвата Сибири Россия начала покорять Аляску в Северной Америке и строить поселения в Калифорнии.

К концу правления Екатерины II в 1783 году была захвачена территория Крымского ханство, включая весь Крымский полуостров и прилегающие земли Северного Кавказа со стороны Азовского и Черного морей. В 1763-1800 годах к России присоединена Южная Сибирь (область в верховьях Оби и Енисея, где ныне расположены Новосибирск, Барнаул, Томск, Красноярск, Кемерово). В 1772-1795 годах Речь Посполитая (Польша) вошла в состав Российской империи. С 1815 года она стала называться царством Польским.

При императоре Александре Первом в 1809 году была захвачена Финляндия, в 1812 году – Бессарабия и в 1815 году - Закавказье. В 1812-1845 годах русские моряки основали в Калифорнии самое южное российское поселение - форт Росс.

Россия вышла к побережью Каспийского моря и предгорьям Кавказа уже в середине XVI века. Кавказские войны затрагивали интересы Турции и Персии, которые имели немалое влияние на Кавказе. Поэтому эти войны нельзя отделять друг от друга. С Персией Россия вела войны 7 раз - в 1651—1653 гг., в 1722—1723 гг., в 1796 г., в 1804—1813гг, в 1826—1828 гг. и в 1909—1911 гг. Большая часть войны с персами у русских была за Кавказ. Кроме первой военной компании, которую Россия проиграла, в остальных были одержаны победы.

Основная Кавказская война России против народов Кавказа велась с 1817 до 1864 года. В неё с российской стороны было вовлечено около четверти миллиона солдат и офицеров, и потери составляли около 77 тыс. человек. Горские племена и княжества потеряли убитыми и изгнанными в Турцию почти в три раза больше. В результате Северный Кавказ был покорён, хотя, зная характеры горцев, нельзя сказать, что он был покорён Россией навсегда.

В своей книге "Война в истории русского мира" знаток русской военной истории генерал Николай Сухотин писал, что в течение 525 лет с XIV века и до наших дней, Россия провела в войнах 305 лет, то есть почти две трети своей жизни. [цит. по 84]

К концу правления Николая I российские войска захватывают новые территории: В 1828 году Россия завоевала у Турции Эриванское и Нахичеванское ханства, расположенные по восточному побережью Чёрного моря и входящие в Закавказье. Затем в 1846 году Россия присоединила к своим владениям Старший жуз (Южный Казахстан) и в 1855 году Курильские острова и Сахалин (совместно с Японией).

Территории Адыгеи, Дагестана и Чечни (Закавказье) были завоёваны Россией в 1859-1860 годах в царствование императора Александра Второго. Тогда же Россия захватила Дальний Восток. Территории Центральной Азии (Казахстан, Туркестан) были присоединены к России в 1864-1876 годах. Курильские острова были переданы Японии в 1875 году. Аляску Александр Второй продал США в 1867 году.

Постоянные войны с Турцией (Османской империей) поглощали значительные усилия русских. Со стороны России это были по преимуществу завоевательные войны и со стороны Турции – преимущественно оборонительные. Хотя иногда нападала и Турция. Историки отмечают 12 крупных войн с Турцией в XVI—XX веках. Турция резко усилилась в XVI веке. Она захватила Византию. Войны с ней шли первоначально за контроль над Северным Причерноморьем, Крымом и Северным Кавказом, позже — за контроль над Южным Кавказом, за права судоходства в черноморских проливах – Босфоре и Дарданеллах, через которые лежит путь в Средиземное море, за права христиан в Османской империи и т.д.

Южная Туркмения, расположенная южнее Казахстана, была присоединена к России при императоре Александре Третьем в 1881-1886 годах. Восточный Памир, расположенный на границе с Китаем, - в 1885 году.

В докладе генерала Куропаткина Николаю II написано, что на протяжении XVIII и XIX веков Россия воевала 128 лет, из них только 5 лет продолжались оборонительные, а 123 года шли захватнические войны.

При императоре Николае II после Русско-Японской войны в 1905 году Южный Сахалин отошёл Японии. В 1911 году Россия присоединила к себе остров Врангеля, в 1913 году - землю Императора Николая II (Северный Ледовитый Океан), в 1914 году был присоединён Урянхайский край, расположенный на границе с Китаем.

Поражает непродуманное, если хотите легкомысленное отношение императора Николая II и его окружения к тому, что происходило в России в конце XIX - начале XX века. Как будто они играли в "деревянные солдатики." В частности, перед Русско-Японской войной вместо того, чтобы удерживать те территории, которыми Россия уже владела и навести порядок в своей огромной империи, простиравшейся между Балтийским и Чёрным морями на западе и вплоть до Тихого океана на востоке, русский император и его правительство думали о новых захватах и присоединениях.

В частности, они стремились к дальнейшей экспансии России на Юго-Восток (захват Кореи), к основанию военно-морской базы в Порт-Артуре на Тихом океане, к усилению влияния России в Манчжурии, на Кавказе и на Балканах, усиливали русский воинский контингент в Персии и т.д. Ведь расширять территорию военным путём легче, чем проводить реформы, заниматься собственным населением, повышать его культурный уровень, грамотность, развивать экономическую базу для промышленности и сельского хозяйства, совершенствовать политическую систему. Время-то изменилось, а ментальность Российской, как, впрочем, и других императорских семейств Европы, и Азии оставалась на уровне XIX века. Добро бы они одни за эти войны поплатились. Расплачиваться пришлось их подданным миллионами человеческих жизней.

Русско-японская война 1904–1905 гг. с самого начала была весьма непопулярна в русском обществе. Плохо работала российская пропаганда. Либерально-демократическая пресса подняла в стране антивоенную истерию. Она оказалась скорее союзником Японии, чем России. Благодаря её "подрывной" работе был урезан военный бюджет, на содержание эскадры в Тихом океане и на постройку Порт-Артурской крепости. Это усилило деморализацию русской армии и флота.

В результате японцы выиграли у русских почти все сухопутные сражения правда с небольшим преимуществом. Все морские сражения против Японии Россия проиграла вчистую, потеряв весь Тихоокеанский, а заодно и часть Балтийского флота. Самыми чувствительными поражениями русских было сухопутное сражение при Мукдене в феврале 1905 и Цусимское морское сражение против русской Балтийской эскадры в мае 1905 года.

Военную ситуацию усугубили некомпетентность адмиралов З. П. Рожественского и Н. И. Небогатова, которая привела к катастрофе в Цусиме, слабое стратегическое командование командующего сухопутными силами генерала А. Н. Куропаткина и коменданта Порт-Артура генерал-адъютанта А. Н. Стесселя, сдавшего крепость. Главными причинами этих поражений была технологическая отсталость России. Одной храбростью и мужеством русских солдат и матросов победить противника было уже нельзя. Общие безвозвратные потери со стороны Японии составили 86 тысяч человек, а со стороны России: 52 с половиной тысячи человек.

По условиям мирного договора, заключённого при посредничестве президента Теодора Рузвельта в Портсмуте (США) 23 августа 1905 года, Россия уступила Японии свои арендные права на Ляодунский полуостров (ныне полуостров в северо-восточной части Китая недалеко от Северной Кореи) на Южно-Маньчжурскую железную дорогу, соединявшую Порт-Артур с Китайско-Восточной железной дорогой и на южную часть Сахалина, а также признала Корею японской зоной влияния. Мало того, что Россия проиграла Русско-Японскую войну, она ещё и получила революцию 1905-1907 годов.

Для Николая II и верхушки русского общества поражение в русско-японской войне было не только военно-морским поражением, но и большим ударом по самолюбию и амбициям. Война показала существенное отставание огромной России от маленькой Японии по вооружениям. После её окончания были сделаны необходимые выводы и правительство России пошла более рациональным путём экономического перевооружения и обновления экономики, повышения грамотности населения. Поэтому Россия подошла к Первой Мировой войне, гораздо более подготовленной в техническом и военном отношении, чем за 9 лет до этого подошла к русско-японской войне. И хотя техническое перевооружение русской армии к началу войны ещё не было завершено, но финансовые вливания в экономику страны оказались настолько мощными, что уже к 1916 году промышленность России полностью обеспечивала потребности фронта в вооружениях.

Роковая для России Первая мировая война и большевистский переворот

Так уж получилось, что из-за непомерных амбиций и неадекватной оценки стратегической ситуации в своей стране и в мире, из-за стремления плыть по самодержавному течению, а не делать попыток менять ситуацию произвольно и к своей выгоде, русский император и его правительство потеряли монархическую Россию. Они не захотели вовремя отступить, пожертвовать часть империи ради её сохранения как целого. Они хотели увеличить размер и влияние своей империи ничем, кроме жизней своих подданных и расходов на ведение войны не поступаясь. В результате из-за ложной установки на “всё или ничего” из-за их негибкости и непредусмотрительности расплачиваться пришлось не только им, но и их подданным.

Если смотреть на историю России в XX веке из нынешнего XXI века, то всё, что с ней произошло за последние 100 лет является следствием Первой мировой войны. И главные следствия - приход к власти двух тоталитарных организаций – коммунистической (1917 год) и национал-социалистической (1933 год).

Россия быстро развивалась в промышленном, сельскохозяйственном и культурном отношениях. В 1913 году Российская империя в абсолютных цифрах производила в 2,6 и в 3 раза меньше, чем Британия и Германия соответственно, хотя темпы роста промышленности в России были очень высоки. Именно поэтому Первая Мировая война была ей не нужна. И тем не менее она в неё ввязалась. Здесь я могу смело сказать - ввязалась по глупости и по слабости национального характера. Если с глупостью всё ясно, то слабость состояла в том, что те, кто правил Россией (не только император) не умели бороться за свой национальный интерес – не территориальный, не имперский, а грубо говоря, шкурный, денежный.

Распространено мнение, что другого выхода у России не было и война была неизбежна из-за финансовых и союзнических обязательств по отношению к странам Антанты (Франции и Великобритании). Кроме того, немаловажное значение для русских имел панславянский фактор – помощь “братской” Сербии, которая из-за амбициозности своих правителей постоянно ввязывалась в военные авантюры. Вероятно, всё это так и есть, но при любых раскладах Россия выглядит ведомой по отношению к более активным, агрессивным и дальновидным нациям, и народам. Свой национальный прагматический интерес у России оказывался постоянно отодвинут на второй и даже на третий план. Если хотите – это проявление альтруизма на государственном уровне по отношению к тем, кто громче жалуется на несправедливости и на свою несчастную жизнь. Это относится как к своим национальным меньшинствам, так и “братским” славянским народам за пределами России. Однако, многие в мире этого альтруизма не понимают. Как это так - помогать кому-то, а самому ходить неграмотным и в драных штанах?

Перед Первой Мировой войной наблюдалась большая разница между отношением к войне государственной элиты и основной массы населения, между высшим и рядовым составом армии, между патриотизмом людей в городе и деревне. Солдаты из недавних крестьян не знали за что они воюют и что даст им лично победа над Германией и Австрией.

Резкое ослабление и падение самодержавного монархического строя в России началось с Первой мировой войны, когда страна вступила в неё из-за союзнических обязательств с Англией и Францией и из-за амбиций Николая II и его правительства. Было бы ошибкой преуменьшать милитаристские антигерманские настроения большей части русского народа перед самой войной, настроения, овладевшие даже интеллигентной его частью.

По Соглашению, подписанному Россией, Англией и Францией в Лондоне в 5 сентября 1914 г. и другой Декларации подписанной Францией, Великобританией, Италией, Японией и Россией в Лондоне 17 – 30 ноября 1915 г., упомянутые государства брали на себя обязательства о не заключении сепаратного мира со странами Тройственного союза – Германией, Австро-Венгрией и Турцией в течение Первой Мировой войны. Россия выполняла эти соглашения неукоснительно, помогая союзникам как могла вплоть до захвата власти предателями национальных интересов - большевиками в Октябре 1917 года, которых немцы купили с потрохами.

Вступив в Первую Мировую войну, Россия претендовала на часть турецкой территории - город Константинополь, земли, примыкающие к

Босфору и Дарданеллам, а также ряд островов. При этом политически и стратегически царь и его правительство вели себя также непредусмотрительно, как и раньше перед Русско-японской войной. За эту недальновидность пришлось расплачиваться не только им самим и кадровой русской армии, но и всему народу.

Исходная численность русской армии после начальной мобилизации 1914 года достигала чуть меньше пяти с половиной миллионов человек. Но из-за нерационального расходования верховным командованием людских ресурсов армия потеряла большую часть офицерского состава в первый год войны. Заранее подготовленные квалифицированные кадровые офицеры составляли костяк русской армии и восполнить эти потери наспех подготовленными офицерами и солдатами из гражданских лиц до конца войны уже не удалось.

Первая мировая война в Европе была империалистической по своей сути. Это была война за передел колоний, то есть сфер влияния и рынков. Германская империя образовалась гораздо позднее, чем другие европейские империи (Британская, Испанская, Французская, Португальская) – во второй половине 19 века. Однако на европейском континенте (без Великобритании) по военной силе ей равных не было. Она одна по вооружениям и количеству военнослужащих была в два с лишним раза сильнее Франции. И она захотела получить свой кусок пирога – перераспределить колонии и захватить часть чужой территории. Самый быстрый путь для этого император Вильгельм видел в войне. И, конечно, на континенте, он бы выиграл эту войну, если бы не Россия. Вильгельм пытался привлечь Россию на свою сторону задолго до войны и даже сумел уговорить своего племянника – Николая Второго на подписание договора о военно-политическом союзе. Но слабохарактерный и недалёкий император Николай, сойдя с корабля на берег, тут же своё решение изменил и расторгнул подписанный договор. Этого Вильгельм не забыл и не простил. Других попыток до войны он делать не пытался. Уже через два года после начала войны Вильгельм увидел, что переоценил свои силы и в 1916 году попытался помириться с Николаем, но было уже поздно. Николай, несмотря на слабохарактерность, оказался упрямым человеком и решил воевать до победного конца. Это сгубило их обоих – и Вильгельма, и Николая. Но если Вильгельм, несмотря на проигрыш в войне хотя бы остался жив (ему разрешили уехать в Бельгию), то императорский род Романовых был вырезан большевиками почти под корень. Про русский народ, который потерял значительную часть своих богатств и шансы на цивилизованное демократическое развитие, я уже и не говорю.

Несмотря на огромные размеры к началу Первой мировой войны Россия была отсталой феодальной страной, недавно освободившейся от крепостничества. Страной с отсталой централизованной имперской системой управления, страной скорее восточного, чем западного типа. Для развитых европейских стран и США Россия играла роль полуколонии – из неё выкачивали природные ресурсы и пользовались её более дешёвой рабочей силой. Однако сама Россия себя полуколонией не считала. Амбиции правителей и военных у неё зашкаливали всегда.

И вот это слабое экономическое развитие страны из-за отсталой феодальной политической системы привело императорскую Россию к краху. Если бы Россия сумела избежать участия в Первой мировой войне путём территориальных или финансовых уступок, то краха удалось бы избежать. Перед самой войной она развивалась очень быстро. Другие страны Антанты получили в результате участия России в войне и её революционного краха очень много. Они заставили капитулировать Германию, раскололи Австро-Венгрию, поставили на колени Турцию и, что самое главное, на длительный период времени избавились от России, как потенциально мощного геополитического соперника, каковой она становилась к 1930 году, если бы умудрилась не участвовать в этой дурацкой войне.

Площадь перед крахом русской абсолютной монархии в 1916 году была около 21,8 млн км^2. Это было самое крупное по территории государство на земле. Реально на середину 1913 года численность населения Российской империи без Финляндии составляла 166,650 тыс. человек. К началу Первой мировой войны (август 1914 года) по скорректированным данным численность приближалась к 170 млн человек, а к моменту большевистского государственного переворота – приблизительно 175 млн, а включая Финляндию - 181,5 млн чел. Несмотря на мировую войну, население империи росло.

С августа 1914 до января 1917 года царское правительство сделало несколько крайне неразумных шагов, которые ухудшили положение России ещё больше. А именно: объявление сухого закона накануне войны, поскольку алкоголь в России обеспечивал значительную долю поступлений в государственную казну. Затянувшаяся мировая война, неудачи на фронтах, призыв в армию неблагонадёжных солдат, организованные социал-демократами перебои с поставкой хлеба в Петроград, а главное неоправданная бережливость царского правительства из экономии разместившего многие десятки тысяч вновь призванных новобранцев из вчерашних крестьян в столичных казармах для обучения и перед отправкой их на фронт. Всё это стало причиной революционной ситуации в столице империи.

Складывается впечатление, что у верхушки русского общества были одни цели, а у простых солдат - вчерашних крестьян – совсем другие. И чем дальше двигалась война, тем расхождение целей становилось больше. Но император, его правительство и военное командование русской армии этого как будто не понимали. В конце 1916 – начале 1917 годов ситуация в России стала взрывоопасной. Последним толчком оказалось совещание союзников в Санкт-Петербурге, на котором Россия подтвердила свои союзнические обязательства о войне до победного конца. Русская армия ещё держалась, а в тылу царили разброд и шатания. Элита русского общества всё не хотела менять правила игры.

Под влиянием Февральской революции в Петрограде 2 марта 1917 года русские генералы и политики фактически вынудили императора Николая II, который думал только о победе в войне, принять наихудшее решение, то есть отречься от престола, хотя, как известно, "коней на переправе не меняют." Генералы и политики полагали, что именно плохой главнокомандующий Николай Второй – главная причина плохого ведения войны и революционной ситуации в тылу. Они не подумали о том, что, взяв на себя ответственность за судьбу огромной страны после отречения императора от престола, да ещё в такой тяжёлый период её истории, следующими в очередь на свержение станут они. Только мир (или перемирие) обеспечило бы сохранение России, как целого. Однако, никто из них прекращать войну не собирался поскольку в феврале 1917 года положение русской армии было далеко не катастрофическим.

Но самодержавие, впрочем, как и диктатура тем и плохи, что не приучают подданных мыслить и действовать самостоятельно, стратегически и брать на себя всю полноту ответственности за тяжёлые, непопулярные решения, определяющие судьбу всего народа и целого государства. На чём февральские революционеры, политики, генералы в конце концов и погорели. Придя к власти, Временное правительство не смогло улучшить ни военную, ни политическую ситуацию на фронте и в тылу.

Таким образом, недооценка Николаем II, а потом и Временным правительством настроений своего народа, отсутствие стратегического видения политической ситуации в России и в мире, стоили императору трона, его династии – краха, русской армии – дезорганизации и развала, русской империи – проигрыша в мировой войне, а самому народу – скатывания во мрак люмпенской большевистской диктатуры, которую ложно назвали диктатурой пролетариата. Какой тут сознательный мануфактурный пролетариат в феодальной стране, где 85% населения составляли крестьяне – недавние крепостные.

После отречения Николая Второго его империя стала рушиться, как карточный домик. 12 марта отменена смертная казнь, военно-полевые суды, отменено единоначалие в армии. Власть в армии стала переходить от офицеров к солдатским комитетам и к коллегиям из выборных офицеров и солдат. В сентябре — октябре 1917 года председателем Петроградского Совета рабочих и солдатских депутатов стал Лев

Троцкий, который, по сути, и провёл всю подготовительную работу для осуществления государственного переворота пока Ленин писал свои статейки и книгу в Разливе. С этих пор происходит усиленная большевизация солдатских комитетов. Более полутора миллионов военнослужащих дезертировали из армии. Многие из них стали захватывать и делить между собой помещичьи земли. К концу 1917 года бывшая Российская императорская армия была полностью небоеспособна. Она фактически прекратила свое существование.

Придя к власти в 1917 году, Ленин, несмотря на свои промарксистские взгляды, в конце концов создал похожую централизованную империю, как и при царе, но только под другим названием – СССР и сильно уменьшенную. Но даже эту сильно урезанную советскую империю большевики собирали по частям с помощью террора, огромной кровью и через жесточайшую диктатуру. Новая империя объединила немалую часть территории бывшей Российской империи, хотя далеко не всю. Сумели "убежать" из новой Советской империи Литва, Латвия, Эстония, Финляндия, Бессарабия, Польша, Западная Белоруссия и Западная Украина.

На 74 года Первая мировая война фактически выпала из рассмотрения советских историков. Подвиги русских солдат и офицеров были забыты. А вклад России в победу Антанты был значителен. В России нет памятников посвящённых этой войне, хотя по всей Европе и в США они стоят. Эта война относятся к самым закрытым страницам русской истории. И главная причина состоит в том, что царская Россия её проиграла, а историю пишут победители. Победителями оказались выскочившие "из-за угла" на заключительном этапе войны большевики, которые нанесли демократическому Временному правительству и всему русскому народу предательский удар в спину и установили в России жесточайшую диктатуру. Затем большевики представили всё дело так, как будто это они спасли Россию от прогнившего царского режима и империалистической бойни.

В течение первых трех лет Первой мировой войны Россия оттягивала на себя значительные силы Тройственного союза (Германии, Австро-Венгрии и Италии), быстро приходя на помощь Англии и Франции, когда Германия и Австрия предпринимали серьезные наступления на Францию. Таким образом, до начала 1917 года Россия полностью выполняла союзнические обязательства в отношении Англии и Франции. Более гибкая военная стратегия, направленная на сбережение своих военнослужащих, могла бы помочь России сохранить кадровую русскую армию. Дефицит подготовленных солдат и офицеров особенно сказался на втором этапе войны после лета 1915 года, когда в армию стали набирать плохо подготовленных и неблагонадёжных военнослужащих, не обладавших должной военной подготовкой и мотивацией.

В 1915 году по просьбе французских союзников две русские армии вторглись в Восточную Пруссию, заставив немцев перебросить значительную часть войск на восточный фронт, и, сорвав планы немецкого генштаба по молниеносному разгрому Франции. При этом Россия потеряла около четверти миллиона солдат. В ответ на соболезнования одного из французских генералов по поводу этих потерь, Верховный Главнокомандующий сухопутными и морскими силами Российской Империи Великий князь Николай Романов (младший), ответил, что мол мы рады принести эти жертвы на алтарь общей победы. Для князя эти жертвы были не конкретными людьми, а принесёнными в жертву общей победе “расходными” солдатами. Для затяжной войны, которая велась “на истощение,” такой подход главнокомандующего был по меньшей мере недальновидным.

Сражаясь за своё государство, офицеры царской армии часто недооценивали значение человеческой жизни, жертвовали жизнью ради царя, ради дворянской чести, ради величия и целостности русского государства. Сколько надо человеческих жизней отдать – столько и отдавали. И вот это равнодушие к цене достижений и завоеваний, стратегическая непродуманность планов погубила многие русские начинания и, в конечном итоге, саму самодержавную монархию.

Удивление вызывает отношение чиновников русского генерального штаба к собственным раненым и больным военнопленным во время Первой мировой войны. В отличие от Великобритании, Франции и других стран Антанты, а также Германии и Австро-Венгрии, они отказались обмениваться ранеными и больными солдатами, и офицерами, находившимися в плену через посредничество Красного Креста. Таким способом они помешали возвращению солдат и офицеров стран Тройственного союза в действующую немецкую и австро-венгерскую армии ценой жизни и здоровья своих военнопленных – раненых и больных. Кроме того, пленные русские солдаты и офицеры ложились тяжким грузом на противника, находившегося в тисках экономической продовольственной блокады Антанты. Подход военных чиновников был может быть и рациональным, но человечностью здесь и не пахло. Подобная стратегия “расходного человеческого материала во имя государства” применялась и впоследствии. При ленинско-сталинской советской власти она приобрела всеобъемлющий характер.

Абсолютная монархия и авторитарное правление плохи тем, что главное лицо в государстве отвечает за всё. В 1915 году император Николай II взялся за командование русскими войсками сменив на этом посту Великого князя Николая Николаевича (младшего). В течение полутора лет этот шаг себя оправдывал. Немецкое наступление было остановлено, Российская армия перешла к позиционной войне. Однако этим шагом император подточил свою репутацию непогрешимого божьего помазанника, а сакральность власти для русского человека чрезвычайно важна.

Политическая культура людей состоит в том, что каждый действует по закону на своём уровне компетенции и не даёт своим анархическим страстям взять верх над своим поведением. Румыния, Франция сразу взяли под контроль своих бунтовщиков во время Первой мировой войны. Часть расстреляли, а остальных отправили на передовую в штрафные роты. Россия со своими не справилась и проиграла и власть, и войну. Сохранение жёсткого контроля за ситуацией в стране оказалось ключевым фактором сохранения империи и выигрыша в войне.

Широко разрекламированное весенне-летнее наступление на германском фронте провалилось несмотря на то, что на этот раз оно было хорошо продумано стратегически и должно было увенчаться успехом при "нормальной" боеспособной армии. Брусиловский прорыв должен был принести плоды. Но для этого нужно было отправить на фронт солдат Петроградского гарнизона. Сделать это не удалось. Те предпочитали отсиживаться в Петроградских казармах, получая хорошее жалование. Усилилось недовольство солдат, рабочих и крестьян Временным правительством, что фактически открыло дорогу к власти большевикам, которые последовательно выступали за мир с Германией и её союзниками. Немецкий Генеральный штаб недаром платил им деньги за подрывную работу по разложению морального духа русской армии и всего народа.

К ноябрю 1917 года насчитывалось до 1 млн 518 тыс. незарегистрированных и 365 тыс. зарегистрированных дезертиров. Ещё одним способом уклонения от службы на фронте стало массовое участие солдат и офицеров в солдатских комитетах разных уровней (скрытое дезертирство). [18]

В разные периоды времени многие народы постигают несчастья, катастрофы, эпидемии, военные нашествия завоевателей. В XX веке на русский народ обрушилось несчастье в виде большевизма. Нельзя сказать, чтобы он совсем этого не заслужил. Вся предшествующая история к этому русский народ располагала и подталкивала. Русская монархия отживала свой век. Но основа императорской России была естественная и работящая. И вот эту естественную, здоровую основу и уничтожил маньяк пролетарской идеи Ленин и его недальновидные, властолюбивые или просто фанатичные большевики. То, что происходит в России сейчас, это естественное следствие как всей истории России, так и ленинской социально-экономической авантюры.

Большевики и меньшевики, посиживая в заграничных пивных, дошли до каких-то житейских, околомарксистских истин, находясь в изоляции от России и полагали, что теперь они могут внедрять эти истины в умы миллионов русских баб и мужиков. Они держали малограмотный народ за болванчиков – врали, обманывали людей, прикрываясь легендами, цитатами и мифами, обещая счастье и процветание. Людей поумнее и пообразованнее, которые не верили в их болтовню, или были с ними несогласны, они изолировали, выгоняли за границу или просто уничтожали, прикрываясь надуманными предлогами о контрреволюционности и опасности для придуманной ими революции, шельмуя таких людей и не давая им возможности защититься. Главным аргументом у них был солдатик с винтовкой или чекист в кожанке с наганом. Никакой аргументации – сплошное классовое враньё по типу "гегемон всегда прав" хотя бы потому, что это гегемон.

К концу 1917 года русская политическая верхушка (министры, депутаты и т.д.) полностью деградировала и показала свою абсолютную неспособность держать под контролем внутриполитическую ситуацию в стране и, тем более, внешнеполитическую ситуацию на фронтах. Глава Временного правительства, Александр Керенский был из числа этих заблудившихся и потерявшихся. Народ в России в отсутствии царя, тоже потерял почву под ногами, утратил веру в вековые нравственные устои и традиционный быт, разуверился в Боге, стал поклоняться новым болтливым кумирам, обещавшим рай не на небесах, а на земле. Чем это все закончилось, хорошо известно.

4.3. Советская Экспансия

Как идеология, претендующая на глобальность, марксизм-ленинизм является идеологическим обоснованием авторитарных коммунистических режимов по всему миру.

Когда речь идёт о врагах советского государства, то здесь трудно отделить классических врагов, которые появляются у большинства правителей и народов в силу традиционных причин от идеологических врагов. К классическим врагам относятся те, с которыми воюют из желания обогатиться за чужой счёт, стремления захватить чужие территории, повысить авторитет страны в мире, стремления защитить свою страну от завоевателей и т.д.

Советский Союз возник на совершенно новом идеологическом основании. И враг у него был другой – идеологический. Для марксистов главный враг – это буржуазия – отечественная или зарубежная, неважно. Её уничтожение главная цель этих идеологических фанатиков. При этом попутно марксисты могут решать вспомогательные задачи – захват (аннексия) чужой территории, захват (экспроприация) собственности и пр.

Таким образом, отрицая любую религию вообще и любого бога вообще, большевики пошли по традиционному теологическому пути. Они объявили материалистическое учение Карла Маркса единственно верным среди всех других, а самого Маркса - главным пророком нового времени. Бога "Эль" или "Илу," которому молился ещё Авраам три тысячи восемьсот лет до них, они заменили на товарно-денежного бога.

Отличие советских войн от прежних русских состояла ещё и в том, что они велись ради установления более справедливого, "правильного" порядка на земле, расписанного полтора века назад кабинетным теоретиком Карлом Марксом и его апологетами помельче. Ну что же делать, если не всем этот порядок казался правильным и не все его хотели иметь? По мнению уже сошедшего с политической арены руководства СССР, этот "правильный" порядок иногда приходилось устанавливать и поддерживать силой, военными методами – ведь не все народы доросли до понимания исторической неизбежности движения к коммунизму под руководством рабочего класса, его авангарда – коммунистической партии и генерального секретаря этой партии, как спасителя всего прогрессивного человечества.

Если подходить к вопросу о врагах с имперских позиций, то классические враги у СССР были только до 1945 года, когда правители страны решали задачи возвращения территорий царской империи, утраченных в ходе Первой мировой войны, Революции и Гражданской войны. Поначалу советские войны были чисто захватнические и только потом, начиная с Гражданской войны в Испании, они приобрели идеологическую окраску. Между 1941 и 1945 годами войны СССР с Гитлеровской Германией и Императорской Японией, и их союзниками были смешанными – оборонительно-наступательными за территорию и идеологическими за переделку мозгов населения.

Начиная с 1927 года, коммунистические власти стали превращать население Советского Союза в работников государства, создающих гигантскую военную машину, нацеленную на распространение системы распределительного социализма по всему миру. Правда, сами коммунисты говорили, что тотальная подготовка к войне нужна для отражения внешней агрессии и защиты социалистического отечества от мировой буржуазии. Но, как известно, коммунист "соврёт – недорого возьмёт." И не имеет значения почему он врёт – из идеологических соображений или по некомпетентности. Постоянное использование ВЧК-НКВД и армии для подавления внутренних бунтов, забастовок и людей несогласных с коммунистами и несколько десятков военных конфликтов и нападений на войска и территории других стран с 1929 по 1989 годы говорят об обратном. И это при том, что официально СССР не объявлял войну подавляющему большинству стран, с которыми воевал за 74 года советской власти.

Подводя итог шести войнам, которые вёл СССР в промежутке между своей Гражданской и Второй мировой войнами, можно сказать, что большинство из них были войнами за увеличение территории и коммунистического влияния. Из них четыре (с Китаем, с Японией и с Финляндией) закончились победой СССР. В одной (участие в Гражданской войне в Испании) большевики потерпели поражение.

Уже к 1940 году во время войны с Финляндией стала ясна невысокая боеспособность Красной армии по сравнению с Финской армией. Советы потеряли примерно в 5 раз больше солдат и офицеров, чем Финны. И это несмотря на подавляющее превосходство Красной армии в живой силе и технике. Но правильных выводов из этой победы равной поражению советское командование так и не сделало. Шапкозакидательские настроения среди военных и чиновников преобладали у них вплоть до самого начала Великой Отечественной войны.

Участие СССР во Второй мировой войне

Сейчас уже трудно установить истину, но по факту получилось, что в 1941 году Сталин перехитрил Гитлера, спровоцировав немецкую агрессию на восток. Советскому народу эта хитрость обошлось в несоразмерно большее число жертв, чем если бы Советский Союз сам напал на Германию или, по крайней мере, лучше подготовился к обороне. Приводятся многочисленные свидетельства о том, что Сталина неоднократно информировали о дне нападения. Он реагировал одним словом: “Дезинформация.” И это при том, что он имел параноидный тип личности.

Не проще ли предположить, что Сталину нужно было, чтобы Гитлер первым напал на ничего плохого не ожидающего, чистого, непорочного голубя мира – СССР. Сталину нужен был образ слабого СССР – лёгкой добычи для военной машины вермахта. Видимо, Сталин подсознательно стремился к начальному поражению, но не ожидал, что оно будет настолько катастрофическим, а именно:
–пленение 3,8 млн человек – большей части кадровой советской армии (из них, примерно 200 тысяч ушло в плен добровольно [22]),
-уничтожение значительной части вооружения (самолётов, танков и т.д.), которое было сосредоточено на западной границе СССР,
-захват большей части европейской территории СССР.

Только жестокий, волевой правитель из народа, создавший в стране машину подавления и террора, мог поддержать порядок в советском государстве рабочих и крестьян, доведённом большевиками до тоталитарной диктатуры. Других – более либеральных методов управления - те люди, кто выжил в Гражданскую войну, в последующих чистках, депортациях, коллективизации попросту не восприняли бы.

Девять Советских армий (6, 12, 21, 5, 37, 26, 38, 18, 9) бесследно исчезли на Украине начиная с августа по октябрь 1941 года. Воинские части попадали в "котлы," гибли в окружениях. Военнослужащие массово сдавались в плен. По данным Генерального штаба Вооружённых Сил России, всего за время войны попало в плен и пропало без вести 4 млн 559 тыс. советских военнослужащих и 500 тыс. военнообязанных, призванных по мобилизации, но ещё не зачисленных в списки войск. Всего более 5 млн 59 тыс. человек. Немецкое командование указывает цифру советских пленных в 5 млн 270 тыс. человек [86] или в 1,4 раза больше, чем пленила немцев и их союзников советская армия.

Впрочем, чем фантастичнее начальные потери, тем более оправданным в глазах человечества было то, что Сталин сделал во второй половине войны (захват Восточной Европы и огромных территорий Дальнего Востока и установление там подконтрольных ему коммунистических режимов – всё это якобы с целью недопущения фашизма и японского милитаризма на западе и на востоке своей страны. Итак, он стремился везде установить свой деспотический военный коммунизм, такой же, как в СССР). Тогда всё, что последовало после Гитлеровской агрессии является частью хорошо продуманного плана Сталина по советизации Европы.

Судя по официальным данным, которые вошли во все советские учебники само большевистское руководство СССР во главе со Сталиным «прошляпило» вторжение немецких войск в СССР в 1941 году и не подготовилось к обороне страны. Для всех это была катастрофа. Вместо того, чтобы признать свои ошибки и попросить у советских людей помощи в отражении немецкой агрессии, Сталин и его ближайшие холуи свои просчёты свалили на своё военное руководство. Затем оно заставило расплачиваться свой народ за свои ошибки огромной кровью. Оно объявило попавших в плен бойцов предателями, телами своих бойцов закрывало бреши в обороне, поставило заградотряды для отступающих советских войск, сделало семьи красноармейцев заложниками отступающих, обеспечивало прорывы при временных наступлениях безумно высокой ценой. Ценой мобилизации народа и колоссальных потерь оно сумело переломить ход войны в свою пользу и выиграть. Всю победу Сталин и его большевистская партия приписали себе и стали пользоваться плодами победы, как настоящий геройпобедитель, а не как обосравшийся полководец, который трупами своих солдат завалил армию противника.

Согласно приказу ставки ВГК №270 от 16 августа 1941 года, каждая советская часть, оказавшаяся в окружении, обязана была драться до последней возможности. Военнослужащих при попытке сдаться в плен предписывалось уничтожать всеми средствами, как наземными, так и воздушными, семьи сдавшихся в плен как семьи изменников лишались государственного пособия и помощи.

К моменту вступления генерала армии Георгия Жукова в командование Ленинградским фронтом уже была издана директива Верховного главнокомандования вермахта об окончании наступательной фазы завоевания города и переходе к более пассивной блокаде Ленинграда. В связи с этим немецкие танковые дивизии снимались с Ленинградского фронта и отправлялись на юг. Тем не менее 28 сентября 1941 года Жуков направил в войска под Ленинградом шифрограмму за № 4976 о необходимости разъяснения всему личному составу, что все семьи сдавшихся врагу будут расстреляны и по возвращении из плена они сами будут расстреляны. Это относилось и к военнослужащим, которые попали в плен будучи раненными. Тем самым он объявил советских военнопленных, а также их родственников предателями родины.

Генерал Жуков вновь и вновь гнал свои части в контратаки на неподавленные немецкие пулеметы. Гнал пехотинцев, вооруженных лишь винтовками и гранатами, балтийских моряков, которых немцы выкосили вчистую, гнал неподготовленных к войне ленинградских рабочих из народного ополчения. Народное ополчение, скомплектованное из студентов ленинградских ВУЗов, неумелые командиры загнали в ленинградские болота, где оно было окружено немцами и поголовно перебито. За два года штурма Синявинской высоты под Ленинградом Красная армия потеряла около 360 тысяч человек.

Практика применения заградительных отрядов, скомплектованных из военнослужащих НКВД, по всей Красной армии была введена Народного комиссара обороны СССР Сталиным после массового бегства советских солдат от немецких войск в 1941-1942 годах. Безжалостный приказ за №227 от 28 июля 1942 года был коротко сформулирован, как: “Ни шагу назад!”. В приказе предписывалось Военным советам армий и прежде всего командующим армиями сформировать в пределах армии 3-5 хорошо вооружённых заградительных отрядов (по 200 человек в каждом), поставить их в непосредственном тылу неустойчивых дивизий и обязать их в случае паники и беспорядочного отхода частей дивизии расстреливать на месте паникёров и трусов и тем помочь честным бойцам дивизий выполнить свой долг перед Родиной. В соответствии с этим приказом за отход военнослужащих с позиций без приказа полагался немедленный расстрел; аресту и ссылке на срок до 5 лет подлежали отец, мать, жена, сыновья, дочери и сёстры военнопленных, заподозренных в измене, если они жили одной семьёй до начала войны.

С начала войны по 10-е октября 1941 г. (в течение чуть больше года) заградительными отрядами и особистами НКВД задержано 657,364 военнослужащих, отставших от своих частей и бежавших с фронта. Из числа задержанных, арестовано 25,878 человек, остальные 632,486 человек сформированы в части и вновь направлены на фронт. По постановлениям особых отделов и по приговорам военных трибуналов расстреляно 10,201 человек. Из них расстреляно перед строем — 3,321 человек. И это только официальные цифры.

Всего к 15 октября 1942 г. в частях действующей армии функционировало 193 заградительных отряда. В первую очередь сталинский приказ проводился в жизнь, конечно, на южном фланге советско-германского фронта. Почти каждый пятый отряд — 41 единица — были сформированы на сталинградском направлении.

В 1941 году генерал Рокоссовский один без всяких заградотрядов просто по-человечески беседовал с бежавшими с поля боя военнослужащими и комплектовал из них боеспособные части. И на таких честных офицерах и генералах, оставшихся несмотря на советское убожество, во многом держался боевой дух армии.

Генерал американской армии Дуайт Эйзенхауэр после войны поддерживал дружеские отношения с маршалом Жуковым, который как-то рассказал ему о своей тактике наступления через минное поле, когда пехота наступает на противника так, как будто мин нет. Потери от противопехотных мин примерно равны потерям от плотного пулеметно-артиллерийского огня. Поэтому с точки зрения Жукова такая тактика является оправданной. Разминирование с использованием пленных и местного гражданского населения применяли и немцы, но они жертвовали не своими людьми. Георгий Жуков среди сослуживцев имел прозвище - "мясник". Он был из народа – прямой, грубый солдат, преданный Сталину коммунист. Важнейшим критерием эффективности для него, как, впрочем, и для любого полководца, являлась военная победа. Неизбежные потери он рассматривал, как плату за победу. А солдат в СССР было много – не жалко.

В результате знаменитого контрнаступления советских войск 5 декабря 1941 - 8 января 1942 годов и общего наступления с 8 января до 20 апреля 1942 года линию фронта удалось отбросить на 150-200 километров от Москвы. Однако она всё ещё уходила вглубь советской территории в районе Ржева. Георгий Жуков попытался срезать этот обращенный в сторону Москвы изгиб и окружить находящуюся на нем 9-ю армию группы "Центр". Бои подо Ржевом – видимо один из самых кровавых эпизодов отечественной войны. Только по официальным данным за более, чем год Красная Армия потеряла там более миллиона ста тысяч человек. С учётом потерь среди гражданского населения и другим неучтённым потерям, речь может идти и о большей цифре. И это только сражения подо Ржевом (3 воинских операции). Для сравнения Франция за всю Вторую мировую войну потеряла 567 тысяч военнослужащих, Великобритания - 450,9 тысяч военнослужащих, Италия – 454,4 тысяч военнослужащих, а Соединённые Штаты Америки – 418,5 тысяч военнослужащих.

Когда в апреле 1943 года представитель Ватикана предложил организовать помощь советским военнопленным, посол СССР ответил, что советское правительство считает военнопленных изменниками родины и помогать им не намерена. Равно бесчеловечным было отношение советского руководства, как военного, так и гражданского к своему народу.

Равно бесчеловечным было отношение советского руководства, как военного, так и гражданского к своему народу. Руководители никогда не ставили своих граждан и даже свои войска о мерах по разрушению своих объектов при отступлении. Так 18 августа 1941 года после прорыва немецких войск в районе Запорожья плотина ДнепроГЭСа была взорвана войсками НКВД, оборудование машинного зала уничтожено. Взрыв 20 тонн аммонала частично разрушил плотину, вызвав многометровую волну. Оценки потерь среди военнослужащих и гражданского населения от волны и наводнения рознятся, но не менее 20 тысяч человек.

К концу ноября 1941 года 2-я танковая армия Гудериана практически завершила окружение Москвы с юга. Чтобы не допустить полного окружения Москвы, на совещании в Ставке Верховного Главнокомандующего было принято решение спустить воду из всех шести водохранилищ к северу от Москвы (Химкинское, Икшинское, Пяловское, Пестовское, Пироговское, Клязьминское), а также из Иваньковского водохранилища с плотины у города Дубна, которое тогда называлось Московским морем. К 24 ноября на Волоколамском направлении советские военные инженеры взорвали водоспуски плотины Истринского гидроузла ниже уровня "мертвой отметки". Огромные потоки воды в том месте, где наступали немецкие войска, обрушились на район наступления. Были смыты и затоплены 30-40 деревень, и поток ледяной воды вперемешку со льдом доходил практически до Москвы-реки. И это при морозе в минус 40 градусов по Цельсию. Никто из мирного населения не был об этом предупрежден из соображений секретности. При проведении этой операции погибло много мирных жителей. Называют цифру в десятки тысяч человек.

Параллельно с затоплением в соответствии с приказом №0428 от 17 ноября 1941 года по Ставке ВГК должны были быть уничтожены все деревни и населённые пункты в глубину фронта на расстоянии 40-60 километров. При отступлении на Восток, советские командиры и партийные работники получали приказ жечь зерно, постройки и т.д. Но из-за неорганизованного панического бегства "доблестной" Советской Армии они не успевали этот приказ выполнить. А многие председатели колхозов просто отказывались выполнять преступные приказы Сталина и его коммунистических холуёв, по ошибке принявших человеческий облик. 29 ноября 1941 года Сталину от маршала Бориса Шапошникова и генерала Георгия Жукова пришёл отчет о том, что было уничтожено 398 населенных пунктов. В этом отчете Шапошников и Жуков пишут, что для уничтожения населённых пунктов были выделены авиация, артиллерия, 100 тысяч бутылок с зажигательной смесью и значительное количество “диверсантов” из состава специальных советских войск. Все свои военные преступления коммунисты как всегда “списывали” на немецко-фашистских захватчиков.

В документальной кинодраме Алексея Пивоварова: “Вторая Ударная. Преданная армия Власова” описано, как на Волховском фронте зимой-весной 1942 года самый нечеловеческий приказ пришёл из Ставки Верховного ГКО вместе с приказом на отступление практически окружённой армии. Все жители подлежат эвакуации вместе с отступающими армейскими частями. Сотрудники Особых отделов сожгли дома местных жителей, чтобы те не смогли вернуться в них. Дети просили у солдат хотя бы кусок хлеба, но те сами питались похлёбкой из упряжи для лошадей. Отступать вместе с войсками через узкий коридор женщины с детьми не могли. Поэтому они разбрелись по лесам. Чтобы не сразу умереть с голоду они глодали кору деревьев. Кора была обглодана до высоты человеческого роста. В результате многие жители из сожжённых домов умерли всё равно.

В блокаду Ленинграда, которая продолжалась 872 дня с 8 сентября 1941 года до 27 января 1944 года, от голода и холода умерли 632,253 человек гражданского населения (97 % от числа погибших). Ещё 16,747 человек (3 % от погибшего гражданского населения) погибли от бомбёжек и артобстрелов. Военные потери ненамного меньше - 332,059 убитых, 24,324 небоевых потерь, 111,142 пропавших без вести. [19]

Больше года понадобилось русским, чтобы мобилизовать свои силы и начать выравнивать военную ситуацию на всех фронтах после страшного для них первого года войны. Только к концу 1942 года некоторые советские генералы научились воевать и побеждать противника не только числом, но и умением, не только “мясом,” но и головой. Во второй половине 1942 года началось Сталинградское сражение, закончившееся 2 февраля 1943 года и Курская битва, закончившаяся 23 августа 1943 года. Они дорого стоили для обеих сторон, но упорство русских и холодная зима помогли им выиграть эти сражения. Они переломили ход войны в пользу СССР. Затем было сражение за Днепр и Днепровско-Карпатская операция. И, наконец, вершина полководческого советского искусства – Белорусская наступательная операция 1944 года больше известная в России, как “Операция Багратион.” Это единственная операция советского командования, которую изучают в Вест-Пойнте - старейшей из пяти военных академий США.

На протяжении всей операции “Багратион” были предприняты грандиозные маскировочные оперативные меры, в которой участвовали тысячи танков и солдат. Из 117 дивизий и шести бригад, которые были у немцев, половина была разгромлена, а остальные потеряли половину своего боевого состава, то есть полмиллиона человек [99]. В ходе этой операции Советская армия заняла территорию Белоруссии, восточной Польши и часть Прибалтики. Соотношение потерь: со стороны СССР - 178,507 убитых и пропавших без вести, со стороны Третьего рейха – более 300 тысяч убитых и пропавших без вести, а также 158,480 пленных. После этого война была практически выиграна.

Четыре других операции, которые позволили Советской армии получить контроль над странами Восточной Европы - Ясско-Кишинёвская, Будапештская, Венская и Берлинская.

А сколько военнослужащих отправили в советские концлагеря после окончания войны? Причём многие из них были ни в чём не виноваты. Просто они не могли представить доказательства того, что честно воевали в партизанских отрядах или что были захвачены в плен находясь в бессознательном состоянии.

Ещё одна позорная страница советской истории – выселение калек пострадавших от войны из Москвы, Ленинграда, Киева, Минска, Одессы, Риги, Таллина, Днепропетровска, Харькова, Томска, Новосибирска и других крупных городов в дома-интернаты для инвалидов и богадельни в Кирилло-Белозерском, Горицком, Александро-Свирском, Валаамском и других монастырях не до конца разрушенных советской властью, чтобы они не портили своим видом облик больших городов. Пусть помирают там. Они всё, что имели, отдали и больше не нужны.

Обеспечив личный триумф в годы Второй мировой войны, Сталин добился удовлетворения своих властных и гегемонистских амбиций. Мало того, что под его руководством была одержана военная победа над

немецкой армией и армиями её сателлитов, но с помощью своих пропагандистов Сталин сумел развернуть сознание советских людей в нужном ему направлении. Ещё и до сих пор немалая часть русского общества, даже преуменьшающая роль Сталина в победе, культивирует сталинские мифы о правильности того, что сделано на этой войне, а именно:
- миф об освобождении стран Восточной Европы от фашистского ига, а не навязывании им своего коммунистического ига,
- миф о необходимости вечной коленопреклонённой благодарности народов, которых освободила Красная армия,
- миф об обоснованности уничтожения тех, кто сопротивлялся установлению советской власти в Польше, Литве, Латвии, Эстонии, Западной Белоруссии, Западной Украине, Бессарабии и тех, кто боролся за собственную национальную независимость не только от фашистов, но и от коммунистов,
- миф, выраженный в песне из кинофильма "Белорусский вокзал" о том, что "И, значит, нам нужна одна победа, одна на всех. Мы за ценой не постоим!".

9 августа 1945 года после победы над Германией и её союзниками СССР начал войну против Японской империи. На этот раз подавляющее преимущество в военной технике и в обученной живой силе было на стороне СССР. В течение 12 дней советские войска во взаимодействии с Тихоокеанским флотом и Амурской военной флотилией, используя танки, быстро подвинулись на 600-800 километров и заняли Северо-Восточный Китай, Северную Корею, Южный Сахалин и Курильские острова, разгромив Квантунскую армию Японии и её союзников. Безвозвратные потери со стороны Красной Армии составили около 12 тыс. человек, а со стороны Квантунской Армии – 84 тыс. человек. Около 640 тыс. военнослужащих Японии и её союзников было взято в плен.

Официально невозвратные потери СССР во Второй мировой войне составили более 26.6 миллионов человек, не считая искалеченных, репрессированных и сбежавших за границу. Сегодня цифра возросла до 41 миллион 979 тысяч человек (её со ссылкой на секретные документы Министерства обороны недавно огласил депутат Госдумы Николай Земцов). Однако, эта последняя цифра пока "повисла в воздухе," как недоказанная.

Общая площадь территории Советского Союза после Второй мировой войны стала 22,402,200 км^2. Население СССР известно только на 1939 год - 188,793 тыс. человек.

Холодная война и участие СССР и стран Варшавского пакта в военных конфликтах по всему миру

Скрытая конфронтация между союзниками по Антигитлеровской коалиции началась уже в апреле 1945 года, когда ещё не отгремели залпы орудий Второй мировой войны, а Уинстон Черчилль – премьер-министр Великобритании, уже распорядился подготовить план возможной войны с СССР на случай, если Сталин не остановит свои армии после поражения Германии и её союзников и пойдёт дальше на запад. Ведь главной целью Сталина была идеологическая цель - установление прокоммунистических режимов во всей Европе и, если бы у него хватило сил, то он бы эту цель реализовал.

Холодная война, как противостояние между капиталистическими и социалистическими группами стран, продолжалась 35 лет с 1946 года до конца 1991 года. Главными противоборствующими сторонами в Холодной войне были НАТО (Североатлантический Альянс) и ЕС (Европейский Союз), с одной стороны, и ОВД (Организации Варшавского Договора) и СЭВ (Совет Экономической Взаимопомощи), с другой. “Горячие” войны, которые вели обе противоборствующие стороны были за пределами территории СССР и США, а поэтому прямо не касались их населения. Отношения между лидерами своих коалиций были весьма напряжёнными, иногда на грани ядерной войны. Апогеем Холодной войны стал Карибский кризис 1962 года, когда СССР и США были в полушаге от Третьей Мировой войны. Однако, в 1945 году СССР был истощён до предела и ввязываться в новую войну с лидерами Западного мира (США и Великобританией) было бы неразумно. К тому же летом 1945 года у США появилось ядерное оружие.

В России люди не почувствовали, что СССР проиграл Холодную войну. Местная печать об этом не особо распространялась. Ведь военный проигрыш традиционно воспринимается, как гора трупов, ввод чужой армии на свою территорию, договор о капитуляции, репарации победителю, в общем, попрание прав людей и ухудшение уровня их жизни. В косвенной форме это произошло и в России тем более, что она объявила себя преемницей СССР, но произошло как-то незаметно. И видно это стало населению России не сразу. И уровень жизни понизился, и войска противника (США, НАТО) оказались на территории бывшего СССР (Прибалтийские страны), и все права, и гарантии, которые давала своему населению Советская власть вдруг куда-то исчезли, и десяти миллионов людей за десять первых лет после 1991 года Россия недосчиталась. Что это как не проигрыш в Холодной войне? Да такого огромного проигрыша и в горячей войне не бывает. Дело в том, что всё совершалось постепенно, То есть СССР проиграл США и странам Запада не вчистую, нокаутом, а по очкам. В этом разделе я перечислю эти проигранные очки, из которых сложилось конечное поражение в Холодной войне, развал Варшавского блока и СССР.

Есть ещё одна сторона в Холодной войне, о которой не говорят. Это был психологический проигрыш, который деморализовал всех жителей страны. В результате Холодной войны русский народ стал тяготеть к победившему противнику, а не к своей оскандалившейся власти.

Кратко перечислю "горячие" локальные конфликты с участием вооруженных сил СССР и/или его союзников, с одной стороны, и США, и его союзников, с другой, после окончания Второй мировой войны. Военное вмешательство СССР в дела других стран начало применяться ещё при Сталине, как помощь "братьям по классу." При анализе этих конфликтов не могу не отметить одну особенность, отличающую коммунистов любой национальности и их союзников от их противников, придерживающихся более гуманных взглядов. Коммунисты свои потери в живой силе считают очень приблизительно с точностью до десятков, сотен тысяч, а то и миллионов человек. Для них идея первична, а человек вторичен. Их противники, капиталисты стараются учитывать каждую человеческую жизнь, как уникальную.

Гражданская война в Китае в 1946-1950 годах явилась третьим этапом Гражданской войны, продолжавшейся с перерывами с 1927 года. Войска Китайской националистической партии – Гоминьдан сражалась против войск Компартии Китая. Как и положено СССР помогал коммунистам, а США их противникам. Поначалу гоминдановские войска побеждали, но коммунисты использовали звучные коммунистические лозунги, которыми привлекли бедняков и оружие из СССР и выиграли финальные схватки. Понеся большие потери, гоминдановские войска были переправлены с помощью США на остров Тайвань.

Гражданская война в Греции продолжалась с 1946 по октябрь 1949 года. Она явилась первым крупным вооружённым конфликтом в Европе, разразившимся сразу после освобождения Греции от немецких, итальянских и болгарских войск, воевавших на стороне Германии. В результате этой войны прокоммунистические силы поддерживаемые СССР проиграли войну Королевским войскам, которых поддерживала Великобритания и США. В результате Греция вступила в НАТО в 1952 году.

Гражданская война в Корее длившаяся 3 года с 1950 по 1953 год началась по инициативе лидера Северной Кореи Ким Ир Сена с целью объединения страны под властью коммунистов. Сталин позаботился, чтобы северные корейцы не нуждались в оружии и военной технике. Поначалу коммунисты захватили почти весь Корейский полуостров. Но потом в дело вмешались США и ещё 18 стран - членов ООН. Силы сторон выровнялись и войска КНДР были оттеснены почти до границы с Китаем. Тогда в войну вступил Китай, который ценой огромных потерь вернул границу на 38-ю параллель - почти в первоначальное место.

Перечисленные гражданские войны были весьма кровавыми, особенно на Востоке. Советский Союз принимал в них участие только поставляя вооружение и инструкторов. В Корее воевали советские лётчики. Когда умер Сталин, которого боялись все, начались волнения и недовольство в так называемых странах народной демократии.

Познанское восстание в Польше

Первыми взбунтовались поляки. С времён Второй мировой войны в Польше существовали остатки Армии Крайовой, которые были в оппозиции к прокоммунистической власти, поддерживаемой СССР. Активная фаза борьбы против коммунистов в Польше продолжалась с 1948 до 1952 года и затем вплоть до 1957 года, когда под Ломжей (уже при Хрущёве) был уничтожен последний отряд Армии Крайовой (около 30 тыс. человек).

Кроме активной вооружённой борьбы, в Польше бастовали и рабочие. Проявлением их недовольства стало Познанское восстание 1956 года. Демонстрации рабочих, требующих улучшения условий работы, начались 28 июня 1956 года в Познани на заводе имени Сталина (теперь имени Х. Цегельского), и были силой подавлены. В конфликте погибли 74 человека.

Подавление забастовочного движения в ГДР

Рабочее или народное восстание в ГДР в июне 1953 года. Милитаризация ГДР с 1952 года стала причиной экономического кризиса. В 1952 году 11% госбюджета шло на военные расходы, 19% составляли репарации Советскому Союзу. Ускорение роста тяжёлой промышленности отражалось на работе отраслей, выпускавших потребительские товары. Жиры, мясо и сахар по-прежнему распределялись по карточкам. Росли цены на общественный транспорт, одежду, обувь, хлебопродукты, мясо и содержащие сахар продукты. 14 мая 1953 года 13-й пленум ЦК СЕПГ принял решение о 10-процентном повышении норм выработки в целях борьбы с экономическими трудностями. Зарплата рабочих планировалась к сокращению.

13 и 16 мая на сталелитейном заводе в Лейпциге бастовали 900 рабочих. 15 июня в Берлине среди строителей престижных строек на Сталин-аллее начались первые забастовки. 16 июня на стройке больницы Фридрихсхайн началось брожение рабочих. В тот же день по радио были зачитаны требования делегатов Забастовочного комитета: 1. Выплата зарплат по старым нормам. 2. Немедленное увеличение прожиточного минимума. 3. Свободные и тайные выборы. 4. Гарантии ненаказания забастовщиков и их представителей.

17 июня в Берлине началась всеобщая забастовка. Уже в 7 часов на Штраусбергер плац собралась 10-тысячная толпа. Через французский сектор в центр Восточного Берлина из Хеннигсдорфа двинулась огромная колонна сталеваров. К полудню численность забастовщиков в городе достигла 150 000 человек. Волнения перекинулись на всю Восточную Германию. В индустриальных центрах стихийно возникли забастовочные комитеты и советы рабочих, бравшие в свои руки власть на фабриках и заводах.

В Берлине было введено чрезвычайное положение. Около полудня против протестующих были брошены советские войска. Протестующих расстреливали и давили гусеницами танков. Число официально зафиксированных жертв составляет 55 человек. Около 20 смертей остались нерасследованными. К январю 1954 года судами ГДР были осуждены 1526 участников волнений.

К великому счастью для Восточных немцев, коммунисты ГДР оказались более гибкими, чем их российские прототипы, которые в 1919-1920 годах приказывали пытать, расстреливать, вешать, топить, травить газами всех, кто им сопротивлялся (рабочих, крестьян, военнослужащих, сочувствующих и др.). В ГДР в июне 1953 года были восстановлены прежние нормы выработки и отменено сокращение заработной платы, понижены на 10—25 % цены на товары народного потребления. СССР немедленно сократил требования репараций до 5 % бюджета ГДР. Однако, бегство граждан ГДР в ФРГ стало исчисляться сотнями тысяч человек в год.

Антикоммунистическое восстание в Венгрии

Антикоммунистическое восстание в Венгрии длилось около 2-х недель с 23 октября по 9 ноября 1956 года. Лидер Венгерской партии трудящихся (ВПТ) и председатель правительства Матьяш Ракоши, пытался скопировать в Венгрии сталинскую модель управления хозяйством, действуя при этом диктаторскими методами. Он проводил насильственную индустриализацию и коллективизацию, подавлял любое инакомыслие, боролся с католической церковью. Ему помогали 28 тыс. человек из службы безопасности Венгрии плюс 40 тыс. информаторов. В результате репрессий около 400 тыс. венгров получили различные сроки тюремного заключения или лагерей. По согласованию с Москвой Ракоши были заменён на посту председателя правительства более гибким коммунистом Имре Надем, однако остался лидером партии ВПТ. Имре Надь провёл амнистию, прекратил интернирование, запретил выселение из городов по социальному признаку, прекратил строительство ряда крупных промышленных объектов, ослабил давление на сельское хозяйство и снизил цены на продукты для населения.

Однако радикальная часть венгров всё равно была недовольна коммунистами. Над ними и над и сотрудниками спецслужб начались самосуды, обстрелы советских военных городков. Всего в результате самосудов погибло 37 человек. В связи с этим 4 ноября советские воинские части под общим командованием маршала Георгия Жукова были введены в Венгрию. В операции "Вихрь" участвовали более 15 танковых, механизированных, стрелковых и авиадивизий, 7-я и 31-я воздушно-десантные дивизии, железнодорожная бригада общей численностью более 60 тыс. человек. В результате операции с венгерской стороны было убито 2,652, ранено 19,226 человек, а советская сторона потеряла 669 чел. убитыми, 1,540 чел. ранеными и 51 чел. пропали без вести.

Премьер-министр Имре Надь и бывший министр обороны Пал Малетер были приговорены к смертной казни по обвинению в государственной измене. Имре Надь был повешен 16 июня 1958 года. Всего было казнено около 350 человек. Правительство Яноша Кадара при активном участии советских чекистов развернуло массовые репрессии в стране. Около 26 тыс. человек подверглись судебному преследованию, половина из них приговорены к различным срокам тюремного заключения. Почти 200 тыс. человек эмигрировали из Венгрии.

При Леониде Брежневе - генсеке, сменившем Хрущёва, получила распространение так называемая "Доктрина Брежнева" или политика ограниченного государственного суверенитета стран социалистического лагеря. Доктрина эта заключалась в том, что СССР в одиночку или при поддержке других стран социалистического содружества, входивших в Организацию Варшавского договора (ОВД), мог вмешиваться во внутренние дела стран Центрально-Восточной Европы и удерживать эти страны на своей политической орбите с помощью военной силы. Это в течение долгого времени обеспечивало стабильность политического курса стран ОВД.

Подавление "Пражской весны" в Чехословакии

5 января 1968 года Александр Дубчек был избран первым секретарем Коммунистической партии Чехословакии. Он предпринял попытку реформировать ригидную советскую модель административно-командного управления страной, провозгласив "социализм с человеческим лицом." Реформы Дубчека предполагали предоставление дополнительные права гражданам - свободу слова и свободу передвижения, децентрализацию экономики и управления страной.

Пользуясь "Доктриной Брежнева," в ночь с 20 на 21 августа 1968 года в Чехословакию было введено более 300 тыс. солдат и офицеров и около 7 тыс. танков стран Варшавского договора из соцстран кроме Румынии (операция "Дунай"). Советские десантники высадились в Праге, блокировали основные объекты аэродрома, а затем заняли узловые учреждения на территории Чехословакии. Чехословацкая армия сопротивления не оказала поскольку президент ЧССР Людвиг Свобода отдал приказ этого не делать. В ходе операции погибли 11 советских военнослужащих, было ранено 87. Всего в ходе вторжения вплоть до 21 августа 1968 года было убито 108 и ранено несколько сотен граждан Чехословакии.

Движение "Солидарность" в Польше

Ещё одной попыткой воспрепятствовать продвижению ригидной коммунистической модели развития общества в странах Варшавского пакта было движение "Солидарность" в Польше. Это было массовое социальное движение антикоммунистической направленности. "Солидарность" — польское объединение профсоюзов, созданное в августе-сентябре 1980 года на судоверфи в Гданьске. Официально легализовано 10 ноября 1980 года. Являлось массовым движением антитоталитарной, антикоммунистической направленности.

11-12 декабря 1981 года в Гданьске собралась Всепольская комиссия "Солидарности." Почти все её члены поддержали резолюцию об открытой конфронтации с Польской объединённой Рабочей партией. 12 декабря в 22:30 по варшавскому времени по всей Польше была отключена телефонная связь. В ночь на воскресенье, 13 декабря, в комитетах ПОРП, управлениях Службы безопасности МВД и армейских частях были вскрыты запечатанные пакеты. В полночь 13 декабря на улицы польских городов выступили армейские части. Органы МВД начали аресты активистов "Солидарности" и других оппозиционных организаций. Утром генерал Войцех Ярузельский объявил о введении военного положения в стране. Власть перешла к Военному совету национального спасения. "Солидарность" была запрещена в январе 1982 года. Если бы не эти действия Ярузельского, СССР был готов ввести войска для подавления польского протестного движения.

Карибский кризис

Карибский кризис на Кубе в 1962-1963 годах последовал за Кубинской прокоммунистической революцией 1953-1959 годов. Согласно официальной советской версии, кризис вызвало размещение в 1961 году Соединёнными Штатами в Турции (стране-участнице НАТО) ракет средней дальности "Юпитер," которые могли достигнуть городов в западной части Советского Союза, включая Москву и главные промышленные центры СССР за 10 минут.

В качестве ответной меры на эти действия Советский Союз тайно разместил на острове Куба, в непосредственной близости от побережья США свои кадровые военные части и подразделения, на вооружении у которых находилось как обычное, так и ядерное оружие, включая баллистические и тактические ракеты наземного базирования. Советские ракеты средней дальности на кубинской территории, имели дальность стрельбы до 4 тыс. км (ракеты Р-14). Они могли держать под прицелом Вашингтон и около половины авиабаз стратегических ядерных бомбардировщиков ВВС США, имея подлётное время до цели менее 20 минут.

Группировка советских войск и советские специалисты начиная с 1960 года оказывали помощь в обучении и создании регулярной армии Кубы. К октябрю 1962 года советские ракеты были смонтированы на Кубе и готовы к применению. Однако к этому времени ракетно-ядерный потенциал СССР был значительно слабее американского и уступчивость Никиты Хрущёва в кубинском вопросе была продиктована ещё и этим. Джон Кеннеди тоже не хотел начинать Третью Мировую войну, но ситуация обострилась настолько, что ему пришлось бы это сделать в случае дальнейшей эскалации конфликта. По счастью дело закончилось мирным соглашением – ракеты с обеих сторон были демонтированы, США дали обещание не нападать на Кубу. Общие потери среди советских военнослужащих на Кубе составили 69 человек.

Гражданские войны во Вьетнаме, в Лаосе и в Камбодже

С 1960 по 1975 годы в рамках так называемой Второй Индокитайской войны на Индокитайском полуострове в Юго-Восточной Азии параллельно велись три Гражданские войны - во Вьетнаме, в Лаосе и в Камбодже, в которых СССР принимал участие, хотя и непрямое.

Гражданская война во Вьетнаме велась с 1 ноября 1957 — 30 апреля 1975 года. Вначале это была партизанская война в Южном Вьетнаме. Воспользовавшись политическими и экономическими ошибками тогдашнего премьер-министра Южного Вьетнама националиста Нго Динь Дьема поддержанного США, партизаны Южного Вьетнама (Национальный фронт освобождения Южного Вьетнама - НФОЮВ) при поддержке коммунистической армии Северного Вьетнама (лидер – Хо Ши Мин), начали вооружённую борьбу с регулярными частями Южного Вьетнама.

Официально силы сторон на пике войны в 1968 году были около 1,2 млн человек у Южного Вьетнама и его проамериканских союзников и чуть больше полумиллиона человек у сторонников коммунистов (вьетконговцев). Потери Южного Вьетнама и его союзников: погибло чуть больше полумиллиона человек, ранено около 1 млн 317 тыс. человек. Потери Северного Вьетнама и НФОЮВ сильно расходятся в разных источниках. Однако они вряд ли меньше, чем потери Южного Вьетнама.

Регулярные части и подразделения советских зенитно-ракетных войск применялись на стороне Демократической республики Вьетнам против американской авиации. Велика роль советских инструкторов в обучении вьетнамских военнослужащих – в основном лётчиков и технических специалистов. Официальные потери среди советских инструкторов и специалистов составили 16 человек.

В итоге семнадцатилетней тяжелейшей войны войска Северного Вьетнама победили войска проамериканской коалиции (южнокорейские, американские, австралийские, новозеландские, тайские). Результатом этой войны стал вывод войск проамериканской коалиции из Южного Вьетнама и воссоединение Северного и Южного Вьетнама под руководством вьетнамских коммунистов.

Гражданская война в Лаосе велась в 1960-1973 годах. В США она известна как "Тайная война." Противниками в войне были правительство Королевства Лаос, США, Таиланд, Республика Вьетнам, Тайвань, с одной стороны, и партизаны Патет Лао и Демократическая Республика Вьетнам при поддержке СССР и КНР, с другой. В соответствии с Парижскими мирными соглашениями войска США покинули Лаос в 1973 году. Однако, войска Северного Вьетнама в Лаосе остались. Конец гражданской войне в Лаосе датируется 21 февраля 1973 года, когда было заключено Вьентьянское соглашение, которое предусматривало создание коалиционного правительства.

В течение последующих 2-х лет баланс сил в Лаосе сместился в пользу прокоммунистического движения Патет Лао. В декабре 1975 король Саванг Ватхана отрёкся от престола, а премьер-министр Суванна Фума подал в отставку. Была провозглашена Лаосская Народно-Демократическая Республика. Вскоре после этого начался привычный с Ленинских времён процесс закрытия некоммунистических газет, чистка гражданских служащих, армии и полиции, их депортация подальше от столицы Вьентьяна, где для них были созданы такие плохие жизненные условия, что многие из них погибли в ссылке. Общие потери от самой войны могут быть оценены лишь приблизительно в несколько десятков тысяч человек.

Гражданская война в Камбодже проходила с 1967 по 1975 годы. В этом военном конфликте противостояли друг другу правительство

Камбоджи (Кхмерская Республика), поддерживаемое США и Южным Вьетнамом, с одной стороны и местные коммунистические силы (Красные кхмеры), пользовавшиеся поддержкой войск Северного Вьетнама и партизан Южного Вьетнама, с другой.

Итогом войны стало падение правительства Кхмерской Республики свержение режима Лон Нола и приход к власти "Красных кхмеров" под руководством Пол Пота, провозгласивших курс на тотальное переустройство камбоджийского общества с опорой на маоистские концепции в самом жестком варианте. Геноцид и стратоцид местного населения начался после полной победы коммунистов и исчисляется миллионами человек. Чистки проводились по китайскому образцу с привлечением молодёжи до 18 лет.

Поддержка просоветских режимов по всему миру

СССР также принимал опосредованное участие в Арабо-израильских войнах в 1967-1973 годах на Ближним Востоке.

В 1967 году Израиль нанёс военный удар по Сирии, Египту и Иордании. СССР поддержал арабские страны. Советские специалисты принимали участие в боевых действиях в составе ПВО Египта и в составе ВВС Сирии. В район боевых действий была направлена оперативная эскадра ВМФ СССР. Потери СССР в этой войне – 52 военнослужащих.

Затем было три Гражданских войны в Африке, где опять столкнулись интересы СССР и США. Это войны в Эфиопии, Анголе и Мозамбике.

Гражданская война в Эфиопии (Восточная Африка) началась 12 сентября 1974 года после того, как прокоммунистический Временный военно-административный совет устроил государственный переворот в Эфиопии и сместил императора Хайле Селассие Первого. Война продолжалась до 1991 года, когда Революционно-демократический фронт эфиопских народов и другие вооруженные группировки свергли коммунистическое правительство, поддерживаемое СССР, Кубой, ГДР, НДР и Йеменом. Общие потери сторон составили более четверти миллиона человек.

Гражданская война в Анголе продолжалась с 1975 года по 2002 год. Провозглашение независимости Анголы от Португалии 11 ноября 1975 года не принесло ей мира. Началась гражданская война за власть в стране между просоветской группировкой МПЛА и проамериканскими группировками УНИТА и ФНЛА. После многократных сражений с большими человеческими жертвами и в результате распада СССР, МПЛА переориентировалась на США (с 1992 года), а в 2002 году новое руководство УНИТА приняло условия мирного урегулирования, выдвинутые правящей МПЛА и стало легальной оппозицией.

Гражданская война в Мозамбике началась в 1976 году, когда руководящей партией стала ФРЕЛИМО, которая провозгласила курс на строительство социализма и сотрудничество с СССР. Ей противостояло Мозамбикское национальное сопротивление (РЕНАМО), которое вело партизанскую диверсионную борьбу против правительства в северных и центральных провинциях страны и пользовалось поддержкой вначале Родезии, а потом ЮАР. После установления в Зимбабве власти Роберта Мугабе, он поддержал борьбу РЕНАМО против ФРЕЛИМО, которую с тех пор опекала внешняя разведка ЮАР. Военную помощь ФРЕЛИМО оказывали контингенты Танзании, Зимбабве и Малави. Однако в большинстве воинских операций второй половины 80-х годов зимбабвийская армия играла ведущую роль.

СССР принимал участие и в вооружённых столкновениях между про и антикоммунистическими силами в Центральной Америке с 1979 до 1990 года (в Никарагуа – прямо, и в Сальвадоре – опосредовано через Никарагуа).

Гражданская война в Никарагуа, продолжавшаяся с 1979 до 1990 года представляла собой вооружённый конфликт между правительством Никарагуа (сандинисты) и вооруженными формированиями состоявшими из бывших национальных гвардейцев Сомосы и других противников революции, получивших прозвище “Контрас.” Контрас бежали из страны и сосредоточились в специальных лагерях в приграничных районах соседних государств: Гондураса и Коста-Рики. США предоставило им вооружение и материальную помощь, а аргентинские военные советники обучали их на военных базах Лепатерике и Килали. Правительственные войска Никарагуа действовали при поддержке СССР и Кубы. Из-за почти пятикратного превосходства в живой силе победу одержали сандинисты однако экономическое положение страны в результате войны резко ухудшилось. Боевые действия унесли жизни не менее 50 тысяч человек.

В 1980 году в Сальвадоре началась Гражданская война между военным режимом Сальвадора (а затем правоцентристским правительством Хосе Наполеона Дуарте) и “левыми” политическими группами, организованными во Фронт национального освобождения имени Фарабундо Марти (партизаны), которых поддерживало правительство Никарагуа. Война продолжалась до 1991 года, когда победивший на очередных выборах кандидат от консервативной партии АРЕНА начал переговоры с партизанами. 16 января 1992 между правительством и партизанами был подписан мирный договор, который создал предпосылки для установления демократии в стране в 1994 году.

Потери в войне: свыше 75 тыс. погибших, 12 тыс. пропавших без вести и около 1 млн беженцев.

Война в Афганистане

Война СССР в Афганистане (Центральная Азия) продолжалась с 25 декабря 1979 до 15 февраля 1989 года. Афганская кампания велась СССР под предлогом поддержания просоветской Народно-демократической партии Афганистана и в целях безопасности южных границ СССР.

Только по официальным данным на содержание 40-й армии и ведение боевых действий из бюджета СССР ежегодно расходовалось около 3 млрд. долларов (а всего – 30 млрд. долларов). Однако эта цифра не отражает всех затрат на афганскую войну, которые советские власти даже не решились обнародовать. Кроме того, на поддержку просоветского кабульского правительства из бюджета СССР ежегодно расходовалось около 800 млн долларов.

После вывода советских войск из Афганистана в 1989 году началась гражданская война между военными группировками внутри этой страны и через три года в апреле 1992 года моджахеды свергли просоветское правительство во главе с Мохаммадом Наджибуллой, которое без военной и финансовой поддержки со стороны Российской Федерации быстро пало. После этого начался новый этап гражданской войны в Афганистане. В конце концов, на юго-востоке страны верх взял Талибан, а на севере - Северный альянс.

Результаты афганской войны таковы: потери СССР - 15 тысяч 51 человек погибших, 53 тысячи 753 человек раненых, 417 человек пропавших без вести. Потери Афганистана были более значительны – по крайней мере 200 тыс. человек убитыми и около 2 млн человек стали беженцами.

Несомненным плюсом брежневского правления с точки зрения сохранения жизней советских солдат было то, что при нём СССР старался воевать чужими руками или небольшой кровью. Со стороны СССР привлекались в основном военные советники и инструкторы. И только с Афганистаном в 1979 году у советского руководства вышел конфуз. Эту войну СССР вроде бы и не проиграл, но всё равно был вынужден вывести свои войска из Афганистана, что было равносильно поражению. Политический, экономический и психологический эффект от Афганской войны был крайне негативен для СССР. Ухудшилось восприятие СССР в глазах международного сообщества. Бойкот Московской Олимпиады 1980 года многими странами об этом свидетельствовал.

Недаром ослабление, а затем падение коммунистического режима и развал мировой системы социализма начались именно с войны в Афганистане, которую советские лидеры и генералы намеревались завершить в 3 месяца, а растянули на 10 лет и окончили выводом войск. И опять виной всему явились огромные амбиции правителей советской сверхдержавы. Зачем им был этот Афганистан? Только для того, чтобы не пустить туда американцев, которые тоже посматривали на этот регион мира? Если бы престарелые советские лидеры получше знали историю, они бы открыли для себя, что эту страну за пять тысячелетий её существования оккупировали многие, а монголы вообще вырезали часть населения и уничтожили цивилизованное по тем временам земледелие этой страны. Правда результат завоеваний для монголов был не так велик, как они ожидали (ну, естественно, кроме "чувства глубокого удовлетворения" от завоевания страны с удобным геополитическим расположением - древнего центра торговли и миграции).

В 1991 году СССР прекратил своё существование. Все территории, имевшие статус союзных республик, от него отделились. Общая площадь территории Российской Федерации в настоящее время - 17,125,407 км^2, население на конец 2015 года - 146,267,288 человек (с учётом населения Крыма), то есть почти в два раза меньше, чем перед развалом СССР.

СССР распался потому, что проиграл самому себе. В то, что это случится мало кто верил – даже самые дальновидные люди - настолько монолитным казался этот монстр распределительного социализма, построенный на костях и трупах русского народа. Но пара антиподов (Горбачёв-Ельцин) сработали так, как будто заранее договорились, хотя на самом деле они просто не переносили друг друга. Причём, будь на месте Горбачёва более решительный Ельцин, СССР мог пойти по югославскому кровавому сценарию. Однако, случилось то, что случилось. СССР сравнительно мирно уменьшился до размеров нынешней России.

Физический развал СССР в 1991 году был лишь следствием духовного развала советской власти и морального разложения коммунистической партии. Коммунисты не терпят конкуренции. В соревнованиях можно проиграть. А проигравший коммунист – это уже не коммунист вовсе, а скорее социалист. КПРФ Геннадия Зюганова является яркой иллюстрацией этого положения.

4.4. Современная Россия, как Военный Хищник

Большевики и чекисты уничтожили цвет русской нации, выгнали лучших людей из страны, обокрали всю Россию и вывезли её богатства за границу, уморили голодом миллионы людей во время Гражданской войны и Коллективизации, взорвали Днепрогэс, Иваньковское водохранилище, бомбили Ростов, взрывали собственные дома. При этом погибло огромное количество собственных граждан. Кто после этого главный враг России? Вы думаете - собственная власть, которая убивала своих граждан, обкрадывала их, устраивала голодоморы. А вот и нет! Враг за бугром. Это мировая буржуазия, германские нацисты, американские империалисты, исламские террористы. Правильный русский патриот ненавидит только их. А если он несогласен или сомневается в том, что ему рассказывает его власть, то он тоже враг, которого надо уничтожить или дискредитировать, чтобы не смущал доверчивый русский народ своими сомнениями.

С времён СССР не прерывалась политика военного противостояния России с окружающим миром. Был небольшой перерыв в 90-е годы, когда руководству России было не до войны поскольку оно выживало вместе со всем народом при стихийном переходе от распределительного социализма к государственно-олигархическому капитализму. Даже тогда деморализованная русская армия пыталась справиться с республикой Ичкерия, но кроме позора ничего на этой войне не получила. Ельцину недаром Дума чуть импичмент не объявила. Теперь, немного подкопив финансовый жирок, Путин опять строит милитаристское государство и опять стремится быть “в каждой бочке затычка.” Правда без образа врага ему это сделать никак не удаётся. Вот он и старается.

В чём состоит новая милитаристская концепция нынешней России в XXI веке?

Во-первых, в терминологии. С приходом во власть чекистов воскресла часть милитаристских терминов советской эпохи (Например, “Дипломат Чуркин погиб на боевом посту,” “Строимся и двигаемся колоннами,” “Победим врага” и пр.).

Во-вторых, в создании образа врага из кого угодно и ещё в том, чтобы бросать этому врагу вызов. Сам Путин – крепкий парень и любит бросать вызов противникам, природе, неблагоприятным обстоятельствам. К его чести — это, как правило, просчитанный вызов. Поэтому до последнего солдата Путин сражаться не будет. Он понимает, чем это может кончиться для него самого.

В-третьих, в непрекращающихся военных конфликтах, которые нужны Путину обязательно. Без них его присутствие в мировой политике и экономике сомнительно поскольку, как экономист и как технологический инноватор он слабоват. Зато “надувает щёки” он классно. Немудрено, что российское руководство делает всё возможное для того, чтобы не решать внутренние проблемы. Проще вовлекать страну в конфликты вовне (Грузия, Украина, Сирия), огрызаться на любые недружелюбные действия США, НАТО, ЕС. Это броско, это ярко, это мобилизует. Сразу виден результат. Подчас результат крохотный, как у моськи, которая лает на слона, но раз слон сдвинул ногу на пару сантиметров в сторону, чтобы не раздавить лающую моську – это уже результат, который можно всенародно праздновать.

В-четвёртых, в сакральных жертвах, а именно в том, что каждой нации время от времени надо пускать кровь, чтобы не застаивалась, а русской инерционной и ленивой нации – кровь нужно пускать чаще и больше, чем другим. Вон по меньшей мере 50 миллионов своего населения пустили под нож большевики-коммунисты, так до сих пор в России полно идиотов, которые восхваляют ленинско-сталинскую эпоху, мол какие наши деды были тогда герои. Хотя какое это геройство – воевать за всяких большевичков, которые обескровили твою нацию? Ведь всего 2-3% из родившихся в 1922-23 году в живых осталось.

Войны с Ичкерией

С начала 1990 года начались этнические чистки нечеченского населения в Чечне. От 280 до 350 тысяч русских и представителей других национальностей были вырезаны и выгнаны из Чечни. В 1993 году Ельцин и его генералы попытались отвоевать назад беглую республику Ичкерию.

Первую чеченскую войну Россия фактически проиграла. В целом безвозвратные людские потери федеральных сил в Первой чеченской войне 1994-1996 годов составили 5,552 человека и 16,098 раненых, контуженных и травмированных. Число погибших боевиков оценивается в 2,5-2,7 тыс. человек. Потери среди гражданского населения - 25-30 тыс. человек.

Однако, в 1999-м году война была продолжена. Хотя зачем России эта Чечня с её мусульманским населением, находящимся на родоплеменном или тейповом уровне организации. Страна, население которой ненавидит русских за депортацию 1944 года. А перед этим была ещё кровавая Кавказская война в середине XIX века. Или русским своей неухоженной страны мало?

Уже спустя несколько лет большой кровью и с привлечением значительных воинских сил и техники Путину удалось восстановить территориальную целостность России в отличие от Молдовы, которая потеряла Приднестровье, в отличие от Грузии, потерявшей Абхазию и Южную Осетию, в отличие от Азербайджана, от которого отделился Нагорный Карабах и в отличие от Украины, которая в конце концов потеряла Крым.

Вторую чеченскую войну Россия выиграла, но цена победы была тоже не маленькой. Общие потери федеральных сил во Второй чеченской войне составили 4,572 человека убитыми и 15,549 ранеными. Со стороны боевиков за период 1999-2002 гг. насчитывается 3,6 тыс. убитых и среди гражданского населения - 5,5 тыс. убитых. Однако, все эти цифры лишь частично отражают реальность. После этого чеченцы стали мстить всем русским уже на территории России. Поскольку Путин и Ельцин находились за тройным кольцом охраны, то страдали в основном гражданские лица, но когда российской власти было дело до российских граждан?

Притушить чеченский очаг межнациональной напряжённости удалось военной силой и большими финансовыми вливаниями в экономику Чечни, но как долго этот мир продлится не может предсказать никто. Стоит России ослабнуть или прекратить финансирование, как восточные кавказские республики могут взять курс на отделение от России тем более, что у них есть собственные запасы нефти. Когда речь идёт о Кавказе предсказать что-либо очень трудно также как трудно найти кто прав, а кто виноват. В этом регионе часто говорят одно, а делают другое. Цивилизация туда ещё долго не доберётся.

Война с Грузией

Ещё как следует не закончилась вторая чеченская кампания, как у России возникли трения с Грузией, которая мечтала вернуть три беглых области: Аджарию, Южную Осетию и Абхазию. Грузинский президент Михаил Саакашвили действовал решительно, но если возврат Аджарии у него получился легко, то с двумя другими областями ему пришлось воевать.

Абхазия и Южная Осетия не бог весть, как значимы для России, но Грузии труднее вступить в НАТО с неурегулированными территориальными притязаниями. И Россия за них вступилась. Активные боевые действия продолжались 5 дней с 8 августа по 12 августа 2008 года

К утру 7 августа грузинская сторона сосредоточила на границе с Южной Осетией около 12 тыс. человек и 75 танков возле Гори. Официальная численность военнослужащих, участвовавших в конфликте со стороны России - 19 тыс. личного состава: 10 тыс. в Южной Осетии и 9 тыс. в Абхазии. Воевали также 3 тыс. южных осетин и 5 тыс. абхазцев.

Потери сторон: Россия - 67 погибших и 283 раненых, Грузия - 412 убитых и 1747 раненых, Южная Осетия - 162 погибших. Кроме того, 15,613 грузин и около 34 тыс. осетин стали беженцами.

Для войны с таким мощным соседом, как Россия, потери грузинской стороны были минимальными. Правда, развязав войну, Грузия сильно рисковала. Ведь челночная политика Николя Саркози могла и не привести к успеху будь президент Медведев, не "перестроечным" коммунистом (он вступил в КПСС в 1985 году), а настоящим упёртым коммунистом Ленинско-Сталинского розлива. Ведь он мог и не остановить своих генералов от дальнейшего наступления на Тбилиси, и Грузия вновь была бы страной, зависимой от Москвы. А так Грузия, выиграв информационную войну, даже приобрела поддержку международного сообщества.

Итогом войны явилась полная утрата Грузией контроля над территориями Южной Осетии и Абхазии, которых Россия официально признала в качестве независимых государств. Ещё одним следствием войны было то, что процесс вступления Грузии в НАТО затормозился на неопределённое время, чего и добивалось военное руководство России.

Миролюбивый президент Медведев в другие конфликты постарался не ввязываться, но вернувшийся на президентскую позицию Путин сразу понял, что ускоренное экономическое развитие России — это не его сильная сторона и решил играть на том поле, где он чувствует свою силу - поле поиска врагов, локальных войн и конфронтации со всем миром. Ну и для развлечения он оставил себе и русскому народу спортивные состязания - олимпиаду, чемпионат мира по футболу и пр.

Гибридная война в Украине

В начале 2014 года Путина ждал неприятный сюрприз. Украина, которая долго водила Россию за нос с ценами на газ, наконец решила показать своё независимое лицо. Путину пришлось принимать новый вызов.

Ситуация в Украине резко обострилась после отказа президента Украины Виктора Януковича и его правительства подписать протокол о намерении вступить в Европейский Союз, а вместо этого принять помощь от России в размере 15 млрд долларов в обмен на укрепление военно-промышленных связей между странами. Люди вышли на улицы Киева, стали жечь покрышки и разбили палаточный лагерь.

После первого транша от России в 3 млрд долларов, Януковича отстранили от власти. Опасаясь физической расправы, Янукович бежал с Украины. Новое правительство премьер-министра Арсения Яценюка и и.о. президента Украины Александра Турчинова отказалось от соглашений с Россией, которые Янукович заключил. То есть Путина по сути "кинули." А он не такой человек, чтобы это терпеть. Тем более, что появилась хорошая возможность надолго решить проблему Черноморского флота и до зубов вооружённого Крымского полуострова – избавиться от постоянной головной боли для российских военных (а вдруг там НАТО свои ракеты разместит?).

Обычно Путин не любит принимать решения, которые могут повредить ему лично. При подписании документов, особенно финансовых, он бывает очень осторожен. Подпись предполагает ответственность - и юридическую, и уголовную. Но в случае с захватом Крыма он нарушил это правило. Он взял всю ответственность за аннексию Крыма на себя, поскольку далеко не все подчинённые были с ним согласны. Ведь пришлось нарушать международные Будапештские договорённости. Кроме того, поскольку общей границы между материковой Россией и Крымским полуостровом нет пришлось строить Крымский мост.

Вот если бы Путин приказал захватить всю Малороссию вплоть до Приднестровья или хотя бы одну Херсонскую область, это было бы хотя бы территориально оправдано. Ещё лучшим выходом была бы реставрация власти законного президента Януковича. Украина бы не сопротивлялась. Украинские генералы были готовы сдаться. Но Путин сдрейфил. Одно дело "махать шашкой" в Мюнхене в 2007 году, обвиняя США во всех мировых грехах, а другое – захватить независимое государство, член Совета безопасности ООН. Кроме того, захватить-то можно, но потом украинский народ обеспечивать всем надо.

Сейчас трудно сказать, просчитал ли Путин все последствия аннексии Крыма и, в частности, что Крымом дело не ограничится. Как известно: "коготок увяз — всей птичке пропасть." Это совершенно справедливо учитывая путинский настырный характер, его нежелание проигрывать. Для того, чтобы "вывернуться" из неблагоприятной международной ситуации, Путин поддержал военную операцию бывшего сотрудника спецслужб Игоря Стрелкова в Донбассе. Всё это под благовидным предлогом во имя русского народа и для его же блага. На самом деле на русский народ всем правителям СССР и России всегда было наплевать.

Если бы дело ограничилось бескровным Крымом, Путину это, возможно, бы сошло с рук после соответствующей денежной компенсации Украине. Но 17 июля 2014 года появился сбитый зенитно-ракетным комплексом "Бук" малайзийский пассажирский самолет "Боинг-777," выполнявший рейс МН17 в небе над Донбассом. После сбитого Боинга весь цивилизованный мир объединился против Путина и против России. Его сторонились, как прокажённого на саммите двадцатки в Австралии, ему не хотели подавать руки. А Путин – человек обидчивый, злопамятный и мстительный. "Ах раз вы со мной так, я покажу вам, что может моя ядерная держава, вы у меня попляшете." И он сделал весь русский народ заложником своих геополитических интриг и манипуляций.

Потери России от аннексии Крыма на 9 апреля 2014 года уже тогда составили 179 млрд долларов. Это снижение капитализации российских компаний на 82,7 миллиарда долларов в российских банках и 62,8 миллиарда снижения аналогичного показателя на зарубежных биржах, убытки за счет оттока капитала из России только за март 2014 года, которые эксперты оценивали в 33,5 миллиарда долларов. Из них 25,4 миллиарда были потрачены на стабилизацию курса рубля Банком России и 8,1 миллиарда стали средствами для покрытия положительного сальдо счетов текущих операций. [82] И это только цветочки.

Сразу после Крыма и Донбасса США, Канада, Австралия и страны Евросоюза ввели против России дипломатические и экономические санкции. Отток капитала из России только за первый квартал 2014 года оценивается в сумму более 50 млрд долларов, почти столько же, сколько выведено за весь предыдущий год (62 млрд). Цена на энергоносители упала более, чем в два раза. На мировом финансовом рынке рубль ослабел почти вдвое. Внутрироссийские цены на продукты и товары выросли в среднем на 15-30%. Вся экономика России просела. Начиная с марта 2014 года Россия теряет деньги непрерывно. Она и до сих пор не оправилась от последствий путинских авантюр на Украине и в Сирии.

На Донбассе Путин воскресил так называемую гибридную войну или скрытую войну-спецоперацию. Это когда Россия в войну вовлечена, но формально она не воюет. Солдат на территории другого государства официально вроде нет, вооружение сепаратистам из России вроде бы не поставляется. Вместе с тем и российских солдат на территории Украины находят, и русское оружие, которое неизвестно откуда берётся там стреляет, и деньги для ведения войны сепаратисты ЛНР и ДНР получают - наверное материализуют из воздуха. Вместе с тем в обеих "невоюющих" странах (России и Украине) сохраняются посольства, консульства, корреспонденты ездят брать интервью и делают репортажи о ходе войны. Пропаганда на телевидении и в печати захлёстывает сознание потребителей информационного продукта. Всё, как на настоящей войне, которой формально вроде бы и нет. Пока эта война обошлись жителям Украины почти в десять тысяч покойников. Но для России — это "чужие" покойники.

Война в Сирии

Однако Украины амбициозному Путину не хватило. Да и несолидно как-то ограничивать рамки военного конфликта одной Украиной - традиционной младшей сестрой России. Путин всегда мечтал о противнике посерьёзнее. И в 2015 году он ввёл войска в Сирию - в ближневосточный "муравейник" для того, чтобы помогать диктатору Башару Асаду. Здесь появилась возможность продемонстрировать русскую силушку богатырскую и надолго устроить российские военные базы на Средиземном море, ведь Асад ещё молодой.

Вмешательство России в Гражданскую войну в Сирии было представлено Путиным, как средства для тренировки русской армии, для испытания новых видов оружия и взаимодействия родов войск, для повышения конкурентоспособности российской военной техники на мировом рынке и даже (только не падайте со стула) для уменьшения террористической угрозы со стороны исламистов. Однако сразу после вмешательства Путина в ближневосточные дела исламские террористы подорвали российский самолёт над Синаем, летевший из Шарм-эш-Шейха (Египет) в Санкт-Петербург. Это 224 души. Затем случился перегруз ТУ-154, летевшего из Сочи в Хмеймим (Латакия, Сирия) (92 человека). Потом был взрыв в Питерском метро, а это ещё 13 трупов? Сама военная операция по официальным данным унесла 41 жизнь военнослужащих. По неофициальным данным число убитых бойцов частной военной компании (ЧВК) "Вагнер" (владелец – Дмитрий Уткин) значительно больше. Это, конечно, немного по сравнению с ленинско-сталинскими временами, когда счёт мертвецам шёл на десятки миллионов. Но всё же ...

Зато сразу появилась возможность ещё и ещё раз обвинить западные страны во вмешательстве в чужие дела. "Путин видит в ударах по Сирии со стороны США попытку отвлечь внимание мирового сообщества от многочисленных жертв среди мирного населения в Ираке" (так пресс-секретарь российского президента Дмитрий Песков комментировал своего шефа). Обвинять и уличать других всегда легче, чем сказать правду о себе самом.

К сожалению, своей упёртостью Путин вовлёк в свои авантюры всю страну, которая расплачивается за это. Он проецирует свою личность индивидуалиста на всю Россию. Как он сам живёт по понятиям и по своему разумению о том, что хорошо и что плохо, так он и других на это толкает, создаёт Россию "под себя" и под своё понимание порядка в стране и за рубежом. Путин духовно и экономически изолировал себя от западных стран. Он всё глубже и глубже засовывает голову в милитаристский капкан, откуда только один выход – война и экономический упадок страны.

То, что не только Украина, но и даже традиционные союзники России – Сербия и Черногория выходят из сферы России – нехороший симптом в пользу того, что Россия ведёт неправильную политику, и, в конце концов, останется в мире одна. Путину пора бы это осознать, но это вряд ли случится в ближайшее время.

Со своей экспансионистской военно-политической установкой руководство России всё больше изолирует себя от других стран. Россия медленно погружается в пучину политической и экономической рецессии, и кризиса. Причём увязает всё глубже и глубже. Международная изоляция – прежде всего финансово-кредитная и частично политическая, всё новые военные конфликты, которые далеки от разрешения (Украина, Сирия) делают её положение всё более серьёзным. Главные вопросы – сумеет ли Россия вовремя остановиться и спустить эти конфликты на тормозах и сможет ли руководство переструктурировать экономику то есть избавить каждого россиянина от излишнего контроля. Пока она вписывается в современный международный расклад экономических и политических сил только через энергоресурсы и другие природные богатства.

В начале XX века Россия чувствовала себя ведомой и зависимой от более развитых и богатых стран (Франции, Англии). Поэтому она не смогла вовремя остановиться. Её вовлекли в мировую войну, и она потеряла всё. Сейчас она в другом положении и может отказаться от тех предложений, которые её не устраивают, но вопрос в том, захочет ли?

Если поиск материальной и финансовой выгоды является основой капиталистической экономики, чем и руководствуются США и другие развитые страны, то для России важнее распространение своего политического влияния на как можно большее число стран даже в ущерб себе. Вместо того, чтобы заняться собственной экономикой и ослабить мёртвую хватку бюрократической вертикали власти, которая душит в России всё - деловую, научную, политическую активность, руководство страны тратит силы и деньги на внешнеполитическую экспансионистскую деятельность, реализуя свои ненасытные геополитические имперские амбиции.

Когда население России радовалось присоединению Крыма, люди вряд ли осознавали, что лично им это присоединение кроме убытков ничего не принесёт. Им никто не сказал заранее про цену, которую за этот Крым придётся платить. Если бы ещё до аннексии русским людям предложили выбор, описав все негативные последствия от этого присоединения, тогда народ осознанно нёс бы свою долю ответственности за это. Но выбора русскому народу, как всегда, никто не предложил. Его просто поставили перед фактом. И ему осталось только принять этот “дорогой подарок” и радоваться. А кто не радовался должны были молчать, чтобы не подвергнуться осуждению. Ещё меньшее количество людей предполагало, что их финансовое положение с той поры станет ухудшаться. Крым даёт преимущества только Путину для повышения его внутреннего рейтинга и оправдания геополитических амбиций. Да и то – временно.

Образ врага никак не хочет исчезать из сознания русского человека потому, что:

Во-первых, Россия и русские люди жили с этим образом внешнего врага испокон веков. В подсознании многих жителей страны вертится мысль о том, что нас окружают люди, которые желают нам зла, завидуют, хотят у нас что-то отнять. Ментальность в одночасье не перестроишь.

Во-вторых, верховные позиции в Российской власти раз от разу захватывают не те, кто опирается на лучшие, гуманные принципы человеческого рода, а более агрессивные, властолюбивые, амбициозные люди – те, кто хочет власти и успеха побыстрее. А уж какими отговорками они прикрываются для осуществления своей гегемонистской политики – не так важно.

В-третьих, у русского человека не выработаны компенсационные механизмы, заменяющие силовые, милитаристские ценности гуманными ценностями.

В-четвёртых, в международной политике как большевики, так и современные российские лидеры понимают только язык силы. Кто сильнее, тот и прав. Это отмечают очень многие политики и бизнесмены, которые ведут или пытаются вести переговоры с Россией. У русских работает и имперское мышление победителей, и страх потери лица, если уступишь в переговорах.

Холодная война в сознании многих людей, чьё становление, как личностей прошло в советскую эпоху до сих пор не закончилась. Такой консерватизм сознания, подкрепляется лояльными Кремлю средствами массовой информации и подпитывается всей ужасной для России историей XX века. В качестве базового внешнего врага для России в течение последних 65 лет выступает Запад в целом и лидер западного мира – США, в частности. Это одновременно предмет зависти и неприязненного отношения. Ведь США удалось построить экономически успешную, развитую страну, интернациональный "плавильный котёл," не уничтожая своих буржуев и не подавляя творческую инициативу своих граждан.

Тезис о "проклятом американском империализме" виновном во всех проблемах СССР, а теперь России въелся в сознание некоторых чиновников и части народа почти на генетическом уровне поскольку по своей природе и воспитанию они всё ещё советские люди. Однако у теперешних российских чиновников этот негативный образ США является скорее проявлением двойных стандартов для того, чтобы удержаться на хорошей должности, чем их реальным отношением к этой стране.

Директор русских и азиатских программ Института мировой безопасности США Николай Злобин подметил интересную закономерность: каждый советско-русский лидер, начиная от Горбачёва, приходил в Кремль с надеждой наладить отношения с США, как проамериканский лидер. И уходил как антиамериканский. И вот примеры:

-Михаил Горбачёв наладил отношения с Рональдом Рейганом, а тот способствовал банкротству и распаду СССР, договорившись с Саудовской Аравией о снижении цен на нефть в обмен на поставку ей новых видов вооружения, причём в самый неподходящий для СССР момент.

-Борис Ельцин отдал американцам карту подслушивающих устройств в посольстве США в Москве, затем проникновенно выступал в конгрессе США о прекращении для Запада коммунистической угрозы со стороны России, а потом когда НАТО начало бомбардировки Сербии и проигнорировало мнение Ельцина в отношении Косово, распорядился сделать марш-бросок своего спецназа на аэродром в городе Приштине – видно его возмутили джентльмены, которые тебя обнимают, улыбаются и хвалят, а потом игнорируют твоё мнение и "гнут" ту линию, которая им выгодна.

-Владимир Путин первым выразил поддержку Джорджу Бушу-младшему 11 сентября 2000 года после нападения террористов на Всемирный торговый центр и помог с перевалочной базой для Афганистана во время войны с талибами, а закончил антиамериканской Мюнхенской речью и посланием к Федеральному Собранию РФ в марте 2014 года после аннексии Россией Крыма.

-Дмитрий Медведев в начале правления много ссылался на передовой американский опыт демократии, а закончил предостережениями о размещении ракет в Калининградской области в качестве ассиметричного ответа на инициативу США и НАТО по развёртыванию ракет средней дальности в рамках программы ПРО в Восточной Европе.

Чтобы понять эти парадоксы в изменении взаимоотношений России и США, нужно понять различия в концепциях национальной безопасности двух стран. Согласно базовой американской концепции, "наша безопасность только в наших руках и неважно, если кто-то с этим не согласен" и базовой российской концепции, согласно которой "нужен паритет в вооружениях между ядерными сверхдержавами." Важно ещё и то, что США меняет своих врагов в зависимости от международной обстановки и новых угроз, а Россия после Фултонской речи Черчилля в 1947 году "упёрлась" в одного главного врага и не меняет его вот уже более 65 лет.

Как-то публицист Леонид Радзиховский не без ехидства заметил: "Америка выполняет главную государственную функцию в России — это враг, против которого объединен наш русский народ. И если этот стержень вынуть, то простите, с чем же мы останемся? Если вдруг оказывается, что не Америка во всем виновата, то встаёт удивительный вопрос - а кто виноват-то?" [60] Считать, что русские виноваты в своих неприятностях сами – слишком обидно для самолюбия. Уж лучше обвинять всех вокруг в своих бедах и вести себя по возможности независимо и агрессивно. И пусть другие народы побаиваются русских, которых они всё время обижают.

Российская система не может существовать без врагов, неважно – внешних или внутренних. Так было всегда, но усилилось с приходом Ленина и большевиков. Вся история русского-советского государства – это поиск и борьба с врагами. Сейчас чекисты стоят во главе взаимного недоверия и поиска врагов. По факту главный враг России – она сама. С такими законами, которые напринимала в последние годы Государственная Дума, русские сами себя топят. Им и внешний враг нужен только как страшилка, только чтобы почувствовать, что кто-то их очень сильно ненавидит. Это является стимулом для работы. Русский народ злее станет и дружно сплотится против того врага, на который российская же власть ему укажет.

Глава 5

Образ Внутреннего Врага, как Базовая Русская Ценность

Если вопрос о внешнем враге, противнике бывает в большой мере очевиден, то с внутренними врагами и тем более противниками полной ясности не бывает никогда. Российские правители бывают так чувствительны к выявлению и борьбе с внутренними врагами, поскольку понимают, что победить народ в России можно только изнутри. Причём необязательно большими силами. Ленина с его крохотной большевистской партией русскому народу ещё надолго хватит. Поэтому борьбе с внутренними врагами и предателями власть в России уделяет первостепенное внимание и особенно в последние сто лет.

5.1. Значение Образа Внутреннего Врага и "Козла Отпущения" Для Разъединения Людей и Создания Атмосферы Страха и Недоверия в Русском Обществе

Внутриэтническая разобщённость русских — это прежде всего социальная разобщённость, слабость единого национального духа и отсутствие чувства локтя со своими генетически сходными сородичами, находящимися за пределами семейного окружения. Присутствует эта разобщённость у представителей северославянского, южнославянского и сибирского этносов на уровне слабости духовных связей по типу "мы с тобой одной крови," или "я не знаю этого человека, но хочу ему помочь просто потому, что он русский" и т.д. Если вспомнить историю тысячелетней давности, то именно разобщённость славянских и угро-финских семей, родов, племён и постоянные смертельные междоусобицы между ними привели их к тому, чтобы пригласить человека со стороны - Рюрика на княжение. Правда это не очень помогло. Междоусобицы продолжались уже между потомками Рюрика.

Последнюю тысячу лет Россия и СССР непрерывно расширялись, но духовно плохо закрепляли достигнутые военным и дипломатическим путём завоевания. Эта тенденция присуща многим империям прежних времён. В результате страна оказывалась лоскутным одеялом, натянутым на одного человека – императора, потом на генерального секретаря, теперь это одеяло натягивает на себя президент. Какие уж тут единые духовные ценности, какая национальная идентичность? Остаётся чисто формальное внешнее подчинение действующему правителю через вертикаль власти и воспроизводство его ценностей, как своих собственных якобы "для пользы общего дела".

Разобщённость русских и привычка к централизованному управлению, стремление во что бы то ни стало сохранить Россию – единую и неделимую, стали главными причинами поражения Белого движения в Гражданской войне. В отличие от "Белых," для которых верность данному обещанию и следование христианским заповедям ограничивали их действия, лидеры большевиков вели себя беспринципно в тактических вопросах, приноравливаясь к сложившейся ситуации.

Разобщённость русских, как нации во все времена была выгодна и власть имущим, и активным группировкам внутри страны. Первым – поскольку управлять разобщённым народом легче, вторым – поскольку легче ловить идеологическую и финансовую рыбку в мутной разобщённой русской среде. К русскому народу даже не нужно специально применять тактики по типу: "разделяй и властвуй." Русские люди и так разделены, и так разобщены. Русский народ и так готов для политического и экономического манипулирования со стороны властей и со стороны представителей нечистоплотных группировок. Естественно, что любая власть в России никогда ничего специально не делала для объединения своего народа по другому основанию, чем наличие внешнего врага или "козла отпущения" внутри страны. А резонёрствующие интеллигенты, если что-то и делали, то только на словах.

Настороженное, недоверчивое, и даже враждебное отношение русских к другим русским проявляется в том, что в России каждый воюет против каждого. Слово "воюет" можно заменить словами: "не доверяет," "боится," "страдает от," "не любит," "равнодушен" и др. И это будет правдой. Слабость позитивного и доминирование негативного характера взаимоотношений у русских людей проявляется в том, что они объединяются скорее не "за," а "против".

В общественно-политическом плане русские постоянно проявляют себя, как индивидуалисты, которые плохо умеют объединяться для решения совместных политических и экономических задач на горизонтальном уровне. Вот противопоставляют себя кому угодно русские охотно и с удовольствием. Причём всё равно кому – другому человеку, группировке, другому народу или собственной власти. Желание выяснить отношения с кем-то, пойти на деструктивный конфликт друг с другом – вот в чём истинная "прелесть" взаимоотношений в России. Вся русская политическая культура построена на двух положениях – "либо я тебя, либо ты меня" или "либо мы вас, либо вы нас." Извечная слабость русских на социально-психологическом уровне определяется тем, что они чаще делают акцент на различиях, а не на сходстве в мнениях, в позициях, в отношениях.

Слабая способность договариваться и разобщённость – это традиционный недостаток восточных славян. Сообща они действуют только вынуждено и временно, да ещё под началом сильного лидера. В повседневной жизни они стремятся обособиться друг от друга, подчёркивают свою самость. Хотя для чего им это надо часто неясно даже им самим. Выработка и поддержание общих целей и ценностей "снизу" большинству русских недоступно. Недоступно не потому, что непонятно, а потому, что никак не переступить через своё нежелание.

Русские в силу своей слабой национальной сплочённости и неумения договариваться до сих пор являются подходящим народом для разжигания междоусобной вражды. И властям даже не требуется специально, как это делали большевики, провоцировать народ на гражданскую войну. Уже так исторически сложилось, что люди в России априорно настроены на конфликты, на противостояние, на борьбу. В основе противостояния могут быть любые разногласия и взрывоопасные точки: бедные против богатых, лентяи против трудолюбивых, атеисты против тех, кто верит в бога, чекисты против любых оппозиционеров существующей власти и так далее.

В любом народе существуют линии потенциального размежевания, раскола – межнациональная (используется нацистами и фашистами), межконфессиональная (используется религиозными фанатиками), классовая (используется марксистами), имущественная (используется бездельниками всех мастей, прикрывающимися демократическими лозунгами) и территориальная (используется захватчиками для перераспределения территории – чужих земель и жилищ). Гибрид из трёх последних (классовой, имущественной и территориальной) был использован Лениным в качестве "ключа" для провоцирования гражданской войны в стране, охваченной смутой, для захвата и удержания власти в России, присвоения имущества целой страны (так называемое огосударствление частной собственности), переселения людей с мест постоянного проживания на необжитые места, где всё надо строить с нуля (депортации) или уплотнение проживания прежних жильцов и владельцев в городских квартирах через подселение к ним сотен тысяч приезжих людей из провинции.

Нащупав эти линии размежевания или психологические "трещины" в душе русского человека, Ленин и Троцкий "вбили клинья" в эти “трещины,” которые разделяли людей внутри страны. Тем самым они натравили бедных (рабочих, солдат, матросов, крестьян), которые не хотели воевать и которых в России было большинство на богатых (банкиров, промышленников, помещиков, купцов, зажиточных крестьян), которых было меньшинство. Поскольку в руках у бедных было оружие, которое им дало в руки царское правительство в связи с Первой мировой войной, лидерам большевиков достаточно было снять запрет на убийство себе подобных, что они и сделали с помощью подконтрольных им комиссаров и чекистов. За это их так уважают коммунисты и любители пожить за чужой счёт во всём мире.

Таким образом, на волне недовольства людей Первой мировой войны Ленин, Троцкий и их единомышленники спровоцировали гражданскую междоусобицу и вернули Россию во времена, предшествующие временам Рюрика, когда ничем не оправданные военные конфликты без всякой пользы губили славянские роды и племена. В этом главное ленинское “ноу хау” - метод который с тех пор был использован коммунистами во многих странах, куда они приходили с целью захвата власти и присвоения национальных богатств под предлогом насаждения своей “передовой” классовой марксистской идеологии.

Известно, что рак — это заболевание, характеризующееся появлением бесконтрольно делящихся клеток, способных к агрессивному проникновению в прилежащие ткани и метастазированию в отдаленные органы. Раковые клетки образуются из здоровых клеток под влиянием злокачественных. Одной из главных особенностей злокачественных раковых клеток является способность “ускользать” от иммунологического контроля организма при помощи особых механизмов “обмана” иммунокомпетентных клеток.

Большевики действовали, как раковые опухолевые клетки в ослабленном Первой мировой войной теле русской империи – вначале притворялись своими, втирались в доверие к солдатам, матросам, рабочим и крестьянам, обманывали их красивыми, но лживыми лозунгами – “фабрики - рабочим,” “земля – крестьянам,” а потом убивали здоровые клетки организма, либо превращали их в своих агентов влияния, исполнителей своей воли, либо в пассивный клеточный материал неспособный сопротивляться распространению раковой опухоли по всему организму русского общества. Они не стеснялись идти в народ и убеждали людей присоединиться к ним, обещая взамен золотые горы. При этом они использовали самую уязвимую точку русских – неумение договариваться и работать вместе. В результате они раскололи русское общество изнутри, натравив одних недовольных людей на других.

Те, кто попроще поверили в коммунистические сказки и пошли за большевиками воевать с так называемыми контрреволюционерами. Ну а когда в России после Гражданской войны осталась в основном подконтрольная большевикам чернь и одураченные их красивыми речами о всемирном интернациональном братстве, равенстве и счастье малограмотные представители рабочих, крестьян, солдат и матросов, на первый план в общественной жизни из своих щелей вылезли Шариковы и Швондеры, которые стали проводить чистки, расселения, уплотнения и уничтожение оставшихся в живых порядочных людей из среднего класса и "бывших" - купцов, священников, помещиков и дворян.[Прим.6]

Развязанная большевиками Гражданская война извлекла всё худшее, что десятками лет копилось в русском и других народах российской империи. С виду каждая из сторон воевала за всё хорошее против всего плохого, как они это хорошее для себя понимали. Кто-то воевал:
- за марксизм и за диктатуру пролетариата,
- кто-то за несметные сокровища, которые накопила за столетия русская империя,
- кто-то за землю,
- кто-то за целостную и неделимую Россию,
- кто-то за национальную независимость от метрополии,
- кто-то за справедливое устройство общества и т.д.

Но это были причины напоказ. Фактически каждый боролся со своими собственными проблемами и комплексами, с предрассудками и установками, с негативом в нём таящимся.

В результате Гражданской войны была уничтожена и выгнана за границу тонкая прослойка просвещённых, интеллигентных людей, которые жили в соответствие с морально-этическими категориями чести, порядочности, совести, воспитываемыми в каждом народе поколениями. А со "сложными," культурными людьми, которые ещё оставались в России, большевики не церемонились. Также не церемонились они с людьми, у которых были традиции взаимоотношений и воспитания (казаки, офицеры, купцы). Подвалы ЧК не пустовали. Заложников расстреливали сотнями, тысячами и десятками тысяч. Террор охватил всю Россию.

Правительству Советского Союза, возглавляемому большевистской партией, как и всякому плохому танцору всегда кто-то или что-то мешало хорошо танцевать. Однако признаться в этом они не хотели – ведь это было бы ударом по их престижу, а вместе с тем по престижу первого в мире государства рабочих и крестьян, и по престижу "самой передовой в мире" марксистско-ленинской идеологии. Кто ещё может мешать СССР перегнать всех на свете по всем экономическим показателям? Ну конечно же внутренние враги.

Придумывать врагов и виноватых легче, чем адекватно оценивать и исправлять свои недостатки. Создание народного единства на позитивном фундаменте, на базе общих рациональных целей, положительных установок, моральных общечеловеческих ценностей - задача гораздо более трудная, чем науськивать свой народ на другой или одну часть своего народа на другую.

Для постоянного поддержания атмосферы гражданской войны руководство страны по очереди назначало врагов, ответственных за собственные провалы в экономике, во внутренней и внешней политике, да и вообще за все несчастья, которые в изобилии сыпались на советский народ в основном из-за глупости и низкой компетентности его коммунистического руководства. Поскольку провалов было много, то врагов и виноватых соответственно было полно. Поощрялось и приветствовалось только то, что разрешено сверху. Другие инициативы вынуждены были проходить строжайший контроль на лояльность. Заметьте, не на обоснованность и техническую перспективность разработок и идей, а на лояльность по отношению к коммунистической власти самих разработчиков и новаторов.

К примеру, инициатор ракетостроения в России – Сергей Королёв был отправлен в концентрационный лагерь на Колыму из-за надуманного обвинения в том, что он собирался своими ракетами бомбардировать Кремль. Королёв остался жив лишь по счастливой случайности. Иначе первый искусственный спутник и человека в космос первыми бы запустили Соединённые штаты Америки. То же касается авиаконструкторов Туполева, Поликарпова и других.

Так что те, кто приписывает трагическое для СССР начало Отечественной войны исключительно ротозейству диктатора Сталина, ошибаются. Сталин и головка Компартии знали, что делают. Просто они боялись своей недорепрессированной ненадёжной армии и что эта армия повернёт оружие против Кремля. Им надо было нейтрализовать её. Несколько миллионов военнослужащих оказались в немецком плену. С виду всё выглядело, как естественное отступление Красной Армии (правда подчас похожее на бегство) перед сильным противником. В результате новую Красную армию пришлось комплектовать заново.

С армиями объединённой Европы (немцы, итальянцы, венгры, румыны, финны, словаки, хорваты и др.) воевали плохо подготовленные гражданские добровольцы или вновь призванные солдаты. Недалёкий нацист Гитлер не захотел сделать русских крестьян своими союзниками в совместной борьбе против большевиков, дав им землю и проявив к ним человеческое отношение, и проиграл. Против русского народа воевали также безжалостные советские чекисты, которым было всё равно кого взрывать и расстреливать - своих или чужих. Для большевиков русский народ был расходным народом.

Коммунистическая власть в СССР направленно занималась разобщением людей на низовом уровне – в армии, на предприятиях, в студенческих коллективах. Вроде бы коммунистические пропагандисты всё время говорили о пользе трудовых коллективов и о том, как полезно их создавать, и как увеличивается эффективность работы в них. С другой стороны, коммунисты подчёркивали необходимость все эти связи на горизонтальном уровне подчинять партийным, профсоюзным и комсомольским функционерам и администраторам, которые поведут эти трудовые коллективы в правильном направлении. По факту настоящего единства у советских людей внизу не получалось. Получилась всё та же вертикально-административная система управления трудовыми коллективами.

В России до сих пор в сознании русских людей возникают всё новые и новые враги. Механизм взаимного недовольства и агрессии, запущенный большевиками, так глубоко проник в народное сознание, что работает автоматически до сих пор, хотя времена "охоты на ведьм" и "обострения классовой борьбы при движении к социализму" давно закончились. Однако озлобленность и агрессия, которые зародились у людей в период гражданской войны и военного коммунизма, постепенно стали доминирующими эмоциями в их поведении даже после 1991 года, когда страна стала возвращаться в нормальное рыночное состояние.

Вот уже сто лет правители СССР и России ищут врагов везде, где только можно - независимо от того есть они или нет. Создаётся впечатление, что любой враг – неважно какой – внешний (США, НАТО), внутренний (гастарбайтеры, инородцы, якобы объедающие Россию, чиновники во власти, берущие взятки, родственник, который отобрал у человека наследство, жилплощадь и пр.) русскому человеку необходимы, как воздух. Раздражение, неприязнь и даже ненависть живут в нём, подпитываются и расцветают независимо от повода. Причём объект приложения этих негативных чувств неважен.

В современном русском сленге широкое распространение получило слово – хейтер. Оно происходит от английского слова hate - ненавидеть. Употребляется в значении завистник, злопыхатель, ненавистник, клеветник. Причиной ненависти может быть чужой успех, деньги, признание и популярность. До недавнего времени Интернет был любимым полем деятельности хейтеров, когда человек, оставаясь практически безнаказанным, мог обижать и оскорблять других. Последнее время спецслужбы через Роскомнадзор стали ограничивать спонтанные волеизъявления людей тюремными сроками, особенно если они касаются неугодных власти вещей – экстремистских репостов, призывов к "насильственным и деструктивным, разрушительным действиям", в частности, "протестным митингам", призывам жечь автозаки и т. д.

Приведу ещё один пример с войной, которая разгорелась в интернет-сообществе в связи с темой о Красном терроре в России. Как известно, в отличие от других печатных изданий и телевизионных репортажей, где есть существенные ограничения на тематику и содержание подаваемой информации, где многое зависит от главного редактора и владельца издания, в русском варианте народной ВИКИ-энциклопедии пока таких ограничений весьма мало - пиши, что хочешь – в случае чего тебя поправят более компетентные в этом вопросе люди. Ограничений на содержание написанного практически никаких, только соблюдай положенную стандартную интернетовскую форму, уголовный кодекс не нарушай, ксенофобию не разжигай, педофилию не пропагандируй и от террористов держись подальше. И за этим следят как программа, заложенная в ВЭБ-сайте, так и системные администраторы русского варианта сайта – wikipedia.org. Очень демократичная форма коллективной работы.

Так вот меня поразил факт антагонизма между людьми, пишущими и исправляющими статью о Красном терроре в России - антагонизма на грани ненависти и полного отрицания позиции друг друга. Системный администратор сайта даже вынужден был закрыть изменения по этой теме поскольку дополнения и исправления сыпались, как из рога изобилия - причём одно противоречило другому. Тема, связанная с гражданской войной в России, которая была почти сто лет назад до сих пор трогает русскоязычных людей за живое и лишает их объективности.

Чем более беспомощен, слаб, зависим человек, тем больше он склонен возлагать ответственность за свои проблемы и неудачи на кого-то или на что-то. Поэтому поиск врагов и виноватых, из которых можно сделать козлов отпущения - любимая русская игра. Русского человека "хлебом не корми," только помоги ответить на извечный "русский" вопрос: "Кто виноват?" Известно, что социально-психологический роман "Кто виноват?" был написан русским журналистом Александром Герценом в 1846 году. С тех пор вопрос, вынесенный в заголовок романа, вошёл в русскую разговорную речь, как основополагающий, типично русский вопрос. Несмотря на то, что виноватых с незапамятных времён искали люди многих национальностей во всём мире, но именно в России начиная с середины XIX века этот вопрос приобрёл особую актуальность. Как будто от того, что этого виноватого удастся найти, проблема сразу решится.

Рефлексирующие русские интеллигенты такие, как режиссёр Андрей Кончаловский, склонны отвечать на эти вопросы так: "Прежде всего и в конечном счёте виноват Я и только Я." [37] Может быть в самом общем виде ответ этот правилен, но дальше-то, что делать? Работать над собой? Делать себя более совершенным? Улучшать взаимоотношения с окружающими? А может просто попытаться вначале исправить допущенную лично тобой конкретную ошибку? А дальше выйти на людей, которые тоже причастны к совершению этой ошибки, чтобы они тоже исправили свою часть. В общем, фигурально выражаясь, надо начинать с уборки своего туалета, а затем проследить, чтобы соседи, сослуживцы сделали то же самое со своими местами общего пользования. Глядишь, и жизнь в России наладится.

Желающих признавать и отвечать за свои ошибки обычно бывает не так много - даже если ошибки очевидны и лежат на поверхности. А если ещё за ошибку надо платить из своего кармана или, тем более, платить своей свободой или жизнью, так лучше от ошибки откреститься, чем её признать. Вот здесь-то, как воздух, нужен "козёл отпущения," чтобы списать свои ошибки на него. Другой путь - ссылки на неудачные, неблагоприятные обстоятельства, на неосведомлённость, на злопыхателей, на заговор. Таким способом удаётся хотя бы виртуально избавить себя от ответственности за ошибку, а свой карман от посягательств.

В основе поиска виноватого или "козла отпущения" на персональном уровне лежат вторичные механизмы психологической защиты, названые Анной Фрейд в рамках психоаналитической теории вымещением, замещением и смещением. Вначале у человека возникает чувство неудовлетворённости, досады, ощущение вины за то, что что-то пошло не так, как хотелось или планировалось. Потом он ищет объект возложения вины для компенсации чувства личностной неудовлетворённости. При этом компенсаторные механизмы кажущегося самоочищения вырабатываются на фоне "плохого" или просто чужого человека, группы людей, неудачных обстоятельств. Назначение виноватого, врага или "козла отпущения" состоит в том, что он выступает как средство для снятия с себя ответственности за недостатки, ошибки, провалы и перекладывания её на других. Кроме механизма самоутверждения за чужой счёт, в основе поиска "козла отпущения" лежит социальный групповой механизм децентрализации или смещения ответственности и вины со своей референтной группы, нации, политической партии на другую группу, нацию, партию.

Для поиска и наказания виноватого существует процедура, которая называется поиск и изгнание "козла отпущения." Игра придумана в Месопотамии более трёх с половиной тысяч лет назад. Потом её стали использовать древние евреи. Козёл отпущения – это животное, которое, после символического возложения на него грехов всего народа, отпускают в пустыню. Теперь в неё вовсю играют русские - от простых людей до первых лиц государства. "Козлом отпущения" может стать как конкретный человек, кому-то мешающий, на кого-то непохожий, несогласный с чьей-то позицией, так и этническая группа, другая религия или другое государство. С врагами или с человеком, которого заклеймили, объявили ответственным, виноватым значительно быстрее и психологически проще расправиться. Расправился ... и сразу появилась иллюзия решения проблемы мол "нет человека, нет проблемы".

Находят виноватых, как правило среди тех, на ком легко сорвать злобу, агрессию, причём сделать это без особых последствий для себя. К сожалению, такое поведение стало частью русской житейской и политической культуры. У людей как будто не хватает реальных деловых, финансовых проблем на работе и дома, так они себе придумывают воображаемые конфликты, воображаемых врагов для того, чтобы сместить ответственность за решение реальных проблем на виртуальных врагов.

Как власть, так и оппозиция в России и в СССР с давних времён использовала недовольство людей, неудовлетворённость их своим имущественным положением, статусом, условиями жизни, неспособность их самим улучшить свою жизнь, развивая у них не позитивные чувства, мысли, намерения, а негативные - зависть к более успешным, нелюбовь к тем, кто на них не похож - мигрантам, инородцам, представителям других религиозных конфессий. Некоторые привычные к пустым разговорам российские политики привыкли "списывать" ответственность за собственные промахи на кого-то (козни врагов, жадность олигархов, неблагоприятные обстоятельства, плохого лидера, засевшего во власти). Но нельзя же "списывать" всё время. Рано или поздно за происходящее приходится отвечать самому. А поскольку мало кто хочет это делать, то они и ищут виноватого или "козла отпущения." Нашёл ответственного, виноватого, выругал его и как будто облегчился после долгого воздержания. А что проблема при этом не решена, так это и не так важно. Винный магазин рядом.

Например, типичной в ремонтно-дорожном строительстве является отговорка: "Проведению ремонтных работ мешает непогода." Для сложных сборочных проектов (строительство судов, подводных лодок, космических аппаратов и пр.) одной из главных причин неудач выступает объяснение: "Подвели смежники." Ещё одна причина: "Прекратилось государственное финансирование." Получается, что русскому человеку часто что-то или кто-то мешает. Главное, что ответственность за срыв, за сбой несёт не он, а кто-то другой или что-то другое (обстоятельства, природа, чья-то злая воля, случайность, начальник, подчинённый и пр.). В крайнем случае ему просто не повезло - удача от него отвернулась в самый неподходящий момент.

Большинство советских, а теперь русских лидеров после добровольной или принудительной отставки, или смерти, выставлены как главные источники неудач в стране. Все они кроме тех, кто правил недолго, в какие-то периоды времени играли роль "козлов отпущения," ответственных за внешне- и внутриполитические неудачи Советского Союза и России, за проблемы в экономике, за снижение уровня жизни и пр. Такова судьба лидеров в малоцивилизованных и развивающихся недемократических государствах. Они имеют многое, находясь у власти, но потом, как правило, теряют почти всё, когда уходят (или "их уходят"). Поэтому они так остервенело за свою безграничную власть и цепляются. Посмотрите хотя бы на последнего российского президента.

В 2012 году президент Путин в своём послании Федеральному Собранию поднял вопрос о единстве русской нации, о единстве русской истории, о патриотизме, о роли "белых" в гражданской войне, о важности постановки памятника героям Первой мировой войны. Но пока его слова несмотря на путинский авторитет не вызвали всеобщего энтузиазма. Это говорит о том, что дух гражданского противостояния, который большевики культивировали в народе десятилетиями, до сих пор имеет место и что печальный опыт последних ста лет мало чему русских людей научил. Может быть из-за того, что выжили не лучшие, а самые приспосабливающиеся? Русские пока не умеют быть снисходительными к бывшим и мёртвым противникам даже если те были достойными людьми и любили свою родину.

5.2. Создание Уголовного Коммуно-Чекистского Государства

В России существовали три авторитарные формы управления государством, которые нуждались в органе, выполняющем функции намордника для русского народа:
- Монархизм (идеология: феодализм; средство объединения: православие, самодержавие, народность),
- Большевизм (идеология: военный коммунизм или распределительный социализм; средство объединения: марксизм-ленинизм),
- Чекизм (идеология: патриотизм; средство объединения - духовные скрепы).
Общие черты присущие всем трём формам: авторитарное правление, покорность населения, консервативность, амбициозность, вера народа в мифы.

Дореволюционные органы, выполнявшие функции такого духовного намордника для свободолюбивых людей: охранное отделение, политическая полиция, корпус жандармов. Ещё раньше при царе Иване Грозном это были опричники.

Организовав Октябрьский переворот, Ленин и Дзержинский почти сразу организовали ВЧК – "карающий меч революции." Создавая ВЧК, Ленин нацеливал Дзержинского на включение в организацию проверенных большевиков, будущих "жандармов от революции," которые защищали бы интересы большевистской партии и подчинялись исключительно ему. Критерием для отбора людей в ВЧК было членство в партии большевиков, активное участие в революционном движении. Учитывались прошлые заслуги в подпольной работе при царской власти и опыт пребывания в тюрьмах и на каторге. Считалось, что те, кто побывал в тюрьмах, лучше знакомы с методами полицейской работы. В кадровом составе у чекистов оказывались уголовники, и авантюристы, жаждущие быстрой наживы, и люди с садистскими наклонностями, отличающиеся особой жестокостью.

Служба в органах превращалась для людей в быстрый социальный лифт, давала возможность занять высокие должности, на которые раньше они не могли претендовать. Служба в ВЧК давала им возможность распоряжаться жизнями и имуществом других людей благодаря "особым полномочиям".

Вначале 20 декабря 1917 года в этой службе насчитывалось всего 23 человека. В условиях голода и дефицита работы, служба эта быстро стала расширяться за счёт "верных солдат революции," которые хотели получать усиленный паёк и возможность ощутить свою власть над людьми, которых до революции они обслуживали. Многие чекисты были в этой карательной организации случайными людьми или людьми с психопатическими отклонениями.

Через год ВЧК насчитывала около 30 тысяч чекистов-исполнителей. Центральный аппарат ВЧК в сентябре 1921 года насчитывал 1,648 сотрудников, в январе 1922 — 2,735. Рядовых чекистов Дзержинский и его банда использовали "вслепую" для ареста и убийства мирных граждан, которые в перспективе могли стать опасными для новой власти, а также для грабежа собственности обеспеченных граждан, у которых эта собственность имелась. Списки на арест и расстрел верхушка чекистов составляла заранее. Деньги стекались в большевистский "общак." Часть денег переводилась на швейцарские счета за границу или направлялись на поддержку таким же бандитам, как сами большевики в другие страны. Вся головка большевистской партии - недавние голодранцы - после переворота стали миллионерами.

В течение 1918 года чекисты сосредоточили в своих руках репрессивные функции и сами решали, кого, за что и как наказывать. "Эксы" и убийства были поставлены на поток, начиная с осени 1918 года (официальное начало Красного террора) и возведены в ранг закона на уровне целого государства. Суды были не нужны, а если и применялись, то направленно, в одну обвинительную сторону. Царские законы и всё царское правосудие (между прочим, очень неплохое), которое оформлялось столетиями, были забыты. Их заменила так называемая классовая целесообразность с опорой на декреты новой власти, которые писались "на коленке".

Во время террора в Киеве и Харькове, чекисты широко применяли пытки, по типу средневековых. В большинстве других мест заложников и недовольных новой властью просто "гуманно" расстреливали или топили, как это было в Царицыне, Астрахани и в Крыму. Чтобы продемонстрировать населению, что новая власть тоже придерживается закона, от самых одиозных чекистов руководство время от времени избавлялось.

22 февраля 1918 года вышел декрет "Социалистическое отечество в опасности," предписывающий ВЧК расстреливать на месте преступления "неприятельских агентов, спекулянтов, громил, хулиганов, контрреволюционных агитаторов, германских шпионов." В сентябре 1918-го постановлением советского правительства "О красном терроре" ВЧК позволили заключать подозреваемых под стражу на срок до шести месяцев, брать заложников, расстреливать участников мятежей и заговоров. Каждое слово этого декрета было ложью. Социализма в тогдашней России не было и в помине, отечества у большевиков-эмигрантов уже давно не было – они были космополитами, в опасности были только они сами, поскольку такое вытворять со страной могли только злейшие враги, ненавидевшие Россию до зубовного скрежета.

Сложно точно ответить на вопрос, сколько человек пострадало от деятельности ВЧК. Одной из цифр, подтверждённых фактами и свидетельствами, является, до 500 тысячах репрессированных (то есть арестованных и осужденных в обход следствия и суда) за 1918–1922 годы. Число расстрелянных по смертным приговорам, вынесенным самими чрезвычайными комиссиями в разных регионах страны – до 140 тысяч жертв. По данным комиссии, которая работала под руководством юриста Георгия Мейнгардта до ноября 1920 года, число погибших в результате Красного террора людей составило 1,766,118 человек. [71, с. 6]

Большевики начали открывать концентрационные лагеря в 1918 году. Впервые этот термин появился во время Первой мировой войны. В концлагерях держали военнопленных. В одной только Москве открыли около 15 лагерей. Так как на строительство не было ни времени, ни ресурсов, лагеря часто устраивали в оградах монастырей, в больших имениях, на территориях дореволюционных фабрик и заводов.

В лагерях содержались не только люди, арестованные за политические или уголовные преступления, но и заложники. Приказ от сентября 1918 года предписывал "арестовать как заложников крупных представителей буржуазии, помещиков, фабрикантов, торговцев, контрреволюционных попов, всех враждебных советской власти офицеров и заключить всю эту публику в концентрационные лагеря, установив самый надежный караул, заставляя всех этих господ под конвоем работать." Заложники были одним из инструментов в Гражданской войне — большевики держали людей для обмена на своих соратников и для давления на противников. В лагеря отправляли детей, жен и других родственников идеологических врагов и случайных людей, задержанных при облавах. Когда заложников скапливалось слишком много, их расстреливали просто в отместку за убийство какой-нибудь коммунистки Розы Люксембург в Германии.

Чекисты обеспечивали безопасность и неприкосновенность власти большевистской номенклатуры, ее коллективной собственности ("общака") и привилегированного положения. Органы ВЧК (с 1922 года — ГПУ при НКВД РСФСР, с 1923 года — ОГПУ при Совнаркоме СССР) недаром считались в первую очередь "вооруженным отрядом партии," а не просто советского государства. Член ЦК РКП(б) Феликс Дзержинский, руководивший чекистами, полагал, что их главная роль — в исполнении решений Коммунистической партии. Чекисты обеспечивали сохранение и господство единственной партии, удерживавшей власть в крестьянской стране посредством постоянного насилия.

Социально-демографические и социально-психологические предпосылки, располагающие к появлению и развитию чекизма, как явления общественной жизни:

-территориальная разъединённость народа,

-объединение народа не снизу, а сверху, из-за чего не развивается чувство нации, как единения людей одной крови, одного языка, одной веры, одних культурных традиций, единого духа, в конце концов,

-традиции авторитарного вертикального управления, как главные скрепы общественного сознания,

-слабость собственнического начала в сознании русских людей, замена реальной собственности (земля, дома) их умозрительными эквивалентами.

Психология чекистов, как типовых личностей. Букет качеств личности чекиста:

-государственная необходимость, ради которой чекист можно позволить себе отступления от закона, и которая оправдывает всё, что он делает,

-наличие врага (внешнего и внутреннего), как важный компонент постоянной чрезвычайной ситуации, в которой живёт чекист,

-подозрительность и недоверие чекистов друг к другу, к своему и другим народам,
-безразличие, равнодушие чекиста к человеку, как индивиду,
-чувство превосходства над окружающими,
-формальный подход,
-тщеславие, жажда признания и поклонения.

Исходные положения, определяющие существование и работу чекистов:
1. В каждом человеке, как и в каждом народе есть семена гражданского противостояния, гражданской войны, чекизма. В русском народе, как весьма разобщённом, семена чекизма выражены особенно сильно. Семена национализма и религиозного экстремизма у русских выражены значительно слабее. Этим пользуются как власти, так и интернационалисты, ввергающие народ в очередное противостояние то с классовым, то с внешним врагом.

2. Чекист – это вид живого существа, который не может существовать без врагов, постоянно их ищет внутри или вовне и, в конце концов находит.

3. Любая религия, которая основана на любви и добре к людям чекисту чужда, она несовместима с чекизмом, как общественным явлением.

4. У чекиста нет ощущения правомерности применения методов и приёмов, которые он применяет к другим. Раз он носитель правды, правильной идеологии, служит законной власти, значит он на всё имеет право, каким бы дерьмом он не был сам (например, врач-садист – Григорий Майрановский).

5. Идеал Дзержинского: "холодная голова, горячее сердце, чистые руки" — это формальный идеал фанатика, шаблон, который оправдывает многое, если не всё в его поведении. За таким формальным представлением о себе следует формальный подход к другому человеку, как объекту разработки, расследования, преследования, репрессий вплоть до самых радикальных, и в конечном счёте – как к винтику, насекомому.

6. Марксистская идея была всего лишь якорем, исходной точкой, на которой держалось искривлённое, подчас фанатичное сознание чекиста.

7. Первым чекистом по духу был Ленин. Такие же как он фанатики – Дзержинский, Троцкий, Свердлов и другие - его поддерживали. Тем более, что при ненормальном вожде невозможно было сохранить нормальные человеческие черты личности. Другой вопрос, что многие из ленинских соратников лицемерили и вели двойную игру, но это выяснилось не сразу.

8. Каждый из соратников Ленина прочертил для себя воображаемую линию раскола пропасть между пролетариями и капиталистами, между бедными и богатыми, между интернационалистами и националистами и др. То есть каждый был “помешан” на своём, у каждого был свой “пунктик”.

9. Для чекиста гражданская война, как мать родна. Она не имеет начала и не имеет конца.

10. Фанатичные чекисты сами были готовы идти до конца, но и других при этом не жалели. Они превратили русский народ в расходный материал для продвижения своих фанатичных идей. Большевистские, а потом советские власти этим вовсю пользовались.

11. Лишив русский народ национальных и религиозных точек отсчёта, которые и так были слабо развиты, большевики-чекисты дали ему, а также другим народам, входившим в состав СССР, другие точки отсчёта – марксистско-ленинские. Правда большей части народа эти точки отсчёта были чужды и их принимали, как причуду власти, у которой сила. И только в 1930 году, когда у людей стали отбирать землю под предлогом коллективизации, русский народ возмутился не на шутку. Этим не переминули воспользоваться большевики и чекисты, которые наконец-то нашли новых врагов – зажиточных крестьян, кулаков. Если у крестьянина было три коровы и две лошади, то его уже можно было отнести к зажиточным и раскулачить. А поскольку сила на этот раз была безоговорочно на стороне коммунистической власти, она организовала новую гражданскую войну со своим народом, используя чекистов, которым наконец-то нашлось “достойное” применение через восемь лет после гражданской войны.

12. Чекист (неважно – бывший или действующий) не может не лгать, не лицемерить, не притворяться потому, что такова бесчеловечная природа организации, которую он представляет.

Когда Ленин создавал ВЧК, как орган подавления буржуазии и удержания его власти, он не мог даже предполагать, что этот временный орган станет основой нового государства. От него уже не избавиться не только следующим поколениям коммунистов, но и тем, кто придёт после них. Теперь чекизм стал основой новой российской власти, его базовым стержнем. Избавиться от него уже невозможно. Это бы означало крах нынешнего российского государства и нынешней вертикали власти.

Сталин использовал НКВД для укрепления режима личной власти. Он был беспощадным человеком. Однако, такие крупные политики и масштабные личности, как Черчилль, Рузвельт и ДеГолль оценивали личность Сталина и то, что он сделал для мира, невзирая на недостатки его правления, которых было предостаточно.

Сталин создал систему, которая держала в клетке советский народ, а заодно и другие народы, которые попали в орбиту коммунистической идеологии. Сталин заставил людей в СССР платить долги за себя, за своих предков и родственников. Можно называть Сталина бичом дьявола, но поставленных целей он добивался.

При Сталине народ вынужден был работать, голосовать, как положено, поддерживать линию партии и пр. ГУЛАГом и репрессиями, страхом и принуждением, формулированием притягательных целей и задач, сталинские клоны делали то, что от них требовалось. Другая линия поведения не поощрялась и не приветствовалась. И мысль о том, что "Мы все в одной лодке и судьба у нас будет одна," которую нынче эксплуатируют нынешние правители России, была сформулирована и воплощена в жизнь ещё Сталиным.

Фраза Сталина, на которую так любят ссылаться нынешние коммунисты: "На мою могилу нанесут кучи мусора, но их развеет ветер истории," имеет под собой основание. Просто русский народ ещё не дозрел до объективных оценок и беспристрастного изложения своего прошлого. Люди вносят слишком много личностного в описания и интерпретации. Но даже те, кто перед Сталиным преклоняется, делает это скорее по недомыслию, чем понимая его действительную роль в истории человечества и России. Для народов, населявших СССР, роль Сталина, ужасна, а для остального мира она скорее положительна, чем отрицательна. И то, что Сталин заслуживает взвешенного описания в учебниках истории – это без сомнения. Но это случится через много лет. Никто же сегодня не проклинает азиатского полководца Тамерлана за то, что он громоздил горы из десятков тысяч отрубленных голов своих побеждённых врагов.

Меня всегда поражало почему Сталин несмотря на неоднократные донесения и предупреждения о том, что немцы готовят войну и вот-вот нападут на СССР, не реагировал на них и считал дезинформацией. Не верить своим разведчикам, аналитикам настолько – это даже не паранойя, а идиотизм. Единственное что мне приходит на ум в этой связи, так это то, что Сталин продумал весь возможный ход Второй мировой войны и захват Европы заранее. Агрессия Гитлера была ему необходима для того, чтобы заманить того вглубь России – страну морозов и бездорожья. Вспомните, как Барклай де Толли и Михаил Кутузов отступали перед огромным войском Наполеона до Москвы, а Кутузов даже сдал Москву. К тому же выступать жертвой в глазах мирового сообщества всегда выгоднее, чем быть агрессором. А какой ценой захват Европы будет достигнут и сколько лишних миллионов людей придётся положить для этого, Сталина не волновало. Он был слишком большевиком, чтобы обращать внимание на такие мелочи.

Сталин выжал все соки из русского народа и народов, населявших СССР. Всё то же самое можно было сделать "по уму" значительно "дешевле," меньшей ценой. Но распределительный социализм не предусматривает рациональный расход живой силы и интеллектуального потенциала людей.

Сталин пытался прекратить мафиозный беспредел, совершаемый во имя интернациональной когорты марксистов-бездельников. Он вернул часть ценностей, вывезенных за границу. Он сделал деспотическое государство из того отсталого огрызка Российской империи, который оставил ему Ленин. Сталин разделил большевиков на государственников, которые пытались хоть как-то, хоть в каком-то пусть уравнительном советском качестве воскресить страну, и подзаборных большевиков, которым Россия была нужна только как средство для того, чтобы развивать их бредовые коммунистические идеи по всему миру, живя за чужой счёт и паразитируя на всех, на ком можно. Я всё это написал, хотя никаких чувств кроме отрицательных к Сталину не испытываю, но из песни слов не выкинешь. Многое из того, что имеет нынешняя Россия осталось её в наследство от безжалостного государственника Сталина.

Квинтэссенцией создания неприязненных отношений в трудовых коллективах являлась советская, а теперь является российская спецслужба чекистов - ВЧК, ОГПУ, НКВД, КГБ, ФСБ. Создание нездоровой атмосферы в этих организациях было условием работы в них. Чекисты за свою работу всё время имели привилегии по сравнению с рядовыми гражданами. Можно сказать это была плата за страх и некомфортные условия работы. Например, в настоящее время средний заработок офицеров ФСБ – от 1000 до 1500 долларов, что неплохо для России. Организация достаточно консервативная. В ФСБ чтут чекистские традиции. Чекисты – люди долга. Ответственность перед государством – на первом плане. Каждый сотрудник ФСБ своей работой укрепляет тайную структуру, лежащую в основании существующей вертикали власти. Успешная работа власти и государства – это то, на что работает ФСБ.

В российском ФСБ никто друг другу не доверяет вплоть до паранойи. Цинизм, двойная игра и лицемерие – это про сотрудников ФСБ. Через школу, ВУЗ, работу, МВД и родителей ФСБ прессует и ломает характеры молодых людей, выходящих на демонстрации и протестующих против власти. Один из главных постулатов сотрудников ФСБ состоит в том, что у государства всегда есть враг. Вопрос состоит только в том, чтобы его своевременно выявить и обезвредить. Сомнения внутри этой системы недопустимы. Если кто-то из сотрудников ФСБ высказывает сомнения в правильности того, что они делают, то это проверка на лояльность. Участники разговора пойдут и доложат начальству. Постоянная готовность, что на тебя "настучат," постоянная настороженность, не способствуют созданию творческой атмосферы в этой спецсистеме.

Чем страшна чекистская корпорация в России? Тем, что в ней все покрывают друг друга и концов никогда не найти. Ни с убийствами, ни с транзитом наркотиков, ни с взятками на мировом уровне, ни с поддержкой диктаторских режимов, ни с хакерскими атаками, ни с допингом в спорте. Иногда ловят исполнителей. Остальные уходят от ответственности поскольку их покрывает государство и все те же вездесущие спецслужбы России, которые не "выносят сор из избы."

Время от времени какой-нибудь отважный человек или группа людей (чаще за рубежом) пытаются приподнять завесу над этой государственной секретной структурой, но он, как правило, плохо кончает. В этом вопросе нельзя ограничиваться полумерами – что-то рассказывать, о чём-то умалчивать. Только полная правда о ВЧК и её производных организациях, вскрытие архивов кроме тех, которые угрожают безопасности конкретных людей, может помочь в построении нормальной страны и нормальной власти в России.

5.3. Террор, как Базовое Средство Для Удержания Власти и Управления Большинства Меньшинством

В основе терроризма лежит скрытая неудовлетворённость собой и своим местом в этом мире. Террорист — это чаще всего недалёкий человек - большей частью очень ограниченный. Не имея личностного потенциала для того, чтобы сделать свою жизнь полезной, жить на благо себе и другим, он обвиняет в своих провалах и неудачах не самого себя, а других. Если он трусливый человек, то всё кончается бессильной злобой, мелкой агрессией. Сильный человек, да ещё если за его спиной стоит какая-то идеология, религия или какое-то сильное чувство вроде мести или тщеславия, или жажда обогащения любой ценой, вполне может стать террористом.

Террористы полагают, что они получают меньше, чем заслуживают, что их недооценивают, что им мешают, их дискриминируют. Но как люди агрессивные, они начинают искать виноватых на стороне, придумывают причины и объяснения тому, что их жизнь не сложилась так, как они хотели, что их не уважают должным образом и пр. Идеология, религия помогают им в этом. Они начинают искать козлов отпущения, виноватых в других людях, организациях, которые, как им кажется, живут не в соответствие с заповедями той идеологии, религии, которой они придерживаются. В идеологических постулатах они находят только то, что оправдывает их терроризм и убеждают себя в своей мессианской роли, как проводников и исполнителей мести обществу, организациям, конкретным людям.

Легче взорвать, убить, чем десятилетиями учиться, совершенствоваться, терпеливо работать. К примеру, одной из причин того, что Ленин пришёл к государственному террору стало то, что в своей адвокатской карьере он фактически оказался неудачником. Лояльные Ленину авторы пишут о том, что при его способностях, он бы многого добился, если бы продолжил эту деятельность. Но фокус-то в том, что у Ленина душа не лежала к деятельности присяжного поверенного (адвоката при окружном суде или судебной палате). Дело тут в базовой мировоззренческой ориентации будущего "вождя революции," направленной не на благо конкретных людей, а во вред собственникам и власть имущим, которых Ленин рассматривал, как главное препятствие на пути к достижению своих идеологических целей.

Терроризм идёт не от силы, а от слабости. Это оружие слабых людей, которые пытаются доказать, что они сильные. Взрывая себя, убивая других, они пытаются самоутвердиться за счёт своих жертв, которых они уничтожают. По факту они выбирают самый лёгкий путь утверждения себя и своей веры. Теракт – это нередко признак безысходности - у человека нет других способов, чтобы показать окружающим, что он (она) или его (её) религия, идеология чего-то стоит. Терроризм нередко бывает, как месть за что-то - за личные или коллективные обиды. Террористом может стать сильный самодостаточный человек, который готов на всё за идею, которая им овладела. Иногда причиной террора является неумеренное тщеславие.

В современном мире люди часто сталкиваются с религиозным терроризмом. России повезло благодаря тому, что в ней было немного убеждённых последовательных религиозных фанатиков другой веры. Пожалуй, преследования старообрядцев были наиболее кровавой страницей религиозных гонений РПЦ на иной вариант православной веры. Иногда старообрядцы сжигали себя, но террора как такового не было. Кроме того, в XV-XVI веках на Руси имели место преследования нестяжателей, стригольников и жидовствующих. Но там всё ограничивалось борьбой между монастырями и отдельными священнослужителями, пытками или посадкой еретиков.

В любой религии или идеологии всегда находятся фанатики, готовые на всё ради своих убеждений или верований. Поэтому террористы никогда не переведутся также как не переведутся идейные манипуляторы, дёргающие за ниточки и управляющие обиженными, закомплексованными "расходными" террористами. Организаторы терактов подбирают террористов из зомбированных, внушаемых недалёких людей, которыми легко манипулировать.

Что касается идеологического терроризма, то в России количество жертв от коммунистов на несколько порядков превосходит жертвы по сравнению с более цивилизованными странами. С времён Великой Французской революции 1793-94 годов в Западной Европе не было такого количества жертв от идейного террора, как в большевистской России.

Террористы во всём мире применяют тактику обвинения властей разных стран в тех убийствах, которые они совершают. Террорист, агрессор, часто выставляет себя жертвой.

Террором в России занимались многие люди – народники, левые эсеры, анархисты, большевики. Список террористов России насчитывает тысячи имён – мужчин и женщин. В большинстве своём это были либо идеалисты, либо революционные честолюбцы, желающие методами террора быстро изменить ситуацию в стране. Водоразделом, отделяющим спорадическую террористическую активность отдельных террористов от массовой террористической активности, можно считать убийство "народовольцами" императора Александра II, подготовленного и осуществлённого Андреем Желябовым, Софьей Перовской, Николаем Кибальчичем, Тимофеем Михайловым и Николем Рысаковым 1 марта 1881 года. В 1866 году недоучившийся студент Дмитрий Каракозов уже пытался убить Александра II выстрелом из пистолета. Но ему помешали. И только седьмое покушение стало для императора фатальным. Лавинообразный характер террористический процесс принял после Первой русской революции 1905 года.

Между 1905 и 1914 годом в стране действовало много антиправительственных, террористических организаций. Американский и израильский историк, посвятившая ряд работ проблемам политического терроризма в России начала XX века, Анна Гейфман приводит данные о статистике терроризма. Так, общее число убитых и раненых в результате террористических актов в 1901—1911 годах Гейфман оценивает числом около 17 тыс. человек. Только на премьер-министра Столыпина было совершено 12 покушений. За ним шла настоящая охота со стороны левых эсеров и других крайне левых революционеров.

Вместо того, чтобы помогать развитию России, террористы как могли этому мешали, прикрывая свой террор необходимостью свержения самодержавия якобы для блага русского народа. Хотя как раз русскому народу это было не надо. Да и сами революционеры, свергнув Николая Второго не знали, что им дальше делать с этой войной, с империей, с этой огромной массой слабо образованных людей – рабочих, крестьян, мещан, ремесленников. Знали только большевики. Они выждали своего часа и стали конечными бенефициарами, оседлав антивоенные протестные настроения. Этим могильщикам русского народа и стали ставить памятники и делать топонимические изменения их соратники. Одних памятников Ленину до сих пор стоит несколько тысяч.

Представители некоторых революционных общественно-политических идеологий и религий, претендующих на глобальный характер и утверждающие себя через отрицание других идеологий и религий, рано или поздно кончают терроризмом. Примеров много. Приведу только левых эсеров и большевиков в России. Природа терроризма заключается в нетерпеливом желании получить справедливость и равенство (в понимании террориста) прямо сейчас, не ожидая долгих лет и десятилетий естественного политического и экономического развития и постепенного созревания общественного сознания (изменения ментальности) народа.

Так было у левых эсеров и анархистов (на уровне индивидуального террора), так было у большевиков (на уровне государственного, Красного террора). До 1905 года под влиянием марксистской теории большевики отрицали терроризм, как базовый метод достижения своих целей, а после 1905 года их террористические методы уже мало чем отличались от таковых у левых эсеров и анархистов. В конце концов большевики дошли до государственного терроризма поскольку иными способами достигнуть своих целей (победы меньшинства над большинством) было невозможно.

Террористы, люди другой идеологии, религии не понимают нормального к себе отношения. Они принимают проявления гуманизма и человечности за глупость. Они понимают только язык силы, необходимости, деспотичного произвола. Они ведут себя, как примитивные животные, имеющие только самые начальные первобытные инстинкты.

Начиная с Ленина, правители не отличались высокими моральными качествами. Хорошо, если их путь к власти не был застелен трупами, как ковровая дорожка. Про грабёж чужого, ложь, невыполнение обещаний вообще разговоров нет. Это было в порядке вещей. Любой российский (советский) правитель понимает, что только безоговорочная власть над Россией (СССР) даёт ему неограниченные права, привилегии, а лишившись её он может потерять всё, включая жизнь. Поэтому использование терроризма, как средства захвата и удержания власти превратилось в постоянную озабоченность властной верхушки в этой стране.

Ещё раз хочу напомнить ключевую цифру, которая объясняет большевистский Красный террор. В феврале 1917 года в Российской империи было 24 тысячи идейных большевиков. И вот этим нескольким тысячам нужно было подчинить себе весь народ российской империи. А это около 180 миллионов человек. Как они справились с этой архитрудной задачей? Беспощадным Красным террором и голодом. Сейчас последователи большевиков ссылаются на Белый террор, как причину того, что их предки утопили Россию в крови. У Белых был не столько террор, сколько месть за разрушение привычного уклада жизни, за отобранную собственность, за предательство во Второй мировой войне, за насилие над личностью. Однако, в судебных разбирательствах недаром первым поднимается вопрос: "Кто первый начал?" Так вот, первыми начали большевики поскольку у них не было другого выхода, чтобы удержать захваченную обманом власть.

Партийная дисциплина и так называемый демократический централизм объединяли головку большевистской партии – главного идеологического террориста XX века. У большевиков, как у любой бандитской мафиозной организации была команда ликвидаторов готовых устранить мешающего человека, группу недовольных людей или развязать террор против отдельных групп населения. Главными палачами у большевиков были латышские стрелки, китайские наёмники, а также прочий интернациональный сброд, работавший за деньги, за марксистскую идею или просто из любви к палаческому искусству. Своевременно ликвидируя опасных для себя людей и целые слои населения, большевики добились послушания остальных. Им помог голод, который они же и организовали. Голодный человек более сговорчив, чем сытый.

Когда советская власть укрепилась и создала свою Красную армию, ячейки ВЧК стали работать во всех городах России, 5 сентября 1918 года председатель ВЦИК Яков Свердлов подписал декрет "О красном терроре." Поводом для официального начала большевистских репрессий послужило убийство юнкером Леонидом Каннегисером одного из большевистских лидеров, председателя Петроградской ЧК Моисея Урицкого и покушение неустановленных лиц (по официальной легенде – эсерки Фанни Каплан) на Ленина на выходе того с митинга на заводе Михельсона. Впрочем, повод мог быть каким угодно – скажем, прогноз гадалки или появление пятен на солнце.

Декрет о терроре стал официальной законодательной базой для проведения масштабных репрессий в отношении имущих слоев населения – казаков, священнослужителей, интеллигенции, предпринимателей, офицеров, чиновников, представителей небольшевистских партий. Владимир Лавров, научный сотрудник института российской истории РАН считает, что Красный террор начался за 8 месяцев до этого указа - в январе 1918 года, когда были убиты руководители партии кадетов, депутаты Учредительного собрания, юрист Ф. Ф. Кокошкин и врач А. И. Шингарев и затем расстреляны мирные демонстрации рабочих, студентов и интеллигенции, направленные против силового разгона большевиками и анархистами Учредительного собрания - представительного органа власти в России. Взятие заложников и расстрелы продолжались в течение всего 1918 года. [46]

Во имя так называемой социальной справедливости большевики совершили много преступлений против русского народа и против человечности. На всей территории Российской империи они развязали массовый геноцид в соответствии с происхождением и классовым положением людей. Эту разновидность геноцида следует назвать стратоцидом. При коммунистическом стратоциде буржуазия и вообще все, кто имел собственность, должны быть устранены от владения собственностью или уничтожены, если добровольно отдавать свою собственность они не захотят. В категорию кандидатов на уничтожение коммунисты поместили тех, кто имеет деньги, драгоценности, произведения искусства, землю, здания, а также тех, кто нанимает рабочих и служащих. По сути, в эту категорию попали не только буржуазия, но и дворяне, землевладельцы, богатые крестьяне, капиталисты, банкиры, купцы, казаки и т.д. К ювелиру Карлу Фаберже Троцкий приходил лично для того, чтобы сделать опись вещей, которые новая власть будет у него отбирать.

Репрессии ЧК подавляли сопротивление населения, в концентрационные лагеря и в тюрьмы отправляли десятки тысяч людей, которых приучали к мысли, что если они сами не полюбят коммунизм, то это придется делать в заключении или на том свете.

Лидеры большевиков устраняли десятки тысяч людей. Складывается такое впечатление, что каждый из большевистских деятелей втайне думал: “Достаточно ли много народа я убил, чтобы стать великим?” У многих из них, видимо, вызывал зависть и не давал спать спокойно образ Тамерлана, который приказал отрубить головы и соорудить 120 громадных пирамид, сложенных из голов пленников в Исфахане (современный Иран) после взятия Багдада в 1401 году. В самой большой из пирамид насчитывалось до 70 тысяч черепов.

Большевики начали брать заложников за два с половиной месяца до 5 сентября 1918 года - сразу после убийства Володарского в Петрограде 20 июня 1918 года. Некоторых заложников расстреляли сразу после 17 июля 1918 года, когда были убиты Николай II и его семья, но ещё до официального объявления о начале Красного террора. Чекисты действовали в соответствии с теоретическим положением Ленина:

"Оборона - есть смерть вооружённого восстания" и в соответствие с правилом: "Убей потенциального врага сегодня или он убьёт тебя завтра." Существовало и другое правило, которое большевики применяли регулярно: если убили твоего сторонника, убей сотни и тысячи заложников в отместку за него. И не имеет значения имеют ли заложники отношение к убитому стороннику или нет. При коммунистах объективное царское правосудие было прочно забыто. Вместе с ним была забыта презумпция невиновности. Кстати, не вспоминают о ней до сих пор.

Террор Красных никак не сопрягался с действиями противостоящих им в Гражданской войне сил. Это были чисто политико-террористические акты. Главным отличием большевистского террора стала его массовость. Людей убивали тысячами. Так, например, за одного убитого Моисея Урицкого в первый день Красного террора в Петрограде было расстреляно 900 заложников и в Кронштадте еще 512 заложников, которые не имели к этому убийству никакого отношения. Своим Красным террором большевики спровоцировали эскалацию Гражданской войны в России поскольку к этому времени они уже имели в стране разветвлённую систему ВЧК и за полгода сумели создать многочисленную Красную армию. А главное, в то время террор было выгоден прежде всего им. Значительная часть населения России мечтала об их свержении. Этих мечтателей и надо было либо уничтожить, либо запугать так, чтобы они своими бесполезными мечтами больше себя не тешили.

Было объявлено, что за убийство 15 января 1919 года в Берлине немецких революционеров Розы Люксембург и Карла Либкнехта, в Петропавловской крепости были расстреляны великие князья Романовы: Павел Александрович, Дмитрий Константинович, Николай Михайлович, Георгий Михайлович. Прикрываясь тем же лживым предлогом о беспощадной революционной мести, тогда же были расстреляны ещё около 500 заложников в Царицыне. Хотя какое отношение Роза Люксембург имела к заложникам в России непонятно. Разве что в рамках развязанного Красного террора коммунисты выстраивали свою систему советских мифов под будущее советское государство и таким революционным дамам, как Роза Люксембург, Клара Цеткин, и несгибаемым революционерам-мужчинам вроде Карла Либкнехта в этой системе мифов отводилась своя героическая роль.

И самое скверное, что до нас не дошли имена этих заложников, многие из которых несомненно были приличными людьми, которые в отличие от немецких революционеров приносили пользу России. Зато именами Люксембург и Либкнехта названы десятки посёлков, улиц, площадей в России, им посвящены памятники, сделаны фильмы, а имена заложников незаслуженно забыты. В России никогда не любили приличных людей, а именами всяких большевистских мерзавцев и палачей до сих пор увековечены в названиях областей и других объектах русского культурного наследия. Как после этого можно уважать русский народ, который вот уже сто лет терпит такое надругательство над собой?

В сентябре 1918 года в газете "Северная Коммуна" вышла программная статья видного большевика Григория Зиновьева, в которой он писал: "Из ста миллионов населения, насчитывающегося в настоящее время в советской России (имелась в виду часть России, находившаяся к тому времени под контролем большевиков – ВЗ), мы должны сохранить 90, что касается вычитаемого остатка, то нам нечего предложить: он должен быть уничтожен." Эту же мысль Зиновьев высказал на петербургской партконференции в сентябре 1918 года. Аналогичные высказывания есть у Николая Бухарина и других большевистских вождей. Причём написано и сказано это было за 5 лет до зарождения национал-социалистического движения в Германии.

Вам не напоминают эти слова другие, те, которые были сформулированы в виде директивы в августе 1942 года одним из подчиненных министра оккупированных территорий Востока Альфреда Розенберга со слов начальника партийной канцелярии НСДАП Мартина Бормана в отношении славянского населения восточных территорий: "Славяне должны на нас работать. Если они нам более не нужны, они могут умереть. Поэтому обязательные прививки и медицинское обслуживание немецкими врачами представляются излишними. Рост славянского населения является нежелательным." [53, с. 1005] Адольф Гитлер писал свой "Майн Кампф" в 1921-23 году под несомненным влиянием практической деятельности большевиков. Тем более, что количество русских беженцев из России в Германию и в другие страны Европы в 1918-1920 годах исчислялось сотнями тысяч. И многие из них о зверствах большевиков не молчали.

Разница между цитированными коммунистом и нацистом заключалась в том, что у коммунистического идеолога Григория Зиновьева в отличие от нацистского идеолога Мартина Бормана речь идёт не о другой нации, за счёт которой Борман собирался сделать свой третий рейх процветающим, а о своих проживающих в России "неполноценных" помещиках, капиталистах, зажиточных крестьянах, которые являлись хранителями русской культуры, проводниками прогресса и основой реального процветания России, а не мифического коммунистического рая. И после этого нынешние коммунисты открещиваются от своего родства с нацизмом? Нацисты учились у коммунистов, хотя и органически не переносили их. А главным человеконенавистником, несомненно, был человек, который лежит в центре Москвы в мавзолее – Владимир Ульянов - "погоняло" (уголовная кличка) – Ленин.

Вслед за Красной армией шли карательные органы чекистов, которых подбирали из самой беспринципной мрази, садистов, бывших уголовников, террористов, психически ненормальных или ущемлённых по национальному признаку людей. За руководство расправами над буржуями, офицерами, другими несогласными с властями людьми каждый раз отвечали специально назначенные лидерами большевиков люди – представители разных национальностей и сословий, чтобы выдержать дух и букву пролетарского интернационализма. Особо прославились, как каратели – военнослужащие латышской стрелковой дивизии.

В Киеве этим чёрным делом занимались член коллегии ВЧК, латышский стрелок Мартын Лацис и его люди. Жертвами "офицерской" бойни в Киеве в 1918 г. оказалось 2000 человек, а всего в Киеве следователи деникинской комиссии генерала Рерберга обнаружили 4800 трупов казненных. [47, с. 39] "Но приведенную цифру отнюдь нельзя назвать полной, поскольку в некоторых захоронениях не представлялось возможным сосчитать тела из-за сильного разложения, а по данным населения, количество исчезнувших в "чрезвычайках" горожан составило свыше 12 тыс. человек. Размахом террора "прославилась" и одесская ЧК. В течение четырех месяцев - с апреля по август 1919 г. - в городе было расстреляно более 2 тыс. человек. Помимо расстрелов, практиковались и более изощренные способы казней. Известны, в частности, случаи, когда обреченных связывали цепями и медленно погружали в корабельные печи" [71, с. 6] Перед казнью жертвам нередко отрезали конечности, уши, носы, губы, языки, половые органы, выкалывали глаза.

5.4. Результаты и Цена Войн и Террора Большевиков Против Своего Народа

После захвата большевиками власти в центральной России соотношение "трудолюбивый человек - лентяй и нахлебник," в стране стало стремительно смещаться в пользу лентяя и нахлебника или попросту - паразита. Но поскольку паразиты, захватившие власть, – большевики, левые эсеры и анархисты сумели всеми правдами и неправдами расставить во власти своих людей, то они и выиграли борьбу за простой народ в центральных наиболее многолюдных районах страны. И ради таких идеологических болтунов, и ради обещанной ими счастливой жизни – жизни за счёт других - русские люди в 1918 году пошли на преступление, ввязавшись в Гражданскую войну по уничтожению друг друга. Воля в России победила свободу, бунтовщик победил законопослушного гражданина, Ленин победил Ульянова, Троцкий победил Бронштейна, а Сталин победил Джугашвили. Советская эпоха началась. Эксперимент оказался "чистым," хотя и жестоким. Доведён он был до логического конца. По крайней мере в России. Хотя отразился этот эксперимент на всём человечестве и, к сожалению, далеко не в лучшую сторону.

В этом эксперименте ради власти, собственности и коммунистической идеи большевики ложью и силой вынудили пассивную разобщённую Россию, ещё участвующую в Первой мировой войне, выбрать тупиковый коммунистический путь развития. Выбрав этот путь, жители страны оказались заложниками своего выбора. Следуя этим путём, русский народ потерял не только возможность устояться, как самостоятельная нация, но и вообще потерял перспективу нормального индустриального и культурного развития. С этих пор развитие страны пошло с использованием силовых административно-командных методов и через распределение товаров, продуктов и услуг (по схемам военного коммунизма) среди работающего населения и среди верных большевикам людей – комиссаров и чекистов. Остальные могли умирать с голода, что новую бесчеловечную власть совершенно не волновало.

Сама по себе идея равноправия всех людей в стране и одинакового подхода к каждому человеку совсем неплоха. Однако, как только её начинают воплощать в жизнь фанатики какой-нибудь кабинетной теории, имеющие психические отклонения, комплексы и нерешённые с детства проблемы, так она превращается в нечто ужасное, сводится к анархии, террору, падению морали и скатыванию к звероподобному состоянию. Последствия этого пришлось пережить русским людям, втянутым большевиками в безрассудный утопический марксистско-ленинский эксперимент.

После 1917 года Россия и затем Советский Союз стали воевать "мясом." Ну это бы ещё можно списать на малограмотность красных полководцев вроде Василия Чапаева, которые "академиев не кончали" или тех, кого из младших офицеров большевистские власти производили в командующие армиями (подпоручик Михаил Тухачевский, унтер-офицер Семён Будённый, прапорщик Николай Крыленко). Сам организатор Красной армии Лев Троцкий к военному делу вообще не имел отношения. Зато именно с 1918 года жизнь солдат и гражданского населения в глазах большевистских вождей перестала иметь хоть какую-то цену.

У большевистских лидеров отношение к человеческой жизни было на уровне отношения к жизни курей и баранов. Поэтому с таким спокойствием они отдавали приказы о массовых расстрелах заложников, о расстрелах пленных и вообще людей, которым они только что гарантировали жизнь, о расстрелах каждого десятого солдата из своей

Красной армии, если она отступала, о расстрелах собственных союзников, как только те переставали быть им нужны и пр.

Вся заграничная промарксистская мразь, которая не хотела честно работать за рубежом и привыкла жить за чужой счёт, считая всех вокруг себя глупее, чем они. Им представились возможность, шанс, ограбить целую страну прикрываясь идеологией марксизма. Они сами не ожидали, что это удастся так легко сделать, что русский народ окажется таким слабым, без боя уступит власть и отдаст веками накопленную собственность обыкновенным наглым разбойникам с большой дороги.

Революционеры, большевики – это вечно чем-то недовольные люди. Они убивают своих противников, врагов и тех, кто им мешает до упора, пока всех не выведут в расход. Всех смелых людей, открыто высказывавших своё мнение, большевики мгновенно ставили к стенке или отправляли в концлагерь, так что эта порода живых существ в России исчезла начисто и без остатка (их, впрочем, и при царях было небогато). Когда всех приличных людей "вывели под корень" или заставили замолчать, большевики, как и положено паукам в банке или крысам в клетке, взялись друг за друга и за совсем невинных людей "для галочки" и для выполнения плана по расстрелам и посадкам. Здесь уж новые советские стукачи поработали на славу. Мы все ныне живущие в России люди – это потомки палачей и их жертв, осторожных людей и приспособленцев, выживших в советскую эпоху.

5.4.1. Большевистский Вооружённый Грабёж Чужой Собственности

Для того, чтобы сохранить лицо в глазах мировой и местной общественности, большевики назвали вооружённый грабёж экспроприацией или изъятием награбленных у народа ценностей.

"С овладением Государственным банком России большевики взяли контроль над всеми частными банками страны. В таком контроле Ленин видел переходную форму национализации, которая бы позволила трудящимся освоить управление финансами. Советская власть в кратчайшие сроки экспроприировать банковскую сферу Национализация банков стала связующим звеном на пути к подготовке национализации промышленности. По данным промышленной и профессиональной переписи в период с ноября 1917 по март 1918 года (который получил название "Красногвардейской атаки на капитал") было национализировано 836 промышленных предприятий. После отмены частной собственности на землю в пользование крестьян перешло около 150 млн. гектар земли. За счёт этого по мнению Ричарда Пайса, крестьянское большинство населения страны на несколько месяцев полностью отошло от политической деятельности, с головой погрузившись в “чёрный передел” земли.

Коммунистические вожди опирались на самых худших представителей народа и на самое худшее, что было в народе. Они стали строить в стране “военный коммунизм” со всеобщим огосударствлением экономики. Основными его элементами были:

1. Ликвидация частных банков с конфискацией вкладов и денежных средств населения – золота, серебра, драгоценностей, произведений искусства и пр. (часть этой наличности осела в кладовых ведущих большевистских лидеров – Ленина, Свердлова, Каменева, Бухарина, Зиновьева и других, откуда те её расходовали по своему усмотрению “на нужды мировой революции,” сбывая ценности по дешёвке через своих людей из капиталистического мира, перекупщиков краденого и прочих стервятников, мгновенно слетевшихся “на падаль”),

2. Национализация “земли, недр, вод и лесов” и предприятий промышленности (вначале крупных, потом средних),

3. Монополизация внешней торговли (торговать своей продукцией или собственностью с иностранными гражданами других государств частным лицам запрещалось),

4. Принудительная трудовая повинность (все обязаны были работать для получения продовольственного пайка),

5. Продовольственная диктатура (экспроприация зерна и скота у сельского населения и распределение его между частью работающего населения в городах по строгим нормам).

Из большевистской триады: “Уничтожить, отнять и поделить” лучше всего и до конца был выполнена только первые две части лозунга: “Уничтожить и отнять.” Делиться большевики ни с кем не собирались. Там, где большевики захватывали власть, они начали с того, что крали чужое имущество, присваивали дома и квартиры. Золото, ювелирные украшения и драгоценности, полотна живописных мастеров и иконы из частных домов и сокровищниц царской империи чекисты конфисковали. Затем эти ценности стекались в большевистский “общак,” к которому имели доступ только большевистские лидеры и продавались за границей по дешёвке. Ворованного не жалко. Не сами зарабатывали. Многое было снято с трупов. У каждого из большевистских лидеров в зарубежных банках были открыты счета на десятки миллионов долларов. И это при том, что люди в России умирали от голода.

Украденные ценности размещались в сейфах перекупщиков по всей Европе и в Соединенных Штатах. Часть из этих денег тратилась на организацию переворотов и революций подобных большевистской революции в других странах (подкуп, шантаж, убийство, оплата коммунистических партий). Простой исполнитель "эксов" от чужой собственности не получал ничего, кроме дополнительного пайка и одежды, снятой с трупов. Ну и естественно "чувства глубокого удовлетворения" от содеянного.

Когда подручные нацистов в концлагерях во время Второй мировой войны выковыривали золотые коронки у убитых ими людей это считалось зверством, а когда тоже самое делали красные матросы и солдаты в Крыму в 1920 году после уничтожения чекистами более 50 тысяч невинных людей, это было в порядке вещей и до сих пор в России не расследовалось и не осуждалось. Ведь они якобы действовали от имени власти, провозгласившей диктатуру пролетариата. Гражданская война всё списала. Да и попробовал бы кто-нибудь в то время осудить победителей – мигом бы пополнил собой список расстрелянных и золотые зубы выковыривали бы уже у него.

В 1994 году в архиве политбюро ЦК КПСС было обнаружено письмо тогда наркома госбезопасности Генриха Ягоды к Сталину от 27 июля 1935 года, в котором Ягода сообщал, что на складе коменданта Кремля обнаружен личный сейф бывшего второго лица в государстве - председателя ВЦИК Якова Свердлова, сейф, который был вскрыт только через 16 лет, после его смерти, наступившей 16 марта 1919 года, как раз когда армия Деникина приближалась к Москве и судьба большевиков висела на волоске. В сейфе обнаружено свыше семисот золотых изделий с драгоценными камнями и 108,525 рублей золотыми монетами царской чеканки, много бланков заполненных паспортов на имя самого Свердлова и других лиц на случай, если большевики проиграют и им придётся бежать из России. И подобных фактов существует множество. Просто этот самый вопиющий. После знакомства с ними говорить исключительно об идейной марксистской подоплёке большевистского переворота просто язык не поворачивается.

Большевики – такие, как Свердлов, понимали, что только предельной наглостью, нахрапом и ложью, попранием всех общечеловеческих норм морали они могут держаться на плаву. Силой они могут смять, подавить разъединить этот рабский русский народ, использовать его как пьедестал для достижения личной власти и обогащения. У самых больших вождей в сейфах, потайных комнатах, швейцарских банках было награблено "сучье" кровавое золото – украденное у расстрелянных ими людей, снятое с трупов – сокровища на чёрный день. У многих были бабы для развлечения, охрана готовая на убийство кого угодно. Эти лидеры были патологическими типами, мразью, которые прикрывались пролетарской идеей для личного успеха и обогащения. Все их идеи ничего не стоили поскольку они их нарушали на каждом шагу – убивали всех, кто мешал им и реализации их преступных замыслов. Это была безжалостная мафия, место которой было только в полной изоляции от нормальных людей – где-нибудь в крае вечной мерзлоты – в лагере для неисправимых преступников по типу современного лагеря: "Сова." К нормальным людям таких подпускать было нельзя, как прокажённых. Идейные среди них тоже были, но их было меньшинство. Идейные в конце концов становились такими же убийцами, как их главари. Большевики создавали свою стаю со своими законами, понятиями. Они делали из людей утопистов или манкуртов, которыми было легко управлять.

Сам Ленин был аморальным идейным фанатиком, и для него Октябрьский переворот был последним шансом завершить дело его жизни. Застарелый нейросифилис подтачивал его здоровье. Он догадывался, что долго не проживёт и другого случая проверить свои идеи на практике могло не представиться. Таким же фанатиком был создатель ВЧК - польский дворянин Феликс Дзержинский, считавший русских оккупантами своей родины – Польши и всю жизнь боровшийся с ними за это унижение. Почти все они имели в запасе варианты отхода в случае провала их чудовищной авантюры. А что обратного хода у них не было стало ясно 17 июля 1918 года после убийства без суда и следствия бывшего императора Николая Второго и его семьи, а потом ещё более сотни других родственников из династии Романовых.

А вот после большого грабежа собственности в России у революционеров начались проблемы. Что касается фабрик, заводов (государственных и частных), то на них надо было организовать работу. Бывшие хозяева не горели желанием этого делать - то есть работать за право остаться в живых и за пайку хлеба. На многих предприятиях действовал так называемый "рабочий контроль" - то есть группы наиболее активных, "сознательных" пробольшевистски-настроенных рабочих, которые следили за деятельностью хозяев и управляющих. Производительность труда сразу упала. Но поскольку денег никому не платили, то все работали за то, чтобы не умереть с голода - за продукты, распределяемые большевистской властью в городах.

Агрессия во многом идёт от неопределённости ситуации и низкой компетентности человека или группы. Этим русские люди пользуются постоянно, а иногда даже сознательно такие ситуации создают. Социалисты-революционеры этим вовсю пользовались для организации Февральской революции, а потом большевики использовали неопределённость ситуации в России для захвата власти и управления дезорганизованной, расколотой Россией, влияя на общественное мнение. Они активизировали агрессию малокультурной народной массы против богатых, образованных, интеллигентных людей используя её при борьбе за власть, за землю, за доминирование по праву силы, за идеологическое превосходство.

В основе ленинской психологии лежит не любовь, а агрессия и ненависть к богатым, талантливым, вообще – к людям из прежней жизни при царе. В идеале, согласно задумкам ленинцев, советский человек должен был получиться, как агрессивный фанатик готовый на уничтожение людей – неважно, своих или чужих - ради реализации коммунистических планов. Нормальному человеку такое вряд ли придёт в голову. Это было использовано теми патологическими типами, которые, воспользовавшись подходящей ситуацией в России, захватили власть в результате октябрьского государственного переворота.

5.4.2. Стратоцид, как Средство Сведения Русской Культуры к Примитивной Советской Культуре

Чем отвратительны и опасны начальные большевики? Тем, что они не трогали тех, из кого можно было сделать послушное покорное их воле большинство. Они убивали и сажали только тех, кто был носителем русских традиций, цвет нации – старейшин из числа казаков, провинциальную интеллигенцию, которая несла просвещение в народ, помещиков, которые делали из своих поместий передовые сельскохозяйственные предприятия, офицеров, которые имели понятие об офицерской чести и не позволяли обращаться с собой, как со скотом, зажиточных крестьян, которые сами умели и могли работать на земле и грамотно использовать труд других, промышленников и купцов, которые обладали предпринимательской жилкой и умели зарабатывать деньги.

Осенью 1922 года Ленин и Троцкий стояли у истоков выселения за границу некоторой части русской интеллигенции, сохранившейся ещё с царских времён. Основанием для выселения было то, что эти люди приносят вред СССР, критикуя существующие порядки. На двух немецких пароходах и в нескольких поездах были депортированы за границу 225 человек. Среди них - философы, врачи, педагоги, экономисты, агрономы, юристы и инженеры.

Кроме них уехали из страны прославленные живописцы, композиторы, артисты, писатели. Знаменитый Фаберже бросил всё, что создал в течение жизни, едва унёс ноги из России и умер за границей в нищете. Бежали композитор Сергей Рахманинов, писатели Иван Бунин и Александр Куприн, вынуждены были уехать гениальные изобретатели Игорь Сикорский и Владимир Зворыкин.

Перефразируя слова, приписываемые французскому микробиологу и химику Луи Пастеру, можно сказать, что после того, как большевики убрали из истории России несколько сотен выдающихся представителей науки, культуры, образования и управления - история России, как самостоятельной нации, по сути, прекратилась. Те, кто остался на милость победителей-большевиков, уже не имели возможности продолжить русскую культурную традицию. Началась история люмпенского милитаристского государства под названием Советский Союз. В этом государстве русской культуре отводилась роль служанки для интернациональных пролетарских конъюнктурщиков. Однако, тем чавкающим и рыгающим за столом люмпенам, которые пришли к власти в СССР это было уже неважно.

Почему большевики истребили и выгнали за границу думающих компетентных людей? Потому что с остальным малограмотным стадом стало легче иметь дело – скажешь им, что церковь надо взорвать – они взрывают, скажешь, что буржуев и помещиков надо расстрелять потому, что они мешают строить коммунизм – расстреливают. Из такой не рассуждающей внушаемой массы легко было сделать что угодно – хоть пушечное мясо для войны с любым противником, хоть рабочих для строительства каналов и плотин, хоть холуёв для вылизывания задницы у очередного коммунистического вождя.

Узурпация власти большевиками-интернационалистами в 1917 году поставила барьер развитию России, как преимущественно национальной русской страны – лидера восточнославянского мира. С тех пор русская культурная традиция практически прекратила своё существование, задавленная формальными схоластическими веяниями, которые развивались только в разрешённых коммунистической властью направлениях. В настоящее время процесс восстановления и развития ментальности людей, как наследников национальной культурной традиции, проходит в России очень медленно. Скорее всего полное восстановление в обозримом будущем уже невозможно.

Для идейных коммунистов не имеет значения, как много покойников получилось в результате реализация их идей. Будучи фанатиками идеи, они полагали, что их коммунистическое видение ситуации единственно правильное в мире. Другие видения для них не существуют. Они создали ситуации, когда никто не мог им противостоять, потому что, противопоставление было равно самоубийству не только для человека, который осмелился сказать или тем более сделать что-то плохое для них и их идеи, но и для всех родственников этого человека. К сожалению, было много русских, украинцев, грузин, евреев и других, которые поддерживали эту власть и верили в коммунистическую идею. Эти недалёкие люди стали основой преступной большевистской власти. Они распространяли эти утопические идеи в общественном сознании. Для большей части простых людей, идея равенства в доходах и в распределении собственности была важна. Кроме того, для них было не важно, сколько жизней коммунистический режим унесёт.

Травля, зажимы всего русского национального продолжалась и после гражданской войны. Стратоцид буржуазии, русского офицерства, дворянства, который начался с прихода к власти большевиков, продолжился в 30-е годы. Он сопровождался духовным оболваниванием народа, приведением его к общему советскому знаменателю. Духовные наследники большевиков-интернационалистов продолжили шельмовать всех, кто выделялся на фоне советской серости.

Если отвлечься от усердно распространяемого российскими либералами мифа о том, что Ленин был хорошим, а Сталин плохим, то что останется от советской власти в сухом остатке? Гражданская война, разрушение всего, что было в Российской империи, разграбление России и обнищание народа, превращение России в мирового изгоя, а также болтовня, болтовня, болтовня в сочетании с планами на будущее, заложенными в нескольких декретах, речах и статьях изначальных большевиков. И это всё сделал прославляемый доныне интернационалист Ленин. Вся практическая работа по восстановлению страны и превращению её в военного монстра мирового уровня, которого все боялись – это всё связано с проклинаемым ныне национально ориентированным Сталиным. Оба они были чудовищами, оба окончательно превратили русский народ в бесплатное приложение к государству, но первый – исключительно разрушитель, второй - скорее созидатель, хотя всё, что было им сделано - сделано варварски страшной ценой.

На трупах и костях большевики стали строить новую советскую Россию – страну нищих и люмпенов. В качестве средств для поддержания советского полутрупа на плаву они использовали многие инновации из арсенала цивилизованных стран: григорианский календарь, свободную любовь, новые направления в литературе, живописи, музыке и архитектуре. Однако, самое главное из арсенала мировых цивилизаций – техническую, которая требует глубокой технической культуры и, главное свободного творческого мышления, они установить в СССР не смогли. Пришлось покупать и воровать технологии за рубежом – в Германии, США. Все силы и средства СССР были брошены на совершенствование военной промышленности, которая одна в 30-е годы приблизилась к мировому уровню. Инновации вне шарашек пресекались сотрудниками НКВД. На большее недавние советские крестьяне и рабочие были неспособны. Для того, чтобы управлять большим советским концентрационным лагерем имперский консерватизм скрытно вернулся в СССР. Терминология была другая (великий могучий Советский Союз, свершения под руководством Коммунистической партии и т.д.), но суть оставалась прежней: расширение территории, амбиции, централизованное авторитарное правление, ничем не ограниченная власть вождя.

В двадцатые-начале тридцатых годов карательные органы ЧК, затем НКВД "зачистили" многих из "бывших" царских специалистов – тех, кто сотрудничал с советской властью, но тем не менее считались неблагонадёжными, а главное – классово чуждыми. Были переполнены Соловки и другие коммунистические концентрационные лагеря. В 30-х годах было начато строительство Беломорско-Балтийского канала. На его строительстве использовались так называемые каналармейцы в основном из крестьян, у которых коллективизация отняла всё ради чего они жили. В конце 20-х годов чекисты стали открываться первые "шарашки," состоявшие из учёных и инженеров, обслуживающих военную промышленность СССР. Люди в них работали практически бесплатно, за право остаться в живых.

Существует метод разработки и внедрения инновационных проектов до готового изделия, который применялся в тридцатые-сороковые годы сотрудниками НКВД по отношению к советским учёным при создании новейших видов вооружений. Это инновации под страхом смерти или, по-другому говоря, научно-технические разработки в "шарашках." Этот метод чекистской мобилизационной стимуляции, на который так любят ссылаться нынешние - патриотически настроенный писатель Александр Проханов и лидер КПРФ Геннадий Зюганов, применялся для увеличения творческого потенциала человека и срабатывал на определённом отрезке времени в специальных конструкторских бюро при хорошем снабжении, при обильной шпионской информации, собираемой сотрудниками внешней разведки СССР по всему миру.

В основе такого творчества в советском тоталитарном государстве лежали не столько естественная прирождённая активность личности, как в нормальных цивилизованных странах, сколько страх за свою жизнь и жизни своих близких, помноженный на идеологическую обработку учёного. Многие технические специалисты того времени были ещё царской закалки – с глубокой инженерной культурой, и к тому же - патриоты своей родины. Это авиаконструкторы Андрей Туполев, Владимир Петляков, Владимир Мясищев, Николай Поликарпов, физикохимик и организатор работ по созданию химического оружия электрохимик Евгений Шпитальский и другие.

В 30-е годы были репрессированы многие исполнители Октябрьского переворота и люди, помогавшие становлению и первым шагам СССР - министры, экономисты, ученые, управленцы, военные и партийные деятели, и др. При этом, приговор – "10 лет без права переписки" означал "расстрел." Самый высокий процент уцелевших в чистках был среди технической интеллигенции, работавшей на оборону страны. Даже если этих “технарей” приговаривали к суровому наказанию за вымышленную шпионскую, вредительскую или диверсионную деятельность, то направляли в “шарашки,” где перед ними ставилась задача – выполнить конкретный заказ, решить конкретную инженерно-техническую задачу (например, разработать броню для танков, самолёт, автомат, оптический прицел и т.д.). Если результат их работы был налицо, то их освобождали “вчистую,” “снимая судимость,” хотя и продолжали держать “на крючке.” Известные узники шарашек: авиаконструкторы Александр Путилов, Алексей Черемухин, Владимир Чижевский, Дмитрий Григорович, Иосиф Неман, Николай Базенков, Роберто Бартини, конструкторы ракетно-космической техники Сергей Королёв и Валентин Глушко, создатель терменвокса Лев Термен, специалист по дальней радиосвязи Леонид Кербер, конструктор ветровых электростанций Юрий Кондратюк и многие другие.

Для обеспечения СССР цветными металлами (никель, алюминий и др.) и для экспорта их в другие страны с 1935 началось строительство Норильского горно-металлургического комбината. Для этих целей в Норильск - город, расположенный за Северным полярным кругом в Красноярском крае, были переброшены заключённые из лагерей на Соловецких островах. Значительную часть заключённых составляли репрессированные по политическим мотивам, представители интеллигенции, учёные, инженеры и религиозные деятели. Был организован Норильский исправительно-трудовой лагерь (“Норильлаг”). Силами заключённых этого лагеря в условиях вечной мерзлоты к 1939 году горно-металлургический комбинат и был построен. Руководили стройкой и эксплуатацией комбината старшие офицеры НКВД. При строительстве погибли многие тысячи заключенных в основном от болезней, голода и холода. В качестве официальных причин смерти лагерников указывались различные заболевания, иногда принимавшие характер эпидемий, что было неудивительно при использовании заключенных, ослабленных тяжелой работой в экстремальных природно-климатических условиях.

Немалая часть заключённых (примерно одна пятая часть от общего количества) были расстреляны. Причины расстрела указывались разные, но нередко это делалось для острастки остальным. Массовые казни по нескольку сотен человек происходили на территории Норильского строительства регулярно начиная с сентября 1937 года. По лагерным документам многие расстрелянные числились в графе “прочая убыль”.

Когда русские люди дозреют до создания своего музея национального Холокоста (подобно евреям или японцам), я скажу, что русская нация состоялась. Отличительная особенность русского Холокоста состояла в том, что одни русские, одураченные какой-нибудь идеей (например, марксистской, которая для России не подходила и до сих пор не подходит), миллионами уничтожали и выгоняли за границу других русских - лучших представителей нации. Это явление я назвал Русским стратоцидом.

После деградации русской культуры, тон в советском народе стали задавать Шариковы и Швондеры - паразиты и халявщики, которые хорошо умели только жить за чужой счёт и репрессировать друг друга. В этом им с удовольствием помогали большевики, которые сами недалеко ушли от названных персонажей. И так постарались, что русский народ до сих пор представляет собой разрозненных людей, которые могут объединяться в сообщество только под руководством своего правителя или просто сильного лидера.

Согласно ряду социологических опросов общественного мнения, проведённых институтом Левады в нулевые годы, 60-70% жителей России не чувствуют себя членами российского общества и государства. В основном ощущают себя частью русского социума представители интеллигенции. Они имеют своё мнение по многим вопросам, спорят, ссорятся, куда-то стремятся. На основе этих опросов социологи сделали вывод, что чем ниже уровень образования, тем ниже ощущение принадлежности к своему народу. Впрочем, так было и при царе. Дворяне, помещики, купцы, священники, интеллигентные люди и собственники являлись носителями русских культурных ценностей и в гораздо большей степени гордились принадлежностью к русской нации, чем общинные крестьяне (недавние крепостные) и заводские рабочие – выходцы из недавних крестьян. К сожалению, именно на этих последних опирались Ленин и его приехавшие из-за границы большевики, устанавливая люмпенскую власть малограмотных людей над оставшимся в живых населением России.

5.4.3. Борьба Коммунистов с Религией с Целью Расчистки Пространства Для Внедрения Советских Ценностей

Как-то известный русский писатель Фёдор Достоевский изложил роль религии для русского народа одной фразой: "Если бога нет, то всё дозволено." Поэтому коммунисты и чекисты в первую очередь стали уничтожать образ бога в сознании русских людей. Когда в душах людей остаётся один навоз, ими легче управлять.

Ведущей религией в России традиционно было православие и главный удар пришёлся по нему, по священникам и монахам. Для того, чтобы борьба за души людей была успешной, большевикам нужно было поначалу лишить церковь имущества. Организация без собственности и без средств её защиты – это уже слабая организация. Поэтому практически сразу после захвата власти 26 октября 1917 г. Большевики приняли декрет о земле, согласно которому все земли русской империи и в том числе земли, принадлежащие церкви, провозглашались народным достоянием. 2 ноября 1917 г. были отменены любые религиозные привилегии и ограничения. 20 января 1918 года принят декрет "Об отделении церкви от государства и школы от церкви." 23 февраля 1922 года вышел декрет ВЦИК об изъятии церковных ценностей, находящихся в пользовании групп верующих.

По прямому указанию Ленина большевики производили конфискацию церковных ценностей, убийства священнослужителей, уничтожение церквей и монастырей. Ради справедливости следует отметить, что некоторые крестьяне сами разрушали и грабили церкви. Из-за масштабной антирелигиозной кампании, развязанной большевиками во время и после окончания Гражданской войны, стала снижаться роль православной церкви в жизни русского народа и новые поколения советских людей росли атеистами.

По форме декрет об отделении церкви от государства и школы, принятый Советом Народных Комиссаров (СНК) РСФСР 5 февраля 1918 г. был за равенство всех религий, за их равную удалённость от государства. По факту закон был в основном направлен против православной религии, которая доминировала в русской империи. Особого внимания заслуживают два последних пункта этого декрета – под номерами 12 и 13: "12. Никакие церковные и религиозные общества не имеют права владеть собственностью. Прав юридического лица они не имеют. 13. Все имущества существующих в России церковных и религиозных обществ объявляются народным достоянием. Здания и предметы, предназначенные специально для богослужебных целей, отдаются, по особым постановлениям местной или центральной государственной власти, в бесплатное пользование соответственных религиозных обществ." Что это означает? Всё имущество православной церкви передаётся государству и его местным административным отделениям, а уж они решают давать в пользование (в аренду) часть этого имущества (помещения церквей, монастырей, предметы религиозного культа) священникам и закреплённым за ними приходам или не давать.

По сути, получается, что первые 11 пунктов (положений) декрета мало что значат по сравнению с этими последними пунктами о собственности. Это означает, что всё, что церковь приобрела и построила в течение нескольких сотен лет, стало принадлежать государству, а точнее поступает в распоряжение власти, которую только что силой захватили большевики. А так как у власти было оружие и организации, которые могли его применить по их приказу (ВЧК, Красная армия), а у церкви никаких средств защиты не было, то вернуть назад свою собственность церковь не могла поскольку если бы она попыталась это сделать, то власть объявила бы её вне закона уже официально. РПЦ и так была лишена почти всех прав. После октября 1917 года на священников не давали продуктовых карточек, их могли в любой момент посадить в тюрьму или расстрелять, отнять любую церковную собственность просто предъявив мандат, подписанный чиновником, находившимся в тот момент у власти.

На волне народного недовольства войной большевики провозгласили лозунги: “долой империалистическую войну,” “долой угнетателей трудового народа” и “да здравствует власть рабочих, крестьян, солдат и матросов” и всё ценное, что был в Русской империи, прибрали к рукам – власть, деньги, собственность. А поскольку РПЦ никогда не была полностью независимой организацией, а всегда была “при монархической власти,” которая рухнула в одночасье, то в этой трудной для себя ситуации, она вначале проиграла борьбу за веками накопленную церковную собственность, а потом и за души русских людей.

Если бы РПЦ не вела себя так беспомощно в этой критической ситуации, попыталась возродить монархическую власть и провозгласила крестовый поход против большевиков, опираясь на народ в крупных городах, или собрав под своей рукой войска способные сражаться, то неизвестно, как повернулась бы история России в 1917-1918 годах. Ведь верных последовательных большевиков в начале 1917 года в России была ничтожная кучка. Остальные примкнули позже. Однако, поскольку поддержка православной церкви у народа носила пассивный характер, то этим воспользовался Ленин. Да, чуть не забыл главное. Верный своей тактике разжигания гражданской войны везде, где только можно и натравливания одной части людей на другую, Ленин использовал расколы и в православной церкви тоже, натравив одних священников на других, а также безбожников на священников. Можно сказать, что он сумел разжечь Гражданскую войну по всем фронтам.

Не надо, кроме того, забывать, что хотя войну против православной церкви объявил Ленин, но выполняли-то его приказы простые люди – пусть чекисты, пусть коммунисты, пусть рабочие, пусть неграмотные крестьяне, но многие из них были крещёными, православными и сызмальства ходили в церковь. Это говорит о том, насколько неглубоко сидели в них заповеди православной религии. Достаточно было простого приказа какого-нибудь комиссара и вот, пожалуйста – русские люди вместе с интернациональным сбродом шли громить церкви, убивать священников, издеваться над ними в концентрационных лагерях. Вот что несколько десятков тысяч объединённых общей идеей мошенников смогли сотворить с разобщённым русским народом и его религией. И ведь грустно то, что с тех пор в России мало что изменилось. Хотя спроси на улице десяток первых встречных людей, многие скажут, что они православные. Только много ли их слова и вера значат?

Экспроприация церковных ценностей пополнила копилку большевиков. Украденная ими у церкви утварь и кресты переплавлялись и шли по цене драгметаллов на “чёрном рынке” у европейских перекупщиков краденого, которых большевики хорошо знали лично ещё с времён своей подпольной работы до 1917 года. Правда после 1924 года официально продавать многие всемирно известные шедевры стало невозможно поскольку они были поимённо указаны в каталогах коллекционеров, да и выжившие собственники, которые перебрались в Европу, предъявляли свои права. Ведь не всех же владельцев этих ценностей большевики сумели вовремя расстрелять или отправить в концлагеря, хотя и очень старались.

Православная церковь в лице патриарха Тихона, верная своей политике невмешательства в дела светской власти, хотя и высказывалась против большевистских зверств и беззакония, но не призвала православных христиан силой бороться против атеистической безбожной власти. Иерархи РПЦ сознавали деструктивную античеловеческую антинациональную сущность большевизма, но активно большевикам не препятствовали. Правда целый ряд священнослужителей примкнул к Белой армии в Гражданскую войну. Но не более того. Никаких крестовых походов против коммунистов РПЦ объявлять не стала. И за это поплатилась. А вместе с ней поплатился и весь русский народ. А всё потому, что с времён Иосифа Волоцкого русские отцы церкви слишком часто шли в кильватере власти, шли на сделку с властью в том числе ради сохранения церковной собственности. Эта готовность к компромиссу с любой властью даже с той, которая отрицает и уничтожает твою веру также не способствовала авторитету православной церкви в народе. Впрочем, каков народ, такова и церковь.

Давление на церковь со стороны большевиков сразу после захвата власти не было сильным. Тем более, что иерархи РПЦ им активно не сопротивлялись. Однако, как только большевики разобрались с первоочередными врагами: офицерами, дворянами, помещиками, банкирами, капиталистами, промышленниками и теми рабочими, матросами и крестьянами, которые имели свою точку зрения на устройство жизни в России, победоносно завершив гражданскую войну со своим собственным народом, они тут же принялись уничтожать очередных врагов – уже духовных и, в первую очередь, Русскую Православную церковь. Для большевиков с их марксизмом-ленинизмом, как “единственно верной и всепобеждающей теорией,” религия стала в один ряд с главными идеологическими конкурентами. Ну и, конечно, большевики никогда не забывали об огромной собственности, накопленной церковью за многосотлетнюю историю её существования.

Присвоить чужое – то, что они не заработали, то, во что не вложили свой труд, было главным приоритетом большевиков наряду с насильственным насаждением марксистско-ленинской идеологии.

Приведу некоторые высказывания коммунистов о религии и церкви: "религия - опиум народа," Карл Маркс. "Все современные религии и церкви, - писал Ленин в статье "Об отношении рабочей партии к религии," - все и всяческие религиозные организации марксизм рассматривает всегда, как органы буржуазной реакции, служащие защите эксплуатации и одурманиванию рабочего класса." На 2-м съезде атеистов Николай Бухарин заявил, что религию нужно "уничтожать штыками." Правда за такую "верную службу" своей партии его самого расстреляли в 1938 году.

Органы ВЧК–ОГПУ стали инструментом, при помощи которого большевики радикально изменили структуру российского общества, ликвидировав целые классы и социально-профессиональные группы. В 1917 году в России насчитывались 146 тысяч православных священнослужителей и монашествующих, действовали почти 56 тысяч приходов, более 67 тысяч церквей и часовен. К осени 1939 года в Советском Союзе действовало лишь от ста пятидесяти до трехсот православных приходов и не более трехсот пятидесяти храмов. Таким образом, за первые 22 года советской власти большевикам — при равнодушии огромного большинства православного по крещению населения — удалось почти полностью уничтожить самую крупную поместную Православную Церковь в мире. Среди расстрелянных в результате красного террора — судьи, офицеры, приставы, священники, фельдшеры, врачи, учителя, зажиточные крестьяне.

В своём эссе: "Имя бога должно быть забыто на всей территории СССР" журналист "Эха Москвы" Алексей Голубев писал: "После двух провальных безбожных пятилеток в истории страны начался период, который дал Русской Церкви больше мучеников, чем вся история христианства на Земле. Власть перешла к массовому физическому уничтожению церквей, духовенства и простых верующих. .... К началу Великой Отечественной войны в Советском Союзе оставалось всего чуть больше пяти с половиной тысяч священнослужителей, большинство из которых находились на присоединённых к СССР в 1939-1940 гг. территориях." [19, с. 8] По данным создателя электронной базы данных по новомученикам и исповедникам российским профессора Николая Емельянова к 1939 г. по всей стране оставалось незакрытыми около 100 храмов из 60,000 действовавших в 1917 году. [24]

При Никите Хрущёве с 16 октября 1958 года началась очередная волна борьбы с религией, хотя и не такая жестокая и кровавая, как в 20-е - 30-е годы. Вновь возобновилось массовое закрытие и снос храмов всех вероисповеданий. Ежегодно (вплоть до 1964 г.) сносилось более тысячи храмов, примерно столько же закрывалось. К концу своего правления "великий реформатор коммунизма" Хрущёв закрыл и снёс более половины из десяти тысяч церквей, действовавших в стране в 1953 году. [24]

Параллельно шёл процесс ползучей конвергенции коммунизма с православием и шёл он особенно активно, когда коммунисты провозгласили создание общенародного государства вместо государства пролетарской диктатуры. Дело дошло до того, что кандидатуры священников и высших иерархов РПЦ согласовывались с партийной верхушкой и идеологическими отделами ЦК КПСС. Отцы церкви сотрудничали с КГБ – и некоторые из них были даже информаторами этой организации, хотя все знают, что бывает с душой священнослужителя на том свете за разглашение тайны исповеди.

Сразу после 1917 года делами церкви от власти занималось 6-е управление ОГПУ. Впоследствии уже ближе к закату советской власти по словам бывшего генерала КГБ Олега Калугина "самой могучей фигурой в церкви был не патриарх всея Руси, а полковники КГБ Романов, а затем Тимашевский, возглавлявшие специальный отдел в 5-м управлении КГБ. Последний - выходец из Днепропетровска, по слухам близкий к тогдашнему зампреду КГБ Виктору Чебрикову, отличался особой лютостью, расставлял через Совет по делам религии кадры в епархии и имел своих агентов чуть не во всех приходах. Святая братия ненавидела его, но боялась пуще огня и вслух свои мысли старалась не высказывать." [29, с. 192]

5.4.4. Геноцид Казаков Большевиками

Казаки начинались, как интернациональные шайки разбойников в Запорожской Сечи, на Дону, Волге, Северном Кавказе, но в конце концов они стали опорой самодержавия, столпом православия и основными военными защитниками Русской монархии. Даже в эмиграции они сохранили русские православные традиции дольше других эмигрантов.

В начале XX века усилилось расслоение казаков на бедных и богатых. Кроме того, коренные казаки, составлявшие потомственные казачьи роды и входившие в казацкий круг не жаловали новоиспечённых не корневых казаков (таких, например, как Семён Будённый).

Трагедия русских казаков начала XX века состояла в том, что они, равно как и Православная церковь были главной опорой царскому режиму, но из-за своего консерватизма и архаичности не сумели вписаться в реалии XX века, а поэтому проиграли вместе с царской властью.

Патологическая ненависть большевистской власти к казакам и их уничтожение и депортации их значительной части объяснялась тем, что несмотря на публичные декларации о свободе, равенстве и братстве всех людей на земле, большевики до смерти боялись свободных людей. К половине большевиков можно было применять фрейдистские психоаналитические концепции по полному списку. Будучи тяжело закомплексованными сами, они старались сразу избавляться от тех, кто умел защищать свою собственность и достоинство с помощью оружия (офицеров, казаков). Казаки, которые не ведали крепостного права, отличались от основной массы осторожных русских крестьян центральной России именно этой свободой духа и своим умением защищать свои права. Эти качества казаки переняли от степных разбойников и горских народов Кавказа, с которыми жили бок о бок долгое время.[Прим.7]

Казаки были профессиональными воинами, которых приучали к ратному труду с 3-х лет. Учили казака трем обязательным искусствам: владеть оружием, ходить за плугом, управляться с конями, овцами, быками. Лет с трёх-пяти казачка приучали к верховой езде и к рукопашному бою. Обучение было тяжёлым и постоянным. Стрелять учили с семи лет, рубить шашкой с десяти.

Именно казаки представляли самую большую опасность для большевиков после захвата ими власти. В Российской империи их насчитывалось около 3 миллионов. Именно их надо было нейтрализовать в первую очередь. Часть казаков удалось распропагандировать ещё в 1917 году после отречения императора от престола. Другую часть пришлось уничтожать физически.

Чем казаки были опасны для большевиков? Это были свободные люди, которые умели сражаться. Казаки были объединены единым духом – они отражали дух более свободной части России, чем полурабские крепостные крестьяне центральной части России. Этого-то и боялись большевики, часть которых сами происходили из личностно ущербных, ущемлённых по национальному, религиозному и статусному признакам людей из городских ремесленников, а также из крестьян центральной части России, привыкших к своему зависимому состоянию. Другая часть – эмигранты, интернационалисты, халявщики, террористы, психически неуравновешенные люди, в общем – представители худшей части общества, которые были сильны только в большевистской стае и под управлением аморальных лидеров без чести и совести, лидеров, прикрывших свои безобразия марксистскими концепциями, до которых Россия ещё экономически и политически не дозрела к 1917 году.

“24 января 1919 г. Оргбюро ЦК РКП (б) выпустило директиву за подписью Свердлова, предписывающую “провести массовый террор против богатых казаков, истребив их поголовно; провести беспощадный массовый террор по отношению ко всем вообще казакам, принимавшим какое-либо прямое или косвенное участие в борьбе с Советской властью.” [71, с.7] Число казаков убитых в результате красного террора и спровоцированной большевиками междоусобицы разнятся, но даже по самым скромным оценкам оно достигает двух миллионов человек.

Хранителями обычаев казачества были старики. Не занимая никакой официальной должности в структуре казачьего самоуправления, они всегда играли громадную роль в формировании общественного мнения, которое и было основой казачьей демократии. Обычно “в старики” выходили по заслугам и по возрасту. Это были люди в большинстве своем старше 63 лет. Без одобрения стариков ни одно распоряжение атамана или Правления не выполнялось. Принимая какое-либо решение, Атаман обязательно советовался со стариками и заручался их поддержкой. Таким образом, не обладая никакими юридическими или законодательными правами, старики были памятью и совестью станицы и играли в ней значительную роль. Во время репрессий Гражданской войны красные расстреливали стариков в первую очередь, таким образом, сразу лишая станицу памяти, совести и веры. Результаты расказачивания говорят сами за себя: в 1926 году на Дону осталось не более 45% от дореволюционного казачьего населения, в Уральском войске около 10%, в других войсках – до 25%. Были уничтожены практически все казаки старше 50-ти лет – народ-воин с начала своего образования, имевший чувство собственного достоинства вначале был лишен памяти и традиций, а потом практически уничтожен или рассеян по миру и по СССР.

Чтобы уничтожить казачество духовно и внести раскол в ряды казачества, разделив их на красных и на белых, большевики распускали про них грязные слухи и сплетни, в чём начальные большевики были великие мастера, преувеличивали недостатки и преуменьшали достоинства. Им не нужны были люди самостоятельные, независимо думающие, со своими понятиями о чести и достоинстве, со своей устойчивой православной верой, да ещё воины, которые могут за себя постоять и защитить. Их целью было сделать из жителей России разобщённое народное быдло, которым легко управлять партийными инструкциями и указаниями сверху. Что они и получили. Даже сегодня, когда СССР канул в лету, ментальность основной массы русских людей во многом всё та же – рабская, зависимая, паразитическая. И немалая часть этих людей сосредоточена в центральных областях Российской Федерации.

Значительное большинство крестьян центральной России была подвержена большевистской агитации ещё и потому, что им пообещали чужую ворованную землю. Что до казаков, то у них уже была земля, которую они обрабатывали. Поэтому они остались верны идее борьбы с красными, проявили преданность долгу, верность Родине и присяге, данной царю, и в конце концов либо погибли, либо ушли за границу. По данным последних исследований российских историков, в рядах белых в некоторых казачьих регионах оказалось около 80% всех казаков, которые были непримиримыми врагами Советской власти. [12] И это немудрено. Они были свободными воинами, а советская власть вырезала всех свободных людей под корень.

Одной из причин почему большевикам удалось расколоть казаков и переманить часть из них на свою сторону было то, что царское правительство использовало их в Первой мировой войне крайне нерационально. Хорошо подготовленных к войне казаков использовали как обычных солдат из вчерашних крестьян – то есть как пушечное мясо. Паркетные шаркуны-генералы не больно-то берегли свои лучшие казачьи кадры, не берегли свой "элитный спецназ."

После Гражданской войны часть донских казаков вместе с Вооруженными Силами Юга России барона Врангеля оказались в эмиграции за рубежом. Те донцы, которые остались в советской России, были репрессированы и депортированы. Полное физическое истребление боеспособной части Казачества, ликвидация экономической базы существования казачьих хозяйств, насильственное переселение в чужие места, заселение казачьих земель выходцами из малоземельных районов России и Кавказа, массовый террор и насильственный слом национального самосознания – такие деяния характеризуют первый этап советской государственной политики – геноцида казачьего народа. Расказачивание, коллективизация и голод 1932—1933 годов практически добили казаков, как самостоятельную группу населения.

В настоящее время из 3,0 млн казаков, живших до революции в Российской империи, осталась в лучшем случае двадцатая их часть (чуть более 140 тысяч). Да и те утратили свою военную и психологическую культуру, традиции. Поэтому воюют новые казаки и в Крыму, и в Донбассе как полубандитское войско, которое ближе к Запорожской Сечи и к новгородским ушкуйникам, чем к современной армии.

5.4.5. Уничтожение Русского Крестьянства

Разобравшись с офицерами, буржуями и помещиками большевики принялись за крестьян. Закупать у них зерно большевики не собирались.

Они его просто конфисковали под очередным, как всегда лживым предлогом, что забирают “излишки” сверх 12 пудов зерна и 1 пуда крупы на человека в год. На самом деле они нередко отбирали у крестьянина весь урожай, включая посевное зерно на следующий год. Об этом специалист по русской истории, Ричард Пайпс писал так: “Во время продразвёрстки в 1920 г., к примеру, Москва спустила в деревню продразверстку на 583 млн пудов (9,5 млн тонн) зерна, но сумела собрать лишь половину. Продразверстка, даже малоэффективная с точки зрения властей, оставляла крестьян почти ни с чем. Более того, усердные сборщики ссыпали не только “излишки” и хлеб, необходимый для существования семьи, но и посевной материал на следующий год: один советский чиновник высокого ранга признавал, что во многих местах власти забирали 100% урожая. Отказ сдавать зерно оборачивался конфискацией скота, сопровождавшейся нередко избиением хозяина. Вдобавок, продотрядовцы и местные власти, наклеив на крестьянина, не подчиняющегося их требованиям, клеймо “подкулачника” или “контрреволюционера,” могли свободно отнять его хлеб, скот и даже одежду для своих собственных потребностей. Крестьяне отчаянно сопротивлялись: только на Украине, как сообщалось, было убито 1700 продармейцев.” [54, с. 376]

Крестьяне восставали. В 1921 году центральная часть России была охвачена антисоветскими восстаниями, крупнейшим из которых было крестьянское восстание в Тамбовской губернии под руководством Петра Токмакова и Александра Антонова. Расценивая Тамбовский мятеж, как серьёзную опасность, Политбюро ЦК в начале мая 1921 г. назначает бывшего подпоручика Михаила Тухачевского командующим войсками Тамбовского округа с задачей полностью подавить мятеж в кратчайшие сроки. Тухачевский совместно со своим заместителем по Тамбовскому округу Иеронимом Уборевичем и уголовником Григорием Котовским, приговорённым в 1917 году к смертной казни за разбой в Одесской губернии, ужасной ценой с применением химического оружия подавили это восстание к концу июля 1921 года. Специально присланные армейские части убивали всех, включая женщин, стариков и детей.

Михаил Тухачевский, лузер советско-польской войны, только что перед этим вчистую проигравший военную кампанию по захвату Польши маршалу Юзефу Пилсудскому и французскому генералу Вейганду и потерявший в Польше более 130 тысяч солдат, спешил реабилитировать себя перед советской властью. Ведь только в ходе Варшавского сражения погибли 25 тысяч красноармейцев, 60 тысяч попали в польский плен и 45 тысяч были интернированы немцами. Несколько тысяч человек пропали без вести. “Тухачевский в общем-то никогда не отличался блестящими воинскими достижениями. Он терпел поражения на востоке, от колчаковцев. Терпел на Дону, от деникинцев. На Западном фронте тоже проявил себя не блестяще. Его армии бросались в лобовые атаки, захлебывались кровью. Но, невзирая на огромный численный перевес, так и не могли прорвать неприятельскую оборону." [90] Тухачевский продемонстрировал всем, что воевать против плохо вооружённых русских крестьян легче, чем против регулярного польского войска.

Самое страшное наследие большевистского режима – это уничтожение трудовой крестьянской России. И не потому, что крестьянство в России было таким продвинутым и инновационным. Скорее наоборот. Но на себя русские крестьяне, как правило, работали с полной отдачей, часто отказывая себе во всём. Крестьянский, фермерский базис является неистощимым источником трудовых ресурсов для развития любой страны. Коммунисты отучили крестьянина работать на себя. Поэтому небольшая часть крестьян уехала в города, а основная масса крестьян не хотела хорошо работать на безымянное государство и обленилась. Это преступление коммунистов не было официально осуждено ни русским народом, ни русской православной церковью, ни официальными лицами, ни представителями так называемого прогрессивного человечества.

Поскольку советской власти нужно было золото для покупки передовых западных технологий и образцов новой военной техники в связи с объявленной Индустриализацией (по факту – милитаризацией) промышленности, Сталин и вожди помельче решили взять стартовый капитал из начавшей восстанавливаться в результате НЭПа деревни. Кроме того, коммунистической власти нужен был хлеб для того, чтобы кормить города, вовлечённые в программу Индустриализации.

Вначале коммунисты попробовал агитировать крестьян Сибири обменивать зерно на советские промышленные товары. Но производимые советской промышленностью изделия была очень дороги и плохого качества. Крестьяне отказывались от невыгодного обмена. Тракторы и комбайны из-за рубежа были гораздо лучше, но их было мало, и они распределялись поштучно по колхозам. Тогда коммунисты начали проводить Коллективизацию крестьянских хозяйств с параллельной высылкой зажиточных крестьян-середняков из европейской части страны в Сибирь, а сибирских крестьян в другие места Сибири, но подальше от их дома. Эти середняки - украинские, поволжские, сибирские крестьяне были основными производителями и продавцами зерна городу до начала Коллективизации. Их сгоняли со своих хозяйств и подвергали раскулачиванию. Осуществляли раскулачивание специально присланные бойцы НКВД, коммунисты 25-ти тысячники - в основном из городских рабочих и свои бездельники из местных партийных крестьян и одураченных активистов. В начале 30-х годов число рабочих – в основном – коммунистов, присланных из города в деревню, достигло 73 тыс. человек. Но это не могло сильно улучшить положение с сельским хозяйством в СССР.

Итак, в 1929-30 годах очередной большевистской сказке пришёл конец. Если до 1930 года у крестьян ещё сохранялись в пользовании небольшие земельные наделы, выделенные им земельными товариществами, то после Коллективизации, крестьян вынудили отдать в колхозное пользование даже эти клочки земли. А кроме того в 1931 году обобществили лошадей, коров, мелкий рогатый скот, нажитый крестьянами тяжёлым трудом за годы царской и советской власти. Всё, ради чего русские крестьяне пошли за большевиками и выступили на их стороне в Гражданской войне было у них отнято, а земля так и не стала их собственностью. В целом только в течение 1930 года около 2,5 млн крестьян приняли участие в 14 тыс. восстаний против коллективизации, из которых многие были подавлены с применением оружия.

Цифра раскулаченных за период 1929-1933 гг. составляет примерно 4 млн человек. Ещё 6 миллионов умерло от голода, от 1.8 до 2,5 млн депортированы, несколько сотен тысяч умерли в ссылке. Это и была цена Советской Индустриализации и Коллективизации о чём, конечно, не сообщалось в материалах насквозь лживой советской прессы. По сути, в 1929 году коммунисты начали ещё одну гражданскую войну в деревне, натравив одну часть народа на другую, а именно, более бедных и ленивых крестьян на более богатых и трудолюбивых, армию на народ и т.д. Последующая насильственная Коллективизация, по сути, добила трудовую и предприимчивую прослойку крестьянства на селе.

Коллективизация привела к резкому падению сельскохозяйственного производства в стране. Так, например, голод на Украине начался в 1932 г. и продолжался до жатвы 1933 г. Всё это время часть Украины была блокирована частями Красной армии и войсками НКВД. Оттуда не поступало никакой информации, так что люди умирали от голода, как в большом концентрационном лагере. Зарегистрировано большое число случаев людоедства. Позднее германские нацисты, как более рациональные люди по крайней мере использовали людей перед тем, как их уничтожить (заставляли заключённых трудиться пока те могли, брали кровь у детей, пока те могли её давать, удобряли фермерские поля человеческой золой из крематориев и т.д.), а советские крестьяне просто умирали от голода в “самой справедливой на свете” социалистической стране.

Даже передача государством тракторов, комбайнов и другой техники Товариществам по совместной обработке земли (ТОЗам) и Трудовым коммунам на льготных условиях лишь частично исправило положение крестьянства на селе.

Да и как можно было заставить работать людей, лишённых собственности, в стране, в которой всё принадлежит государству, практически без материальных стимулов на одном голом энтузиазме, на революционных лозунгах, при отсталом способе производства, при низкой технической оснащённости? Только голодом, принуждением и страхом. Помимо Голодомора 30-х годов на Украине, голода в Поволжье и в других местах Индустриализация и Коллективизация принесли с собой перемещение нескольких миллионов крестьян из деревни в город и на промышленно-гражданское строительство. Эти крестьяне, ещё не отвыкшие работать после Октябрьского переворота, а также заключённые Гулага и составили основу трудовых армий, использованных коммунистической властью для подъёма экономики СССР. Они практически бесплатно или за небольшие деньги работали на строительстве каналов и плотин, на строительстве заводов и комбинатов вроде "Норильского Никеля" на Ямале, на строительстве железных дорог в труднодоступных районах Крайнего Севера, при разработке угольных шахт и т.д.

Как известно, главное условие цивилизованного труда - постоянное совершенствование методов, инструментов, достигаемое через интенсификацию труда и использование современной техники. А это лучше получается у собственника. За три прошедших поколения дух и навыки земельного собственника из русского крестьянина были вытравлены коммунистами начисто. Сейчас давай бывшему советскому колхознику собственность - не давай, это ситуации с сельским хозяйством в России не улучшит и на уровень XXI века сельскохозяйственное производство страны не выведет. Ментальность уже не та. Банкротства многих бывших совхозов и колхозов, которым банки давали деньги взаймы уже в наше время, это показало. Приходится приглашать людей со стороны, у которых чувство собственника и умение работать ещё сохранилось. Они за бесценок покупают у банков колхозную землю, привозят с собой свою технику и нанимают только тех, кого считают нужным для работы на своей земле. Уничтожить собственника и сам дух собственности оказалось легко. Потребовалось всего одно-два поколения. Воссоздание этого духа происходит только сейчас.

5.4.6. Большой Террор 30-х годов как Средство Создания Атмосферы Страха в Советском Обществе

Самим коммунистам всё время был нужен кнут, пугало, враг, чтобы было чем заниматься в жизни. А многие из них кроме разговоров и умения "мутить воду" делать ничего не умели. В условиях разбухшего при Сталине бюрократического аппарата они были просто не нужны. Их-то и стал "чистить" Сталин в первую очередь. Практически за каждым были какие-то грешки – кто в молодости был меньшевиком, кто троцкистом, кто-то говорил много лишнего, кто-то слишком много знал, кого-то просто нужно было держать на крючке, чтобы был послушным и сговорчивым. Почти на каждого человека и, особенно, на высокопоставленного чиновника в НКВД была папочка с компроматом (доносами, свидетельскими показаниями, личными письмами и т.д.). Эту папочку всегда можно было пустить в ход, чем с удовольствием пользовались чекисты.

Прибирая себе к рукам всё больше и больше власти, Сталин добивался следующих целей:
-избавиться от мешавших ему людей или от тех, кто мог ему помешать;
-создать в СССР атмосферу страха поскольку только таким образом можно было заставить советских людей работать и слушаться;
-создать советский плавильный котёл, в котором люди от безысходности начнут выживать вместе, но под неусыпным оком партийных и чекистских государственных органов.
Кроме того, Сталин расставлял на ключевые позиции верных ему людей, которые своим назначением были обязаны лично ему. Он лично прослушивал разговоры других членов ЦК и имел своих шпионов во всех органах власти.

Предлоги для террора лидеры большевиков выдумывали разные. Эти предлоги не имели ничего общего с реальностью. Главное, чтобы они выглядели правдоподобно на данный момент – правдоподобно для других стран и правительств, а также для своего народа, которого вожди хотя и "ни в грош не ставили" и не больно-то с ним считались, но иногда ставили в известность о своих действиях.

Например, расхожими объяснениями для оправдания своих террористических действий у коммунистов были: "борьба с угнетателями трудового народа," или "борьба с внутренней контрреволюцией" или "борьба с пособниками врагов советской власти." По части придумывания предлогов и легенд коммунисты были большими мастерами. А иногда они даже самих себя убеждали в правильности того, о чём говорили.

В основе создания системы Гулаг был приказ Совнаркома СССР (председатель – Алексей Рыков) от 11 июля 1929 года о передаче всех осужденных на срок от 3-х лет и выше в ОГПУ. С 1 октября 1930 Управление лагерей ОГПУ преобразовано в Главное Управление исправительно-трудовых лагерей ОГПУ (Гулаг). В начале 30-х годов в Гулаге содержалось примерно 200 тыс. человек. Перед Второй мировой войной количество заключённых увеличилось примерно до 1 млн человек. Вплоть до смерти Сталина численность узников лагерей увеличилась ещё в 2,5 раза.

Всего с 1921 по 1953 годы через коммунистические концентрационные лагеря прошли 15 - 18 млн человек. Их них по официальным данным НКВД по политическим статьям было арестовано около 4,5 млн человек. По данным общества “Мемориал” арестованных “за политику” было примерно в 2 с половиной раза больше. Всего расстреляно около 800 тысяч. Умерли в лагерях от разных причин более 1,6 млн человек. В это число репрессированных не входят жертвы коллективизации и раскулачивания, жертвы депортации народов в Сибирь, Казахстан и Коми АССР, гражданские лица, которыми пожертвовали ради “великой победы над фашизмом”.

В период пика своего могущества система Гулага объединяла 53 лагерных управления с тысячами лагерных отделений и пунктов, 425 колоний, а также более 2 тыс. спецкомендатур. Всего Гулаг осуществлял руководство системой исправительно-трудовых лагерей в более чем 30 тыс. мест заключения.

В создании системы трудовых лагерей приняли активное участие Нафталий Френкель, Глеб Бокий, Ян Берзин. Руководители Гулага - Фёдор Эйхманс, Лазарь Коган, Матвей Берман, Израиль Плинер, Глеб Филаретов, Василий Чернышёв, Виктор Наседкин. Эти с позволения сказать люди были ничем не лучше гестаповцев – создателей, руководителей и надсмотрщиков Освенцима, Майданека и других немецких концентрационных лагерей. Только почему-то вторых до сих пор вылавливают по всему земному шару чтобы осудить и повесить, а первые с почестями похоронены у кремлёвской стены и на престижных кладбищах (естественно те из них, кто выжил в сталинские годы и не дискредитировал себя после этого).

Когда первоначальный угар от близости всемирной пролетарской революции прошёл, а она так и не наступила (Ленину повезло вовремя умереть), Россия была разграблена, нормальных людей уничтожили, уморили голодом или выгнали за границу, у русских людей наступило “похмелье.” За всех этих отморозков – за вилисов лацисов, за яковых тряпицыных, за розалий землячек, за феликсов дзержинских, в конце концов, за всё, что изначальные большевики натворили с Россией, надо было расплачиваться. Пережившие те революционные времена большевики и примкнувшие к ним приспособленцы и расплачивались, вылизывая все места у одного из главных отморозков той поры – Сталина, на которого теперь была вся их надежда. Полагались они и на русский народ, который остался в стране, чтобы ценой своей жизни и здоровья защитить всех этих убийц, грабителей и утопистов. Так что главная причина Большого террора в этом. Просто Сталин вырезал ненужных ему людей, которые ему бы не помогли выиграть начатую им битву за распределительный социализм, а при первой же возможности они бы его предали, спасая свои шкуры. Заодно с ними пострадали миллионы простых людей, которых репрессировали для плана, для галочки, для создания атмосферы страха в стране – иначе, как ещё заставишь людей, лишённых собственности работать на анонимное советское государство.

Кроме того, Сталин понимал, что единственный способ сохранить свою жизнь и власть среди террористов, убийц, идеалистов и лжецов, которых Ленин привёл к власти в 1917 году – это быть хитрее и подлее всех их и безжалостно расправляться с любым инакомыслием. Многие методы управления народом, которые применял Сталин, начиная с 30-х годов и вплоть до смерти, впервые были придуманы Лениным, Троцким, Дзержинским и другими вождями с 1917 по 1922 годы. Это и натравливание бедных на богатых с целью отъёма собственности, и создание концентрационных лагерей для "врагов" существующей власти, и создание трудовых армий, и объединение крестьян-единоличников в товарищества для совместной обработки земли (прообразы колхозов), и высылка неугодных власти групп населения в другие районы страны (депортации), и создание сетей коммунистического шпионажа во всех странах мира. Всё это делалось руками коммунистических фанатиков, чекистов, иностранцев-интернационалистов, распропагандированных ими бездельников из числа рабочих и крестьян, и просто недалёких людей, падких на революционную фразу. Таких много в каждой стране, но только создание подходящих условий позволяет им оказаться на ведущих ролях.

Иосиф Сталин, который начинал как интернационалист, хотя Ленин и сделал его наркомом национальностей, постепенно сместил акцент, доминанту своей идеологической деятельности в сторону русского национализма и всю оставшуюся жизнь стремился быть русским. Сюда вмешалась борьба за власть, в которой Сталин был особенно безжалостен. Он чистил всех, невзирая на лица.

Большой Террор был развязан по указанию Сталина в соответствии с его идеей, прозвучавшей на пленуме Центрального комитета в феврале – марте 1937 года: "С приближением социализма нарастает классовая борьба, загнивающий класс ожесточается." Целью номер один Большого Террора было полное подчинение гражданской и военной бюрократии Центру и замена партийных бюрократов с инициативой на послушных исполнителей сталинской воли. Целью номер два было окончательное устранение всех "социально опасных элементов" из числа "бывших" меньшевиков, эсеров, царских чиновников и т.д. Многих из них в прошлом уже репрессировали, но потом простили.

Если второй председатель ВЧК, нарком внутренних дел – Вячеслав Менжинский и его преемник - Генрих Ягода были хотя и мерзавцами, но хотя бы рациональными людьми, то следующий главный чекист - Николай Ежов был крайне недалёким человеком и к тому же с большими психическими отклонениями. Именно ему Сталин доверил руководство НКВД. Сталину был нужен исполнительный человек специально для тотальных чисток, преданный лично ему. "Большая чистка" 1937-1938 гг. или "ежовщина" вначале затронула центральные партийные органы, военачальников, затем распространилась на советские республики, ну и, конечно, на все слои общества, включая рядовых коммунистов. Было арестовано несколько миллионов человек из всех слоёв населения, каждый десятый из них расстрелян.

1 декабря 1934 г. в Ленинграде, в Смольном секретарь Ленинградского Обкома ВКП(б) Сергей Киров был убит коммунистом Николаевым, который таким образом отомстил своей неверной жене. Сталин использовал эту бытовую драму, как предлог для развязывания Большого Террора. Через несколько дней в Москве и Ленинграде была проведена акция устрашения - расстреляны без суда и следствия несколько десятков бывших царских офицеров и дворян. Несколькими днями позже расстреляли Николаева и с ним 13 его товарищей по работе, а позже убиты ещё более 200 человек, которые его знали.

Сталин лично диктует по телефону правила о новом порядке ведения дел по терактам: сроки следствия по делам о терроре сокращаются до 10 дней, слушание проводится закрыто, без участия сторон, обжалование исключается, приговор приводится в исполнение немедленно. Начинают действовать "тройки" - внесудебные органы, выносящие приговоры за несколько минут и нередко по спискам. В "тройки" на местах входят прокурор, партийный секретарь и представитель НКВД. Позже эти правила распространены на дела о вредительстве и диверсиях.

В 1935-1936 гг. власть организует массовую изоляцию и ликвидацию "бывших": дворян, помещиков, буржуа, священников, чиновников, офицеров царской армии, участников белого движения или антисоветских выступлений, кулаков, членов других партий и - очень решительно - бывших оппозиционеров в большевистской партии, особенно троцкистов. Затем последовала "генеральная чистка" комсостава: из 5 маршалов в живых осталось 2, из 15 командармов 0, из 57 комкоров 1. Расстреляны были 154 комдивов из 186, больше половины командиров полков. Фактически Армия и Флот были обезглавлены. Последние 300 командиров были расстреляны уже осенью 1941 года.

В 1937 году фактически были узаконены пытки: бессонница, карцер, соленая треска без воды, многодневное стояние у стены, просто безжалостные побои. Сильно влияли на психику людей угрозы расправиться с родными и близкими. В телеграмме от 10 января 1939 года, подписанной Сталиным, говорилось: "ЦК ВКП(б) разъясняет, что применение физического воздействия в практике НКВД было допущено с 1937 года с разрешения ЦК."

5.4.7. "Перевоспитание" Малых Народов СССР с Помощью Депортаций

Политика депортаций лиц, неугодных советской власти началась при Ленине в 1918 году. Первым официальным актом, инициированным советской властью в этом направлении, было выселение казаков Терской области, которые были объявлены советской властью белогвардейцами. Уже в 1920 году они были выселены из своих домов и отправлены в другие местности Северного Кавказа, а также в Донбасс и на Крайний Север (район Архангельска). Их земля была передана чеченцам и ингушам, которые враждовали с Терскими казаками. В течение четверти века чеченцы и ингуши пользовались казацкими землями. Но в 1944 году за сотрудничество части кавказцев с немцами Нарком Внутренних дел Лаврентий Берия по приказу Сталина практически полностью депортировал чеченцев на восток. Выселили из Крыма и крымских татар под тем же предлогом, что и чеченцев. Не тронули только тех, кто сражался в Красной армии. Часть украинцев тоже сотрудничала с немцами в составе дивизии "Галичина" и других карательных отрядах, но украинцев было слишком много для переселения. Поэтому в Украине Сталин ограничился локальными чистками.

Главным критерием при последующих депортациях семей и целых народов была их "социальная опасность" для советской власти – опасность, выдуманная самой советской властью. Идеологическим и законодательным основанием для массовых депортаций населения в СССР были решения о Коллективизации принятое на XV съезде ВКП (б) в 1927 году и решение об очерчивании границ Советского Союза, как провозвестник "железного занавеса".

Самыми массовыми были депортации крестьян-единоличников Украины, Поволжья и Сибири, не желавших вступать в колхозы, организуемые советской властью и не желавших отдавать ей практически задаром выращенное ими зерно. На таких советская власть тут же навешивала ярлыки - "кулаки," или "подкулачники," хотя многие раскулаченные были "середняками." В период так называемой кулацкой ссылки 1930-1936 годов и переселения крестьян на "великие стройки коммунизма" (1932 год) от 1.8 до 2,5 млн крестьян было насильственно депортировано в Сибирь, Казахстан и Среднюю Азию, а также на стройки коммунизма, то есть на строительство каналов, железных дорог и промышленных предприятий. Около половины из них погибли – кто по дороге, кто от невыносимых условий жизни в ссылке, кто от непосильной работы.

“Очерчивание” границ СССР – это ещё одна “славная” страница борьбы коммунистов с собственным народом. Советское правительство начало кампанию по зачистке своей территории в 1929 году. На западных границах были депортированы финны и поляки (1929-1930 годы), в 1935-1936 годах поляки и немцы, в 1940 году - бывшие польские и другие иностранные граждане. В 1930-1931 годах на восточных границах производилась частичная зачистка, а затем в 1937 году полная депортация корейцев. На южных границах в 1937-1938 годах проводились зачистка и депортации курдов, евреев и иранцев, имевших иностранное подданство. Советизация и зачистка северо-западных и юго-западных границ в Прибалтике (литовцы, эстонцы и латыши), на Западной Украине, Западной Белоруссии и Молдавии (Бессарабии) проводилась перед самой Великой Отечественной войной в первой половине 1941 года. Весной - в начале лета 1941 года с территорий, вошедших в состав СССР в результате сделки Сталина с Гитлером (пакт Молотова-Риббентропа от 1939 года), начались депортации “социально чуждых и нежелательных элементов” из Молдавии, Белоруссии, Латвии, Литвы и Эстонии.

После того, как Советские войска заняли территорию трёх стран – Литвы, Латвии и Эстонии, в одночасье ставших прибалтийскими республиками, в СССР было выпущено постановление, в котором говорилось о том, чтобы НКВД Литовской, Латвийской, Эстонской ССР арестовал с конфискацией имущества и направил в лагеря на срок от 5 до 8 лет, а затем сослал на поселение сроком на 20 лет следующие категории лиц:
-участников контрреволюционных партий (то есть всех небольшевистских - ВЗ),
-участников антисоветских националистических и белогвардейских организаций,
-бывших охранников, жандармов, руководящий состав полицейских и тюремщиков,
-бывших крупных помещиков и фабрикантов,
-бывших офицеров польской, литовской, латвийской армий.

В результате этого стратоцида по Литве, Латвии и Эстонии репрессировано около 40 тыс. человек. Репрессированных ссылали в основном, в Сибирь и в другие отдаленные регионы Советского Союза. При этом смертность среди заключенных составляла чуть менее 60%. Среди ссыльных смертность была в два раза ниже и равнялась примерно 30%.

В Молдавии депортировались только "главы семей" (которых вывозили в лагеря военнопленных) и члены семей (ссыльнопоселенцы). Ссыльнопоселенцы из этого региона были высланы в Казахскую ССР, Коми АССР, Красноярский край, Омскую и Новосибирскую области. Общее количество высланных составило около 30 тыс. человек. Между 23 февраля 1940 года и июнем 1941 года прошло 4 волны депортаций в Белоруссии. Общая численность высланных – более 123 тыс. человек.

В фундаментальном труде французских и польских авторов "Чёрная книга коммунизма" приводятся цифры по депортации поляков. "Согласно статистике департамента спецпоселенцев Гулага, между февралем 1940 и июнем 1941 года только с территорий, вошедших в состав СССР в сентябре 1939 года, 381 тысяча польских граждан была сослана в спецпоселения Сибири, в район Архангельска, в Казахстан и другие отдаленные регионы СССР. Цифры, зафиксированные польскими историками, значительно выше: депортированных было порядка одного миллиона. ... Из военнопленных поляков только 82 тысячи из 230 тысяч пережили лето 1941 года" [45, с. 209].

Вторая мировая война подходила к концу, когда начались депортации народов, которые проявили "нелояльность" к советской власти во время войны. В ноябре 1943 г. были депортированы карачаевцы; 27-30 декабря вывезены в товарных поездах в Среднюю Азию и Сибирь калмыки; 23 февраля 1944 г. в соответствии с указом Верховного Совета была проведена облава на чеченцев (не только на основной территории, но во всех местах их проживания) и их депортация; 8 марта 1944 г. все балкарцы были погружены на грузовики, а потом - в вагоны для скота и вывезены в Казахстан и Киргизию; 17-18 мая 1944 г. депортировано в Узбекистан все татарское население Крыма. В целом более миллиона жителей Северного Кавказа и Крыма были выкорчеваны со своих родных мест [79, с. 13].

Депортации продолжались почти до смерти Сталина в 1953 году. После советизации Маньчжурии в августе-сентябре 1945 года, депортации подверглись находившиеся там китайцы, японцы и русские эмигранты. Тотальной депортации были подвергнуты корейцы, немцы, финны-ингерманландцы, карачаевцы, калмыки, чеченцы, ингуши, балкарцы, крымские татары и турки-месхетинцы. Депортировали так называемых кулаков, бандитов и бандитских пособников, представителей религиозных конфессий (истинно-православных христиан, последователей секты "свидетели Иеговы" из Молдавии, "Иннокентьевцев," адвентистов-реформаторов) и других "антисоветских элементов" и "лиц, представляющих потенциальную опасность для советской власти".

Итого в период с 1920 до 1952 годов за 33 года внутри СССР было депортировано 5 миллионов 870 тысяч человек. Ещё 6 миллионов 20 тысяч человек мигрировали из СССР за рубеж преимущественно перед окончанием Второй мировой войны, хорошо понимая, что их ждёт в случае возвращения в "советский рай." Возможность вернуться на родину появилась у депортированных внутри страны только в конце 50-х годов, когда некоторым из них Хрущёв разрешил вернуться на родину предков.

5.5. Возрождение Атмосферы Страха в Российской Федерации

На первом этапе построения коммунизма (1917-1953 годы) большевистской верхушке удалось создать советского человека со своей особой советской ментальностью. Однако, после 1953 года формирование и шлифовка Гомо Советикуса замедлились. Советская система воспитания трудящихся, созданная большевиками, всё ещё работала. Постепенно повышался средний уровень образования и общей культуры потомков рабочих и крестьян в СССР. В 1972-м году на XXIV съезде КПСС всему миру было официально объявлено, что через 55 лет после Октябрьской революции в СССР сложилась новая историческая общность людей - советский народ. Официальное рождение нового доселе невиданного советского человека состоялось. И ещё целых 20 лет после этого объявления Новый Советский Человек топтал своими сапогами просторы земли и ближнего космоса.

Советская система вообще имела линейную определённость. Подавляющее большинство людей, родившихся в ней или волею судеб, оказавшихся в ней, становились советскими людьми, обладавшими целым "букетом" качеств: от приспособляемости, страха перед всесильными чекистами до утери собственного достоинства. Все эти качества обеспечивали простому человеку лучшее выживание в рамках системы, которой после 1922 года не было альтернативы. Русский народ и так не отличающийся социальной смелостью и сплочённостью при отстаивании своих прав, был раздавлен и смят репрессивной карательной большевистской машиной. Ложные классовые моральные ценности были поставлены во главу угла общественной жизни.

Люди жили как в условиях чёрно-белой компьютерной игры. Варианты ходов, правила перемещения, перечень наказаний и поощрений, ограничения на свободную мысль – всё было задано разработчиками этой системы сверху. Кроме того, по мере продвижения к вершинам власти цена ошибки возрастала, за ошибки приходилось платить свободой, жизнью, достоинством (у тех, у кого это достоинство оставалось). Всё это до такой степени въелось в сознание каждого, кто родился в Советском Союзе, что даже люди, чьи молодые годы прошли на закате коммунистической эпохи, усвоили её ценности.

На втором этапе (1953-1991 годы), когда коммунистический террор ослабел, в природу советского человека стало вмешиваться славянское разгильдяйское начало. Всё стало понемногу возвращаться на круги своя и классикам марксизма пришлось потесниться и занять своё место на пыльных полках исторической и философской литературы. Процесс создания человека коммунистического будущего в СССР так и не был доведён до конца.

Третий этап отмирания и трансформации советского человека продолжается до сих пор. Процесс идёт настолько медленно, что восстановить человеческое достоинство личности у людей, проживающих в России в обозримой перспективе вряд ли удастся, особенно в условиях нынешнего централизованного бюрократического управления. И вот тут-то и выяснилось, что советские люди изначально воспитывались “робкими зайчиками". Их приучили бояться всего, что связано с высказыванием самостоятельного, независимого мнения. Поэтому всю жизнь они приспосабливались и выживали.

Россия в XX веке оказалась главной страной для экспериментов из-за своей аморфности, эклектичности и полу рабского, крепостнического прошлого. Из-за беспрерывных испытаний и авантюр, в которые правители страны ввязываются, каждый раз неясно, то ли очередная авантюра “перемелет” Россию, то ли она выплывет. И ведь выплывает, правда в сильно потрёпанном виде.

Россия мутирует вместе с властью. Страна меняется сверху вниз. Два раза могло быть наоборот в 1917 и в 1991 годах, но переходы не состоялись. Авторитарный способ намертво приклеился к управлению Россией. Власть и народ связаны друг с другом одной цепью. Пока живёшь в России - не соскочишь.

В последние годы перед развалом СССР марксистско-ленинская концепция о построении социализма и коммунизма стала трансформироваться и изменяться. Она стала “скрещиваться” с другими концепциями, например, с концепцией мирного сосуществования государств с различным социальным строем, которая была выдвинута в Декларации Совещания представителей коммунистических и рабочих партий социалистических стран в 1957 году, с концепцией конвергенции социализма с капитализмом, с христианством (в моральном кодексе строителя коммунизма в 1961 году).

В конце концов базовая концепция о ведущей роли рабочего класса в развитии общества “размылась” настолько, что от неё осталась одна форма, оболочка. Ведь ни Маркс, ни Энгельс, ни Ленин не представляли себе конкретно, что же они хотят построить – какой-такой социализм-коммунизм. Все они были сильны критическим отношением ко всему, отрицанием и уничтожением старого и слабы построением нового, конструктивного. И эта слабость позитивного содержания, отсутствие конкретного плана: “Что делать, куда идти и вести за собой народ” в сочетании с нежеланием экспериментировать в экономической сфере, постепенно свели распределительный социализм на нет. А уж после того, как революционное содержание, направленное на противоборство классов, на насилие, на уничтожение и разрушение, было выхолощено, отказ от изжившей себя коммунистической идеи на основе уравниловки стал неизбежным, что и случилось в 1991 году. Однако, в 1991 году люди, воспитанные в советские годы, были психологически не готовы для того, чтобы быстро переключиться на новые буржуазно-капиталистические рельсы, да ещё в добавок принять одну из традиционных религий, которые не поощрялись советской властью в рамках марксистско-ленинской идеологии.

Ещё в 1987 году почти все советские люди (рабочие, интеллигенты) имели примерно одинаковую зарплату (100-500 рублей в месяц, в среднем - 250). И вдруг через какой-нибудь десяток лет у одного образовались миллиарды долларов, а другой убирал туалеты и чистил заплёванные парадные для того, чтобы не умереть с голоду. И это при том, что ни тот, ни другой не были осенены гениальностью выдающихся изобретателей, крупных экономистов, блестящих организаторов современного производства. Разница между нами состояла только в моральных принципах. Первые оказались мошенниками, взяточниками, жуликами, ворами, а иногда и убийцами, умевшими заводить полезные знакомства и связи в верхах, находить ходы и выходы из любых ситуаций, а вторые оказались недотёпистыми честными людьми – наследниками утопических коммунистических представлений, которых родители им на горе воспитали порядочными людьми.

Время накопления начальных капиталов в России сейчас называют “лихими девяностыми.” Для кого-то эти годы были лихими. Для подавляющего большинства жителей России, у которых коммунистическое правление уничтожило предпринимательскую инициативу и у которых сохранилась хоть какая-то совесть, эти годы были годами личных и семейных трагедий и кровавого выживания. В результате капитализм в России получился олигархическим, основанным на традиционном российском сырье – нефти и газе. Команда Гайдара была во власти меньше года, но они успели наделать много глупостей – в частности с ваучерной приватизацией. При премьер-министре Викторе Черномырдине получили распространение залоговые аукционы, когда самая ценная сырьевая государственная собственность была почти бесплатно передана в совершенно неподготовленные для управления, но жадные до богатства руки – руки бывших административных, комсомольских, партийных работников и просто случайных наглых людей, которые ничего не понимали в современных технологиях, но зато умели выжимать деньги даже из камня.

И когда богатые "бизнесмены," уехавшие за границу, пытаются отнять друг у друга деньги и собственность, используя сомнительные документы, свидетельские показания – это выглядит настолько смешно, что только наивные западные суды могут поверить в предоставленные этими жуликами доказательства. Просто одни "бизнесмены" действовали чуть умнее, ловчее и не оставили явных следов своих преступлений, а другие действовали поглупее и оставили много следов (своевременно не уничтожили компрометирующие документы, не убрали свидетелей и пр.).

Относительно честными из современных богачей можно считать только тех, кто создал свой бизнес с нуля, а это либо сфера высоких инновационных технологий, либо мобильная связь, интернет, развитие оригинальные идей, использование своих ещё советских научно-технических разработок и т.д. Бизнесы, построенные на добыче и переработке сырья и полезных ископаемых, лесе, природных ресурсах чистыми в России не бывают.

Советская система была хороша тем, что давала своим гражданам ощущение защищённости. Но это была защищённость жвачных животных в загоне. А плоха тем, что не вырабатывала у них стойких правил и норм выживания. Как известно, оказавшись на воле, в дикой природе, многие одомашненные животные быстро вымирают, дают слабое потомство и пр.

Начиная с 1994 года экономические дела в России шли всё хуже и хуже. Цены на продукты и товары внутри России стали шестизначными. Торжествовали бандитизм и беспредел. Бывшие партийные, комсомольские работники, кремлёвские чиновники, воры в законе, зарубежные авантюристы делили Россию по понятиям. За пустяковую взятку в несколько тысяч долларов можно было получить у государственного чиновника выгодный контракт или крупную государственную собственность. Те, кто имел родственников или контакты с Европейскими странами, США или Израилем имели больше возможностей скупать бывшую советскую собственность "за копейки." Простые люди, не имевшие возможности позаимствовать за рубежом начальный капитал и не обладавшие деловой хваткой, в очередной раз остались в дураках.

В результате возврата России к капитализму в стране было "сломано" огромное количество людских судеб. Россия теряла по миллиону человек в год. Чтобы поддержать себя и свои семьи, экономически неопытные советские люди пускались во все тяжкие. Ведь в советское время их не учили вести бизнес, личная деловая активность, направленная на обогащение, пресекалась на корню. О них с пелёнок до могилы заботилось государство. А тут, вдруг, государство "вильнуло хвостом и удрало в кусты".

В 1994 году резко подскочило число самоубийств. Ещё те, кто был более молодым, оборотистым и оптимистичным смогли перестроиться и найти своё место в новой жизни. Большая часть из тех, кому было за 50 оказались выброшенными за борт. Рейтинг Ельцина скатился до нескольких процентов. Но это уже не имело никакого значения поскольку упал не только рейтинг власти, но и моральные ценности. Никто никому и ни в чём больше не верил.

Один из архитекторов перевода советской экономики на рыночные рельсы - Анатолий Чубайс до сих пор оправдывает грабительскую приватизацию, залоговые аукционы 1995 года, когда природные ископаемые России были отданы кучке жуликов и воров, манипуляции общественным мнением и массовые подтасовки на президентских выборах 1996 года страхом возврата России к советской распределительной системе.

Есть, правда, другое объяснение того, почему Чубайс и такие, как он, втащили Ельцинский полутруп на российский трон. При Ельцине можно было раздать российскую собственность "своим" людям, а потом сказать, что эти "свои" были такими умными, что сумели приватизировать эту беспутную собственность развалившейся страны благодаря своим гениальным деловым качествам. Иначе была бы гражданская война. А что эти "гениальные" люди вскоре стали распродавать за рубеж народное имущество, которое они приобрели за копейки, про это "демократы" 90-х не говорят - зачем давать народу козыри против самих себя – сообразят, что их облапошили и кинули, так сообразят, а нет - пусть помирают дураками. И они оказались правы. Когда у власти находятся люди с двойным дном, никогда нельзя сказать ничего с уверенностью.

В конце 90-х годов самыми крепкими ребятами, которые постепенно продвинулись в российскую власть и стали оказывать влияние на политику России были бывшие представители советских спецслужб и силовики. В СССР они знали своё место и работали в рамках созданной коммунистами административной системы. Но когда они увидели, кто захватил власть и собственность в России, и как они этими властью и собственностью распоряжаются, они решили вписаться в систему новой власти, чтобы влиять на неё изнутри. Наиболее видными представителями бывших силовых ведомств к 1998 году оказались

Евгений Примаков, Сергей Степашин и Владимир Путин. Для победы в соревновании за главный пост в стране им было важно "преодолеть" главный барьер - капризного дедушку Ельцина и его семейную команду, которая, кстати, не состояла из самоубийц и гибко реагировала на вызовы времени.

В конце концов власть в России захватила военно-чекистская группировка под руководством Владимира Путина. Они захватили все ключевые посты в государстве и стали закручивать гайки. У них всё делается по договорённости и всё предрешено заранее. Они захватили ключевые источники власти и силы в России – нефть, газ и СМИ. У них два главных средства – всемерная поддержка своих и тенденциозное изложение событий в интересах своей власти. Правление осуществляется под ковром и с помощью приватных межличностных договорённостей.

Как только члены военно-чекистской группировки пришли к власти в 2000-м году они стали закручивать гайки. Дело в том, что такого духовного разброда и дезорганизации среди народа и власти в России, как в 90-х годах уже давно не наблюдалось. Они полагали, что только возрождением страха за свою жизнь этот народ можно было мобилизовать на активные патриотические действия.

Путин продолжает амбициозную имперскую политику правителей Российской, а потом Советской империи, идущую с времён князей, царей и императоров, а потом продолженную большевиками и советскими Генеральными секретарями КПСС. Эта политика направлена на силовое расширение государства, укрепление его границ, наращивание военной мощи, выявление угроз существованию и благополучию государства, паранойяльное культивирование теорий заговора, воссоздание у русских людей психологии жителей осаждённой крепости, окружённой врагами.

Территориальный экспансионизм Путина состоит в том, что он идёт старым российско-советским путём, расширяя империю, пытаясь усилить её военно-политическое и экономическое значение и влияние на соседей. Такой неоколониалистский подход в XXI веке уже устарел. Весь симптомокомплекс страхов и действий Путина (внутри и вовне) связан с этой имперской политикой. С психологической точки зрения Путин и его силовики приписывают политикам и военным в странах вокруг России собственные психологические комплексы и опасения. Якобы по-другому те мыслить и действовать не могут. А, следовательно, нужно быть готовым к тому, чтобы любому потенциальному агрессору дать отпор и вообще вести себя поактивнее, чтобы тебя и твою страну в мире уважали и боялись.

На пресс-конференции для журналистов от 1 февраля 2007 года президент Владимир Путин сказал: "любые территориальные изменения - объединения, разъединения - не могут быть приняты иначе, как путем волеизъявления граждан." [58] Судя, по этим словам, большего демократа, чем он в России не существует. На всё-то он спрашивает разрешения своего народа, даёт ему полную свободу выражения своего мнения, прислушивается к каждому слову любого гражданина: и на присоединение Крыма к России, и на гибридную войну на Донбассе, и на участие в гражданской войне в Сирии. Неясно только зачем он увеличивает количество полицейских, охраняющих его самого и его власть от народа при такой-то "всеобъемлющей демократии" в России. Русский народ и так должен такого демократичного президента носить на руках с утра до вечера.

Рассмотрим с демократических позиций присоединение Крыма к России. Что касается волеизъявления крымчан на воссоединение с Россией, то оно было. А вот что касается волеизъявления жителей России (принять-не принять Крым в состав РФ и поддерживать-не поддерживать сепаратистов на Донбассе военным путём), то его ведь не было. Если бы им заранее сказали о негативных последствиях этой агрессивной кампании против Украины (санкциях со стороны мирового сообщества, ухудшении уровня жизни своего народа и прочих "прелестях" нового территориального приобретения), то они бы не выражали свой восторг так дружно.

Я уже не говорю о помощи диктатору Башару Асаду во время братоубийственной Гражданской войны в Сирии. Путин лично распорядился влезть в чужую гражданскую войну под наполовину надуманными предлогами:
1) важность обучения военнослужащих российской армии, флота, ВКС и испытания новых типов оружия в боевых условиях и
2) потенциальная опасность со стороны возвращающихся с Ближнего Востока террористов из ИГИЛ для России.

Небось, когда Путин лично ввязывался во Вторую Чеченскую войну он не думал о сотнях своих граждан, которые станут жертвами терактов после начала чеченской кампании и тысячах убитых в процессе этого конфликта. Наоборот, он публично анонсировал мысль о том, что лучше уничтожить исламистов в Сирии, чтобы они не уничтожали нас в России. А сейчас в декабре 2017 года, когда Путин объявил об окончании военной операции в Сирии он не думает о том, что выгнанные из Сирии члены исламистских групп через Среднеазиатские страны (Киргизстан, Узбекистан, Туркменистан) придут совершать теракты в Россию, о чём недавно сообщил нынешний директор ФСБ Александр Бортников. Мол одним из результатов победы над ИГИЛ в Сирии стало перемещение центра активности этой организации ближе к границам России, а может быть даже и внутрь неё, если учесть, какое количество наших соотечественников там воевало. Взрывать-то исламисты будут не Путина с Бортниковым, которые под усиленной охраной, а простых российских граждан.

Ценить жизни людей в России ни при царе, ни, тем более, при большевиках не умели, пользуясь тем, что русские – в основе своей жертвенный народ и чем больше их умирает во имя государства, во имя победы (реальной или мифической – неважно), тем эта победа ценнее. Ничего не поделаешь, такова традиция.

Коммуно-чекистская власть существовать без человеческих жертв не может. У меня всегда было такое впечатление, что у каждого большевика, чекиста внутри горит жертвенный огонь и, если на его личный алтарь не будет принесено какое-то количество человеческих жизней, значит он прожил зря. Жертвы такому человеку нужны, как часть его культа. Толстокожесть при обращении с чужими жизнями и смертями – это главный охранительный механизм для его душевного спокойствия.

Со временем любая самая жестокая и несправедливая власть гуманизируется. Это происходит, когда главный жрец культа умирает и жертв становится меньше. То, что потребовало десятков миллионов жертв при Ленине-Сталине, при поздних коммунистах требует десятков тысяч жертв. Путин никогда не отказывался от своего коммунистического прошлого, а значит жертвенный огонь горит и в нём.

Сейчас механизм животного страха смерти в широком масштабе всей страны уже не работает. Однако, у нынешних жителей России почти на генетическом уровне осталась память о прежнем страхе большевистских времён. Такой наведённый скрытый страх в чём-то является не менее мощным, чем раньше. К нему добавляется страх от неопределённости. Они усиливаются тем, что у нынешних граждан есть собственность, которую они могут потерять и некоторая личная свобода. Страхи возрождаются и культивируются у людей вновь и вновь.

Диктатура страха – сильнейшее оружие в руках любого авторитарного правителя. Сейчас в России нарастает новая волна страха. Аресты тысяч молодых людей 26 марта и 12 июня 2012 года, вышедших против коррупционера Дмитрия Медведева, аресты бизнесменов, которые отступили от жёстких бюрократических правил, принятых законодательными органами России, аресты тех, кто осмелился высказать своё личное мнение в интернете или поддержать чьё-то мнение, усиливают атмосферу страха в новом русском обществе. По мере усиления органов ФСБ, прокуратуры, следственного комитета, полиции, Росгвардии, по мере ограничения и подавления общественной активности людей, они вновь превращаются в твари дрожащие, как при советской власти. Страх – штука заразная.

Как и всякая автократическая власть, власть Путина держится на скрытом страхе. Чекистам нужно, чтобы люди боялись, поскольку страх — это самый простой метод воздействия на них и управления ими. Им постоянно нужны враги и угрозы (натуральные и мнимые). Как показал опыт, самыми действенными являются террористические угрозы. А всё потому, что теракт выглядит, как рок, как судьба, как кирпич на голову.

Путин любит, когда его просят слабые и положительно относится к тем, кто его боится, кто преклоняется перед ним, кто трепещет при его приближении. Если он когда-нибудь прочтёт эти слова, он скажет, что это бред, но я пишу не о его личных ощущениях, а о массовой зависимости населения от него, как от нового царя. Когда житель России просит о чём-то лично президента, используя прямую линию, – это и есть форма скрытой зависимости, выражение почтения и страха перед всемогущим богочеловеком.

В письме, адресованном Владимиру Путину, одна женщина с Дальнего Востока поблагодарила Путина за оборудование, которое он недавно передал ее школе. В сопроводительном послании: она написала: "Все вас боятся. Мы обеспокоены тем, что вы перестанете обращать на нас внимание, и тогда нашу деревню все забудут" [цит. по 98] И это неважно, как Путин пробудил животный страх в душе этой женщины. Главное, что страх от произвола любого, в том числе и главного лица в государстве есть не только у неё, но и у многих людей в России.

Закон, который является руководством для поведения в цивилизованных странах для всех без исключения, в России работает выборочно и только до тех пор, пока этого хочет правитель. А вот ему, чекистскому властолюбцу, видите ли, захотелось изменить этот закон, и он его изменил – увеличил себе срок правления с восьми до двенадцати лет. Вот страх этой женщины оттуда и идёт – оттого, что в России ни на кого и ни на что нельзя опереться. Даже Конституция в одночасье меняется по желанию одного самодура, который возомнил себя спасителем России.

А вот кусок из интервью с матерью студента, которого во время мирной демонстрации против коррупции посадили в автозак и отвезли в управление МВД.
Вопрос: "Вы когда-нибудь принимали участие в политических протестах?"
Ответ: "Нет, несмотря на то что меня многое не устраивало в действиях российской власти. Мне очень страшно выходить на улицу. Я понимаю, что мной управляет генетический страх, который въелся старшему

поколению в кожу, засел в печенках. Мы не верим в справедливость нашего правосудия и знаем, что любой, кто пойдет против системы, будет наказан. Последние дни я живу в диком ужасе. Как будто весь исторический опыт многочисленных репрессий враз на меня обрушился. Я чувствую себя совершенно беззащитной." [92]

Путина подчинённые боятся, понимая, что от такого жёсткого человека, следующего своей миссии, можно ждать чего угодно. Поэтому и молчат, как барашки, обречённые на заклание. Раньше я полагал, что всем им подсунули на подпись бумагу о неразглашении, как и положено в КГБ, чтобы обеспечить молчание под страхом сурового наказания. Теперь я думаю, что бумага не понадобилась. Они все и так сидят с мокрыми штанами. Атмосфера Кремля их душит. Подождите, они ещё умирать начнут от страха, как ягнята, сидящие в соседней с волком клетке.

Согласно недавнему опросу, проведенному "Левада-центром," самое главное, чего боятся люди в России — это болезни родных и близких, особенно детей. Лечение не повсеместно и дорого. Следом идёт страх остаться без работы, дохода или сбережений. Далее по списку - страх войны. 54 % граждан допускают начало военных действий с армиями стран-членов НАТО. [27] Следствием этого последнего страха является социальный садизм, мол жёстче надо себя вести в отношении врагов – внешних и внутренних. Надо было захватить всю Грузию в 2008 году, присоединить Донбасс к России, усилить торговые санкции в отношении ЕС, США, Украины, одно время – Турции, не допустить Майдана внутри России. В общем, показать всем кузькину мать. Мол если страдаем мы, то пусть страдают все.

Часть 2

Социально-психологические Ценности

Глава 6

Шкала Достоинства

Сопротивляемость, независимость, холуйство — это три градации одного явления, которое особенно актуально для описания людей из бывшей крепостнической России – человеческого достоинства.

6.1. Достоинство

Достоинство — это индивидуальная, нравственная характеристика самоуважения человека. Хороший профессионал обретает чувство собственного достоинства в своей работе. Его компетентность является порукой его ценности как личности, и как человека.

В русском обществе у людей традиционно слабо развита установка на самоуважение, равно как и на уважение личности другого человека, его прав, мнений, интересов. Отсюда склонность приписывать своё неуважение и негативное отношение другим людям, как будто человек сомневается в том, что уважают его самого. Очень возможно, что корни русской "пьяной" фразы: "Ты меня уважаешь?" идут, как компенсация дефицита уважения к себе. У частных людей из недавнего советского прошлого слабо выражена негативная реакция на унижение их достоинства, попрание их гражданских прав и свобод. Большинство из них этого просто не замечают. В результате они превращаются в существа бездумно потребляющие блага цивилизации.

Одной из главных психологических потерь русского, советского человека за время правления коммунистов была утрата им личного достоинства. Поэтому классическая ситуация по типу: "лучше быть живой собакой, чем мёртвым львом," в СССР, а теперь и в современной России решается в пользу живой собаки.

Достоинство — это индивидуальная, нравственная характеристика самоуважения человека. Хороший профессионал обретает чувство собственного достоинства в своей работе. Его компетентность является порукой его ценности как личности и как человека. Советская система не предполагает наличия этого качества. Если какие-то категории и присутствовали в советском лексиконе, так это классовые и государственные интересы. Можно, конечно, говорить о коллективном достоинстве, коллективной нравственности, коллективной совести, коллективном равенстве, коллективной справедливости, коллективном счастье, коллективной правде, коллективном патриотизме, коллективной гордости, коллективном самоуважении и так далее, но эти философские категории не имеют ничего общего с достоинством конкретного частного человека.

Люди творческих профессий, работавшие с конца 50-х до конца 80-х годов, не могли избежать двойных стандартов и приспособления к вышестоящим, хотя отцы-основатели советского государства уже давно были на том свете. Можно вспомнить к каким ухищрениям прибегали советские кинорежиссёры, издатели журналов, живописцы, писатели для того, чтобы “протолкнуть” свой кинофильм, повесть, живописное полотно, выполненное за рамками социалистического реализма. Поражаешься изощрённой изобретательности их мышления. До нас дошли рассказы о том, как именитые режиссёры, художники, писатели и композиторы 60-х – 70-х годов изворачивались перед тогдашним министром культуры в правительстве Хрущёва, а потом Брежнева - Екатериной Фурцевой, чтобы она разрешила им выпустить на экраны фильм или чтобы получить добро на публикацию книги, организацию выставки картин или презентацию музыкального произведения. Создатели подобных фильмов, картин и книг были умны и изворотливы, но человеческим достоинством здесь и не пахло.

Слабая выраженность чувства собственного достоинства, готовность терпеть унижения – это наследство нескольких сотен лет зависимости русских людей от самодержавного произвола властей, умноженное на практику советского “народовластия.” Они и являются главными препятствиями на пути продвижения демократии в России. А власть предержащих такой покорный, забитый, разобщённый народ вполне устраивает. С ним легче иметь дело, навязывать ему свою волю, “протаскивать” через преданных власти парламентариев любые законы, даже такие, как изменение Конституции России.

Есть две базовых стратегии поведения принятых в обществе по отношению к человеку: стратегия на извлечение лучшего, что у человека есть, активизация его личного потенциала и другая стратегия, направленная на игнорирование личности человека в угоду абстрактным идеям, интересам государства, выпячивание правителей и их качеств. Первая направлена на создание общества равноправных независимых людей, обладающих чувством собственного достоинства. Вторая – направлена на создание неравенства, зависимости и подчинения-послушания в обществе.

Существенный недостаток современной России идёт из старых ещё феодальных времён. Он был усилен десятилетиями советской власти. В стране всё делается не для конкретного человека – Коли Петрова, Светы Ивановой, а для народа, для людей вообще, для государства. Уважение к каждому человеку нивелировано до размеров уважения к народу вообще, то есть, по сути, ни к кому. Достоинство личности в Советском Союзе не воспитывали. Оно могло возникнуть у человека только случайно от воспитания в семье.

Изначально советская система не предполагала наличия достоинства, как необходимого качества индивида. В советском лексиконе доминировали в основном классовые и государственные категории такие, как достоинство коллектива, нравственность коллектива, коллективная справедливость, коллективное счастье, правда, совесть и гордость коллектива и так далее. Эти качества не имеют ничего общего с достоинством, совестью и гордостью частного человека.

Появление поколения шестидесятников в СССР с их пьянством, сексуально разнузданным поведением, попытками самовыразиться в живописи, прозе, музыке, поэзии, режиссёрской работе – это "детская реакция" стихийного раскрепощения подавленной, ограниченной, "зашоренной" советской личности на частичное снятие Хрущёвым и его соратниками идеологических и нравственных барьеров. От этой точки пошло восстановление достоинства частного советского человека.

Люди творческих профессий, работавшие с начала 20-х до конца 80-х годов, не могли избежать приспособления к классовым морально-этическим ценностям. Двойные стандарты, попытки обмана цензуры и ублажение вышестоящих партийных начальников продолжалось в течение всех 70-ти лет советской власти и даже после 1953 года, хотя отцы-основатели советского государства уже были на том свете, где могли лично пообщаться с основоположниками марксизма – Карлом Марксом и Фридрихом Энгельсом.

По сравнению с многими цивилизованными нациями русские меньше переживают оттого, что оказываются расходным народом для советских, а теперь российских правителей. Когда коммунисты стали воспитывать людей в соответствие с заповедями ленинизма, они учли эту жертвенную психологию русского народа. С их подачи более от 50 миллионов человек отправились на тот свет по большей части без особого смысла. И это только в Советском Союзе.

Из-за неумения работать вместе русские не могут воплощать в жизнь общие политические проекты на демократической основе. Вот объединиться вокруг верховной власти или вокруг лидера – это они могут. Поэтому так долго в России держалась монархия, поэтому так долго хозяйничали в СССР коммунисты, возглавляемые вождём или генеральным секретарём КПСС, поэтому правители делали с разобщённым народом всё, что хотели. Тот же Сталин мог положить на кровавый коммунистический алтарь ещё десяток миллионов человек, а оставшиеся в живых всё равно вопили бы сейчас об утрате имперского величия матушки России и о новом мобилизационном сценарии её развития – неважно какой ценой. Про отдельные исключения из общего тренда я пока не говорю.

Всё это происходит потому, что когда отдельный человек, его мнение, его достоинство, его жизнь мало что значат в России, то и все остальные последствия неминуемы. Гражданин исчезает. Остаётся безликий объект управления – разобщённый народ, с которым исполнительная власть может делать всё, что угодно. Люди в таком обществе способны только на бессмысленный бунт или на бессловесную покорность. А воспитывать сознательного полноправного гражданина "на свою голову" уж очень накладно для власти, да и ни к чему. Российская власть – что царская, что коммунистическая, что нынешняя идут по самому простому для себя пути: сакрализация самоё себя, целеуказания для народа в виде манифестов, декретов, распоряжений и их силовое сопровождение.

Духовная подпорка власти в России – Православная церковь работает похожими с властью методами. Священнослужители тоже специально не занимаются пробуждением достоинства личности у своих прихожан даже в рамках исповеди. Поэтому развитие самодостаточной личности с чувством собственного достоинства всё равно отдаётся на откуп самому человеку, который взаимодействует с Богом как умеет.

В русской (незарубежной) православной церкви люди толпятся около амвона стоя, слушая молитвы и проповеди священника, которые продолжаются не менее часа, а потом расходятся. Никакого единства, общности между православными людьми на основе общей веры и жизненных интересов не возникает. Они как были, так и остаются один на один с Богом, который не заботится об их личном достоинстве. Ведь это мирская социальная категория.

В католической церкви общение со священником более индивидуально. Во время службы прихожане слушают падре сидя. Для молитв на коленях сделаны удобные выдвижные скамеечки, куда молящийся может опуститься на коленях, с обратной стороны сидений сделаны карманы для библии и других молитвенных книг. После проповедей процедур и ритуалов прихожане спускаются вниз, в специальную комнату по типу кафе, где вместе пьют чай с печеньем или другой едой и беседуют в течение часа или дольше. Если например, это фермеры из местных, то общие темы для разговоров обязательно находятся. Они не связаны с религией. Личное достоинство верующих поддерживается уважением к ним лично, к их интересам. Они не чувствуют себя в чём-то униженными или ущемлёнными.

Государственный распределительный социализм исказил сознание людей не только в СССР, но и в тех странах, где был установлен военными усилиями СССР. Сколько негативных последействий осталось от него даже в странах и республиках, где он был введён на 45 лет? Паразитическая зависимость от государства, ослабление инициативы и чувства собственного достоинства, страх перед безжалостной карательной машиной коммунистической власти. Всё это было принесено на советских штыках. Всё это отравляло и ещё долго будут отравлять сознание людей в странах, когда-то зависимых от Советского Союза. Недаром, стоило только начать разваливаться Варшавскому блоку, как все народы побежали от СССР во все лопатки. Распределительный социализм и прямой, как штык диктат Кремля достали всех. Даже бывшие "балканские братья России" – Сербия и Черногория "навострили лыжи" – в Европейский Союз и в НАТО. Лишь бы быть подальше от России с её амбициозными чекистами, отвечающими за безопасность своей военизированной бензоколонки и постоянно лезущими в чужие дела якобы во имя всё той же безопасности.

Все бегут от России – и свои и чужие, а нынешний российский президент всё "земли собирает." Интересно, для кого? Для русского народа, который уже не хочет улучшать демографическую ситуацию в своей стране. Ради своего представления о том, какой должна быть Великая Россия? А может быть лично для себя и для кучки таких же амбициозных властолюбцев, как он сам? Пока у него получается закомплексованная, мстительная, ощерившаяся ракетами страна, копирующая его личность.

И когда нынешние российские руководители укоряют НАТО и США за то, что те обещали не приближать свои военные базы к границам СССР, а всё-таки приближают их уже к границам Российской Федерации, то для сохранения лица российские политики выдумывают всякие "достойные" ответы. Всё милые. Поезд уже ушёл. Супердержавы СССР не стало и обязательства других стран по отношению к ней испарились вместе с ней. Политика – штука жестокая. Тут кто сильнее, тот и прав. Надо учиться жить в нынешней реальности, а не выпрыгивать из старых драных штанов, показывая какой ты крутой.

Вместо того, чтобы подумать: "а что мы делаем не так, что все от нас бегут и шарахаются, как от зачумлённых?" нынешние российские силовики всех вокруг обвиняют, вооружают армию, флот и воздушно-космические войска, и с помощью федеральных СМИ настраивают народ на то, что все хотят зла России. Одни мы хорошие и даже местами святые. Правда с такой святостью в рай Россию точно не пустят. А в аду она уже побывала при большевиках.

Для того, чтобы как можно дольше удержаться у власти и пользоваться всеми благами, которая эта власть даёт, нынешние правители готовы поссориться со всем цивилизованным миром, а из своей страны сделать новый концентрационный лагерь со свободным входом и выходом для избранных. И о частном человеке с его достоинством опять можно будет забыть на долгие времена.

6.2. Сопротивляемость-Соглашательство у Индивида и в Группе

Психологическая сопротивляемость – это черта характера, предполагающая отторжение того, что человека не устраивает. Возникает при попытках навязать человеку мнение, настроение или поведение, которое ему не нравится. Психологическая сопротивляемость коррелирует с неконформностью поведения и несклонностью идти на поводу у других людей.

В основе психологической сопротивляемости человека в России нередко лежит не столько рационально обоснованная личностная позиция, сколько импульсивное эмоциональное непринятие чужого мнения, критиканский дух, "поперечность" характера, личностное отторжение кого-то или чего-то, стремление хотя бы как-то о себе заявить.

В отличие от индивидуальной - групповая сопротивляемость определяется умением и способностью людей вырабатывать групповые правила и подчиняться им во имя достижения целей группы. Вот это для русского человека самое трудное. В равноправной среде уступить кому-то даже в мелочи – это считается не по-пацански. Из-за этого он часто проигрывает. Сам всё он сделать не может, а в группе с равноправными партнёрами он работать не умеет. Ему нужен лидер, который берёт на себя полную ответственность за деятельность группы. В таком случае он является исполнителем. Позиция очень выгодная. Всегда есть на кого свалить неудачи, есть кого ругать в случае провала совместной деятельности.

В конечном счёте оказывается, что чем выше индивидуальная сопротивляемость, тем ниже групповая поскольку с отдельными разрозненными людьми каждый из которых сопротивляется по-своему справиться легче, чем с группой лиц, объединившихся для выполнения задачи, реализации цели.

Если индивидуальная сопротивляемость (и выживаемость) русского человека часто очень высока (при условии, что она не направлена против главного лидера), то групповая, коллективная сопротивляемость людей в России чрезвычайно низка поскольку, если первая основана на личных желаниях, личной воле, то вторая требует осознанного подчинения групповым интересам и требованиям. А ведь эти интересы надо формулировать и согласовывать, эти требования надо вырабатывать и подчиняться им, если уж они выработаны. На этом и “спотыкается” любое спонтанно возникшее сообщество людей в России, неважно – рабочих, интеллектуалов или оппозиционеров.

Можно выделить два базовых вида сопротивляемости русского человека:
-Сопротивляемость, как отстаивание личных интересов против государственных, выражаемых российским правителем или против интересов другой группы.
-Сопротивляемость, как отстаивание групповых интересов против государственных, выражаемых российским правителем или против интересов другой группы

Возникшее в России авторитарное правление является прямым следствием этого неумения русских подчиняться групповым интересам и требованиям во имя создания противовесов самодурской власти. Необходимость русских людей приспосабливаться к властным, деспотичным лидерам определяется традиционными качествами восточных славян – разобщённостью, индивидуализмом, неумением договариваться между собой даже ради общественно значимых целей. Цивилизованные народы это давно поняли и лелеют свою оппозицию даже самую бестолковую и никчёмную. В России к любой реальной оппозиции относятся как, наверное, собака относится к банке, привязанной к её хвосту.

Единственный человек в России, в отношении которого индивидуальная сопротивляемость не работает традиционным образом — это правитель страны. И даже не потому, что все жители страны с ним согласны и безоговорочно поддерживают, а их-за низкой культуры оппозиционного протеста в стране. В России скорее работает феномен безоговорочного подчинения правителю (царю, генсеку КПСС, президенту) - безусловного отвержения его. Люди, которые остаются у “трона,” “вылизывают” у него все места, тогда как те, кто был им отлучён от власти и больше не имеет шансов быть ближе к “трону,” вовсю критикуют правителя или, по крайней мере, испытывают по отношению к нему не самые лучшие чувства даже если и держат язык за зубами. Но их критика людьми не поддерживается.

Дело в том, что и власть, и оппозиция выступают недифференцированно за всё хорошее против всего плохого. Они не формулируют задачу конкретно: построить мост через реку икс к такому-то числу или запустить космический корабль на Марс к концу года. Всё формулируется размыто, расплывчато: бороться с коррупцией или повысить качество образования. В результате целеполагателей невозможно ни за что ухватить и прищучить в случае невыполнения обещания. Единственное отличие между властью и оппозицией наблюдается по земельному вопросу: первые хотят, чтобы в земле лежали вторые, а вторые – наоборот.

С параметром низкой групповой сопротивляемости перед властью в России неразрывно связана зависимость русского человека от всесильных властных государственных структур, панический страх и раболепие перед этими структурами, с одной стороны, и стремление полагаться на эти структуры в поисках справедливости и защиты, с другой. Лояльность к центральной власти основана у русского человека не на любви к ней и не на желании ей помочь, а на восприятии этой власти, как источника силы, порядка и стабильности. В дополнение к этому у него всегда есть возможность возложить на эту власть ответственность за всё происходящее вокруг в том числе и за решение его собственных проблем.

Советский, а теперь русский народ привык верить и подчиняться власти и главному человеку во власти. А кому ещё им прикажете верить и подчиняться кроме представителей всесильного государства? Естественно, у людей не вырабатывается устойчивого группового сопротивления по отношению к тем приказам и распоряжениям, которые представители власти спускают им сверху вниз для исполнения.

Идентификация с официально принятыми нормами и образцами поведения являлась для советского человека сталинской эпохи важнейшим средством выживания. Чем лучше он усваивал советские ценности, чем больше он идентифицировал себя с существовавшими социальными нормами, стандартами и предпочтениями, тем более высокую награду для себя он ожидал и тем большее удовлетворение он от соблюдения советских норм получал. Эта уверенность в своей правоте, в правильности идеологии, по которой жили люди в СССР, являлась для них моральным основанием для насильственного навязывания советской социалистической распределительной схемы жизни, своих норм поведения людям в других странах Европы, Азии, Африки и Латинской Америки.

Для оправдания своей общественной пассивности и низкой групповой сопротивляемости официальной точке зрения, люди в СССР придумывали для себя утешения, оправдания, уходы, отговорки, легенды, которые выглядели приблизительно так:
- "Те, кто во власти не сделали того, что обещали. Пусть сначала выполнят обещанное, а потом я приму в этом участие".

- “Всё само собой образуется. Зачем тратить энергию попусту”.
- “Кто сделал ошибку, тот пусть её и исправляет”.
- “Раз мне положено по закону — значит дай и обеспечь”.
- “Почему я должен заботиться о ком-то или чём-то?”
- “Пусть голова болит у тех, кому за это деньги платят, кто за это отвечает”.
- “Вас много, а я один”.

В ленинско-сталинские времена выживали в основном те, кто отличался эмоциональной тупостью, душевной чёрствостью, равнодушием к страданиям окружающих и те, кто не “выпрыгивал” за пределы круга, очерченного советскими идеологами – верными солдатами коммунистической партии, которые строили только то, что им приказывали строить - коровник, так коровник, коммунизм, так коммунизм. Думали о том, что именно надо строить в данный момент за них другие. Каждый советский гражданин гулял внутри собственного загончика, отмеренного и выстроенного для него коммунистической властью.

Генсек Никита Хрущёв из поколения сталинских выдвиженцев полагал, что раз “плетью обуха не перешибёшь,” то нормальный человек должен быть адаптивным. Раз вся страна состоит из советских людей, мыслящих советскими представлениями и категориями, то любой, кто не способен адаптироваться к этому стереотипу – психически ненормальный. Сам-то он был очень нормален, когда плясал гопака по малейшему кивку Сталина или Берии поскольку знал, что с ним будет, если ослушается.

Психиатрические клиники были важнейшими инструментами в руках власти для усмирения инакомыслящих. В середине 50-х годов академик Андрей Снежневский основал новое направление в советской психиатрии, названное за рубежом - карательная психиатрия. Достаточно было психиатрическому консилиуму советских психиатров из 4-го отделения Центра В.П. Сербского поставить инакомыслящему человеку впечатляющий диагноз (например “вялотекущая шизофрения”), чтобы надолго упрятать диссидента или несогласного с коммунистической политикой в психиатрическую клинику и там с помощью целенаправленных инъекций психотропными препаратами постепенно превратить его в “овощ”.

Так диагноз “вялотекущая шизофрения” был поставлен диссидентам Петру Григоренко, Жоресу Медведеву, Леониду Плющу, Владимиру Буковскому и многим другим нормальным людям. Просто упомянутые люди были широко известны мировой правозащитной общественности и к ним если и применяли медикаментозное лечение, то не полными дозами и не по полному циклу. Если за человека некому было вступиться или замолвить словечко его запросто могли “залечить.” За применение “карательной психиатрии” по свидетельству академика Натальи Бехтеревой советских психиатров как-то выгнали из мирового сообщества психиатров. Потом, правда приняли назад.

А как подскочил процент самоубийств, увеличилось количество наркоманов, уголовных преступников, начиная с 1994 года? Сколько бомжей, беспризорных детей стало ютиться по подвалам и канализационным люкам после перехода от тоталитарного советского к более экономически оправданному хотя и несправедливому олигархическому обществу? Сколько людей эмигрировало и просто уехало за границу без всяких прав и надежд в поисках лучшей доли? Уехали, но бороться за свои права внутри России не стали. Бороться без надежды на успех могут только фанатики или самоотверженные глупцы.

Думаете с тех пор что-то изменилось? Нынешние чиновники, депутаты – такие же послушные исполнители, как были и раньше. Взять хотя бы быстро и почти без обсуждения принимаемые Государственной думой законы.

Правящая элита в России не терпит реального сопротивления равно как не любит людей, пытающих “плыть против течения,” отстаивающих свои позиции отличные от тех, которые она предлагает. Это всегда чревато для сопротивляющегося человека. Раз он сопротивляется власти, предпринимает какие-то действия без согласования с ней, его надо нейтрализовать или даже наказать. И сделать это по следующим причинам: во-первых, чтобы не подрывал авторитет начальника и власти - единой, нерушимой и неделимой, во-вторых, чтобы другим неповадно было возражать и противодействовать и, в-третьих, среди тех, кто чего-то добился, после краха СССР совсем “чистых” людей нет, а следовательно, каждый, у кого “рыльце в пушку,” должен сидеть тихо и не “чирикать”.

Те “наглецы,” которые осмеливаются возражать и протестовать против действий исполнительной власти и её лидера, несомненно являются врагами русского государства, ну и естественно должны преследоваться по законам, разработанным верными “псами” современной русской элиты. Наказывать сопротивляющихся и вообще всего того, что в русском обществе ещё “шевелится,” власть в России, а тем более в СССР умела всегда. Вот думать о том, как этих сопротивляющихся использовать во благо, а не во вред России – на это у неё ни ума, ни желания не хватает. Негативный отбор, начавшийся с приходом во власть Ленина и его присных, продолжается до сих пор.

В силу всё той же низкой групповой сопротивляемости людей в России мало кто из парламентариев, членов Совета Федерации, членов

Верховного суда отваживается промолвить хотя бы словечко против главного лица страны. Как будто человек, находящийся на вершине правящего олимпа вылеплен из другого божественного теста, как будто на него не распространяются законы Российской Федерации. Ни губернаторы, ни министры не возражают президенту России (разве что перед увольнением), а отчитываются, поддакивают и просят дополнительного финансирования, поскольку понимают, что другой паттерн поведения не приветствуется. Нынешними людьми в России можно только командовать и контролировать каждый их шаг. А они будут смотреть главному человеку в рот и ждать новых "ценных указаний" и распоряжений. Радикальные оппозиционеры будут, напротив, остервенело осуждать каждый его шаг – независимо от того полезный он для России или нет. Вечные оппозиционеры устойчиво выступают против всего, что делает власть (хорошего и плохого), льют крокодиловы слёзы по поводу любых действий власти, которые привели к каким-то неприятным или непредсказуемым последствиям и ругают существующие в России порядки. Однако их мало кто слушает.

Откуда пошло, что мы в массе своей часто одобряем деятельность первого лица страны, кто бы он ни был? Оппозиционеров в России незначительный процент. Они, как правило не видят в любом первом лице государства ничего хорошего, а только плохое. Ну, разве что после отставки или после смерти, когда следующий лидер оказывается хуже предыдущего. Это, в свою очередь, даёт власти основание вести постоянные разговоры о зловредной пятой колонне, которая только и умеет, что гадить России и предавать её интересы на каждом углу тому, кто больше заплатит.

Низкая групповая сопротивляемость всему агрессивному: беззаконию, наглости, агрессии, произволу со стороны властей до сих пор широко распространены в России. За счёт этого общенародная собственность досталась в России не самым талантливым, кто мог бы по-хозяйски распорядиться ею и развить лучшее, что было в СССР, а, как правило, людям наглым, беспринципным и близким к власти. А кто сейчас распоряжается всем в России? Это чиновники и бизнесмены, не обладающие другими достоинствами кроме гибкой спины по отношению к вышестоящим и наглости по отношению к нижестоящим. Среднестатистический человек в России, как правило, никуда не "выбился" и теперь доживает свои дни в условиях минимального достатка, доставшегося ему "по наследству" с советских времён или тех благ, которые он умудрился отхватить за четверть века российского бардака 90-х – 2000-х годов.

Экономист Евгений Гонтмахер развивает мысль о пассивности людей в России, которые позволяют делать с собой всё, что власть пожелает. Например, "в последние годы были произведены два целенаправленных социальных эксперимента по изучению реакции людей. И оба завершились для власти абсолютно успешно. Это: 1) введение всеобщей и обязательной платы за будущий капремонт жилья и 2) вызывающая в своей неприкрытой жесткости недоиндексация пенсий в 2016 году. ... Так почему же государство должно социально "жалеть" собственных подданных, если они покорно идут на такое героическое самопожертвование во имя поддержания величия державы? Поэтому можно спокойненько решать свои внешнеполитические вопросы (которые денег стоят), тратиться на содержание государства как изолированной, закапсулированной от общества сущности, которая при этом собирает с людей всевозможные налоги, платежи и сборы — иными словами: "дань," "барщину" и "оброк"." [21]

Случаи проявления гражданской позиции единичны. Большинство, когда перед ними стоит альтернатива – бутылка водки или снос памятника Ленину выбирают бутылку водки, а памятник пусть стоит – мол мне лично он не мешает. Деградировавшие за 74 года советской власти потомки люмпенов, поддержавшие халявщика Ленина и его заграничную мафиозную группировку, оказались ни на что не годными, кроме как спиваться и жить за счёт государства, которое было создано благодаря их попустительству, поддержке и глупости.

Большинство из тех, кто прошёл школу советизма и марксизма, в целом свободны от влияния моральных шаблонов и стереотипов, которыми насыщены верующие люди в религиозных странах. Поэтому немалое количество советских коммунистов легко и без угрызений совести приняли Православие после 1991 года. Большинство из них скорее всего врали или просто очень внушаемы. В 40-60 лет идеологические воззрения не меняют. Такие гибкие беспринципные люди из любой передряги выберутся. Им что коммунисты, что фашисты, что исламские фундаменталисты – всё едино. Кто у власти, тот и прав.

В общем, в результате беспредела 90-х годов в России сформировался хотя и не всегда приятный, но зато "несгибаемый" человек, который приспособится к любой самой аморальной власти и самым аморальным правителям. Авторитетные люди могут легко убедить этих людей, что чёрное – это белое. Сегодня такой конформист подал заявление на приём в КПСС, завтра пришёл в церковь. Всегда спокойнее следовать за стадом, за государственной идеологией, религией, чем проводить свою независимую линию. В конце концов, для простого русского человека, работающего на земле или у станка, что Христос, что Маркс – всё едино - иностранцы. Свою-то религию или идеологию создавать очень хлопотно. К тому же потом не отмоешься от всяких обвинений в ереси, сектантстве или антипартийных уклонах. Поэтому все эти изменения в мировоззрении и личности русского человека делаются по виду достаточно искренне и добровольно.

Про чиновников-карьеристов вообще речи нет. У этих вера и принципы в большой мере зависят от таковых у их боссов и определяется их положением в вертикали власти. Они будут верить в то, во что надо верить в соответствии с их должностями и зарплатами. Когда я смотрю на хитрые физиономии некоторых нынешних чиновников, эта мысль первой приходит в голову. Не хочется верить, что они круглые дураки. Каждый просто преследует свой личный интерес, идя след в след за лидером нации или своим боссом. Пока лидер, естественно, "в силе." А если он потерял силу, то какой же он лидер. Не стоит цепляться за тонущий корабль. Лучше как можно быстрее найти новый корабль, который на плаву и нового капитана, у которого есть власть и деньги.

Декабрьские 2011 года митинги в Москве, когда на них добровольно пришли от 25 до 80 тысяч человек показали, что даже у долготерпеливых россиян, населяющих Россию, есть предел терпения, и власти не имеют права делать с ними всё, что угодно. Пока полунищий народ, как ощипанная курица жался к ногам хозяина (Ленина, Сталина, Хрущёва, Брежнева), ему было не до политики. В девяностые-нулевые годы люди в России "подкопили жирок," приобрели товары, о которых в советское время они могли только мечтать (например, личные автомобили), сделали евроремонт в квартирах, поездили по заграницам и им захотелось разнообразия впечатлений, то есть публичного высказывания своего мнения в СМИ и даже (только не падайте со стула) участия в политике.

Лозунг недовольных: "Верните народу выборы, гады," который развевался на Болотной площади в декабре 2011 года и разговоры о том, что пора вернуть себе страну, а не позволять кучке людей распоряжаться голосами народа и принадлежащими ему богатствами так, как им заблагорассудится, был ещё одним шагом на пути преодоления разобщённости населения, его активизации и вместе с этим демократизации России. Однако, этого запала надолго не хватило. Спровоцированное силовиками столкновения полиции с демонстрантами, "Болотное дело" и суровые наказания за пустяковые нарушения общественного порядка постепенно свели спонтанную активность рядовых граждан к привычному в советские годы нулю.

24 февраля 2014 года закончился процесс по "Болотному" делу о так называемых массовых беспорядках на Болотной площади 6 мая 2012 года. Это были акции протеста против подтасовок на выборах (т. н. "Марш миллионов" 6 мая 2012 года), когда люди фактически протестовали против третьего президентского срока Путина во власти, как незаконного. Путин, который вцепился в верховную власть мёртвой хваткой и держится за неё любыми средствами, распорядился

организовать массовые беспорядки, чтобы научить свой народ уму-разуму. За небольшие нарушения во время демонстрации 16 человек приговорили к тюремным срокам от 2,5 до 4,5 лет.

С начала 2014 года, а именно, с времени аннексии Крыма, была усилена зачистка властями информационного пространства в России. Пропаганда на федеральных телевизионных каналах стала носить примитивный, прямолинейный характер. Эпоха ловкого сурковского манипулирования общественным мнением ушла в прошлое. Вертикаль власти укрепилась с помощью верных силовиков с хорошими зарплатами. Большинство людей в России снова, как и при коммунистах почти единогласно одобряют действия своего лидера. Какой недолгой и хрупкой, однако, оказалась свобода волеизъявления людей в России и как быстро их загнали в привычное стоило! Сейчас, российские чиновники и исполнительная власть снова всё и всех контролируют: распределение денег, содержание интернетовских сайтов, выборы разного уровня, назначения на должности и т.д. Самое неприятное, что подавляющее большинство людей от этого беспредела исполнительной власти не страдают.

6.3. Зависимость от Авторитета (Бога, Царя, Общины, Государства)

На базе русской общинности, артельности строили свою внутреннюю политику князья, а затем царские и советские чиновники. Русская общинность, артельность, идущие с родоплеменных времён, являются всего лишь следствием извечной бедности населения России. Издавна вместе восточным славянам выживать было легче. Чуть только человек в России становился богаче, он начинал демонстрировать свою самостоятельность и независимость от артели и общины поскольку сам мог отделиться от неё или возглавить другую общину, артель – уже свою собственную. Попавший в крепостную зависимость человек уже во многом себе не принадлежал и вынужден был приспосабливаться (идентифицировать себя) с крестьянской или монастырской общиной, или с дворовыми людьми в барском доме.

Получается так, что человек в России всю свою жизнь находится в зависимости от власть предержащего и от распорядителя собственности, или от старшего в семье, а поэтому был вынужден быть коллективистом, координировать свою деятельность с окружающими – семьёй, старшими, властью. Это как “тришкин кафтан”: либо одно, либо другое, а вместе никак нельзя. В результате получается нечто среднее – и то, и сё или ни то, ни сё. И так во всём. Борются ли с религией – разрушают Храм Христа Спасителя, воскрешают ли религию на опустевшем советском месте – воссоздают копию этого Храма. В любом случае значение русского народа в той и другой операциях ничтожно. Ему разрешается либо одобрять, либо шельмовать. А уж правители решают, что и как одобрять или шельмовать.

За независимость от группы, коллектива надо платить. Когда являешься их частью – безотносительно провластной или оппозиционной – тебя поддержат деньгами, советами, а общем, не дадут пропасть. Когда пытаешься быть независимым, то поддержка тебе не гарантирована. А, следовательно, за всё приходится отвечать и платить самому. Про человеческие издержки от независимого поведения уже и речи нет. Они бывают весьма значительны.

Не любят в России независимых людей. Самого Путина всё ещё завораживает высокий рейтинг и картины подобострастия, которым его окутывают со всех сторон верные люди, что бы он ни сказал и не сделал. Он, видимо, полагает, что если у него высокий уровень самоиронии, он неплохо ловит обратную связь, в курсе всех основных событий в России и за рубежом, то этого достаточно, чтобы руководить страной как минимум четверть века. Человеку с советским менталитетом вряд ли следует возглавлять европейское государство в XXI веке так долго. И дело здесь не в уме, не в работоспособности и не в волевых качествах его личности, а в отжившей советской ментальности. Но поскольку закон о люстрации по отношению к бывшим коммунистам и сотрудникам КГБ не был принят, а Галина Старовойтова, инициировавшая этот закон, была убита, то Россия к настоящему времени всё больше превращается в откорректированный Советский Союз дубль два. Чекисты, коммунисты и карьеристы опять захватили все ключевые посты в государстве.

Практика показала, что любого бизнесмена в России, который хочет вести свою независимую от политики государства и его правителя позицию, можно “прижать,” разорить или даже посадить в тюрьму тем более, что происхождение его богатства, как правило, далеко не безоблачное. Так, например, Михаил Ходорковский, став самым богатым человеком в России, решил, что ему можно вмешиваться в политику, продавать части своей нефтяной империи бизнесменам из США и вообще вести свою самостоятельную игру на русском законодательном и экономическом поле. Владимир Путин показал ему, насколько глубоко он заблуждается и тот десять лет отсидел в тюрьме.

Ещё пример, жёсткое, бескомпромиссное поведение создателя сети магазинов по продаже мобильных телефонов, бизнесмена Евгения Чичваркина, игнорирование им стадных правил игры при отстаивании своих финансовых интересов в России привело к тому, что представители силовых ведомств его прижали настолько, что он эмигрировал в Великобританию, хотя мог бы ещё долго работать на пользу России.

Многие более адаптивные и конформные бизнесмены и жители России понимают, что бороться с государством и его структурами бесполезно и судьба тех, кто это делает плачевна. Только фатальная экономическая ситуация в стране или системный кризис могут повернуть политическую ситуацию в России в другом направлении.

Независимость блогера Алексея Навального привела его на скамью подсудимых и к осуждению вначале по делу "Кировлес," потом - "Ив Роше." Навальный в течение многих лет вскрывает факты о коррупции в России, не взирая на лица. Он регулярно уличает в сокрытии собственности от налогов, использовании служебного положения для личного обогащения и пр. верховных чиновников Российской Федерации - председателя Следственного Комитета России генерала Александра Бастрыкина, Генерального прокурора - Юрия Чайку, вице-премьер-министра Сергея Приходько, председателя правительства - Дмитрия Медведева и других.

Демократия — это прежде всего независимость мнения и возможность её высказывать. Про независимость российских судов от исполнительной власти вообще разговора нет. Суды Российской Федерации никогда не ставили под сомнение правильность действий высших чинов исполнительной власти, что бы те не предлагали – поправки к президентской Конституции 1993 года в виде отмены или восстановления губернаторских выборов, или увеличения срока президентского правления с 4 до 6 лет, отмену или введение графы "Против всех" в бюллетени для голосования. Решения судей напрямую зависят от установок, задаваемых ей председателем суда и исполнительной властью. Никакой независимостью судей и не пахнет. Многие решения по значимым резонансным делам решаются по звонку сверху, а часто и звонка не надо, судьи - народ понятливый и чутко улавливают направление ветра. Вариации судебного решения могут зависеть только от того, кто позвонит первым. В 90-е годы среди судейских был популярен такой анекдот: Судья советуется с коллегой: "Истец дал 30 тысяч долларов за решение в его пользу, ответчик – тридцать пять, что посоветуешь делать?" Коллега: "Верни пять тысяч ответчику и суди по закону."

Судя по словам бывшего депутата Государственной Думы от фракции "Единая Россия" Любови Слиски в Думе серьёзно работает над законами только одна треть депутатов. Это около 150 из 450 депутатов. Остальные, просто имеют депутатский мандат, обеспечивающий неприкосновенность от уголовного преследования, получают неплохую зарплату, защищают липовые кандидатские и докторские диссертации и вообще имитируют законотворческую деятельность. [67] Между тем втихаря занимаются своими делами или обеспечивают защиту ("крышу") подконтрольному бизнесу.

В России работают не институты, а личности. Поэтому от независимости каждого чиновника зависит то, куда повернётся то, или иное начинание. Поскольку у исполнительной власти в России фактически нет противовесов, то работают только взаимные обязательства между чиновниками. В силу вертикального характера власти, обратная связь на всех уровнях (кроме президентского уровня) слаба. Поэтому эффективность работы такой вертикальной системы зависит не столько от законов (какими бы хорошими они не были), а от личности каждого чиновника и от личных договорённостей между ними. Российское общество, государственный механизм находятся на очень низкой ступени самоорганизации и динамичность его реагирования при резких изменениях и сильных возмущениях невысока. В любом случае реальное управление идёт через Москву, через Кремль.

Крайним проявлением зависимости человека от группы, государства, правителя является стадность. Стадность – это универсальная характеристика человека, как социального существа, присущая в той или иной степени всем людям. В стаде человек охотился на крупную добычу, в стаде он выживал, в стаде теперешний человек принимает участие в массовых мероприятиях, в стаде он развлекается. Только сильный авторитарный лидер патриархального типа ("бык") имеет здесь реальную власть и реальные права. Было бы преувеличением говорить о стадности, как исключительно российском феномене. Просто в России – это одна из главных характеристик, объединяющих людей, при существующей авторитарной системе правления.

В отличие от животного мира, где каждое стадное животное зависимо от вожака, пастуха, в российских человеческих стадах каждый имеет степени личной воли (удовольствия, слабости, хобби, бизнес и пр.). То есть члены профессионального или другого общественного стада, зависимы от босса, хозяина, государственной структуры только частично, в основном, в рабочее время. В таком обществе и при таких условиях личность атомизирована. Она не является частью замкнутого духовного целого – то есть объединения людей на ценностном уровне (общая нация, общие интересы, взаимная зависимость и пр.). Стадом люди становятся в составе и в рамках государства. Авторитарное государство делает из людей стадо в политическом, общественном и морально-этическом плане. Для человека-винтика работает только внешняя административная организация подчинения-соподчинения-диктата. Внутренние духовные связи или отсутствуют, или очень слабы. Они в лучшем случае проявляются на уровне семьи и друзей.

Особенность российского стада состоит в том, что каждому жителю России кажется, что он действует и принимает решения самостоятельно, а на самом деле он подчиняется законам сверхбольшого стада (стаи). Он действует, как все: молится тому богу, на которого ему указали духовные или светские власти - Перуну, Христу, Марксу (лишь бы борода побольше была), голосует, как надо правителю государства, жертвует жизнью за какой-нибудь сирийский Дейр-эз-Зор почти не раздумывая (по типу "а зачем мне такая жизнь?"), давит инакомыслящих по зову своего большого русского сердца и так далее. Несогласные и неуверенные в правильности действий российского правителя просто отходят в сторону, повторяя про себя: "что мне больше всех надо?".

Стадо обрезает для страны перспективы роста и развития. Многим представителям стада хочется все грехи и просчёты истёкшего периода потом свалить на быка – не туда вёл, не то делал. А виновато-то всё стадо, состоящее из рядовых граждан, и силовиков, и даже критически настроенных интеллигентов. Каждый из рядовых граждан так бережёт свою шкуру, что не готов к проявлению своего собственного мнения, не готов к объединению против быка, который ведёт стадо то ли на бойню или в бесперспективное будущее.

Социальная идентичность – это устойчивое отождествление себя с системой ценностей и целями группы или социальной общности. При этом возрастает привлекательность этой группы, общности для человека, чувство долга перед ней. Также увеличивается ощущение зависимости личного благополучия от благополучия группы.

Конформность человека обычно интерпретируется, как степень его податливости реальному или воображаемому давлению группы и мнению ведущих её членов. Конформность проявляется в изменении изначально декларированного поведения или мнения в соответствии с групповым поведением и мнением, которое он ранее не разделял. В основе конформности лежит желание быть или казаться таким, как все и следовать за значимыми другими.

Альтернативой конформному человеку является человек неконформный, независимый. Большей частью разубеждать независимого человека, уже имеющего своё мнение, предубеждение и, тем более, предрассудок бесполезно. Приведя конкретные факты, ещё можно заставить его замолчать. Однако скорее всего, он выработает новые защитные механизмы, отговорки и оправдания в пользу своего мнения, убеждения.

Например, при голосовании в органы власти часть людей предвидя исход голосования, и не желая терять время, просто едут на свой дачный участок, чтобы копать картошку или отправляются в путешествие. Те же, которые во властной “обойме” послушно и целенаправленно выполняют свои расписанные и предписанные функции – агитируют за “свою” партию “Единая Россия,” выпускают постеры, агитки, считают голоса и пр.

Глупость в стаде заразительна. Хотя официальной войны Россия никому не объявляла – ни Грузии, ни Украине и, тем не менее, стоит начаться военной кампании против какого-либо народа, государства, в России находится масса конформных людей, готовых повторять сказки о врагах, находить вражеские происки в самых обычных вещах – текстах, картинах, карикатурах и пр. Достаточно небольшого намёка для того, чтобы объявить какие-то книги, материалы экстремистскими и начать “охоту на ведьм.” Я не отрицаю, что в каждой нации полно своих дураков, помешанных на идеях самостоятельности и на поиске врагов. Но уподобляться им, ставить себя на пещерный уровень – это показывает, что бывшие союзные народы недалеко ушли от большевистских времён, когда вождю достаточно было назвать врага, как тут же начиналась кампания народной ненависти против этого врага.

Часто болельщики на спортивных соревнованиях ведут себя, как стадные животные, которым надо на кого-то или на что-то выплеснуть свою агрессию причём неважно на кого. Это стадная агрессия. Страх наказания за противоправные действия (причинение вреда другому человеку или поломки оборудования стадиона) у людей в толпе резко уменьшается. Однако, одно дело – вести себя асоциально на футбольном матче, а другое – посягнуть на диктаторские полномочия и на власть правителя, пусть неразумную.

В стае легче жить, охотиться и защищаться. Неважно в какой стае пребывает человек – в проправительственной или оппозиционной. Главное – лаять вслед за главными псами то, что положено, защищать кого положено, облаивать кого надо, не выбегать из стада. Проправительственный лай выгоднее, зато антиправительственный даёт поддержку и симпатии за рубежом, где тоже есть свои стаи, свои заводилы, свои спонсоры. Современный мир – это мир стадов или стай. Люди, отбившиеся от стада, стаи не приветствуются нигде. Такому человеку нужно быть особенно талантливыми, чтобы его заметили, своя референтная группа, которая рекламирует этого человека. Если на таких в обществе есть запрос, то этот человек может комплектовать свою стаю или своё стадо. В демократических обществах действовать в оппозиционных стадах легче, чем в авторитарных.

Не только во внутренней, но и во внешней политике слово российского президента воспринимается, как руководство к действию. Отношение к Украине, к Турции, к США зависит от последних указаний президента и их озвучивания официальной политической тусовкой в

Кремле. Например, чего стоит истерия руководства по поводу конфликта России с Турцией из-за сбитого российского бомбардировщика и убитого пилота. Они сразу вспомнили про 12 войн, которые Российская империя вела против Турции в течение почти четырёхсот лет и что турки часто были врагами русских. Получается, что стоит президенту только объявить очередного врага, как россияне мгновенно теряют разум и готовы идти в кильватере за лидером, что бы он не предложил. Они "споловорота" начинают ненавидеть этого нового врага и как стая хищников готова на него броситься. Вот что один правитель, имеющий неограниченные полномочия, может сделать с Россией и вот на что способен народ, лишённый демократических механизмов воздействия на своего правителя. Он превращается в стадо.

Динамично меняющиеся страны как-то избавляются от памяти о своих тиранах, мучителях, угнетателях. Россия – нет. Ленин, Сталин, Дзержинский – они всё ещё здесь, рядышком – в соседней квартире, в соседней комнате, за пологом кровати. Во многих городах и местностях улицы носят ещё советские имена. Переименования частично коснулись только некоторых крупных городов типа Санкт-Петербурга, Екатеринбурга и Москвы. Однако даже эти изменения осуществляются частично и непоследовательно. Одна из главных причин – равнодушие и страх людей. Они привыкли бояться, привыкли, что от них ничего не зависит, привыкли, что за них всё решает Кремль, царь, генеральный секретарь, президент. Они давно отдали своё человеческое достоинство дяде, находящемуся в данный момент во власти.

Складывается такое впечатление, что среднему русскому человеку по большому счёту всё равно, как назовут улицу, по которой он ходит, город, в котором он живёт, мост, по которому он ездит на работу – именем преступника или именем честного человека. Он ведёт себя, как все. Есть небольшое количество любителей старины или людей, знающих историю, или людей, обладающих повышенным чувством исторической справедливости, которым не всё равно. Но таких исполнительная власть, которая отвечает за наименования и переименования, как правило, игнорирует. Остаётся то название, которое она считает нужным оставить. При этом ссылаются на что угодно и игнорируют мнение людей. Например, что родственники Ленина против захоронения мумии вождя, хотя прямых потомков у Ленина не было. Осталась "десятая вода на киселе." В общем манипулируют народом (то есть русским стадом) как хотят.

Представители российской власти в лучшем случае маскируют, прикрывают свои нарушения законов и Конституции правдоподобными отговорками, а в худшем вообще не ставят народ в известность о своих манипуляциях с выборами, с организацией подконтрольных им законодательной и судебной властей и вообще по всем вопросам управления государством. Например, в начале нулевых резко повысили зарплаты судьям, но одновременно ввели должность председателя суда, которому судьи подотчётны. Если в 90-е годы при маленькой зарплате судья, если его что-то не устраивало, мог уволиться и перейти на преподавательскую работу или стать адвокатом, то в нулевые он стал гораздо более зависим от председателя суда и от власти, которая платит ему хорошую зарплату.

Другой пример – укрупнение политических партий, отсеивание "лишних," имеющих свои взгляды партий из Государственной Думы (например, СПС и Яблока) и сохранение в Думе только подконтрольной "оппозиции," назначение "народных избранников" по спискам главной партии – Единая Россия. Потом произошло создание так называемого конституционного большинства в Думе, с помощью которого осуществлялось проведение любых нужных исполнительной власти законов и изменений в Конституцию. Так независимость ветвей власти осталась только на бумаге.

Вообще в XXI веке непобедимые супермены-одиночки американского типа присутствуют в России только на телеэкранах. Перед государством, его лидером и чиновниками на службе у государства бессильны все - даже миллиардеры. Когда борешься с конкретным человеком - у тебя есть шанс хотя бы на ничью, но когда вступаешь в борьбу с целой системой бюрократического государства, состоящей из миллионов чиновников и силовиков, которые сильны только в государственной стае, то обязательно проиграешь. Уж больно чиновников и силовиков много и сильны они только под защитой властной вертикали. У них в руках вся мощь государственного аппарата и стоят они якобы на страже закона, а на самом деле на страже интересов государственной элиты и попутно своих собственных.

Какова цена, которую платит русский человек, русский народ и русское общество в целом за проявления неспособности отстаивать свои интересы, равно как и интересы общества? Цена — это застывшее в своём развитии русское общество, имеющее директивную структуру с привычной схемой – "барин и холопы." Ничего не изменилось по сравнению с временем монархического правления. Просто называется всё другими именами: президент вместо императора, Администрация президента вместо Императорского двора, Президентская охрана вместо Охраны императорского двора, Кабинет министров вместо Совета министров, Двухпалатная Государственная Дума (Нижняя палата и Совет Федерации) вместо однопалатной Государственной Думы, Верховный и Конституционный суды вместо Государственного Совета, Следственный комитет и Прокуратура вместо Сената. А суть державной авторитарной власти осталась прежней. Разве что власть не наследуется, а передаётся по договорённости своему человеку. Ну и национальная русская культура превратилась в интернациональную культуру ширпотреба. Впрочем, раз людей в России это устраивает, то так им и надо.

6.4. Подобострастие

Холуй с английского переводится как лакей (lackey). Однако холуйство – шире, чем лакейство. Это состояние души. Внешне человек в России может вести себя корректно и даже с достоинством, но это не даёт гарантии, что внутри он не пресмыкается перед тобой, твоим статусом, твоими финансовыми возможностями.

Холуйство – это столетиями укоренившаяся особенность человека в России. Одобрение и поддержка любого правителя России не потому, что он хороший и не потому, что он прав, а потому, что он – главный. Так осуществляется отождествление правителя и государственной власти.

Закрепощение русского духа и несвобода личности в России были бы невозможны, если бы не укоренившаяся привычка людей к холуйству, которую подпитывала вся система подавления личности, а власти не делали и до сих пор не делают ничего для того, чтобы эту привычку искоренить.

Интересно, что русский человек, как в народной сказке, может быть "и так, и сяк," а может и "вовсе быть дурак" – всё зависит от того, с какой ноги он утром встал. При этом русские бывают весьма незаурядными людьми с очень разумными глазами, но с подобострастием и холуйством это никак не связано.

Русский человек часто для себя ставит окончательную точку – "всё, завязал," но уже назавтра эта точка превращается в запятую. Тут намешано много чего – и вера в хорошее будущее, и слабость характера, и сомнение в своих силах, и уговоры других. И всё это почти одновременно.

Слабость устойчивых ценностей, на которые человек в России может опереться, определяют его двоемыслие: "и да, и нет," "и ты прав и одновременно неправ." Поэтому ему так нужен лидер, царь, который будет за него принимать решение, и которому он будет подчиняться, отхаркивая кровь вместе с выбитыми зубами, и вылизывая окровавленными губами у правителя все места.

Насколько глубоко проникло рабство в народ? Всё началось с выживания людей во время татаро-монгольского нашествия. Потом подавление воли народа продолжалось по инерции, а всё потому, что царю и боярам было проще и удобнее управлять и завоёвывать всё новые земли, чем развивать мозги и производительные силы своего населения. Действительно, легче решать свои управленческие задачи по вертикали – через монархию, деспотию, чем координировать с кем-то свою деятельность. А народ был настолько забит и неграмотен, что привыкал к плохому ненормальному управлению, как к чему-то естественному.

В результате Россия проскочила через момент, когда она освободилась от власти Золотой Орды, от дани и князья должны были освободить свой народ от повсеместного тягла, от рекрутских повинностей, от крепостничества. Сверху не захотели, а снизу не смогли. А тут ещё РПЦ сыграла на стороне самодержавной власти. Получилось двойное закрепощение – административное и духовное. С тех пор и поныне генетическая память раба и холопа, и мифическая память о необходимости "выживания" во враждебном окружении не даёт русскому человеку моральных сил для того, чтобы стать свободным человеком, независимым от правителей, их идеологии и спонсорства властей.

Да и как могут люди с большим количеством психических отклонений и национальных комплексов воспитать полноценный нормальный народ? Разбирая уроки Октябрьской революции, главный редактор журнала "Звезда" Яков Гордин и сотрудник Санкт-Петербургского университета Кирилл Александров пришли к выводу, что "все выдающиеся русские государственные деятели – Мордвинов, Милютин, Райтерн, Кривошеин, Столыпин – они все пытались обращаться к каким-то лучшим качествам русского человека, к лучшим качествам русского народа. Ленин и Троцкий апеллировали, безусловно, к худшим качествам." [28] Поэтому, несмотря на неоднократные заверения Ленина о необходимости искоренения раба, холопа в русском человеке, он построил большевистскую систему управления, которая этого холопа, раба культивировала и воспитывала. Сталин просто завершил этот процесс, начатый Лениным и Троцким. Холуйство – это, несомненно, худшее, что современным русским людям досталось от аморальных революционеров царского времени.

Ленин – это провокатор социальных процессов. Он привык всех вокруг себя делить на правых и неправых, на чистых и нечистых, на врагов и соратников. В этом его провокационная миссия, как поджигателя революции и как создателя очень узкой сектантской промарксистской партии большевиков. Из этой секты и выросло советское государство.

Советская власть в 1917 году началась с преследования верующих и насаждения атеизма. Начиная с 1991 года власти стали поощрять православие, как ведущую религию России. И то, и другое произошло в государстве российском без публичных трагедий и самосожжений. Как заведено, большая часть народа вслух одобряет то, что положено одобрять и порицает то, что положено порицать. А всё это потому, что в России работает психологический механизм стадного подавления тех, кто выступает против официальной политики правителя и государственного тренда. Например, я лично как-то услышал: "Как это возможно, что ты – русский, но не православный? Запомни, мы все теперь православные!" А что, интересно, этот человек говорил во времена коммунистической диктатуры? Ведь адаптировался и к ней тоже.

Когда читаешь историю России, то складывается впечатление, что народ в России – это такой долготерпеливый, непритязательный объект управления, с которым власть – даже самая наглая и беспардонная делает то, что считает нужным. Почему человек в России сохранился в первозданном виде до наших дней? Причина в негативном отборе. Выживали только приспосабливающиеся, покорные, неприхотливые. Чтобы восстановить генофонд нужны столетия кропотливой работы. Но на это никто не пойдёт. Дешевле имплантировать людей извне. Правда, им нормально жить не дадут аборигены с рабской психологией.

Холуйские, рабские инстинкты в русском человеке никуда не исчезли со временем. Они могут ненадолго замаскироваться под наглость, вызывающее, непредсказуемое поведение. Но стоит появиться какому-нибудь сильному лидеру – то есть человеку, который один знает, как надо, и имеет силу, чтобы это знание воплотить в жизнь и подкрепить силой в случае необходимости, как всё мгновенно возвращается на круги своя – и заоблачные рейтинги, и страх, и соглашательство, и вылизывание у правителя всех мест – даже подставлять не надо. Сталину бы молились до сих пор, если бы Хрущёв его не обгадил. Ведь "власть от бога" и это вопреки всякой логике - так уж повелось на Руси. Ведь и варягов пригласили на княжение, и поляк на русском троне побывал, и неграмотный казак – Пугачёв царём мог стать, если бы военная удача ему улыбнулась, и обрусевшим немецким императорам народ подчинялся сотни лет, и кавказца Сталина слушались, как миленькие.

Холуйство бывает спонтанным "снизу" и хорошо организованным "сверху." Часто трудно сказать, кто явился организатором тех или иных действий холуёв из народа – локальные инициативники или команда пошла сверху. Например, кто вандализировал доску герою царской России и спасителю Финляндии от советизации - генералу Карлу Маннергейму в Санкт-Петербурге? Кто брызгал краской в лицо оппозиционеру Алексею Навальному? Кто подрезал тормоза и поджёг машину критически настроенной журналистке Юлии Латыниной? На все эти вопросы правоохранители не дают ответа, хотя, конечно, знают имена и явки. Всё потому, что эти холуи – свои и могут ещё пригодиться.

Угодливость, услужливость русских идёт не от ожидания рациональной выгоды и желания что-то на этом поиметь (чаевые, похвалу за работу, продвижение по карьерной лестнице), а от закрепощённой природы, нежелания брать на себя ответственность за последствия. Даже вот это самое анонимное угодничество, когда тот, кому русский человек угождает (верховный правитель), перед кем выслуживается, не знает об этом. Однако русскому человеку довольно сознания того, что он ему служит, выслуживается, угождает. Даже если это не человек, а абстрактная идея – такая, как служение государству. Ради этой идеи он готов на подавление других, их унижение и даже на преступления. Например, он гордится тем, что плеснул гавном в лицо журналистке Юлии Латыниной – пусть укоротит свой острый язычок. Это угодно государству и правителю, который всё видит и пусть негласно, но одобряет его деятельность.

Несмотря на примитивную внутреннюю экономическую политику население поддерживает нынешнего правителя России и одобряет многое из того, что он делает. И всё потому, что он решает проблемы. Нужно провести сочинскую олимпиаду в 2014 году – финансисты и бизнесмены дают ему деньги и помогают. Хочет провести чемпионат мира по футболу в 2018 году - и здесь ему отказа нет. Все понимают, что с ним лучше не ссориться. И никого не интересует, сколько это стоит российской казне или олигархам, прикормленным Кремлём. На всё расходуются средства из казны, пополняемые из нефтегазовых скважин.

Русские до сих пор недооценивают негативные психологические последствия Октябрьской революции для своего воспитания, для подавления своей личности. Они уходят от этого психотравмирующего воздействия, не копаются в нём. Таким образом, они консервируют в себе череду скрытых конфликтов, которые никуда не делись от того, что с тех пор прошло уже сто лет. Из-за этого они ещё и ещё раз теряют для себя возможность стать полноценными свободными людьми. Достаточно посмотреть, как легко, почти без скрипа Россия вернулась в своё привычное состояние послушания, зависимости и стадного холуйства после временного всплеска энергии 90-х годов. Теперь стало окончательно ясно, что путинизм – это не новое слово в управлении государством, а старое, привычное, консервативное слово вроде царизма, авторитаризма и пр. Покорное, зависимое начало у русского человека никуда не уходило. Оно просто вернулось в слегка изменённой модифицированной форме.

Глава 7

Шкала Русской Воли и Непредсказуемость Поведения

7.1. Свобода и Русская Воля

Если спросить десяток людей, живущих в России на выбор, что лучше – свобода или несвобода, то получишь одинаковый ответ. Можно даже не писать – какой. Всё и так понятно. Понятно-то понятно. Да только на словах. А на практике этой реальной свободы у людей в её западном понимании что-то в России не наблюдается. Причём как снизу, так и сверху. Воля-то вроде имеется – воля разбрасывать мешки с мусором в окрестностях дачи, воля придумывать убедительные отговорки для оправдания своих жульнических махинаций, воля для того, чтобы уходить от налогов, а свободы как не было при коммунистах, так и до сих пор нет. Потому, что свобода – это когда ты сам себе говоришь, что вот конкретно этого, или того делать нельзя – и не делаешь. Не прикрываешься за лукавое: "Все так делают," не закрываешься присказкой: "Моё дело сторона," или формулой: "Это я в первый и последний раз нарушаю закон," а просто этот закон соблюдаешь. Соблюдаешь потому, что это закон.

Один из основателей современной либеральной политической философии английский философ Исайя Берлин описал две концепции свободы - негативную и позитивную. Негативная свобода — это личная свобода, от которой человек не может отказаться, не идя против существа своей человеческой природы, тогда как позитивная свобода предполагает свободу вести предписанный обществом образ жизни. Негативная свобода идёт от индивида и определяет область его неприкосновенности, тогда как позитивная свобода определяется обществом и требует соблюдения принятых обществом представлений о нормальном человеке и о том, как ему достойно и разумно действовать. Позитивная концепция свободы предполагает не свободу "от," а свободу "для" - свободу вести какой-то предписанный образ жизни. [6, с. 7] Водораздел между негативной и позитивной свободой проводится либо с помощью юридических законов, либо с помощью социальных норм разрешённого-запрещённого или одобряемого-неодобряемого поведения.

Разное понимание этих двух видов свободы лежит в основе культурных различий между русским и западными обществами. В России свобода понимается, как воля. Воля сводится к личному желанию и нередко превалирует над законом и моралью. Поэтому любое вмешательство государства в частную жизнь человека рассматривается, как посягательство на его волю. В развитых цивилизованных обществах, государство рассматривается, как общественный механизм и регулятор общественной свободы и личной воли.

Человек, проживающий в России в последние несколько сотен лет, не был по настоящему свободным. И не потому, что не хотел, а потому что не мог в силу традиций, воспитания и зависимости от централизованной власти и государства. Поэтому и заменил в своих взглядах, мировоззрении понятие “свобода” на понятие “воля.” Например, “хочу на волю,” “привольное житьё,” “бескрайние просторы.” В русском языке существует большое количество поговорок, пословиц, обозначений подобного рода. Однако, на деле они обозначают всего лишь желание делать то, что русский человек хочет, к чему лежит его душа, а не то, что не запрещено законом и не то, к чему призывает его долг гражданина. Да и не гражданин он вовсе, а человек, проживающий на территории России и говорящий на русском языке.

Для свободного гражданина воля, желание — это начальная точка отсчета, после которой начинается размышление, регулирование, планирование своей деятельности таким образом, чтобы она не противоречила закону и нормам общества. Для русского человека желание — это нередко конечная точка. “Я теперь вольная птица – что хочу, то и делаю и никто мне не указ.” Или, если он добрался до позиции начальника, то: “Ну, теперь вы у меня попляшете.” То есть всё последующее поведение русского человека иногда определяется не столько требованиями закона и морально-этическими обязательствами перед семьей, обществом, сколько импульсивным желанием. И всё потому, что перед тем, как стать вольным в русском значении этого слова, он был подневольным, зависимым и, преодолев формально-юридическую зависимость от хозяина, других людей, государства, он остался подневольным в душе. У него остались стереотипы зависимого поведения, рабские предрассудки. Поэтому воля так и не стала для него свободой.

Из-за того, что русский человек понимал по-своему суть понятия “свобода” и всем своим существом не принимал реальной позитивной свободы, он подменял понятие “свобода” понятием “воля” или “самовластие.” Многие русские бунтари (Емельян Пугачёв, Иван Болотников, Степан Разин, да и Ленин тоже) были монархистами и диктаторами по своей сути. Бунтуя, свергая и уничтожая представителей старой власти, они не претендовали на реальное освобождение духа людей от рабства (разве что на словах). Они не хотели смены монархического, диктаторского, деспотического правления на другое - демократическое. Они претендовали только на смену правящей верхушки, оставив нетронутой самодержавную суть правления. Поскольку в душе они оставались такими же зависимыми людьми, как их воспитали. Даже если допустить, что их планы по смене царской власти сбылись бы, они всего лишь стали бы новыми русскими самодержцами (а у Ленина они сбылись в форме коллективного коммунистического деспота), оставаясь закрепощёнными людьми в душе своей. Та форма правления, к которой они стремились, сводилась к воле для себя, частичной воле для ближайших сподвижников, соратников и исполнителей, но ко всё той же неволе или рабству для остальных подданных, сиречь обитателей земли русской. Поэтому во время русских бунтов, восстаний и революций совершалось всего лишь истребление старших (воевод, помещиков, аристократов, офицеров, царских чиновников, иногда даже интеллигенции) и перераспределение собственности и должностей без изменения сути монархического правления, без освобождения зависимого, закрепощённого духа русского человека.

Стихийный народный коммунизм ("кто был ничем - тот станет всем") появился на Руси уже давно, но сводился к насильственному захвату и перераспределению власти, земли и собственности, попыткам отстоять свою волю, мстя обидчикам и утверждая своё рабское "Я" через власть. Но от захватов чужого добра, от убийств и отмщения угнетателям, психология русского человека ни на йоту не изменялась, свободы у него не прибавлялось, форма правления так и оставалась авторитарной, диктаторской, а уклад жизни в семье и в крестьянской общине - домостроевским. Уж на что, казалось бы, Ленин в своих публикациях боролся с рабством, холопством и т.д., а стоило ему взять власть в свои руки, как он воссоздал, по сути, такое-же однопартийное государство, в котором преследовалось инакомыслие. Марксизм был лишь фиговым листиком, который Ленин прикрыл коммунистическую деспотию. Про Сталина вообще разговора нет – он был в чистом виде восточным деспотом из первобытных времён и для него марксизм-ленинизм был пулемётом, с помощью которого он избавлялся от неугодных и лишних людей, реализуя свою личную рабски-деспотическую параноидную волю.

Основным компонентом свободы для русского человека является дозволенность. А дозволенность — это возможность делать то, что хочешь, это поведение в соответствии с субъективными понятиями о свободе, понимаемой, как воля. Сюда входят и культурная невоздержанность, возможность потакать своим слабостям, отступать от норм морали, осуществлять произвольное, спонтанное поведение по своему желанию. Ему, видите ли, лично хочется весело и свободно жить. Ну и чтобы лица весёлые его окружали. В таком духе выразился импульсивно мыслящий радиоведущий Артёмий Троицкий в передаче “Особое мнение” на Эхе Москвы: “Я хочу, чтобы людям жилось весело и свободно — вот чего я хочу. У нас в стране и не весело, и несвободно.” [80] Ещё бы – два раза за XX век сменилась форма собственности, была уничтожена и загнана в молчаливое подполье думающая часть населения, две чудовищных войны, репрессии, а он хочет, чтоб в России было весело и свободно? Так не бывает. И кроме того есть сильное подозрение, что московское понимание веселья и свободы Артёмия Троицкого сильно отличается от такового у мужчины его возраста, живущего в какой-нибудь русской глуши, где ни хороших дорог, ни работы, ни газа, ни тем более интернета нет, где лампы на фонарях разбиты и алкоголь вместе с федеральным телевидением являются единственными развлечениями по вечерам.

Многие жители России рассматривают свободу как игрушку, которая принадлежит только им: захотел – сломал, захотел – выбросил. Свобода – это инструмент, механизм, который принадлежит не только одному человеку, но равно и всем остальным, и, которым надо уметь пользоваться, чтобы он служил не только ему, но и другим людям. Существуют правила пользования этим инструментом – единые для всех граждан страны и свобода не виновата в том, что люди в России не умеют ей пользоваться.

В чём, собственно разница между человеком, мыслящим категориями общественной и личной свободы? Первый их не разделяет. Вернее, они гармонично сочетаются в его сознании и личности. Для второго общественная свобода – это свобода для начальников, государственных служащих, та свобода которой он не имеет. Потому, что государство – это его могучий враг, с одной стороны, и “дойная корова,” с другой. Враг, который так и норовит его ограбить, уличить, наказать, издать законы, которые ему не нравятся, ограничить его, подавить его личную свободу. У государства в руках для этого есть все средства и механизмы ограничения и подавления, а у него – почти ничего, что он может противопоставить всемогущему государству. “Дойная корова” потому, что от государства зависит его благополучие. Что оно даст со своего “барского плеча” – и на том спасибо, хотя, конечно, мало.

Не может быть свободы без нравственности. Свобода совести, слова, печати, собраний, выборов основана на нравственности граждан демократической страны. Существуют разные морально-этические нормы, связанные с жизнью по закону и по понятиям, которые либо принимаются, либо отвергаются жителями России и жителями США. Например, в США считается нормальным добровольно сообщать в правоохранительные органы (полицию, администрацию и т.д.) о нарушении закона другим человеком - соседом, коллегой, знакомым и даже родственником (например, превышение скорости, езда на красный свет, нетрезвое вождение, сексуальные приставания на работе, финансовые нарушения, вовлечение детей до 21 года в употребление алкоголя и т.д.). Принято сообщать на таможне при въезде в США, о том, что везёшь запрещённые к ввозу мясные изделия или фрукты, или сообщать перед посадкой в самолёт о том, что имеешь вещи, переданные другими людьми, что в анкете указал недостоверные сведения о себе, во время интервью перед приёмом на работу сообщать о себе нелицеприятные сведения, например, что ты состоял в обществе анонимных алкоголиков и т.д.

Для жителя России, следовать изложенным выше правилам — это нонсенс. Многие не просто не будут этого делать, но и сочтут глупцом того человека, который эти правила выполняет. Потому что для большинства жителей России власть и государство — это нечто не моё, существующее помимо меня, моей воли и моих желаний, а русская власть — это не моя власть, а посаженная кем-то сверху мне на шею. Это власть президентов, депутатов, губернаторов, которых кто-то наверху назначил (неважно, что их перед этим провели через формальную выборную процедуру). Простой человек в России субъективно ощущает, что власть и государство подавляют его личность, ограничивают его свободу, препятствуют исполнению его желаний, стремятся отнять у него деньги, собственность и пр. И вся история последних девяноста семи лет жизни в России подкрепляет такие опасения рядового жителя России: “Раз со мной государство в лице конкретных чиновников не считается, то с какой стати я буду считаться с ним?”.

Слежка и доносительство пронизывали все поры советского общества начиная со второй половины 20-х годов. Началось всё это задолго до эпохи большого террора 1936-38 годов. Сообщать в НКВД о действительных или мнимых прегрешениях человека стало особо распространено в 30-е годы. Каждый советский гражданин находился под негласным присмотром со стороны чекистов. Граждане, имеющие родственников за границей, демонстрировавшие нелояльное поведение по отношению к власти, были особо подозрительны для властей и, поэтому, удостаивались индивидуальных досье. Их нередко вызывали в ВЧК-НКВД-КГБ для профилактических бесед.

Никогда нельзя было быть уверенным, что телефонные разговоры советского гражданина не прослушиваются, его письма не просматриваются, его знакомые на него не “стучат” и т.д. Интенсивное доносительство друг на друга поощрялось и приветствовалось. В советское время в народе ходил анекдот: на двери КГБ висит плакат: “Стучите.” Но причиной этого “стука” было не ощущение принадлежности к своему государству, которое плоть от плоти моё и представляет собой продолжение меня самого, а элементарный страх за свою жизнь или благополучие, желание убрать конкурента, чтобы занять его место или желание кому-то за что-то отомстить. Согласитесь – первое – явление более высокого социального порядка по сравнению с более частным личностным вторым.

В основе разного понимания свободы у жителей западных стран и эмигрантов из СССР или России лежит несоответствие представлений о том “что такое хорошо, и что такое плохо.” Немалое число русских эмигрантов начинают свою жизнь в новой стране, применяя свои прежние представления о том, что такое свобода. А свобода в СССР и в современной России сводилась и сводится к формуле: “Хочешь жить, умей вертеться.” И как эти ребята пользовались “глупостью” советского социалистического государства в своих корыстных целях, так они пользуются “глупостью” и “доверчивостью” государства, в которое они эмигрировали.

Чтобы позитивная свобода работала, в обществе создаётся атмосфера доверия к государственным институтам и чиновникам, а также открытая публичная система контроля и информирования о нарушении человеком закона. Контроль за гражданином со стороны государственных и частных организаций, а также частных лиц вообще является важнейшим индикатором и фактором позитивной свободы в демократических странах. Даже если человек сам основал компанию и является её владельцем, он не может себе позволить в ней делать всё, что ему заблагорассудится. Он всё время находится под бдительным оком сослуживцев и окружающих.

Защита себя, своей личности, собственности от посягательств со стороны государства и общества требует от жителя России большой изощрённости ума и энергетических затрат, в отличие например, от американца, который делегирует часть своих полномочий обществу и государству. В России многие вещи стараются делать втайне от власти и от общества. Недоверие к государству и чиновникам у советских, а теперь и российских жителей впиталось почти с молоком матери.

Граждане Российской Федерации в большинстве своём не верят ни одному властному институту страны. Рейтинги судебной, законодательной (Государственная Дума), исполнительной (Правительство РФ) власти в 2011 году не превышали 10%. Уровень доверия правоохранительным органам в США превышает 80%, а в России едва дотягивает до 10%. А всё потому, что в России не работают механизмы взаимного контроля и сдерживания. Скорее все ветви власти в России действуют по принципу “рука руку моет,” чем проверяют деятельность друг друга и ограничивают неадекватные поступки друг друга. Функция граждан в России сводится к подчинению и выполнению вышестоящих указаний. Отсюда и недоверие институтам власти. Взаимное доверие и нравственное отношение к власти и людей друг к другу вырастает из добросовестного выполнения ветвями власти и людьми своих обязанностей, которые любой гражданин снизу доверху может проконтролировать, и через свободные выборы повлиять на поведение чиновников.

Политолог Иван Цветков полагает, что "на пути всех усилий американских властей улучшить собственный имидж в России ... стоит мощнейшее препятствие – национальные представления о должном характере взаимодействия индивида и социума. Вряд ли их можно изменить, воздействуя на сознание с помощью прямой или косвенной пропаганды." [89, с.11] Единственно, чему может способствовать такая пропаганда — это пробуждению протестных настроений у части русского общества. Но никакого отношения к свободе и демократии эти протестные настроения и действия не имеют.

В современной России свобода остаётся не более, чем словесной лингвистической конструкцией - чем-то вроде шаманского заклинания: "Берите суверенитета сколько сможете" (Ельцин), "Свобода лучше несвободы" (Медведев) и т.д. На самом деле жители России в подавляющем большинстве своём психологически, нравственно и даже материально ещё не готовы к позитивной свободе. Это относится и к тем, кто "выбился" в "новые русские" богатеи в лихие 90-е годы равно, как и к тем, кто остался на средних и нижних ступенях имущественной лестницы.

Немалое число людей в России до сих пор лучше понимают, когда с ними обращаются по-советски – через приказ, распоряжение, указание, когда "ставят их на место." Пусть знают, кто в доме хозяин. Если хозяин, начальник проявляет слабость, даёт слишком много воли подчинённым, то он расписывается в своём бессилии и в том, что он не контролирует ситуацию и свою территорию. Ведь подчинённые ему "на голову сядут и ножки свесят." А рассчитывать на индивидуальную зрелость подчинённого, на его сознательность и ответственность является слишком большой роскошью.

Дремучие люди в руководстве ФСБ не понимают и не принимают ограничений для своей деятельности. "Нам нужны все ключи мессенджера "Телеграмм" и точка. А мы уже будем выбирать тех пользователей, которые нас интересуют." Это прошлый век взаимоотношений спецслужб и частного гражданина. В XXI веке без конкретизации и дифференциации пользователей, получения разрешения через суд, доступ к чужой информации формально запрещён. А в случае с "Телеграмм" это просто технически невозможно. Павел Дуров оказался умнее мощнейшей организации ФСБ.

7.2. Сочетание Насилия и Произвола с Духовным Закрепощением

Люди, жившие в Советском Союзе и живущие в современной России, не осознают своей глубокой психологической зависимости от государства и от его представителей – вождей и чиновников, а если и осознают, то этим не очень тяготятся. В противном случае они что-то попытались бы предпринять, чтобы от этой зависимости избавиться.

Независимого, самодостаточного, свободного духом человека волею судеб можно сделать рабом - физически поработив его, но до самой своей смерти он будет мыслить, как независимый, самодостаточный, свободный духом человек. И обратно, люди, выросшие и воспитанные в рабстве, уже никогда независимыми, самодостаточными не станут. Даже если проведут остаток жизни в демократическом свободном обществе.

Частично избавиться от духовной закрепощенности, скомпенсировать её можно, но до конца от неё избавиться – не удаётся никому. Это пожизненный социальный и психический дефект. Например, русский писатель Антон Чехов говорил, что всю жизнь "по капле выдавливал из себя раба".

Психология раба не только неизлечима, но и возвращается к человеку вместе с языком и окружением. Интересны впечатления бывшего русского эмигранта, кинорежиссёра Андрея Кончаловского, вернувшегося на склоне лет в Россию. Казалось бы, и на Западе человек пожил (во Франции и в США) и прекрасно понимает цену всем этим амбициозным русским начальникам, которые только и умеют, что "надувать щёки" от сознания собственной значимости, но стоит ему вернуться в Россию, как сразу рабские стереотипы молодости берут в нём верх над позднейшими культурными наслоениями. Он начинает заискивающе улыбаться, встаёт при появлении начальства и пр.

"Должен сказать вам, что во мне много "раба." – пишет Кончаловский про себя в своём блоге, - Я это знаю потому, что чувствую, что во мне "творится," как я меняюсь, когда я разговариваю с начальством, понимаете... Поэтому в такие моменты я сам себе, честно говоря, бываю противен. Но это сложная вещь, с которой надо жить и бороться." [38, с. 4] То же самое могут сказать про себя многие люди, живущие в России и даже самые махровые оппозиционеры, которые на всех углах вопят: "Путина в отставку!" Справьтесь вначале с рабом в самом себе и попробуйте жить, как свободные люди. Тогда и "вечный" президент Владимир Путин испарится и исчезнет, как утренний сон без следа. Его сила – в вашей слабости. Путин ведь тоже раб раз он воспитан в СССР, но он волевой раб, который научился подавлять свои рабские реакции.

Почему русский человек преклоняется перед жестокой властью, которая не оставляет ему ни одной степени реальной демократической свободы (не воли, а свободы)? Он согласен с тем, чтобы его вместе с другими такими же слабыми духом, зависимыми и покорными людьми “строили в ряды и колонны” и направляли куда угодно: на раскулачивание своих-же крестьян, на подрыв плотин Днепрогэса и Истринского водохранилища под Москвой в 1941 году, на расстрел рабочих демонстраций в Астрахани и Новочеркасске. И он не задаёт себе вопрос: “А имею ли я право по преступному приказу убивать других людей?” Выходит, он ничем не лучше тех, кто эти приказы издаёт и заслуживает того, что им последние сто лет руководят преступники и убийцы.

Доминирование верховной власти и государства над народом имело место в России всегда. Но после установления власти большевиков оно было “возведено в Абсолют.” Вождь или лидер государства был носителем верховной власти и одновременно его деспотическим собственником, владыкой народа в нём проживающего (в том смысле, что он делал с этим государством и с этим народом всё, что считал нужным). Кроме всего прочего этот вождь был одновременно носителем “самой передовой в мире марксистско-ленинской идеологии.” При вожде люди из индивидов, уникальных личностей, одушевлённых богом существ, превращались в части государственной машины - части, которые не могли постичь тайные мысли и мотивы поведения вождя, но под страхом сурового наказания обязаны были выполнять его указания и распоряжения. В противном случае “человека-винтика” постигала кара, его заменяли другим “винтиком” с подходящей, “правильной резьбой”.

Вождь был очеловеченным символом государства, посредником между “единственно правильной” марксистско-ленинской идеологией и “человеком-винтиком.” Иногда “винтику” тоже хотелось побыть вольным человеком. Тогда он напивался, шёл в загул и совершал другие необдуманные поступки. Независимой личностью, подчиняющейся только закону здесь и не пахло. Ленинская формулировка свободы, как познанной необходимости сводилась к подчинению тому, у кого в данный момент была сила. В созданном Лениным террористическом советском государстве сила была в руках у него и его партии, представляющей государственную власть. Все, кто жил в СССР должны были подчиняться его личному произволу, равно как и произволу представителей его большевистской партии, подчиняться под страхом фатального наказания. Неизбежность этого подчинения гарантировалась государственным террором.

Будучи сам от рождения бунтовщиком, хотя и очень волевым, Ленин и советское государство создал однопартийным, основанным не на осознанном выборе людей и сознательном выполнении ими общечеловеческих законов и законов государства, морально-этических заповедей приемлемых для большинства, а на насилии, подавлении, страхе, которые ничего общего не имели со свободой личности, совести, слова и прочего буржуазного демократического арсенала. Сталин оказался всего лишь деспотическим продолжателем заветов "отца-основателя," которые он довёл до логического конца и применил к русскому народу.

Война советской власти против своего народа стала возможной в условиях террора и вызванного этим террором страха и пассивности населения. Впрочем, какая же это война, если народ не возражает, когда с ним обращаются, как с бессловесной рудой. Правда, те, кто возражал, долго не прожили поскольку коммунисты, равно как и нацисты расправлялись со своими противниками похожими методами, то есть всех несогласных они ставили к стенке и на этом всё несогласие, а вместе с тем другое мнение заканчивалось. (см. "Добрый человек из Сезуана" Бертольда Брехта).

Система труда, основанная не на экономических, а на принудительных стимулах, по инерции продолжала действовать и после смерти Сталина, но уже без такой жестокости и неотвратимости, как при "вожде всех народов." Инерции страха и привычки к полувоенной дисциплине хватило жителям СССР на несколько лет после 1953 года. Потом личность стала "всплывать" из-под сковывающих государственных цепей страха и насилия, которыми коммунисты опутали Россию. Человек стал проступать из-под раба. Но это был уже другой человек - советский – хитрый, приспосабливающийся, "себе на уме" вроде Ивана Денисовича из повести Александра Солженицына. Этот советский человек в силу своего воспитания уже не мог стать свободным, высокоморальным, творческим. Он привык вести двойную игру по типу "один пишем, два в уме," "если есть возможность не работать и сачкануть – почему бы не сделать этого," "дураков работа любит" и так далее.

С упразднением Гулага система лагерного подневольного труда стала постепенно исчезать. Работники "шарашек" переводились в режимные НИИ и КБ, а также в "почтовые ящики," где они работали уже на добровольной основе.

Тот же Хрущёв мог осуждать Сталина и его методы, но отказаться от наследия отцов-основателей советского государства он был не в силах поскольку сам был "вскормлен молоком этой коммунистической коровы" и ими же вознесён на вершину советского Олимпа. Поэтому убить раба в самом себе и обрести человеческое достоинство присущее свободному человеку никто из родившихся в условиях советской системы так и не смог. Самое большее, на что мог рассчитывать человек, выбившийся в правители, – это быть рабом-самодуром.

Почему самодурство так живуче в России? Потому что для этого есть подходящие условия. Если есть самодур, то есть и жертвы, которые согласны это самодурство терпеть, а не бороться против самодура доступными средствами. Баланс во взаимоотношениях власти и народа основан не только на толерантности последнего, но и на его сопротивляемости. А если народ, то есть жертва, не осознаёт своего унижения и не сопротивляется, то насильник, то есть власть, этим пользуется. Пассивность и страх людей делают власть самодурской и деспотической.

Император Николай Второй мыслил в категориях тезиса, что "я - хозяин земли Русской и делаю в российской империи то, что считаю нужным." Генеральный секретарь Сталин мыслил в терминах жизни и смерти жителей СССР и того, соответствуют ли эти жители новому советскому порядку и послушны ли они его воле. Владимир Путин мыслит в терминах свой-чужой, лояльный-не лояльный, можно ли на человека положиться или нельзя. В сконструированной им вертикали власти пересаживать людей действительно бессмысленно, они и так свои, они и так обязаны выполнять те функции, которые он на них возложил. [59] Однако, такая система работает только до тех пор, пока у лидера есть финансовые или карьерные ресурсы, с помощью которых он воздействует на своих чиновников и держит их "у ноги".

Бесконтрольная абсолютная власть – такая сладкая штука. Испытав её однажды, многие уже не могут от неё отказаться и пользуются любыми способами для того, чтобы длить и длить это удовольствие, как крыса с электродом, вживлённым в центр удовольствия в мозге. Она готова нажимать на рычаг удовольствия бесконечное количество раз, лишь бы только испытать это удовольствие ещё и ещё раз. Лидер, который обладает бесконтрольной властью понимает, что, уйдя от власти, он станет обычным человеком и любой может сделать с ними всё, что угодно. И предчувствие этой будущей беспомощности – самое невыносимое ощущение, которое он переживает в своей жизни.

С другой стороны, абсолютная бесконтрольная власть становится смертельно опасной для диктаторов в случае экономических или военных катаклизмов, когда положение народа резко ухудшается. Достаточно посмотреть на расправу большевиков с бывшим императором Николаем Вторым и его семьёй, на расстрел недовольными военными главы Румынии Николае Чаушеску с женой, на казнь через повешение президента Ирака Саддама Хусейна, на убийство повстанцами и недовольными некогда всесильного диктатора Ливии Муаммара Каддафи. История пестрит такими примерами. Поэтому и президент России будет держаться в Кремле до последнего, а потом постарается передать власть очередному преемнику. Так оно спокойнее, чтобы спокойно встретить старость, а не ждать, что за тобой придёт "человек с ружьём," одураченный болтовнёй какого-нибудь Ленина или Троцкого.

Когда в прежние времена американский президент лично выходил на советского генсека с конкретной проблемой (например, освобождение заключённого Имярек), то для лидеров советского государства, которые привыкли управлять судьбами миллионов их не спрашивая, это выглядело странно (ведь заключённый не был братом или родственником американского президента) и они, считая такие запросы чудачествами лидера большой страны, мимоходом удовлетворяли их просьбу, если при этом не было других более высоких политических соображений. Таким же образом мог поступить король какой-нибудь африканской страны - почему не подарить красивое животное (леопарда, породистую лошадь или другую диковинку) для поддержания добрососедских дипломатических отношений. Ведь они были облечёнными властью небожителями, а тут какая-то лагерная пыль вроде Владимира Буковского или Александра Солженицына.

Власть из русского народа вытекает, но назад туда уже не возвращается, разве что в виде покойника на кладбище. Раньше помню даже такая фраза у партийных и советских руководителей была: "Что скажем народу (людям)?" Всегда были "мы" и "они," "субъект управления" и "объект управления," "правда для своих" и "правда для остальных".

Примеров барского самодурства, пренебрежения чиновниками мнения населения и издевательств над человеком в России не счесть. Причём любой русский бюрократ, начальник, лидер партии показывает свою власть над другими людьми используя широкий спектр способов.

Слабохарактерный император Николай Второй не годился ни в самодержцы, ни в самодуры, ни в военачальники, ни в реформаторы. Он был неплохим человеком, но "плыл по течению" подхлёстываемый своими императорскими амбициями, приспосабливаясь к людям, обстоятельствам и сменам настроения своей супруги - Александры Фёдоровны. К сожалению, быть просто неплохим человеком на русском престоле оказалось недостаточно. И он свою партию проиграл. И вместе с ним проиграл весь многочисленный императорский род Романовых, который за небольшими исключениями был уничтожен большевиками в 1918 году. Ну и, конечно, проиграл весь русский народ.

Большевикам сравнительно легко удалось захватить и удержать власть в 1917-1920 годах именно из-за многосотлетней рабской ментальности русского человека, отсутствия у него привычки к независимости, самостоятельности и к позитивной свободе. Свержение Временного правительства привело к ленинской однопартийной большевистской диктатуре. При Сталине народ вообще забыл о демократических, политических свободах. Произошло очередное, пожалуй, самое жестокое духовное и физическое закрепощение жителей России, и жителей присоединённых к ней земель.

Иосиф Джугашвили (Сталин) был самым безжалостным диктатором в русской истории. Его "подвиги" сравнимы только с таковыми у Ивана Грозного. Но масштаб злодеяний у Сталина был значительно больше, чем у Ивана Грозного. Оба они, несмотря на идеологические различия, признавали только три состояния живого человеческого существа - или ты хозяин и делаешь с людьми, как со своими рабами то, что хочешь, или ты - раб и с тобой делают то, что хотят. Третьим состоянием человека является смерть. Только с переносом твоего тела на кладбище, твой дух может считать себя свободным (если сумеет).

Трудовые армии начала 20-х годов были укомплектованы по военному принципу из крестьян мобилизованных в Красную Армию во время Гражданской войны. Трудовые армии 30-х годов, создавались на основе крестьян, у которых отняли землю в пользу колхозов и совхозов, а вместе с ней возможность кормить себя и свои семьи с помощью традиционного крестьянского труда. Аргумент: "А как их ещё заставишь работать?" типичный для рабовладельческого строя хорош только когда у тебя много рабов и взамен умершего ты тут же можешь поставить другого, "свежего" раба. У коммунистических вождей рабов было много.

Из-за чудовищного террора 30-х годов потребности в политических свободах у советских людей даже не возникало. Уже цитированный выше историк Георгий Федотов, живший после своей эмиграции в Европе, в 30-х-40-х годах встречался с представителями советской технической интеллигенции, приехавшими из СССР на Запад, за границу. По результатам этих встреч он написал: "По мере убыли свободы прекращается и борьба за нее. С тех пор как замерли отголоски Гражданской войны, свобода исчезла из программы оппозиционных движений - пока эти движения еще существовали. Немало советских людей повидали мы за границей - студентов, военных, эмигрантов новой формации. Почти ни у кого мы не замечаем тоски по свободе, радости дышать ею. Большинство даже болезненно ощущает свободу западного мира как беспорядок, хаос, анархию. Их неприятно удивляет хаос мнений на столбцах прессы: разве истина не одна? Их шокирует свобода рабочих, стачки, легкий темп труда. "У нас мы прогнали миллионы через концлагеря, чтобы научить их работать" - такова реакция советского инженера при знакомстве с беспорядками на американских заводах; а ведь он сам от станка - сын рабочего или крестьянина. В России ценят дисциплину и принуждение и не верят в значение личного почина - не только партия не верит, но и вся огромная ею созданная новая интеллигенция." [85, с. 298-299] Оценивая мнение Федотова, нужно учитывать, кого в 30-е годы выпускали за границу и какие инструкции им давали. Если бы цитируемый им советский инженер попробовал сказать что-то отличное от официальной точки зрения, на следующий день его бы отправили назад в СССР и там нквдшники занялись бы его "воспитанием" по серьёзному.

И несмотря на немалое количество вновь испечённых из рабочих и крестьян советских технических "интеллигентов," СССР покупал на Западе технологии и даже целые заводы. Например, был куплен завод Генри Форда по изготовлению автомобилей ГАЗ, как копия автомобиля "Форд." Пока российские инженеры работали по фордовским технологиям - всё было нормально. Как только они разобрали по винтикам сконструированный на его заводе трактор "Фордзон" и наладили выпуск своих тракторов на своей технологической базе, эти трактора почему-то всё время ломались. Из-за низкой квалификации новой советской технической интеллигенции, инженеры даже скопировать трактор как следует не смогли. Дело дошло до того, что Форд подарил им документацию на свой трактор и выучил 50 советских инженеров у себя в университете в США. А ведь сам Генри Форд, который свои автомобили и тракторы, равно как и конвейерные линии по их изготовлению придумал сам, был сыном обыкновенного американского фермера, как и большинство тех крестьян, кого "перевоспитывала" советская власть на великих стройках коммунизма, заставляя их по колено в ледяной воде строить каналы и плотины. Если бы Форд попал в такие же условия, то вряд ли он что-нибудь изобрёл в своей жизни.

В силу той же несвободной ментальности советских людей, Сталину удалось создать жесточайшую деспотическую диктатуру из всех, когда-либо существовавших на земле. Нацистские партии Европейских государств училась у партии большевиков, гестапо училось у НКВД. Но всем им было далеко до них хотя бы потому, что самый безжалостный нацист заинтересован прежде всего в том, чтобы получить максимум от представителя "неполноценной" нации или расы, а только затем его уничтожить, а большевики уничтожали своих собственных людей вообще без всяких рациональных оснований – просто потому, что надо было выполнить план по расстрелам и посадкам и отрапортовать о выполнении своему начальству.

Коммунистические словесные игры или лицемерные лозунги советских времён по типу: "Союз нерушимый республик свободных," "Я другой такой страны не знаю, где так вольно дышит человек," "От колхозного вольного края мы привет и любовь принесли," "Свободный труд свободно собравшихся людей," "Славься, отечество наше свободное" заменяли для советского человека истинную свободу со всеми её противоречиями и сложностями. Правда, от повторения словесных заклинаний о свободе, в жизни советских людей ничего не менялось. Они по-прежнему оставались в положении закрепощённых людей, думающих, что истинная свобода — это личная воля делать то, что тебе хочется. В результате свобода для такого раба становилась "познанной необходимостью," мол, а куда денешься?

С самого рождения каждый советский гражданин должен был усвоить железное правило: "у кого сила, тот и прав." А коммунисты, как и положено надсмотрщикам в советском лагере, особо тщательно следили за тем, чтобы сила всегда была на их стороне. Жителям страны Советов оставалось "прогибаться" перед любым партийным начальством и "колебаться" вместе с генеральной линией партии. А генеральная линия у партии была подчас весьма извилистая. Кроме того, сегодняшний друг завтра мог оказаться врагом. Да что там друг – отец и мать, которые нянчили тебя и учили уму-разуму могли в любой момент быть объявлены врагами народа. Однако признавать правильность этой извилистой линии партии приходилось всем и каждому жителю советской страны поскольку альтернатив у них не было. Вернее, выбор был, но небогатый: либо беспрекословное подчинение вождю и его присным, либо наказание в виде тюрьмы, Гулага или расстрела. Места у стенки и пули для "врага народа" или человека, обречённого на "заклание," у большевистской власти всегда хватало. Были и те, кому везло, и они занимались интеллектуальным трудом, но и они из чувства самосохранения были обязаны следовать за извилистой линией коммунистической партии и никогда не обременять себя излишними морально-этическими принципами или спонтанно возникшими идейными соображениями.

Политические и экономические свободы провозглашались в сталинской Конституции 1936 года на бумаге, но на практике не выполнялись. При большевиках понятие "свобода" вошло в бытовой и политический лексиконы, но оставалось пустым словом. Из-за въевшегося в кровь и плоть страха перед жестоким наказанием русский народ легко, без большого внутреннего сопротивления покорялся очередной власти, очередному правителю и позволял этой власти, этому правителю делать с собой всё, что угодно. Новое закрепощение русского народа уже под пролетарским "соусом" и последовавшая за этим сталинская диктатура, сделали многих жителей России боязливыми и послушными особенно в общественно-политическом плане. В результате Россия и на сегодняшний день имеет то, что имеет – несвободный, недемократический народ и авторитарных правителей. И боюсь, что в ближайшее время эту тенденцию не переломить. Разговоры о демократии с телевизионных экранов, нравоучительные беседы о том, что надо бы сделать в той или другой ситуации, ничего не изменят в ментальности и жизни русских людей.

Та небольшая свобода (воля), которая пришла к советскому человеку, когда умер жесточайший из диктаторов XX века - Сталин, сразу привела к частичному освобождению его духа, отравленного марксистско-ленинским идеологическим дурманом. У многих представителей русской нации сразу проявились худшие национальные черты – недисциплинированность и пьянство. Люди, лишённые страха за свою жизнь, но ещё не умеющие жить так, как живут свободные люди, стали быстро отходить от заветов отцов-основателей коммунистической идеологии и "разлагаться" вместе с партийной верхушкой, которая делала это с особым удовольствием. Процесс этот набрал особую силу уже в 80-е годы.

7.3. Ограничение Конституционных Прав и Свобод в СССР и в России

Цензура появилась в России уже давно, с времён Киевской Руси во второй половине XI века и существовала вначале как религиозная, а потом как светская. Свобода собраний и митингов, свобода выбора народных представителей в России с времён абсолютной монархии были под запретом или осуществлялась с большими ограничениями. Однако, начиная с 1907 года после Первой русской революции ситуация стала понемногу меняться к лучшему и перед Первой мировой войной в России печаталась даже большевистская газета "Правда," которая вообще отрицала самодержавную форму правления. Период после отречения императора от престола с февраля по октябрь 1917 года можно считать самым демократическим за всё время существования России. Но власть захватили маньяк пролетарской идеи Ленин и другой аморальный тип - Троцкий и никаких свобод у народа вскоре не стало совсем.

Ленин в первую очередь закрыл все средства массовой информации, имевшие позицию отличную от его собственной и публиковавшие материалы отличные от тех, которые он хотел бы видеть и читать. Сделать это было нетрудно с помощью вооружённых революционных солдат, матросов и других отбросов общества, которым было всё равно кого разгонять, арестовывать и убивать – большевики их только направляли, пользуясь агитацией с трибун, слухами, распространяемыми через верных людей и своей печатью. Почта, телеграф и телефон тоже были ими захвачены. Телевидения, интернета и радио в начале XX века не существовало. Очень быстро в политической печати центральной части России, находившейся под властью большевиков, воцарилась одна точка зрения - большевистская.

Остальные были неправильными по определению. Критиковать действия новой власти было негде, а скоро и некому.

А вот сами большевики стали использовать свою партийную прессу для шельмования всех, кого они считали врагами в том числе бывших союзников, а также мешавших им людей и группировок. Они приписывали своим врагам свои собственные пороки, обманывали людей на каждом шагу, оправдывали свои подтасовки и беззакония классовой необходимостью, сделали свои газеты и плакаты рупором красного террора, не стесняясь говорили о том, как они грабят и убивают людей, которых они считали классовыми врагами. И эта аморальная точка зрения, как единственно возможная и правильная существовала в течение последующих 70-ти с лишним лет на всей территории Советского Союза. Менялись только формы подачи такого рода лживой, односторонней информации.

Второе, что сделал Ленин, был разгон демократически выбранного Учредительного собрания и расстрел мирных демонстраций в поддержку собрания. Ещё через два года были запрещены все собрания и демонстрации против большевистской власти – даже мирные. Причём с окончанием Гражданской войны запрет на оппозиционные демонстрации не был отменён. Демократия в России закончилась едва начавшись. Всё это действо сопровождалось чудовищным террором – провозвестником большого сталинского террора середины 30-х годов.

Те экстремистские левые силы, я имею в виду главных организаторов и идеологов, которые в октябре 1917 года совершили переворот в России, имели возможность читать разных авторов - философов, экономистов прежде, чем остановиться на марксизме или анархизме. У подавляющего большинства жителей России, чьё детство пришлось на эпоху военного коммунизма и даже позднее, такой возможности практически не было. Разве что читать книги в спецхранах библиотек с разрешения властей или на чердаках у бабушек. Официально сравнивать другие концепции, идеологии с марксизмом-ленинизмом допускалось только в пользу последнего. Поле для независимых самостоятельных размышлений было практически выкошено. Оставалось только зазубривать догматические идеи официально разрешённых классиков, осваивать разрешённые наверху идеологически проверенные истины и те литературные источники, с которыми предварительно поработали идеологически правильные авторы. В СССР цензура приобрела тотальный характер и существовала в таком виде до 1988 года.

С наступлением сталинского правления даже сама форма, манера изложения материала, имевшего отношение к общественной жизни, стала грубой, примитивной, бичующей, не допускающей сомнений и возражений. Вся пресса, а потом и радио стали копировать параноидное сталинское мышление. И это неважно, что писали инструкции, указания, статьи, излагали материалы съездов другие люди. Писали сталинские клоны поскольку другим в созданной им системе власти места не было.

Когда появилось радио и коротковолновая связь, утаивать объективную информацию от советских людей стало труднее. Но и здесь работники НКВД нашли выход. На большей части территории страны они поставили устройства для подавления и создания шумовых помех для радиочастот, на которых работали радиостанции “Голос Америки,” “Би-би-си,” “Радио Свобода” и др. – так называемые “глушилки.” Эти устройства работали в СССР с небольшими перерывами с 1931 до 1988 год. Во время Великой Отечественной войны советские власти изъяли у населения все коротковолновые приемники, чтобы даже искушения читать и слушать информацию из-за рубежа помимо официально разрешённой у людей не было. [41]

Про свободу собраний, митингов и манифестаций при советской власти можно даже не говорить. Были только разрешённые и организованные партийными властями. Остальные объявлялись незаконными и даже вражескими даже если люди выходили на них с портретами Ленина. Их коммунистическая пресса либо замалчивала, либо объявляла происками врагов советской власти. По официальному мнению, в стране победившего социализма, где трудящимся и так даны все права, иного и быть не может. А потому все протесты крестьян, рабочих, интеллигенции жестоко подавлялись, а их зачинщики расстреливались. Так было при Ленине, при Сталине и при Хрущёве. При Брежневе обходились выявлением лидеров, их изоляцией или ссылкой на 101-й километр подальше от крупных населённых пунктов, “на химию,” “в места не столь отдалённые.” Некоторых помещали в психиатрические лечебницы.

На мнение простого человека в СССР не ориентировались вообще. От народа ничего не зависело. Кучка людей наверху или даже один человек решали за них, прикрываясь их мнением. Возражающих правителю чаще всего не находилось. Власть организовывала нужные ей выборы по своим установленным правилам. Партийные лидеры договаривались между собой о передаче власти своему человеку, а если не могли договориться, то совершали дворцовые перевороты. Простой народ к этому настолько привык, что даже не сопротивлялся.

Придя к власти, президент Ельцин не ограничивал свободу печати. В этом был один из самых больших его плюсов, как руководителя государства, чем, надо сказать люди пользовались как во благо, так и во зло. Все быстро поняли, что существует полно продажных журналистов, которые за хорошие деньги напишут что угодно и скажут, что надо тем более, что штрафы за клевету и враньё были в то время ничтожными.

Профессионалами многие из них были хорошими – поднабрались за десятилетия коммунистического пропагандистского вранья, а вот с журналистской этикой и порядочностью были не в ладах. Однако, если за клевету и за тенденциозное изложение фактов или за их сокрытие журналисту платят в десятки раз больше, чем за объективную информацию, то убеждать читателей и зрителей в нужной кому-то точке зрения становится гораздо выгоднее.

Например, журналист на телевизионном канале ОРТ, находившемся под контролем Бориса Березовского - Сергей Доренко пользовался весьма сомнительными и даже грязными средствами для того, чтобы показывать в неприглядном свете тогдашнего мэра Москвы – Юрия Лужкова, журналисты на канале НТВ, контролируемом Владимиром Гусинским, осуществляли небескорыстную одностороннюю информационную поддержку чеченским сепаратистам и давали очень выборочную, даже тенденциозную информацию своим зрителям. Про журналистов из жёлтой прессы вообще разговора нет. В конце 90-х годов доходы в многие десятки тысяч долларов в год стали для журналистов, работавших на богатых людей нередким явлением. Это при том, что пенсии и зарплаты у тех, кто честно всю жизнь отработал на Советский Союз опустились до 100-200 долларов в месяц, да и те выдавались нерегулярно. Немалые деньги и информационные технологии были использованы в 1996 году для перевыборов больного, редко трезвого человека, Бориса Ельцина, любившего власть до умопомрачения.

Из духовного рабства к свободе совести быстрого пути нет. Власть коммунистов в 1991 году партийный отступник Борис Ельцин в России скинул, хотя 10 миллионов советских коммунистов “в карман не спрячешь.” Кто-то из них “перекрасился” в демократа, кто-то ушёл в религию, кто-то стал аполитичным, кто-то подался в компартию России, возглавляемую Геннадием Зюгановым. Большинство разбежались по партиям власти (Гайдаровская партия “Выбор России” (из Первой Думы), Черномырдинская партия - “Наш Дом - Россия” (из Второй Думы), партия Сергея Шойгу - “Единство”). При Владимире Путине партия “Единство” слилась с партией Юрия Лужкова, Евгения Примакова и Минтимера Шаймиева “Отечество” и образовалась правящая ныне партия “Единая Россия”). Но закрепощённый дух у всех, кто воспитывался в советские времена, остался. И это неважно, что эти люди спрятали свои партийные билеты членов КПСС в дальний ящик письменного стола или в коробочку для документов (а вдруг пригодится) и что после этого назвали себя демократами или либералами, правыми или левыми, православными или мусульманами. Они прежде всего остались советскими людьми и бывшими коммунистами. Со всеми вытекающими последствиями, то есть с ментальностью советского, духовно закрепощённого человека.

В XXI веке официальной цензуры, как в СССР нет. Однако есть ограничения, которые каждый журналист, телеведущий, печатное издание, телеканал в целом устанавливает для себя сам. Эти ограничения год от года ужесточаются. Недавно принятые Государственной Думой без обсуждения с народом законы ограничивают права и свободы граждан, прописанные в Конституции. Новые законы предусматривают десятикратное повышение штрафов за клевету, ограничивают права некоммерческих организаций, получающих финансовую помощь из-за рубежа, позволяют контролирующим организациям создавать списки "чёрных" интернет-сайтов без санкции суда и даже блокировать их на основе решения Роскомнадзора. Всё это вновь отбрасывает Россию назад от построения демократического гражданского общества.

Перешли к новым лояльным власти владельцам многие независимые телеканалы и печатные издания (НТВ, ТВ-6, "Вести," "Коммерсант" и другие). Сейчас в стране основные общенациональные каналы находятся либо в прямом, либо в частичном владении государства. Чиновники осуществляют негласный контроль над большинством теле- и радиоканалов, а также над главными информагентствами и неофициально определяют редакционную политику СМИ в стране. Представители власти еженедельно составляют перечни рекомендуемых для освещения тем и списки лидеров несистемной оппозиции, независимых экспертов и журналистов, у которых ни в коем случае не следует брать интервью или приглашать для участия в телепередачах.

Об ограничениях на допуск некоторых людей на федеральные телевизионные каналы как-то сказал телеведущий Владимир Познер. В интервью журналисту Дмитрию Губину на канале "Совершенно Секретно" от 8 января 2013 года в программа "Наше время" он заявил, что при заключении с ним контракта – директор первого канала - Константин Эрнст поставил условие, что в авторской программе на первом канале ЦТ, выходящей под названием "Познер," он не должен приглашать семерых людей (Бориса Немцова, Гарри Каспарова, Михаила Касьянова, Эдуарда Лимонова, Алексея Навального и других. Когда Познер согласился на это, с ним был заключён контракт. Существование персон нон-грата для руководителей федеральных телеканалов подтверждает главный редактор и гендиректор "Независимой газеты" Константин Ремчуков: "Никто непосредственно не говорит кому-то: "Вот этого не приглашай в конкретную программу." Но в целом, конечно, поведение людей рассматривается. И поэтому годами ты можешь никогда не попадать на этот федеральный канал." [63]

Руководители телеканалов отлично понимают с чьей руки они кормятся и "резких телодвижений" обычно не делают. Впрочем, журналисты и сами ограничивают себя по содержанию подаваемого материала. Все они сами надели новое ярмо на шею, которая у многих всё ещё является советской. А может быть с советских времён они это ярмо с себя и не снимали. Только видимость создали на короткое время пока новый хозяин России не дал понять, кто и за что платит им зарплату. Для большинства сытая спокойная жизнь и престижная работа дороже резких революционных движений. Тем более, что история России наглядно показывает, чем такие движения заканчиваются.

В январе 2014 года на телеканале "Дождь" ведущие и редактор задали телезрителям проективный вопрос о блокаде Ленинграда: "Нужно ли было сдать Ленинград, чтобы сберечь сотни тысяч жизней?" (Ответы распределились так: 54% - ответили "Да," 46% – "Нет"). Об этом доложили Путину, и он возмутился. Этого было достаточно, чтобы 85% операторов кабельного телевидения ("Триколор ТВ" и другие) отключили его от сети. Совладельцу, издателю и медиаменеджеру Наталье Синдеевой пришлось приложить недюжинные усилия, чтобы сохранить канал "на плаву." Только после личного обращения к президенту Путин простил канал.

Нынешнее российское руководство видимо полагает, что полная свобода прессы, митингов, телевидения в России пока не очень-то нужны народу. Желудок важнее свободы. А воспитывать у жителей России эту свободу выбора никто не собирается. Это слишком сложно и хлопотно. Да и последствия непредсказуемы. Любому лидеру удобнее управлять и общаться с послушным народом. Со свободными людьми уж больно хлопот много. Мнение каждого учитывать надо, с каждым считаться надо. А так президент является главным источником хороших новостей и обычно выдаёт на-гора позитивные популярные в народе решения. Например: выдавать материнский капитал немедленно, а не ждать 3 года, отстроить новые дома погорельцам от летних пожаров, выдать по миллиону рублей пострадавшим в теракте и т.д. И действительно, если встать на позицию обывателя, то лучше иметь деньги в кармане, чем какую-то свободу, которой ещё не знаешь, как пользоваться.

1 августа 2014 года вступил в силу Закон о блогерах, согласно которому даже за перепост чужого текста, который признан экстремистским, можно получить срок заключения. Целый ряд блогеров уже отбывают тюремное наказание за нарушение этого закона. Формально запреты относятся только к терроризму, к текстам националистической направленности, вовлечению несовершеннолетних в ЛГБТ сообщество, а также к сайтам, связанным с детской порнографией.

По факту с тех пор Роскомнадзор сильно расширил свои полномочия. Принимаются всё новые законы, усиливающие контроль за интернетом, телефонными звонками, сообщениями по Скайпу. Из-за 6 случаев использования Telegram-каналов террористами и отказом предоставить ключи шифрования Роскомнадзор безуспешно пытается заблокировать мессенджер Павла Дурова. 400 компаний уже пострадали от этого, но Роскомнадзор, науськиваемый ФСБ, тупо продолжает свою блокировочную деятельность.

Правоохранительные органы России постоянно нарушают статью 20 Всеобщей декларации прав человека, статью 21 Международного пакта о гражданских и политических правах и статью 11 Европейской конвенции о защите прав человека и основных свобод (свобода собраний, митингов, пикетов и демонстраций). С 2012 года, когда Путин вернул себе президентскую позицию, были произведены тысячи политически мотивированных задержаний мирных демонстрантов и пикетчиков в России

Свобода собраний — это право проводить митинги, пикеты, демонстрации, а также собираться в помещениях; принадлежит к правам человека "первого поколения" (гражданским и политическим). Свобода собраний закреплена в статье 20 Всеобщей декларации прав человека, статье 21 Международного пакта о гражданских и политических правах, статье 11 Европейской конвенции о защите прав человека и основных свобод. И, тем не менее, эти конституционные права граждан постоянно нарушаются.

Критиковать первых лиц государства на главных федеральных телеканалах стало небезопасно. Недаром, по оценке Freedom House с 2006 по 2011 год Россия скатилась на одно из последних мест по уровню свободы прессы. Официальная политика Кремля окончательно стала держимордовской. Стареющие лидеры государства ужасно боятся всего нового, непонятного, неподконтрольного. Если бы не Интернет, Кремлёвские начальники непременно возродили бы Ленинский Главлит с его перлюстрацией почты.

7.4. Непредсказуемость Поведения

Что такое русская непредсказуемость? Это когда человек говорит одно, а делает другое. Загадочная русская душа потому так и называется, что это непредсказуемая душа. Поэтому от русских лучше держаться подальше.

Русский человек часто сам не знает, что он сделает (выкинет) в следующий момент. Из истории известны многочисленные факты непредсказуемого поведения русских людей. К примеру:
-Что подстегнуло царя Ивана Грозного убить своего сына? Самодурство от неограниченной власти или психическое заболевание.

-Что заставило младшего политрука Александра Панкратова (а потом Александра Матросова и ряд других солдат) броситься на амбразуру немецкого пулемёта? Советские пропагандисты нам подсказали, что это были патриотизм, любовь к большевикам-коммунистам и к вождю Иосифу Сталину лично. А может быть это была хорошая порция водки перед атакой? Или заградотряд, который подстерегал отступающих бойцов? Кто знает? Правдой в те времена людей не баловали.

Особенность русской непредсказуемости состоит в том, что она идёт не столько от конкретного события, несчастья, сколько от столетиями подавленного "эго," подавленной воли, безысходности подневольной жизни. В последнем случае, когда мало что от тебя зависит, и твоей жизнью управляют обстоятельства, начальник и пр., то иногда так и хочется расслабиться, "снять напряжёнку," пуститься "во все тяжкие." Из-за этой постоянной зависимости, подавленности, безысходности, необходимости терпеть, "суперэго" русского человека ослабевает чаще, чем у цивилизованного человека, который делает свою жизнь сам, не опираясь на утопии, мифы и несбыточные надежды.

Почему феномен и термин "русская рулетка" родился и прижился в России? Он в наибольшей степени соответствует рискованной непредсказуемой натуре русского человека, который временами может про себя сказать прямо по Гоголю: "черт побери все!" или "А, провались всё пропадом." Такое может быть с человеком в стране, в которой базовым понятием является не свобода, а воля.

Русское "эго" неустойчиво, оно нередко носит взрывной характер. После очередного взрыва идут переживания, раскаяния, "рвание рубахи на груди," "выплёскивания души" на случайных людей. Некоторые доходят до положения слизняка, потерявшего остатки человеческого естества. Куда девался целеустремлённый, волевой человек, каким он был ещё час назад? Новый раскисший русский человек готов на всё только для того, чтобы избавиться от переживаний, мучений, угрызений совести.

Большинству русских в силу их женственной природы важно не брать на себя всю полноту ответственности за большие государственные дела. Всем угоден правитель, который это делает за него. Ему можно всё. И уже никто не обращает внимания насколько законно то, что он делает и какова цена, которую все они платят за его решения.

Ещё одна проблема России – это непредсказуемость поведения официальных лиц на международной арене. Неожиданными для всех были аннексия Крыма, вооружённая поддержка сепаратистов Донбасса и ввязывание России в гражданскую войну в Сирии на стороне диктатора Башара Асада. Для начала Россия выступила гарантом уничтожения

Сирийским правительством всех запасов своего химического оружия. Как потом оказалось, Асад уничтожил не всё.

Из-за непредсказуемости и агрессивности российской внешней политики Польша и ряд других стран Восточной Европы не планируют продлевать заканчивающийся в 2022 году контракт с Газпромом на поставки газа. Бизнесмены этих стран не хотят подвергать риску свои капиталы.

Глава 8

Шкала Правового Нигилизма и Жизнь по Понятиям

8.1. Законопослушание

В начале XI века правление Ярослава Мудрого стало порой расцвета Киевского государства. Начиная с 1016 года общественные отношения на Руси регулировались сборником законов и правовых норм под названием "Русская правда" и княжескими уставами. "Русская правда" содержала нормы уголовного, торгового, наследственного и процессуального законодательства и в течение многих лет с XI до XVI-XVII веков являлась главным источником правовых, экономических и социальных отношений Древней Руси. За основу при составлении этого свода законов и правил, определявших взаимоотношения между жителями в конфликтных ситуациях, были положены Византийские нормы права, переведённые на старославянский язык.

Законы Древней Руси были основаны как на юридическом праве, так и на моральной основе. Самые суровые наказания в этом законодательстве предусматривались за нарушение территории, покушение на чужую собственность и нарушение долговых обязательств. Нормы Русской Правды воспринимались людьми некритически и не развивались. Князья судили своих подданных в соответствии с этими нормами. Во время княжеского суда судебные списки не составлялись и никаких описаний, и доказательств после суда не оставалось.

Со своими конфликтами люди шли к правителю. С X до XII века княжеский приговор сопровождался доказательствами вины. Для сбора доказательств вначале применялся розыскной процесс. Кроме того, важным фактором справедливого суда была состязательность. Если стороны были недовольны решением суда, то устраивался поединок. Причём женщина или старик для защиты своих интересов могли выбирать себе наймита. Начиная с XV века, имели место большие расхождения в судопроизводстве между русскими городами. Поэтому унификация правовых норм и законов, несомненно, была прогрессивной мерой в развитии единой Русской государственности.

В судебной практике важна была и роль крёстных грамот, которые составлялись для гарантии выполнения соглашений. Для дополнительной гарантии исполнения судебных решений применялись клятвы. Клятвы были судебные и персональные. И хотя по христианским заповедям клясться нельзя, поскольку человек не может отвечать за свои слова, а только Бог может это делать, тем не менее их использовали. Присяга на святой книге и крестоцелование были заменителями правовой и житейской гарантии.

В средние века наказания на Руси не отличалась гуманностью. Были и пытки, и колесования, и виселицы, и отрубание голов, но чаще наказывали за другое: за неподчинение верховной власти, за бунты, за вольнодумство. Что касаемо взяток, корпоративного сговора, воровства государственного имущества, то здесь наказания в России были мягче, чем в странах, где уважение к частной собственности выше. Это штрафы, ссылка в собственную деревню или на поселение, публичная порка.

В 1497 году при Великом князе Московском Иване III был издан и принят так называемый Судебник (общегосударственный свод законов русского государства) и проведён ряд реформ, заложивших основы поместной системы землевладения в стране. К 1521 году в состав русского государства входили Москва, Владимир, Новгород, Тверь, Рязань, Ладога, Псков, Суздаль, Вологда, Смоленск.

Соборное уложение было принято в 1649 году при царе Алексее Михайловиче Романове. Это был систематизированный кодекс феодального права. В царствование Петра I было опубликовано около 160 царских указов, которые не вошли в Соборное уложение, что создавало законодательную путаницу. В связи с этим власти понадобилось 180 лет для составления Полного собрания законов Российской империи. Работа была окончена при императоре Николае I под руководством Михаила Сперанского 1 марта 1830 года. Собрание законов состояло из пятнадцати томов, включавших административные, финансовые, гражданские и уголовные законы, а также законы о правах состояния.

Царская судебная система была весьма совершенной и судьи были независимы от исполнительной власти. Как бы советские юристы позже не старались найти в ней изъяны, но не могли. Наоборот, советское классовое судилище вызывало нарекания у независимых юристов. И так было до тех пор, пока независимых не заставили замолчать репрессиями. В результате нынешние подконтрольные исполнительной власти суды – это жалкая пародия на царские суды столетней давности.

До 1918 года Собрание законов Российской империи было базовым юридическим документом для судопроизводства. После октябрьского переворота большевики управляли страной с помощью декретов ВЦИК и СНК. Например, декреты "Об отмене частной собственности на недвижимость в городах," "Об отмене права пользоваться сбережениями," "О национализации предприятий" и "Об отмене права наследования".

С 1918 г. основным законом РСФСР являлась совсем коротенькая на нескольких страницах первая Советская Конституция, принятая Пятым Всероссийским Съездом Советов. За ней последовали три Конституции СССР (1924, 1936 и 1977 гг.). Уголовные и гражданские законы и распоряжения рабоче-крестьянского правительства СССР издавались с 1924 по 1937 год Управлением делами СНК СССР и СТО. С 1938 по 1992 годы законодательные документы правительства издавались под шапкой "Собрание постановлений правительства СССР".

Когда в 1991 году Россия на всех парах устремилась к капитализму, уголовный закон не то, чтобы перестал работать совсем, но работал в ограниченных пределах и далеко не для всех. Наступил период правового нигилизма практически во всех сферах жизни общества. Люди стали жить не столько по закону, сколько по понятиям. Взятки, откаты, присвоение чужого имущества (государственного или частного) стали неотъемлемой составной частью любого российского бизнеса и привилегией многих чиновников при власти. Некоторые люди пустились "во все тяжкие" тем более, что религиозные нормы, воспитываемые с детства, не работали для большинства граждан России – недавних атеистов.

Всё, что произошло с Россией в 90-е годы — это результат того, что жизнь по понятиям подменила собой жизнь по закону и по религиозным морально-этическим нормам. Бесконечные конфликты из-за того, что люди стали жить не по закону, а по понятиям на многие годы превратились в бич России. Люди до сих пор до конца не осознают, до какой степени их сознание было искажено советской системой, которая отучила их от собственности и от товарно-денежных отношений. С тех времён в народе стала популярной шутка: "Сколько у государства ни воруй, все равно свое не вернешь."

Ныне действующая "Ельцинская" Конституция была принята 12 декабря 1993 года и является юридическим основанием при написании новых российских законов. Законодательство для нового государства РФ приходится делать заново на её базе.

Физическое уничтожение всенародно выбранного Верховного Совета Российской Федерации в 1993 году – вроде бы пустячок, на фоне советского беспредела 1917 – 1922 годов, когда были упразднены все государственные учреждения России, но оно привело к дисбалансу ветвей власти во вновь образованном государстве под названием "Российская Федерация." Отказ Ельцинской команды от честных выборов в 1996 году – то же вроде бы пустячок на фоне многолетней однопартийной коммунистической диктатуры, но этот отказ привел к дальнейшему усилению центральной кремлёвской власти. Назначение Ельциным преемника взамен проведения честных демократических выборов на альтернативной основе снизу доверху – очередной пустячок в лучших традициях Петра Первого, который первым и ввёл такое назначение преемников, но оно привело к последующей недемократической процедуре назначений верховных правителей вместо их выбора народом.

Существующие в настоящее время "выборы" уже назначенного преемника или губернатора ничего кроме гомерического хохота вызвать не могут. Все эти "пустячки" накладываются один на другой и вместе создают нынешнюю отсталую полуфеодальную политическую систему выборов и управления Россией скорее по понятиям, нежели по закону.

Закон и мораль – вот два "кита" современного демократического общества. В России не работают как следует ни то, ни другое. Власть закона - краеугольный камень демократии и международного порядка. В России власть закона не является всеобщей. Граждане также снисходительно относятся к нарушениям норм морали, как к нарушениям закона. Сама атмосфера в русском обществе располагает к этому из-за всеобщего попустительства. Зарплата "чёрным налом," откаты, распил государственных средств, неформальные договорённости – вот далеко не полный перечень нарушений закона, допускаемых в российских государственных и коммерческих структурах.

Демократическая система правления и поведения граждан предполагает большую неотвратимость действия законов. Если кто-то нарушил закон и это нарушение зафиксировано или доказано следствием, то изволь понести наказание независимо от знакомств, богатства, должностного статуса и т.д. А если доказать преступление следствие не может, то надо выпустить подозреваемого человека из-под стражи, а не собирать улики всякими незаконными способами.

Жить по закону и проще, и труднее, чем по понятиям. Проще, поскольку гражданин делегирует часть своих общественных функций государству и доверяет ему следить за их выполнением и соблюдением закона. Сложнее потому, что такие общественные обязанности, как выборы судьи, мэра, президента за гражданина никто выполнять не будет. Плохого выбрал – сам от него и наплачется. Не сообщил в полицию о криминальной активности в своём микрорайоне, в следующий раз ограбят тебя самого.

В идеале закон должен действовать одинаково для всех, то есть защищать законопослушных граждан и карать нарушителей не взирая на лица. Однако, в России закон применяется выборочно в зависимости от статуса человека, размеров его кошелька и его лояльности к власти или к влиятельным группировкам. Поэтому неотвратимости действия закона для всех без исключения граждан в России нет. И это связано с фактором субъективности, произвольности трактовки и применения закона.

Большая часть населения России считает, что закон не писан для хороших людей, а только для плохих. Нередко закон в России применяют как дубинку, когда нужно кого-то наказать, а иногда его не применяют по отношению к своим людям, которые его нарушили. Поэтому рядовые граждане к власти относятся не как к носительнице, хранительнице и защитнице закона, которая следит за его соблюдением во всех случаях и применительно ко всем членам общества невзирая на лица, а как к носительнице силы.

Представители власти, наоборот, рассматривают свой должностной статус, как привилегированное положение по отношению к закону и используют его для реализации своих целей, не считаясь с интересами граждан и, тем более, со справедливостью. В отдельных исключительных случаях добиться соблюдения закона и нарушения неформальных корпоративных договорённостей в России может очень настойчивый и последовательный человек, который посвятит этому часть жизни.

Чем отличается здоровая нация от больной? Критерии для оценки этого в основном моральные, нравственные. У представителей здоровой нации хорошо это то, что соответствует критериям порядочности и достойно поощрения. У представителей больной нации осуждаемые вещи становятся нормой поведения.

Возьмём поведение кертингиста Крушельницкого на Олимпиаде в Южной Корее. Парню хотелось победы любой ценой. Видимо он однократно принял мельдоний. Думал, что к старту рассосётся. Не рассосалось. Подвёл себя и всю сборную. С ним всё ясно. Но окружающие покрывают Крушельницкого до последнего, пытаются его обелить. Привлекают адвокатов, следователей, журналистов, анализируют плёнки – кто мог получить доступ к его вешалке, шкафчику, к его еде, ищут следы заговора против всей сборной. У болельщиков вспыхивает в мозгу: "нас всегда засуживают." "Не любят русских за то, что они такие самостоятельные, независимые, сильные, ставят им палки в колёса."

На российских федеральных телеканалах я не слышал ни слова осуждения в адрес этого парня, хотя он обычный мошенник, который подвёл всю российскую олимпийскую сборную. В ответ только: "подадим в арбитраж, оспорим." И такое отношение у многих в России, начиная с пресс-секретаря президента Дмитрия Пескова и кончая последним болельщиком на трибунах. Другие голоса просто не допускаются в эфир и в печатные органы. Хотя мощным психологическим доказательством вины этого спортсмена является то, что после провала с допингом и лишения их обоих бронзовых медалей, от него ушла жена. Она-то уж знает правду лучше других. Значит он "подставил" и её тоже.

8.2. Правовой Нигилизм

Если при коммунистах частная собственность, деловая предприимчивость считались чем-то плохим, преступным, а анонимная работа на безликое советское государство считалось хорошим, то вдруг в одночасье всё поменялось. Начиная с 1991 года советское альтруистическое начало – одно из немногих положительных достижений коммунистического правления - стало признаком глупости, а деньги любой ценой – ценой предательства, убийства, обмана - стали единственным мерилом успеха. И всё это случилось без подготовки общественного мнения, без обучения советских людей с использованием радио, телевидения, через газеты, тех людей, которым предстояло лично, на себе пережить этот болезненный переход от распределительного социализма к капитализму.

При тогдашнем катастрофическом состоянии русской экономики изменения были необходимы. Но поскольку не была проведена подготовка своего народа заранее, загодя, никто не знал, что его ожидает. Советский человек не успел приспособиться к новым правилам игры и учился "плавать" по бурному морю капитализма, захлёбываясь и пуская пузыри, живя по криминальным понятиям.

Категории "Жизнь по понятиям ", "Жизнь по Справедливости," "Жизнь по Совести," "Жизнь по Правде" и "Правовой нигилизм" стали расхожими штампами в современной России. Рассмотрим, что означают эти категории, эти словосочетания на самом деле и что лежит в их основе?

Нигилизм — это когда человек не хочет или не может вести себя в соответствие с должными в обществе правилами и законами.

Правовой нигилизм — это юридический термин, обозначающий отрицание права как социального института. Отражает установку человека на неверие в то, что законы, определяющие правила поведения и регулирующие взаимоотношения людей, действуют для всех одинаково. Раз кто-то безнаказанно не соблюдает писаные для всех законы, то почему это должен делать я? – думает человек. Те, кто не выполняет хотя бы некоторые законы, тем самым показывают отрицательный пример другим гражданам. Невыполнение законов даже отдельными гражданами создаёт обстановку правового неравноправия в обществе и неверия в законы.

Да и как можно ожидать уважения к закону в России, если только за последние сто лет всё, что составляет основу ментальности народа менялось несколько раз. В частности:
- Форма собственности сменилась два раза.
- Наиболее образованные, умные, работящие люди страны были уничтожены выгнаны за границу или запуганы до смерти большевиками после 1917 года.
- Конституция СССР и России менялась в 1936 (под Сталина), в 1977 (под Брежнева) и в 1993 (под Ельцина) годах. А сколько коррекций “сверху” она перенесла? Складывается впечатление, что она каждый раз пишется и изменяется не для народа, а для правящей верхушки. Она напоминает многократно чиненное лоскутное одеяло. Про изменение других символов государства (гимна, флага, герба и пр.) уже и речи нет. Их меняют часто почти под каждого нового верховного правителя.
- Всё, что составляет основу культуры и морали нации (религия, народные традиции, основы национальной культуры) не раз выкорчёвывалось и подменялось советскими и интернациональными суррогатами.

Правовой нигилизм пустил в России глубокие корни. И условий для его преодоления пока нет. Из-за того, что люди в России живут не столько по закону столько по понятиям или по так называемой справедливости, в кризисные критические периоды XX века в России выигрывали те, у кого было меньше моральных ограничений, а проигрывали наиболее приличные люди, на которых держалось общество. Последствия октябрьского переворота 1917 года и развала СССР в 1991 году это ясно показывают. В обоих случаях вся аморальная человеческая дрянь выплыла наружу, на поверхность. Ладно бы просто выплыла, так захватила все ключевые властные и денежные вершины в стране.

Пример правового нигилизма в современной России. Телевизионный репортаж журналиста с удобной площадки в Москве, где парковка запрещена. Но место открытое, расположенное на пересечении дорог. Там удобно назначать встречи, а шофёрам такси ждать клиентов. Поэтому невзирая на запрет, там всегда много легковых машин. Штраф в две с половиной тысячи рублей (около 35 долларов) шофёров не пугает, они “отобьют” его на одной ходке. На вопрос журналиста: “Почему паркуешься в неположенном месте и нарушаешь закон?" шофёры даже не считают нужным придумывать правдоподобные оправдания. Типичный ответ такой: "Закон законом, а жизнь жизнью. Если поймают – заплачу штраф."

Несмотря на свой правовой нигилизм вера в хорошие законы неистребима в русском народе. А о том, что эти законы не будут работать и исполняться, человек в России старается не думать. Также не думает он о том, что многие новые законы ущемляют его конституционные права особенно если он этими правами и так не пользуется. Народ-то и безмолвствует оттого, что видит, как всё бесполезно и что любые действия ни к чему хорошему кроме неприятностей лично для него не приводят.

Вне зависимости от числа законов, предписанных к исполнению в условиях такой вертикальной схемы, число неформальных отклонений от этих законов гораздо больше, чем в демократической. Наиболее характерными вербальными выразителями неформальных отклонений от российских законов могут служить следующие уходы, оправдания, отговорки: "это как посмотреть," "надо сделать так, чтобы человека не обидеть," "и вашим и нашим," "а почему бы и нет," "он тоже человек, ему жить надо" и т.д.

В русском языке есть много высказываний и пословиц о роли законов в жизни русского человека и общества, чего они стоят, равно как и о тех, кто следит за их соблюдением: "Закон – что дышло: куда повернёшь, туда и вышло," "Не бойся закона, бойся законника," "Хоть бы все законы пропали, только бы люди правдой жили," "Что мне законы, коли судьи знакомы." Когда их читаешь, то не создаётся впечатления о большом уважении, которое испытывали русские люди к своим законам, судьям и адвокатам ещё в царские времена, хотя в те времена суды были не в пример нынешним более независимы. Если бы они могли вообразить, во что превратится российская судебная система в последнюю сотню лет и какими станут судьи и законодатели, которые смотрят не столько в Уголовный кодекс, сколько в рот исполнительной власти?

22 января 2008 года на II Гражданском форуме в Москве тогдашний первый вице-премьер, юрист Дмитрий Медведев заявил: "Россия - страна правового нигилизма, таким уровнем пренебрежения к праву не может похвастаться ни одна европейская страна." [43] Любой правозащитник мог бы подписаться под этими словами. Тем не менее Медведев начал своё президентское правление с того, что изменил Конституцию Российской Федерации, пользуясь конституционным большинством в Госдуме, а также подконтрольным исполнительной власти Советом Федерации и Конституционным судом, комплектуемыми по такому же верноподданническому принципу, как и Дума. Это прежде всего касается

увеличения срока президентских полномочий с 4 до 6 лет. Тогдашний председатель партии "Единая Россия" Борис Грызлов фактически подтасовал конституционное большинство в Думе, поскольку проводил верных ему людей списком без контроля народа.

Хотя букву закона Медведев не нарушил, но принимая во внимание отягощённую авторитаризмом и самодержавной диктатурой историю России и Советского Союза, которые многократно страдали от несменяемого руководства, он не имел морального права делать такие серьёзные изменения в Конституции без всенародного обсуждения на референдуме. Подчёркиваю - не голосования в послушной Думе и не менее послушном Совете Федерации, а гласного публичного обсуждения в прессе и на телевидении.

С одной стороны, Медведев всё сделал по закону, а с другой – ловко обвёл вокруг пальца собственный народ. Тем самым Медведев сразу показал, что он сам относится к главному документу страны - Конституции, как к обычной бюрократической бумажке, которую и переписать можно, когда им с Путиным угодно. Медведев поставил личную преданность Путину выше закона и морали. Не сомневаюсь, что церковь ему этот грех давно отпустила. Ведь православная церковь она снисходительна к кающимся грешникам. Тем более если этот грешник – первое лицо государства. Но после всего этого рассуждать о правовом нигилизме русского народа на месте юриста Медведева я бы постеснялся.

Для сравнения за более чем 200 лет в американскую Конституцию было внесено всего 27 поправок поскольку в США правители уважают свой народ, а народ уважает сам себя и каждая поправка проходила перед её принятием такое обсуждение и жёсткий отбор, что они являются действительно народными, а не исключительно президентскими.

В конце сентября 2010 года меня шокировал комментарий тогдашнего премьер-министра Владимира Путина на отставку мэра Москвы Юрия Лужкова: мол тому надо было с Медведевым договариваться. Какое право имел Путин ссылаться на возможность персонального договора между официальными лицами, получающими зарплату от государства? Если мэр Москвы использовал служебное положение в личных целях, то пусть идёт под суд. В любом случае президент Медведев был обязан его снять с должности не "в связи с утратой доверия," а по более жёсткой статье.

Подобный же комментарий широкий зритель мог слышать из уст Путина уже не в первый раз. Годом ранее на вопрос корреспондента о том, кто будет баллотироваться на следующий срок в президенты

Российской Федерации - он или Медведев, Путин ответил: “договоримся.” Это значит, что даже главные люди страны живут не по закону, а по понятиям. Как после этого можно увещевать свой народ следовать закону, если сам подменяешь закон личными договорённостями?

Я хочу быть правильно понятым. Договариваться можно и нужно, если ты не нарушаешь закон или если этого закона ещё не существует. Однако, там, где дело связано с выборными позициями, с государственными зарплатами, премиями и заказами, с нечестной конкуренцией, там договорённости должны быть уголовно наказуемыми. Иначе это форма коррупции.

Фактически большинство жителей России стали безразличны к изменениям Конституции, к переименованиям своих городов, улиц, к установке новых и разрушению старых памятников и религиозных святынь. Ведь святое из их жизни и обихода исчезло с приходом большевиков: вера в бога, в незыблемость института собственности, исчезло уважение народа к важнейшим символам государства российского – гимну, флагу, гербу.

Остались только государственные служащие без конца разглагольствующие о чём угодно на телевизионном экране и оппозиционеры, которые не имея позитивной программы, выступают против любых действий власти и то только до тех пор, пока власть им не “прищемит хвост.” После чего они тут-же прячут свои политические убеждения в задний карман брюк между визитной карточкой и денежными банкнотами и во все лопатки удирают из России, чтобы просить политического убежища в цивилизованной стране.

Этим они отличаются от патриотов России начала века (писателя Ивана Бунина, пионера телевидения Владимира Зворыкина, писателя Ивана Шмелёва, писателя Александра Куприна и многих других), которые держались за Россию до последнего и только, когда угроза жизни становилась неминуемой, эмигрировали за рубеж. Да и находясь за рубежом, они до последнего надеялись на то, что этот дьявольский большевистский режим скоро падёт и можно будет вернуться на родину. Так он не только не пал, но и дал ядовитые всходы в виде нынешней вертикали власти.

Неформальные отношения начинаются в России на самом верху и пронизывают всю вертикаль власти. Конечно, после изначальных большевиков нынешние русские лидеры кажутся почти ангелами, но переступить через свою советскую природу они тоже не могут. Ведь почти все были членами КПСС (Путин, Медведев, Миронов, Грызлов, Матвиенко и даже половина русских олигархов). Все ей изменили. Все оказались достаточно адаптивны, чтобы приспособиться к кому угодно и к чему угодно – к новым лидерам, к новым соратникам, к новым условиям, к новым работодателям, к букве любого закона – хоть советского, хоть российского, к православной религии, которую они отрицали, будучи коммунистами. Это не какие-то идейные догматики начала XX века. Но что осталось прежним – это авторитарный способ мышления и направленное применение законов – одно для своих и другое для всех прочих ("для друзей – всё, для остальных – закон").

Типичной схемой поведения немалого числа людей в России является схема жизни по понятиям, обходя закон, где только можно, в таких областях и сферах деятельности, где нарушителя закона скорее всего не поймают, не уличат, не осудят. Вообще нарушения закона ну, кроме быть может похищения детей, педофилии, убийств и ряда других из ряда вон выходящих асоциальных явлений, не вызывают у большинства людей в России внутреннего протеста. Наоборот, добровольное, осознанное выполнение законов часто вызывает кривые улыбки: "Ишь ты, какой праведный выискался!" Личное, произвольное желание является более мощной движущей силой поведения, не вызывающей активного неприятия и протеста, чем закон, мол "если нельзя, но очень хочется, то можно".

Если цивилизованному европейцу или североамериканцу сказать, что Конституция России об увеличении срока президентских полномочий была изменена по желанию только одного человека – Владимира Путина по согласованию с другим человеком – Дмитрием Медведевым, с которым он заранее договорился о рокировке позиций через четыре года, то он хотя бы мысленно, но покрутит пальцем около виска. В крайнем случае подумает: "варварская страна." И этот фокус со всей страной проделали два юриста, которых в течение пяти лет учили быть на службе закона в ленинградском университете. Дума, Совет Федерации, Конституционный суд страны, да и весь народ России сработали в качестве "подтанцовки" у одного человека или, если хотите, были прикрытием его личной спецоперации.

Тени всех русских царей, императоров и генеральных секретарей стояли за спиной Владимира Путина в тот момент, когда он принимал это решение. Видимо главным психологическим оправданием для него было сознание того, что он работает "как раб на галерах" на благо России и своего народа, то, что он повысил уровень благосостояния своего народа, имеет высокий рейтинг, что все остальные потенциальные претенденты ему "в подмётки не годятся," а следовательно, он вправе проводить эту спецоперацию. Видимо, Путин верит в свою незаменимость и высокое предназначение. Эта иллюзия весьма устойчива во времени. Ну и грехов у него много накопилось – всё припомнят, когда он уйдёт с верховной позиции. От его 86% рейтинга через три месяца ничего не останется.

А с простым народом, как раньше власть не особенно считалась, так и до сих пор не считается. И это было при всех правителях. Поговорить о роли многострадального русского народа правитель страны может, даже слезу при этом пустит, но дальше разговоров дело не идёт. Ведь это так удобно для любого правителя иметь "карманный" народ.

Те из бывших советских людей, которые ведут бизнес в России и за рубежом, нередко нарушают законы. Но подходят они к этим нарушениям не с юридической ("законно-незаконно") или с морально-этической ("хорошо-плохо," "морально-аморально") точки зрения, а с точки зрения "решить-не решить проблему." Для того, чтобы проблему не только решить, но ещё получить на этом выгоду, им приходится нарушать законы своего государства, равно как и законы других государств, где они ведут бизнес. Про своё государство – Россию и разговора нет – это первобытный "дремучий лес," где, начиная с 1917 года и до сих пор господствуют полукриминальные понятия. А вот в других особенно западных странах их нередко поджидают неприятные сюрпризы.

Политики и государственные чиновники России доверяют не своему государству, которое они сами же и представляют, а лично известным и хорошо знакомым им людям. Человеку со стороны без репутации "надёжного," "проверенного," проникнуть в эту среду непросто, будь он хоть "о семи пядей во лбу." Ещё более непросто просочиться в эту среду людям моральным, с принципами. От таких неприятностей не оберёшься.

Такие "мелочи" как пристраивание официальными чиновниками своих детей и родственников на "тёплые" местечки, создание близким благоприятных условий в карьере для того, чтобы они "встали на ноги" и даже разбогатели – это вообще не считается чем-то из ряда вон выходящим в российской практике. Это рутина. Деловые качества детей и родственников уходят на третий план. Удивительно, скорее, другое, когда сын или дочка высокопоставленного российского чиновника начинает бизнес или карьеру без поддержки высокопоставленных родителей.

Вспоминается анекдот ещё советских времён.
Приходит пятилетний внук к деду-генералу и спрашивает:
- Когда я вырасту большой, я тоже стану генералом?
– Да, внучок, станешь.
– А маршалом стану? – продолжает допытываться внук.
- У маршала свои внуки есть – отвечает дед.

В одной из телевизионных передач НТВ относящейся к началу 2000-х годов, под названием: “Наши со Львом Новожёновым,” в которой ведущий приглашает российских эмигрантов или людей, долго живущих за рубежом, в гостях у ведущего был один из потомков известного изобретателя вертолётов Игоря Сикорского, эмигрировавшего в начале XX века из России в США. Известно, что Сикорский основал в США кампанию по конструированию вертолётов. На вопрос Новожёнова: “Почему он не взял на работу в кампанию своего сына?” внук изобретателя искренне удивился: “Но ведь его сын не обладал конструкторскими талантами отца и не мог бы поддержать кампанию на должном уровне в случае ухода отца". Вот здесь и проявилась разница между деловым и блатным советским подходом к бизнесу. В этом одна из причин того, почему СССР всё время догонял развитые цивилизованные страны и в конце концов обанкротился. На знакомствах и блате современную экономику не построишь. Но эта элементарная истина противоречит мировоззрению Путина и его окружения.

“Борьба с коррупцией” вообще, а не с конкретными преступлениями и преступниками, в частности, не имеет перспектив в России при существующей централизованной схеме экономического и политического управления. В обществе не создана атмосфера, когда невыгодно быть плохим, нечестным, а выгодно быть хорошим и честным. Также как не имеет перспектив майская (2018 года) мантра Путина о необходимости технологического прорыва для России в ближайшие годы. Откуда прорыву-то взяться, когда вокруг одни блатники и холуи?

Для управления страной экономическими, а не административными методами прежде всего придётся многократно уменьшить число чиновников – лишних звеньев в системе организации и управления. А главное – поумерить амбиции, не изображать из себя великую державу пока в стране такие плохие дороги, ставить выполнимые приземлённые задачи (не думать о выращивании яблонь на Марсе, а вырастить их вначале в своём саду) и, главное, - жить по средствам.

Но это требует времени и труда причём труда ежедневного, неблагодарного. И никто из современников тебе за этот труд при жизни спасибо не скажет. Русским людям больше нравятся красивые сказки, красивая ложь и сиюминутный успех. Зачем им в очередной раз ждать счастья и процветания для внуков в будущем русском раю, в наступление которого большинство уже не верит. Ведь обманывала людей советская власть, и обманывала не раз. Помните: “Коммунизм уже на горизонте,” “Верной дорогой идёте, товарищи,” “Ещё нынешнее поколение советских людей будет жить при коммунизме,” “Мы наш, мы новый мир построим." И что – дошли ... построили ...? Опять ведь обманут уже нынешние и ни у кого при этом совесть не проснётся.

Таких мест, как станица Кущевская, город Гусь-Хрустальный, где происходят массовые убийства и другие громкие преступления в России много. Местная администрация срастается с бандитской средой и с правоохранительными органами и все они друг друга покрывают. Типовая коррупционная схема такова: несколько человек захватывают какой-то регион или какую-то отрасль, расставляют там своих людей, создают предприятия, из бюджета качают колоссальные деньги. Речь идёт о сотнях миллионов долларах. Часто обкладывают данью местных предпринимателей. Разогнать такое сращивание бандитской среды, правоохранительных органов и местной администрации можно только при условии, что у инициатора разгона есть поддержка на всех уровнях административной лестницы, включая председателя Следственного комитета, генпрокурора и президента, либо премьер-министра. Иначе инициатора самого посадят в тюрьму или переведут куда-нибудь подальше. [50]

В качестве примера правового беспредела в полиции хочу привести процесс над полицейскими (милиционерами) в Казани, которые для того, чтобы выбить признательные показания у подозреваемых, подвергали их пыткам. На все жалобы потерпевших полицейское начальство не реагировало. И только когда одного из подозреваемых в краже эти полицейские убили, изнасиловав его бутылкой из-под шампанского и порвав ему прямую кишку, делу был дан ход.

В 2008 году из России на личном самолете бежал бывший первый заместитель председателя правительства Московской области, а до этого министр финансов - Алексей Кузнецов. Объем выявленных нарушений по итогам проверки Счетной палаты около 92 миллиардов рублей (больше 3 миллиардов долларов). В течение 5 лет находился в розыске. Задержан в 2013 году во французском городе Тулон. Хищения осуществлял не один. Однако до сих пор арестован только один подельник Кузнецова – его бывший заместитель – Носов. Вопрос об экстрадиции Кузнецова в Россию вот уже 5 лет рассматривается французским судом в Лионе и Париже.

19 ноября 2011 года тогдашний президент Медведев как-то сказал о современном русском бизнес-парадоксе: "Инфляция в России низкая, а инвесторы деньги в страну не вкладывают." Интересно, почему? А дело в том, что очень многое в России делается "под ковром," полулегально, по понятиям. Мало того, что о своём бизнесе надо думать, так ещё и участвовать в бюрократических играх, "крышах," безопасности бизнеса. В нездоровой коррупционной и правовой атмосфере России честному

западному бизнесмену работать очень трудно даже если его доходы превышают средние по остальному миру. Зачем ему эта головная боль?

Пока значительное большинство жителей России не примут "нутром" такие правовые нормативные документы, как Конституция, международное уголовное право, свод законов собственной страны, гражданское право в качестве регуляторов взаимоотношений и не будут их соблюдать, общество не станет гражданским. На уровне отдельных людей и в отдельных ситуациях законы не работают. Уже избитым стало любимое изречение журналистов и политологов о том, что в России строгость законов компенсируется необязательностью их выполнения. Впрочем, так было в России довольно часто. И если всё-таки в стране находятся люди, тщательно и во всех ситуациях следующие букве закона, то они скорее воспринимаются, не как норма, а как отклонение от нормы, как чудики, с которыми лучше не иметь дело, которых надо обходить, а то и устранять, если уж они начинают сильно досаждать "нормальным" людям. Такая вот парадоксальная мораль!

В российском обществе нет атмосферы нетерпимости к экономическим преступлениям. Когда человек живет в атмосфере попустительства, когда нарушения закона – обыденная повседневная реальность и многие граждане смотрят на это сквозь пальцы, то большого воспитательного воздействия, наказание отдельных нарушителей закона на остальных не имеет. В России незаконное поведение имеет тенденцию к воспроизводству. Русское общество нездорово и его государственные институты неподготовлены к реальному воспитанию своих нарушающих закон сограждан. Поэтому и борьба с нарушителями ведётся на уровне лозунгов и благих пожеланий. А воз и ныне там. Только вязнет в коррупционном болоте всё глубже и глубже.

8.3. Жизнь по справедливости и по понятиям

В современном мире мораль уже не имеет таких чётках границ, как раньше. И роль религии не так велика, как раньше. В конечном счёте, каждый взрослый человек устанавливает границы морально-допустимого, справедливого для себя сам. И уже не только церковь и группа духовно близких людей определяют правильность поведения человека, а страх перед законом, боязнь возмездия, денежный интерес и тщеславие.

Жизнь по справедливости, жизнь по совести и жизнь по понятиям для России это почти тождественные категории. Причём категория справедливость часто превалирует над категорией законность. Нельзя сказать, что законов в России нет. Их даже очень много и почти на все случаи жизни. Хуже, что любой закон рассматривается сквозь призму справедливости. Если кому-то кажется, что в его конкретном случае закон несправедлив, то зачем о нём вспоминать и, тем более, применять. Выгоднее выработать или применить систему понятий и обойти неугодный закон во имя достижения справедливости. Для большинства людей, живущих в российском государстве, справедливость считается нравственным ориентиром жизни.

Бесплатная медицина с позиций пациента — это справедливо? Вне всякого сомнения .... А с позиций врача, которому его зарплаты на жизнь не хватает? Конечно, нет. Ведь учился человек на врача - минимум 6 лет, затратил на эту учёбу много времени и сил, а иногда и денег) и всё для того, чтобы получать весьма скромную зарплату, на которую семью не прокормишь. За рубежом за ту же работу врачу платят во много раз больше. Поэтому с его точки зрения брать деньги за медицинские услуги и справедливо, и законно.

Брать банковский процент за ипотечный кредит — это справедливо? С позиций банка - да, а с позиций заёмщика - не всегда. Любой банк, как и положено ростовщику имеет право устанавливать тот процент, при котором он будет рентабелен. Этот процент во многом зависит от экономической политики государства. В конце концов - не хочешь - не бери взаймы – особенно если нет уверенности, что деньги в срок отдашь.

Понятие - один из самых многозначных терминов в философии, психологии и в теории решения задач. В этом слове отражается единство существенных свойств, связей и отношений предметов или явлений. Для этой книги я позаимствовал слово "понятие" из неписаных норм арестантской жизни. Это гораздо более узкое, частное, конкретное значение по отношению к философскому значению. В уголовном мире термин "понятие" происходит от слова "понятно". Слово "понятие" в русском языке является эквивалентом словосочетаниям: "этическая норма," "неписанное правило," "моральное предписание," "культурный шаблон поведения."

В современной России жизнь по понятиям – ключевое явление для всей социальной, экономической и политической жизни российского обществе. В большинстве своём люди в России не осознают, что живут не только в соответствии с законами, но и по понятиям. Это как российский мужчина не осознаёт, почему он подаёт женщине пальто или открывает перед ней дверь. "Так принято, потому я так делаю" - пояснит он своё поведение.

Понятия – это неписанные договорённости, действующие между людьми внутри социальных групп. Таких групп в обществе очень много:

политики, врачи, преподаватели ВУЗов, правоохранители, преступники и т.д. Любое современное общество состоит из таких групп.

Люди жили по понятиям всегда. Просто это называлось по-другому: согласование интересов, неформальные соглашения, взаимные уступки для упрощения взаимоотношений и пр. Понятия надо прочувствовать, попав в конкретную социальную среду, став участником конкретной профессиональной группы. Это и свой язык, и свои нормы обмена информацией, и свои правила на то, что можно и что нельзя сообщать обществу, лимиты "выноса сора из избы".

В первобытных обществах за соблюдением правил жизни по понятиям следили старики, патриархи, совет старейшин, впрочем, как и вся семья, род, община, племя. Законы существовали и действовали только в цивилизованных странах. А таких до рождества Христова было по пальцам перечесть. Вопросы присвоения чужого, убийства, прелюбодеяния были актуальны и рассматривались только постольку поскольку существовали законы, право и правоохранители, которые это право защищали. Без договорных правил наказания за подобные преступления и проступки оговаривались и устанавливались в каждом племени, а в трудных случаях отдавались на откуп старейшинам племени или решению общего схода соплеменников.

В России и в Советском Союзе количество людей, сидящих по тюрьмам, редко опускается ниже полумиллиона человек, а чаще в два-три раза больше. На 1 июля 2015 г. в учреждениях Управления Исполнения наказаний содержалось 656,618 человек, то есть около 450 на 100 тысяч человек, находящихся на свободе. Уголовный мир имеет свою субкультуру, свой язык, свои взаимоотношения и правила поведения. Как и в любой субкультуре уголовники вырабатывали свои понятия годами и даже веками.[Прим.8]

Для Воров в Законе действует система запретов, таких как: нельзя работать, воевать на стороне государства, сотрудничать с властями как свидетель или жертва и другие. Для помощи своим или попавшим в беду товарищам полагается вносить деньги в воровской "общак" (по типу кассы взаимопомощи).

Прошли те времена, когда "жить по понятиям" значило жить по воровским понятиям. Сейчас жить по понятиям означает лишь жить по неформальным правилам (законам) группы, к которой ты себя относишь или принадлежишь. Как только понятия вышли за пределы лагеря и тюремной камеры, так они превратились в допустимые, приемлемые и даже необходимые правила жизни в обществе, группе.

Живя по понятиям, в России закон подменяется личными договорённостями. В основе жизни по понятиям лежит особое понимание своих интересов, правильности, справедливости, свободы поведения представителями разных групп населения. То, что для одной группы кажется правильным, естественным и справедливым, не кажется таковым для других групп. Например, оплата труда не кажется справедливой шахтёрам, в отличие от предпринимателей и руководителей шахты, которые считают, что и так переплачивают шахтёрам за их труд. Или, когда ученик подложил кнопку острым концом вверх на стул нелюбимому учителю или, подойдя сзади, подставил ему "рожки," это вызывает негативные эмоции у учителя и смех у детей. Налицо разное понимание справедливости.

Неписанные правила жизни заполняют те ниши общественных отношений, которые не регулируются официальным законом. Сущность неформальных правил (понятий), как и любых общественных правил, состоит в приведение в соответствие, или в равновесие таких материальных и нравственных интересов, как благополучие человека и его окружения, личная свобода и общественное благо.

Жить по понятиям было бы вовсе не так уж плохо, если бы не рассогласования и нестыковки понятий с законами, и понятий, используемых в разных группах друг с другом. Также особо можно рассматривать вопрос о силе действия понятий на поведение членов группы по сравнения с силой действия принятых на государственном уровне законов. Например, корпоративный сговор может противоречить закону о демонополизации рынка, однако для финансистов и бизнесменов неформальные договорённости часто работают сильнее, чем закон.

Понятия всегда заземлены на быт, на реальную практическую деятельность, на взаимодействия. Чаще всего этика жизни по понятиям нигде не прописана на уровне правил и инструкций. Часто она просто подразумевается, как часть профессиональной или общественной деятельности специалиста. Например, не обсуждать внутренние дела с посторонними, использовать свою (профессиональную) терминологию в любом окружении, не "закладывать" своих даже по мелочам и др.

Особенно много неписанных правил в среде разведчиков и вообще тех профессий, которые не являются высокоморальными в общечеловеческом смысле слова (шпионы, гадалки, люди, распространяющие слухи в своих неблаговидных целях – финансисты, политики, газетчики жёлтой прессы и пр.) - тех профессий, в которых "не обманешь - не проживёшь".

Свою систему ценностей, правил, понятий вырабатывают члены практически всех социальных групп в общества – от уголовников до политиков, от представителей неформальных объединений до представителей профессиональных сообществ. У людей, живущих по понятиям, принятым в этих группах, имеется много общего. Например,
- Контроль своей территории, принадлежащей группе.
- Безопасность членов своей группы, поддержка и защита их в конфликтных ситуациях.
- Сохранение идей и выводов внутри группы и обсуждение этих идеи в основном с членами группы.
- Отрицательное отношение к нарушению правил и понятий, принятых в группе.
- Запрет на вынос "сора из избы."
- Применение санкций в отношении тех, кто нарушает правила группы.
- Избавление от ненадежных членов группы.
- Применение определенного стиля в одежде и поведении, как показатель статуса и положения членов в группе и обществе.

С момента большевистского государственного переворота вся правящая головка русского общества стала уголовной. СССР возглавили фанатики и преступники - террористы, убийцы, воры, грабители, социопаты и прочие отбросы царского общества. Они привлекли для воплощения своих преступных замыслов международных авантюристов и наёмников из разных стран мира – Латвии, Венгрии, Китая и просто уголовников. Большевики выступали под знаменем марксизма, хотя подкованных марксистов среди них было немного.

Для охраны своей мафиозной государственной структуры от несогласных с ними людей, большевики создали террористическую организацию – Всероссийскую Чрезвычайную Комиссию (ВЧК), и поставили во главе её каторжника - Феликса Дзержинского. Этот фанатик – Малюта Скуратов XX века - отвечал за проведение террора в государственном масштабе. Для того, чтобы создать видимость закона, правопорядка и правосудия главные преступники, совершившие в России государственный переворот выработали систему понятий, которые они назвали декретами (декрет о земле, декрет о свободе совести, декрет о церковных и религиозных обществах; декрет о печати; декрет об аннулировании государственных займов; декрет о национализации банков; декрет о создании террористической ВЧК, декрет о создании народных судов и революционных трибуналов и т.д.).

Согласно этим декретам, всё, что при Царском и Временном правительстве было социальной патологией, стало нормой и наоборот - всё, что было нормой - стало патологией. Например, моральная норма: "убивать себе подобных нельзя," превратилась в норму: "классовых врагов убивать можно и даже нужно." К классовым врагам большевики относили любых представителей ранее правящего класса и владельцев собственности[Прим.9], а вскоре, всех, кто был с политикой большевиков не согласен (рабочих, крестьян, интеллигенцию и т.д.).

Отъём чужой собственности, лживые мифы о справедливости и народном счастье, распределение хлеба, благ, имущества по спискам и по карточкам – все эти неестественные, надуманные понятия, правила общественной жизни стали естественными при большевиках. Поначалу это удивляло и вызывало неприятие обывателей. Люди не хотели жить по новым правилам-понятиям. Но в условиях террора у них не было другого выхода. Понадобилось несколько лет и миллионы убитых, умерших от голода и болезней, выгнанных за границу людей прежде, чем жители Советского Союза привыкли к таком неестественному образу жизни - жизни по большевистским понятиям. Эти понятия стали нормой жизни для советских людей на много лет вперёд и даже перестали удивлять. Например, всё в стране кроме предметов личного пользования отныне принадлежало государству или входило в государственный “общак”. С 1 января 1927 года вступил в силу Уголовный кодекс РСФСР. Все правила, которые не входили в этот кодекс можно было расценивать как понятия.

Любому человеку, попавшему в профессиональную группу или в неформальную среду, приходится жить и действовать по понятиям или в соответствии с профессиональной этикой. Например, врачи, адвокаты, коллекционеры во многих странах даже, вполне цивилизованных имеют свои группировки, которые поддерживают друг друга, живут по правилам, принятым в их среде и не допускают в неё чужаков.

В большинстве профессий, связанных с обслуживанием человека в цивилизованных странах прописаны многие варианты деятельности, которые случаются в практике. Но всё прописать нельзя. Например, если один врач в России ставит ребёнку в детском доме диагноз “олигофрения,” то аттестационная комиссия редко возражает, а большей частью этот диагноз впоследствии многократно подтверждает, то есть действует по принципу: “рука руку моет,” хотя ребёнок с возрастом мог измениться в лучшую сторону.

Жизнь по понятиям усиливается при усилении системы ограничений и неоправданных запретов, накладываемых государственными органами на население страны с целью или под предлогом повышения управляемости, укрепления обороноспособности страны, оптимизации правовой системы и пр. Таким ужесточением административной и экономической организации, власти вынуждают население уходить в “серую зону,” жить по своим понятиям.

В частности, 20-30 млн человек в России (частные бизнесы – репетиторы, парикмахеры, кулинары, люди, работающие на земле и др.) находятся "в тени" и выходить оттуда не спешат, невзирая на призывы кремлёвского начальства. Вот эти "теневики" живут преимущественно по понятиям, а иначе в России, с её амбициозным руководством, с её жуликоватым и, одновременно, простодушным народом не проживёшь. Как правило, понятия направлены на выживание и процветание себя самого, своих близких, своей неформальной группы по типу "ты - мне, а я - тебе" или "рука руку моет".

Ни один закон не может охватить все отклонения поведения жителя страны от социально приемлемого поведения. Обязательно оказываются области неопределённости в деловых или общественных отношениях, которые не регулируются формально установленным законом. Например, имеешь ли ты право оказывать протекцию своему родственнику или хорошему знакомому при назначении того на должность, для занятия которой он не имеет достаточной квалификации? Или, следует ли сообщать в органы правопорядка о том, что твой близкий друг или родственник, невзирая на уговоры, сел за руль своего автомобиля "сильно пьяным".

В сентябре-ноябре 1999 года в городе Петрозаводске (Карелия) был проведён опрос об отношении к законным и незаконным способам действий в России. Опрошено 840 осужденных преступников, содержащихся в исправительных колониях Карелии, 630 законопослушных граждан, взятых в случайном порядке и 270 сотрудников милиции, проходящих службу в органах МВД. В результате анкетирования выяснилось, что от 52% до 66% опрошенных полагают, что большинство проблем решаются с помощью неформальных договорённостей по типу: "ты - мне, я - тебе." [78] Суждения подобные "так все делают," "ну это общеизвестно," "ну это общепринято," "не будь белой вороной," "хочешь чистеньким быть?" являются обычными сентенциями в практике повседневного общения людей, которые хотят утвердить своё право жить по понятиям.

В России все друг у друга заложники: народ у своих начальников и работодателей, законодатели у администрации президента и исполнительной власти, богатые люди у чиновников, судьи у председателей суда, президент у чекистской корпорации. В этом и состоит феномен взаимной повязанности граждан России друг с другом.

В современной России по понятиям живут все – президент и дворник, олигарх и пенсионер, начальник и подчинённый, российский эмигрант за рубежом и коренной житель, проживающий в России. Поэтому Россию после 1991 года, когда рухнула советская система взаимоотношений, сразу никуда нельзя было пускать без экзаменов на зрелость - ни в Совет

Европы, ни во Всемирную торговую Организацию, ни в Семёрку, ни в Двадцатку, ни в любую другую организацию, где участники следуют международным законам, экономическим и морально-этическим правилам.

Ведь никому в голову не приходит принимать в Совет Европы популяцию кроликов или стадо оленей. России надо было вначале научиться жить по общечеловеческим законам и в соответствии с вековыми морально-этическими заповедями цивилизованного человечества, а потом делать её равноправным участником международных организаций. Иначе рано или поздно её приходится штрафовать за невыполнение обязательств или выгонять из этих организаций, а это болезненный удар по престижу страны и самолюбию амбициозных российских чиновников. Уж лучше было не принимать с самого начала без выполнения перечня условий.

А так уже обнаружилась масса расхождений правил, действующих в России с правилами ЕСПЧ, Совета Европы и других престижных организаций. А после лишения России права голоса в Совете Европы (ПАСЕ), России, видимо, будет трудно сохранять своё полноправное членство в этой организации в обозримом будущем. Она уже сейчас платит в ПАСЕ только часть своих взносов из-за этого.

Глава 9

Шкала Подверженности Словесным Внушениям

9.1. Роль Слов, как Заменителей Дела

Для начала сошлюсь на авторитетное мнение первого канцлера Германской империи Отто Эдуарда Леопольда Карла-Вильгельма-Фердинанда фон Бисмарк-Шёнхаузена, который имел дело с русскими дипломатами в продолжении многих лет: "Русских невозможно победить, мы убедились в этом за сотни лет. Но можно привить ложные ценности, и тогда они победят сами себя!" И его слова подтвердились всей трагической историей России в XX веке.

Ещё в начале XX века философ Николай Бердяев отмечал особую магическую власть слова над русским человеком. "Слова имеют огромную власть над Русской жизнью, власть магическую... мы заколдованы словами и в значительной степени живём в их царстве. Слова действуют как самостоятельные силы, независимые от их содержания ... мы принимаем слова на веру и оказываем им безграничный кредит" [8, с. 220]

Российская цивилизация весьма специфическая. Она наполняет наше сознание понятиями и расхожими формулами, житейскими истинами и пословицами по типу: "мерзкий мужик," "своего не упустит," "не обманешь – не проживёшь" и пр. В народе популярны фразы по типу лозунгов, выводов-нравоучений, моральных сентенций, правил, справедливых "по большому счёту," "в общем" и т.д. Хорошо приживаются информационные мемы по типу "непроходимый дурак," "Рашка-гавняшка," "грёбаная страна" и т.д. Они легко входят в сознание, но почему-то, когда им надо из сознания выйти или измениться – здесь срабатывает консерватизм мышления – перекодирование оказывается более сложным процессом, чем исходное словесное кодирование.

Тех, кто приезжает в Россию из стран с более рациональной технократической культурой, поражает неоправданно высокая роль слов, образов, красивых планов и их слабое практическое осуществление. Беспочвенные фантазии и нереальные цели заменяют людям в России практические действия. Особенно сказанное относится к русской интеллигенции. Эта обломовская тенденция то усиливается, то ослабевает в зависимости от эпохи и правителя.

Люди в России всегда были падки на красивые слова, на обещания и на голосование за коллективные решения под чутким приглядом авторитетного лидера. Мифологичность мышления, готовность верить слову начальника, авторитета или просто главного человека во власти, заставляет русских делать многие ошибки, за которые они в конце концов вынуждены расплачиваться. А чтобы тяготы расплаты за эти ошибки не были такими неприятными для самолюбия, они придумывают новые мифы, объяснения, оправдания, козлов отпущения или свеженьких врагов, которых им услужливо подсовывает власть.

Слова - для русского человека с одной стороны - манящие звуки свирели, издаваемые дудочником, а с другой – источник информации – неважно насколько достоверной. В отличие от представителей более рациональных технократических культур, люди в России пытаются увидеть за словами нечто большее, чем то, что за ними стоит - не только рациональное, но и образное значение, тайный смысл, глубину и пр. Слова применяются нами не для облегчения, а для усложнения общения. В словах для нас заключается некоторое таинство, скрытый смысл, душа.

Как-то так получается, что значение слова в России оказывается гораздо больше, чем значение дела. "Слово - полководец человечьей силы" (Владимир Маяковский). "Словом можно убить, словом можно спасти, \ Словом можно полки за собой повести. \ Словом можно продать, и предать, и купить, \ Слово можно в разящий свинец перелить" (Вадим Шефнер).

Гипноз слова для людей огромен. Удачные уместные слова застревают в сознании надолго. При таком скромном уровне жизни, какой всегда был у жителей России, с заманчивыми словами-фикциями в душе жить легче. Слова заменяют реальность – вещи, действия, события. Некоторые слова-ярлыки действуют на русского человека либо убийственно, либо маняще. Подчас он забывает, что это просто слова. На некоторые слова он готов молиться, как на икону, некоторых слов он боится, как чёрт ладана. Словами командиры подстёгивают солдат идти на смерть, словами лидеры в России "зажигают" аудиторию на всё готовых легко внушаемых, доверчивых конформных людей.

С другой стороны, немалое число людей в России реагируют на слова, как на действия. После октябрьского переворота они были готовы принять на веру слова и идеи, сформулированные марксистско-ленинскими ловцами человеческих душ и в течение долгого времени, фактически жили чужими мозгами, чужим опытом, воплощали в жизнь чужие идеи, уверовав в них так, как будто они были их собственными. Ну а кто не понимал умствования бородатого философа Карла Маркса, просто жонглировали терминами к месту и не к месту. При рабоче-крестьянской власти говорить о выращивании зерна, добыче угля стало выгоднее, чем выращивать зерно и добывать уголь в реальности. С тех пор в стране мало что изменилось. От думающих и трудолюбивых людей большевики избавились, а у вновь родившихся отбили инициативу по самое некуда. Посмотрите на нынешнего лидера КПРФ Геннадия Зюганова сотоварищи – время для них остановилось. Они "динозавры," случайно выжившие в XX веке и дожившие до наших дней.

За несколько лет до смерти в 1936 году отечественный физиолог, лауреат Нобелевской премии Иван Павлов написал, что повышенная управляемость, словом, является наиболее характерной особенностью русского народа. И действительно слабость рациональной организующей инициативы, слепая вера в действенность законов при одновременном игнорировании тех из них, которые нас не устраивают, даёт то состояние народа, который и способен к чему-то только тогда, когда им управляют – и неважно кто управляет – аморальные диктаторы вроде Ленина и Сталина или приличные люди. К сожалению, безжалостных диктаторов и демагогов в России уважают, и чтят больше, чем грамотных управленцев вроде Петра Столыпина. Поэтому снова и снова чинят, и обновляют мавзолей злейшего своего врага Ленина, позволяя останкам действительных патриотов России гнить незахороненными, в полном забвении.

Поскольку слова в России значат больше, чем дела, страна разрывается от какофонии мнений и суждений. Правда эти слова, пожелания, идеи, предложения, моральные сентенции редко кончаются чем-то реальным. В России много разных, в том числе правильных мнений, но мало правильных дел. Этим мы в массе своей отличаемся от более прагматических западных людей. Известный историк религии Карен Армстронг пишет про последних, что у них "Взгляды меняются, как только перестают приносить пользу, - и меняются порой до неузнаваемости." [2, с. 11] Для русского человека прагматическая полезность взглядов не так важна по сравнению с возможностью красиво изложить свои взгляды, пофантазировать, покрасоваться, похвастать, показать всем, какой он умный. А что рациональной основы под его словами немного - так что ж? Главное, что он сам верит в то, что говорит и испытывает удовлетворение оттого, что их произнёс. А дальше "хоть трава не расти".

Чем менее образован был человек в России, тем больше он был склонен поддаваться гипнозу простых мифов и лозунгов: "Взять всё и поделить!," "Заводы – рабочим, земля – крестьянам!," "Свобода, равенство, братство и счастье всех народов". Хотя эти лозунги нередко противоречили друг другу, но от этого их привлекательность для простых русских людей не уменьшалась.

Типичный русский интеллигент с гуманитарным складом ума и с постоянной склонностью к политическому краснобайству — это человек, который вместо того, чтобы заниматься практическими делами по улучшению своей жизни и жизни своей семьи (починить текущий унитаз, смазать скрипящую дверь и т.д.) поглощён размышлениями о том, как ему улучшить жизнь человечества или по меньшей мере – жизнь русского народа.

Российские интеллигенты в массе своей, видимо, полагают, что правильным словом, умной проповедью можно изменить что-то в России. Эту умозрительную веру в значение слова для решения проблем многократно подчёркивали сами спорщики и переговорщики, мол без конца обсуждаем кого-то или что-то, а затем либо ссоримся, либо расходимся, не решив ни одной из собственных проблем. К этому можно добавить, что даже если собрать тысячу людей с хорошо подвешенными языками, они своими языками не подметут пол в комнате.

В настоящее время у российских чиновников существуют мистические представления о наличии "заветных слов" по типу "хорошая судебная система," "прозрачные процедуры принятия решений," "предсказуемость решений," "четкая государственная политика относительно отраслей, которые мы будем развивать," "конкуренция," "привлекательность инвестиционного климата," "антикоррупционное законодательство." По их мнению, эти слова и выражения должны работать, как волшебные палочки-выручалочки. И кажется, что достаточно чиновнику их произнести, как всё сразу исполнится, сбудется. Экономика наладится, коррупция уменьшится, судьи будут судить по закону. Всё, как в русских народных сказках и в мечтах у Иванушки-дурачка: "Хочу полцарства и жениться на принцессе" - и вот она тут у тебя в кровати лежит эта принцесса, а под окном толпится челядь, слуги, которые только и ждут, пока Иванушка проснётся, чтобы побежать выполнять его приказания и поручения.

Несмотря на постоянные провалы, срывы планов и намерений люди в России до сих пор излишне верят во всепобеждающую роль слова. Преодолеть гипноз слова трудно до сих пор несмотря на повышение образовательного уровня в стране. Мол достаточно сказать слова "справедливость," "честность" или "коммунизм" и эти вещи появятся сами собой без особого труда прямо, как в сказке, материализуются из воздуха; люди станут жить по справедливости, не обманывая друг друга, в готовом коммунистическом обществе. Что касается заклинаний нынешних российских лидеров по типу: "давайте бороться с коррупцией," "давайте модернизировать Россию" и пр., то создаётся впечатление, что эти лидеры живут где-то на небесах и оттуда произносят свои заклинания, оттуда верят, что и коррупцию победим и Россию модернизируем. И со своих небес пытаются убедить в этом жителей России. Ну, если не через 10, так через 20 лет. В крайнем случае, лет через сто, но победим, модернизируем - куда они денутся? Посмотрите, как управляет своими подчинёнными премьер-министр Медведев. Он очень напоминает бывшего секретаря ЦК КПСС: "России нужно ...," "Это должно быть сделано ...," "Надо выполнить ...," "Должно произойти перерождение ..." По форме вроде бы пожелания, но ему очень хочется, чтобы эти пожелания воспринимались, как руководство к действию.

Россия живёт словами, а делать простые непрестижные вещи мало кто хочет: например, убирать мусор хотя бы в своей зоне ответственности – личной или общественной, строить клубы для молодёжи в маленьких городках, чтобы молодое поколение не спивалось от безделья. Власти не хотят этим заниматься, ссылаясь на что угодно только не на своё собственное неумение управлять государством или даже маленьким посёлком без помощи больших денег. Кроме того, в силу возросших амбиций в XXI веке уже несолидно для высокопоставленного начальника ставить простые приземлённые цели: например, построить хорошую дорогу от одного провинциального города до другого. Цели такой чиновник ставит глобальные: "побороть коррупцию," "улучшить судебную систему," "запустить модернизацию." И всё это в масштабе целого государства. Чего уж тут мелочиться. В результате в России мало что меняется, поскольку все перечисленные глобальные задачи относятся к высшему уровню сложности. Это комплексные задачи, выполнение которых является следствием решения огромного числа более простых задач, а скорее даже пересмотра всей системы политико-экономических отношений в государстве. Без тотальной чистки советских и российских "Авгиевых конюшен" не обойтись. Страна к их решению ещё не готова и если так всё будет продолжаться, то не будет готова никогда.

9.2. Мифологичность Мышления в Советской России

Кто из нас в детстве не любил сказки, не увлекался ими. Сказки и мифы окружают нас с детства и до старости. Мы живём в мире фантазий, мифов, обещаний и этим счастливы. Какие это мифы – умные, глупые, весёлые, страшные - неважно. Отнимите у нас эти мифы, и вы сделаете нашу жизнь пустой, а нас несчастными. Правда мы тут же начнём придумывать новые мифы, легенды, фантазии поскольку без них нам скучно и неинтересно жить. Большинство мифов мы усваиваем из жизни.

Есть великие мастера по сочинению сказок, придумыванию мифов и легенд. Чем красивее, фантастичнее сказка по форме или по содержанию, тем более она популярна (см. "Гадкий Утёнок" Ганса Андерсона, "Алиса в стране чудес" Льюиса Кэрролла, "Гарри Поттер" Джоан Роулинг). Легенды и сказания разных народов такие как "Легенды и мифы Древней Греции," Ветхий и Новый Заветы, финский эпос "Калевала," "Песнь о Гайавате" Генри Лонгфелло, "Манифест Коммунистической партии" Карла Маркса и Фридриха Энгельса более приближены к реальности. В этих последних на первый план выходят - идея, смысл, правдоподобность изложения и оформления авторских идей. Собственно, фантастических допущений в таких произведениях не так много. Они очень похожи на правду своими подробностями и деталями. Это обеспечивает их долговечность на протяжение десятилетий и даже столетий.

Формы, в которые мифы облечены, различны. Это и новые интерпретации исторических событий, и притчи с моралью, и сказки, и пересказы личного опыта, и моральные сентенции, и анекдоты, и пословицы, и типовые инструкции в виде советов для "правильного" поведения. Тот, кому нужны немедленные утешения, советы, подтверждение его мыслей, расслабление и пр. подбирает себе миф, притчу, сказку, которая находит отклик в его душе. Это то, в чём он нуждается здесь и сейчас. При этом у него в сознании могут быть задействованы мыслительные, эмоциональные, образные, знаково-символические механизмы, облегчающие усвоение придуманной или заимствованной у кого-то легенды, мифа.

Особыми, специфическими формами, в которые облекаются некоторые мифы, являются теории. В их числе как религиозные, так и некоторые так называемые научные теории. Главным показателем их применимости и долговечности являются правдоподобие и универсальность. Если теория находит отклик в душах многих людей, то она имеет шансы стать не только красивой, но и работающей.

Идеологи – это категория людей-теоретиков, которые придумывают более или менее правдоподобные теории, применимые к целым группам явлений и объясняющие многие экспериментальные факты и жизненные явления. Если появляется возможность такие люди учат своим теориям других, приобщают их к своему способу восприятия и понимания мира. В частности, в советские времена особым уважением пользовались составители таких обобщающих непротиворечивых теорий – по философии, по экономике, по психологии и т.д. За такие теории учёные советы присуждали докторские степени. Даже если потом этими теориями никто не пользовался.

В качестве примера теории, претендующей на всеобщность и универсальность, приведу социально-экономическую теорию Карла Маркса – несомненно талантливого экономиста-теоретика. Ею пользовались многие. У Маркса было много последователей. Его теоретическими построениями руководствовались Ленин и его социал-демократы, потом советские политические экономисты, философы, социологи, да и просто начётчики.

Идеологи и сказочники – самая опасная для простого русского человека категория людей. Они уводят их от насущных проблем и подводят к общим схоластическим рассуждениям – о добре и зле, о нравственности и безнравственности. Главное, что против таких сказочников, идеологов нет защиты. Ведь они ни к чему плохому не призывают: "давайте жить дружно," "как прекрасен этот мир," "добро должно быть с кулаками," "борьба с мельницами имеет смысл и даже необходима" и т.д.

Мифологичность – это особенность мышления, предполагающая опору на априорно заложенные воспитанием и обучением теории, религию, образы, понятия. Конкретные мифы – это лишь часть теоретических концепций воспитания народа. Мифы – это кирпичики мифологичной ментальности.

Мифологичность, теоретичность, религиозность – это всё характеристики человека и общества, которые особо ярко появляются на ранних стадиях развития общества и влияют на культуру народа. Эти характеристики поиска обществом, группой и человеком смысла своего существования. Цена, которую платит общество за их корректировку и преодоление бывает огромна. Практически каждая цивилизованная страна платила, а Россия – в XX веке платила огромную цену за внедрение теории марксизма-ленинизма. И всё потому, что основанное на фанатичных идеях общество редко бывает конструктивным и здоровым.

Чем менее образован человек, тем более ему нужна религия, удобная теория или миф. Они упорядочивают его психику, ум и самоё жизнь. Такими людьми – людьми с морально-этическим, религиозным стержнем, с устойчивой идеологической основой легче управлять. В условиях непрерывно растущего населения управляемость – это существенный фактор жизни на земле. Это только говорят: "Пусть все цветы цветут," "Да здравствует мультикультурализм!" и пр. На самом деле этой мультикультуральной анархии многие боятся. Мало кто сознаётся в собственной ксенофобии, но подсознательно она живёт во многих из нас.

По мере развития цивилизации и культуры роль мифологичности и религиозности у людей снижается и уступает место прагматичности. Мифы, теории и религиозные воззрения переходят в разряд сказок, легенд, игр, светлых образов и воспоминаний. Технократическая культура способствует уменьшению их роли в жизни общества. Однако, как основа системы ценностей, мировоззрения, мифы, теории, религиозные воззрения весьма важны. Они дают человеку нравственный стержень, который помогает ему жить в гармонии с собой и окружающими.

На начальных этапах существования любая монотеистическая религия или социальное учение, претендующее на универсальность, были весьма агрессивны. Как только уровень народа повышается, дух фанатизма из религий, теоретического учения уходит. И тогда святые книги превращаются в перечень забавных историй подобных Легендам и Мифам Древней Греции. Даже когда спустя сотни лет кто-то пытается усилить значение той или иной религии или теории на государственном уровне, это уже не так опасно, как раньше, особенно для хорошо образованных критически мыслящих людей.

В сознании людей, живущих в России, обещание лёгкой счастливой жизни часто перевешивает трезвый практический расчёт, который предполагает необходимость вначале поработать, а потом делить деньги и блага. И Ленина-то простые люди поддержали за его разговоры о перспективах будущей счастливой жизни при социализме и коммунизме в государстве всеобщего благоденствия. Это был дьявольский выбор, но они поддержали не тех, кто предлагал сначала поработать, а потом получить причитающиеся за работу дивиденды, а тех, кто предлагал сначала отнять и поделить, а потом и работать будет необязательно, то есть сулили много, без труда и быстро. И, главное - всё за чужой счёт.

В результате неусыпной работы ленинских пропагандистов, подкрепляемых наганами чекистов, после 1917 года человек в России стал усваивать психологию работника и нахлебника государства. За 74 года советской власти и повсеместного подавления деловой инициативы снизу, русские люди стали рассчитывать на государство больше, чем на себя. Для них перестало иметь значение то, что всякое присвоение и обобществление чужой собственности, любое распределение по так называемой классовой справедливости является паразитическим. В частности, распределительный социализм, коммунизм и его различные формы основаны на психологии лентяя, который хочет жить за счёт кого-то или чего-то – за счёт природы, за счёт общества или заниматься тем, что ему нравится безотносительно к тому, есть у него к этому способности или нет. Главное – делать поменьше, а получать побольше.

Советский поэт Василий Лебсдев-Кумач в разгар военного коммунизма написал в своей “Песне о Волге”: “Мы сдвигаем и горы, и реки, время сказок пришло наяву.” Во многих странах люди срывают холмы и при необходимости меняют русла рек, но никому не приходит в голову об этом так поэтично говорить, как писали советские поэты и писатели. Это рутинная инженерно-техническая работа. Она рутинная, когда человек срывает холмы и прокапывает новые русла рек с помощью бульдозеров и экскаваторов. А если он работает вручную – киркой и лопатой? Тогда ему остаётся поэзия, чтобы вдохновить его на этот однообразный труд.

А если и поэзия не помогает? Значит приходится создавать трудовой лагерь, где людей заставляют работать под страхом смерти. Каторжный рабский бесправный труд под дулами винтовок для одних (узников ГУЛАГа) и источник поэтического вдохновения для других – тех, кто вне трудового лагеря восхищались успехами и достижениями страны Советов (Максим Горький, Владимир Маяковский и другие обласканные Советской властью “поэты” и “писатели”). Эти “творцы” [Прим.10] за хорошие условия жизни, за возможность вкусно есть и сладко спать, путешествовать по миру, отдавали свой талант на службу коммунистическому режиму. В этом и состояла классическая модель советской жизни – жизни на грани утопии и реальности.

Про пролеткультовских поэтов 20-х годов, которые баловались стихами вроде: “Я - пролетарская пушка. \ Стреляю туда и сюда” уже и речи нет. Эти будут писать то, что надо и подзуживать других стрелять, куда власть прикажет лишь бы не работать руками в поле, на заводе, на шахте. Тем более, что членам союза писателей советская власть давала бесплатные дачи, квартиры и возможность пользоваться другими льготами.

Советские поэты, писатели, режиссёры, актёры внутри страны Советов отрабатывали свои дачи, квартиры, пайки, членство в союзе писателей, композиторов, прославляя ударный труд в счастливой советской стране. За идею или за возможность проводить часть жизни за границей советские разведчики вроде Арнольда Дейча вербовали идеалистически настроенных юношей и девушек из благополучных буржуазных и интеллигентных семей за рубежом для вступления в коммунистическую партию и шпионаж в пользу Советского Союза, страны, которой эти молодые люди совсем не знали, но заочно восхищались (например, члены Кембриджской пятёрки в Великобритании).

Творческие работники и шпионы, наивные идеалисты и люди, разочаровавшиеся в капиталистическом образе жизни, жили утопиями и мифами, сказками и легендами, которыми в изобилии снабжали их партийные коммунистические вруны. И только те из них, кто "понюхал" жизни в советском раю (например, инженер Игорь Кривошеин – русский патриот, который отсидел ни за что в советском концлагере) или те, кто столкнулся с коммунистами и методами их работы поближе (например, британский писатель Джордж Оруэлл, который воевал на стороне прокоммунистических республиканцев во время гражданской войны в Испании), начинали понемногу прозревать.

Вот и получалось: либо ты добровольно восхваляешь и идеализируешь существующее положение вещей в Советском Союзе или за рубежом, врёшь во имя красивой сказки о коммунистическом будущем, либо тебя стирают в лагерную пыль. Есть ещё третий путь – тихо стоять, как телёнок в стойле и ждать, когда тобой распорядятся, а потом выполнять то, что тебе прикажут – позовут в комсомол, на демонстрацию, на голосование, в армию, на целину, на "великие стройки коммунизма," на войну и т.д. и ты идёшь, куда прикажут. Твоя личная сопротивляемость навязываемым сверху мифам и приказам минимальна. Даже находясь на свободе, ты - раб у коммунистических идеологов, находящихся у власти.

Многие, правда, своего рабства не понимали, а поэтому не тяготились им. Большинство советских людей "плыли по течению" – тюремщики в лагерях, военные, подавлявшие выступления недовольных в других странах (в Польше, Венгрии, Чехословакии), а также те, кто воевал по всему миру во имя и во славу "немеркнущих идей социализма." По словам русского писателя-прозаика и юмориста Владимира Туровского: "В России действительно удалось сказку сделать былью, правда, сказку выбрали уж больно страшную." [81]

После Второй мировой войны Россия окончательно стала страной мифов, легенд и имитаций. Всех советских людей, воспитывали с помощью направленной пропаганды, основанной на мифах, как образцах правильного поведения и желаемого будущего. Избежать этой мифологизации было невозможно. Вся информация была тенденциозной, многое было основано на враньё - от выборов в органы власти до экономических показателей.

Советский человек, доживший до наших времён, воспитывался не столько на опыте реальной жизни, сколько на эталонах, на идеальных положительных образцах, которым надо следовать. Эти образцы были вычищены, приглажены, избавлены от нежелательных подробностей и канонизированы. Из них было выхолощено человеческое психологическое содержание. И только после этого коммунисты их выставляли на всеобщее обозрение для любования, подражания и как руководство к действию. Их не смущало, что это руководство сильно запретами, ограничениями и уничтожением "отжившего" опыта прежних поколений, и слабо конкретными рекомендациями, инструкциями на будущее, на создание нового, оригинального продукта.

Метод создания образа желаемого будущего с помощью лозунгов, заманчивых социально значимых целей в Советском Союзе был широко распространён и вовсю пропагандировался. Такой образ или значимая цель действовали на советских людей маняще, как линия горизонта или свет в конце тоннеля. Например, "Выполним пятилетку в четыре года," или "Увеличим добычу и переработку нефти в два раза." Подобный же образ лежал в основе целеполагающего оптимистического сценария развития социалистического общества ("Наша цель – коммунизм"). Вы думаете сейчас что-то изменилось? Перед развалом СССР был популярен лозунг: "Рынок всё расставит на свои места". Вы думаете расставил? Зато вся собственность оказалась в руках нескольких богатых людей, выплывших неизвестно откуда. Сейчас лозунгов, мифов и доверчивых дураков стало ничуть не меньше. Они готовы воспринимать любую "развесистую клюкву," которую им на уши вешает главный сказочник страны: "Мы помогаем братскому сирийскому народу уничтожать террористов ИГИЛ в их логове, потому что иначе они придут в нашу страну и будут нас всех взрывать."

Помимо общих положительных целей и образцов поведения каждый советский гражданин придумывал для себя личные персональные цели и образцы. К примеру, в художественном фильме Андрея Кончаловского "Сибириада" есть персонаж, дед, который один по своей инициативе всю жизнь рубил в тайге просеку и строил дорогу к звезде, а по сути, в никуда. Как-то в процессе строительства он напился и головой в муравейник упал. Так и помер. Но он был счастлив поскольку всю жизнь имел цель, к которой стремился.

В плане идеологии этот человек был "прост, как лопата и незатейлив, как грабли." Вооружённый "самой передовой марксистско-ленинской общественно-экономической теорией," он точно знал, кто есть кто и кто чего стоит в этом подлунном мире. Если после первой четвертинки водки сомнения и посещали Нового Советского Человека, то после второй они рассеивались.

В России до сих пор много таких людей, которые вольно или невольно поддерживают легенду о хорошем (умном, талантливом) Ленине. Типа "рано умер, а может его и отравили, а так бы в СССР было всё хорошо. Сталин, мерзавец, подкачал только." Существует другой миф в народе о том, что "будь Сталин жив, такого бардака и воровства, как сейчас бы не было. Страну уважали и боялись. А сейчас все, кому не лень о неё ноги вытирают." Так или иначе фактор зомбирования сознания советского человека занимает в этих легендах и мифах главную роль.

Научив народ коммунистическим мифам и легендам, большевики создали страну утопистов и лгунов большинство из которых были убеждены, что именно они-то и есть нормальные люди. К моменту развала СССР в 1991 году в результате социально-экономических экспериментов, инициированных коммунистами, оказалось, что у людей, живших в России, забрали их бессмертную душу, ничего кроме примитивных марксистско-ленинских суррогатов, не дав им взамен. Бог надолго, если не навсегда, ушёл из сознания жителей СССР. Новому советскому человеку может быть и прививали хорошие черты (национальную толерантность, веру в светлое будущее), но он был плохо приспособлен к реальной жизни в естественных рыночных условиях, что и показали события после 1991 года, когда советским людям пришлось выживать на ранних этапах возврата к полуфеодальному олигархическому капитализму.

Только сейчас, живя в другой стране, я понимаю, какими счастливыми идиотами мы были, живя в Советском Союзе особенно после того, как Сталин отошёл в мир иной. Мы жили как животные в вольере. Нас учили, лечили, давали почти бесплатные жилища, нас защищали, о нас заботились, за нас думали специально поставленные и облечённые полномочиями люди. За нами ухаживали, подкармливали, иногда пускали погулять за рубеж (естественно под присмотром человека из органов или после подписания бумаги о сотрудничестве с КГБ). Единственной нашей обязанностью было полное, безоговорочное подчинение существующей власти и принятие коммунистической идеологии, как неотвратимой данности.

Деньги не играли в СССР такой большой роли, как в современной России. Никто не голодал. Зарплата рабочего была существенно выше зарплаты инженера. Зарплаты выдавались регулярно независимо от того сколько и с каким качеством человек работал или даже вовсе не приносил пользы. Не было беспризорных детей. Коммунистическая партия Советского Союза совместно с другими организациями следила за всем – за порядком, за трудовой дисциплиной, за выполнением плана на производстве и в стране, за моральным обликом человека в семье, за проявлениями спонтанной несанкционированной активности. Советские люди были от многого отгорожены: от внешнего мира “железным занавесом,” от реальной необходимости выживать ценами на нефть, газ и полезные ископаемые, от желания путешествовать по заграницам - просторами огромной страны. Информацию людям давали строго дозированную. Те, кто слушал радиостанции “Би-Би-Си” и “Голос Америки,” читал седьмые копии произведений Александра Солженицына считали себя жуткими вольнодумцами. Большинство держали язык за зубами особенно когда дело касалось идеологии, деятельности высших чинов государства, государственных секретов или работы спецслужб.

Ну, конечно, бывали у советских людей военные столкновения с теми, кто не хотел жить в условиях такого социализма. Тогда советская армия вторгалась на территорию взбунтовавшейся страны и с помощью оружия подавляла выступления людей недовольных местной просоветской властью (в Венгрии, Чехословакии). Но подавляли ведь людей, говорящих на другом языке и не понимавших своего счастья – того, что их страны принадлежала к мировой системе социализма - “высшей стадии в развитии человеческой цивилизации.” Таких надо было вразумлять с помощью танков и автоматов. Что победоносная Красная Армия с успехом и делала. Ей не привыкать – тренировалась ведь вначале на своём народе.

Это был тот развитой социализм, о котором, вряд ли мечтали творцы и апологеты марксизма в середине XIX века и приходится сильно сомневаться, что Карл Маркс, Фридрих Энгельс, Карл Каутский и Георгий Плеханов сами хотели бы в таком распределительном социализме жить.

9.3. Значение Слов и Мифов в Современной России

Сейчас идеология из России исчезла, свободы выбора и самовыражения стало больше, чем в ленинско-сталинские времена, наказаниям в основном подвергаются люди, совершившие уголовные преступления и слишком активные оппозиционеры, но сказать, что “жить стало легче, жить стало веселее” нельзя. И сами мифы стали какими-то грустными.

Чем дольше в стране коммунисты приучали людей к коллективистскому образу жизни, тем труднее идёт переход к капитализму. Теперь в России вроде бы капитализм и наступил, но уж с лицом больно похожим на коммунистическое. А всё потому, что народ в России и по сей день пусть подсознательно, но стремится вернуться в старую безответственную жизнь. А исполнительная власть такое направление в умах поддерживает. Оно ориентировано на левый социально незащищённый электорат (бюджетников, пенсионеров, членов многодетных семей), хотя уже почти четверть века с момента развала СССР прошло и за это время можно бы создать экономику более похожую на современную. Левый электорат даёт высокий рейтинг лидеру государства, но не даёт продвинутой экономики.

В 90-е и даже в нулевые годы после краха СССР немалая часть русского общества жила в представлениях, мифах, легендах, предрассудках, стереотипах, предубеждениях, сформированных в советские годы. Люди из советского прошлого продолжали мыслить в советских категориях (“враги–друзья,” “уравнительная справедливостьнесправедливость," уверенность в том, что государство должно заботиться о своих гражданах и обеспечивать им достойные условия жизни и пр.). Правда эти вещи не всегда соответствуют новой рыночной реальности, но старое, как камень на шее до сих пор тянет Россию на советское дно.

Посмотрите на нынешних первых лиц русского государства – сплошные разговоры. Тут и постановка целей, и обещания, и прогнозы на год, три, пять, десять и даже больше лет. И это при том, что резервный фонд к концу 2017 года закончился. А они всё читают по бумажке свои цифры и обещания, услужливо написанные спичрайтерами: "Нам всем надо усилить то ..., преодолеть это ..., научиться жить по средствам ..." Сами-то, небось, жить по средствам не хотят – вон доходы какие имеют - соизмеримые со среднемировыми на их должностях. А экономика России стагнирует. Но похоже это их нисколько не волнует.

То, что Сталина, создавшего новую более изощрённую и совершенную систему деспотического, советского рабства под названием административно-командный социализм, многие жители России до сих пор не могут забыть, перечисляя достоинства и преимущества его системы правления по сравнению с правлением последующих советских и даже нынешних лидеров и описывая выгодные отличия того времени от нынешнего — это следствие русских консервативных уравнительных традиций. Недаром достаточно высокий процент жителей России (около 10%) до сих пор голосуют за КПРФ. Ещё бы – такая страна была. У всего мира поджилки тряслись от грозного взгляда советских лидеров. Но главное – у рядового человека была хоть и скромная, но спокойная жизнь. Недаром после первого "отката" к капитализму в некоторых странах народной демократии и бывших прибалтийских союзных республиках, народ вновь "бросился в объятия" коммунистов и добровольно голосовал за них (за Александра Квасьневского в Польше, за Альгирдаса Бразаускаса в Литве, за Владимира Воронина в Молдове). Это была понятная реакция обывателя на суровую жизнь переходного периода к капитализму. Если общество больно, то ему надо дать возможность до конца переболеть коммунистической заразой. После ремиссии и рецидива оно само выберет свой путь развития.

В России обществу этой возможности не дали. Путём легенд, отговорок и мошенничества, с помощью финансовых вливаний в ельцинскую избирательную кампанию, людей в России организовали так, что в 1996 году они проголосовали за Ельцина. Хотя уже тогда было ясно, что ничего нового он предложить не мог. Все три с половиной последних года правления он только что и делал, что переставлял людей с места на место "работал с документами" и плыл по течению. Он делал ошибку за ошибкой, ему постоянно изменяла его звериная политическая интуиция. Алкоголь без меры до добра не доводит даже при Ельцинской богатырской сибирской натуре.

В результате был назначен молодой дисциплинированный человек - Владимир Путин, который, как и положено бывшему сотруднику внешней разведки (профессиональные навыки со временем никуда не исчезают), живёт скорее по понятиям, чем по закону. Это не значит, что он нарушает закон, но, будучи главным лицом в государстве, он создаёт такие условия, что зависимые люди добровольно меняют закон под его нужды. Помните известное изречение: “не изменяй правде – изменяй правду”? Путин вот уже 18 лет изменяет эту правду. В результате российское общество до сих пор находится в подвешенном состоянии – то ли в социализме, то ли в капитализме, но уж больно с имперским лицом.

Неспособность советских людей быстро уйти от идеального мира марксистско-ленинских иллюзий проявилась при развале Советской империи - причём проявилась на всех уровнях - от генерального секретаря коммунистической партии Советского Союза Михаила Горбачёва до советского рабочего. Эта особенность мышления более присуща маленьким детям, чем взрослым. У взрослых реализм, адекватная оценка своих сил и возможностей, пусть на конкретном упрощённом уровне, но преобладает над абстрактными теоретическими рассуждениями и соображениями. Дети более склонны предаваться иллюзиям. Они менее адекватны в своих мечтах, в оценке своих сил и способностей. В общественно-политическом плане советская система воспитывала именно таких наивных, плохо приспособленных к самостоятельной практической жизни детей.

Счастье и одновременно несчастье людей, которых воспитывали в советской системе, состоит в том, что они слабо понимали, а некоторые до сих пор не понимают, что больны советизмом, как не понимают животные, родившиеся кроликами, каково быть слоном или как не понимают многие пациенты в психиатрических клиниках всей глубины своих проблем. Ну, положим, с кроликом уже ничего не поделаешь. Если генерация кроликов всё же выживает в течение многих поколений, значит они хорошо адаптировались в биоценозе Земли. Для пациентов в клинике тоже существуют психотропные препараты, психотерапевтические процедуры и пр. А вот что делать с советским человеком, который заполонил собой пространство бывшего СССР? Ведь условия жизни в России и бывших союзных республиках после 1991 года изменились, а он остался всё тем же. Кто-то стал бандитом, кто-то воспользовался знакомствами в верхних эшелонах власти и благоприятной экономической конъюнктурой, чтобы несметно обогатиться и стать олигархом, кто-то стал чиновником при власти, кто-то эмигрировал, большинство советских людей доживают свой век в России, пытаясь приспособиться к тому, что от СССР осталось.

Бывшие советские люди и до сих пор не дозрели до правды о себе и предпочитаем жить в мире иллюзий. Они верят в то, что русские - великая нация, которая, жертвуя собой, защищает себя, а заодно и остальное глупое человечество от всяких угроз и от плохих людей. Они склонны верить всему, что скажет национальный лидер – ведь он такой умный и сам верит в правильность того, что говорит и делает. Только вот глаза почему-то всё время уводит в сторону. Впрочем, к этому можно привыкнуть – может быть это у него такая богатая внутренняя жизнь.

С времён развала СССР прошло много лет, а новой системы идеологических ценностей (мифов) нынешняя российская власть не придумала и пользуется старыми с поправкой на рыночные отношения и другие модные аксессуары конца XX – начала XXI веков. В декабре 1993 года была принята Конституция Российской Федерации. Она была во многом скопирована с конституций цивилизованных стран. В ней определялось организационно-политическое устройство современного русского общества с акцентом на приоритет президентской исполнительной власти над остальными. Послушный русский народ за неё проголосовал (58,43 %, против — 41,57 %), как голосовал за любой бред, который ему подсовывали "на подпись" коммунисты, начиная с 1917 года. Положенные права граждан в Конституции прописаны в лучшем виде, но остаются только на бумаге, как и в предыдущих советских конституциях. Без баланса сил во власти, без гарантий безопасности личности, все эти положения основного закона страны – не более, чем пустые слова. Тем не менее, они производят на людей этакое успокаивающее действие, мол, и у нас Конституция есть, и мы не хуже других народов.

Главным признаком неблагополучного состояния нации, народа в трудные для них периоды является уход людей в мир мифов, грёз и фантазий, страх перед реальными действиями. Желаемое выдаётся за действительное. Происходит идеализация желаемого. Это случилось с многими жителями России в трудные 90-е годы XX века во время обратного варварского перехода от социализма к капитализму. В этот период экономического, политического и духовного кризиса ясновидцы, знахари, гадалки, парапсихологи вышли на первые роли в России. На сеансы и представления Алана Чумака и Анатолия Кашпировского народ валил валом, им платили деньги, им верили. Уход из мира реальности в мир иллюзий и фантазий является важнейшим симптомом упадка народного духа, потери людьми смысла жизни и перспектив развития. В период перестройки народного сознания старые советские мифы и легенды оказались дискредитированы, а новые ещё не появились.

Для компенсации чувства зажатости, подавленности, несвободы русского человека до сих пор служат всевозможные мифы и мифологемы, которые для него придуманы разного рода идеологами. Их выделил в своих работах Юрий Левада – основатель российской социологической службы. Например, "умом Россию не понять," "человек в России коллективист по своей природе," "русские - простые и открытые," "у русских высокая духовность." [101] В основе этих мифов в соответствии со схемой Левады лежит образ русского, как невзыскательного, нетребовательного, терпеливого и адаптивного человека. Простодушие и бесхитростность является одной их главных черт, лежащих в основе их поведения. Коллективизм в русском понимании — это когда один отвечает за всех, а все за одного. Каждый "делает как все," "не высовывается," без внутреннего напряжения, протеста подчиняется хозяину, лидеру особенно если этот хозяин свой мужик, пусть крутой и суровый, но справедливый. Якобы "духовность" русских определяется их близостью к природе, непосредственностью восприятия реальности, одухотворением словесных конструктов.

Помимо вышеупомянутых в России популярны другие мифы и предрассудки, например,
- У России свой особый ни на что не похожий европейско-азиатский путь.
- Русские к свободе и демократии не готовы поскольку слишком долго жили в условиях тоталитаризма.
- Существует мировой международный заговор, направленный против России причём главной "пружиной" заговора, является США.
- Во всём виноваты внутренние оппозиционные силы, поддерживаемые мировой "закулисой," заинтересованной в ослаблении позиций и даже развале России.
- Русские любят выпить, но настоящих пьяниц и алкоголиков в стране немного. Представители некоторых других наций (французы, итальянцы) тоже пьют немало и уж, по крайней мере, не меньше русских.
- Говорят о том, что русские ленивы. Вздор всё это. Кто тогда сделал Россию супердержавой в XX веке?

И это неважно, что перечисленные мифы или неправильны, или устарели. Однако, в народном сознании они прочно отпечатались в качестве базовых, народных, основополагающих, а многие насаждаются и поддерживаются власть предержащими до сих пор потому, что они им выгодны.

Мифы и мифологемы облегчают восприятие и трактовку жизни и объясняют мотивы поведения людей. Но не более того. Как и всякие упрощённые, лаконические, обобщающие сентенции и формулировки вроде пословиц и поговорок они имеют свои ограничения. Погрешность измерения с помощью такого упрощённого социологического инструмента оказывается слишком велика. А ведь так легко отделаться одной фразой, объяснить на пальцах сложные вещи, подменив их простыми объяснениями по типу: "Кто нам устроил кризисы 2008 и 2014 годов? - Американцы," "Нужно ли нам вступать в ВТО? – Бесспорно нет поскольку это ничего не даёт," "Вся "Единая России" — это партия жуликов и воров – А кто бы сомневался." Из-за лёгкости восприятия и усвоения подобных сентенций, в народе до сих пор рождаются, приживаются и поддерживаются многочисленные расхожие истины вроде: "вокруг враги," "не обманешь - не проживёшь," составляющие нездоровую основу деловой и общественной морали страны.

Всё новые и новые правдоподобные объяснения, мифы продолжают появляться и насаждаться в сознание людей, живущих в России. Особенно эта тенденция была видна на телеэкранах ведущих телеканалов в 2007-2008 годах, когда Путин рекомендовал Медведева на должность президента. Такое впечатление, что власти было особенно важно показать своему народу успехи и достижения первые два срока путинского правления, его неиссякаемую энергию, его решительность (разговоры о третьем сроке были неспроста). Образ сильного, деятельного лидера на федеральных телеканалах был создан блестяще. Мол Россия "встаёт с колен," экономика развивается, ВВП растет, также, как и доходы населения. Попутно возрастает и роль России в мире, и ее авторитет.

На самом-то деле дома старой досоветской постройки разваливались, дороги по-прежнему были в ухабах, устаревшие модели самолётов ещё советской поры терпели крушения без должного ухода и выполнения лётчиками пилотажных инструкций, народ спивался, по взяткам, наркотикам и венерическим заболеваниям Россия на всех парах приближалась к мировым лидерам, женщины не хотели рожать детей. Если что и было хорошо в 2000-е годы, так это непрерывный рост уровня благосостояния жителей России, что было прямым следствием высоких цен на энергоносители. Стоило этим ценам обвалиться в 2-3 раза в 2014 году, как всё в России стало быстро плохеть.

Ещё одной иллюзией, мифом, который усиленно пропагандировал тогда ещё президент Дмитрий Медведев, являлся миф о реальности модернизации и кардинального улучшения экономики страны, хотя при старой советской ментальности и отжившей вертикали власти, при изношенном оборудовании и невысокой квалификации инженерно-технического персонала, при санкциях, наложенных на Россию из-за аннексии украинского Крыма и военной операции на Донбассе, совершенствование экономики попросту невозможно. Недаром разговоры о модернизации утихли, как только Путин сменил Медведева в президентском кресле. Теперь на первый план вышли разговоры об импортозамещении. Это следующий российский миф. Рациональные люди в России понимают, что от мифов нужно избавляться и чем быстрее, тем лучше. Обманывая себя с помощью лжи, мифов, неоправданных надежд только временно получаешь облегчение, утешение. Потом неизбежно платишь за самообман. Однако русские склонны обманываться вновь и вновь.

Глава 10

Шкала Имитационности

10.1. Показуха и Очковтирательство

Россия – страна не для людей, которые делают то, что говорят. Здесь, если не хочешь спятить, ни к чему нельзя относиться серьёзно. Всё условно, как в театре абсурда. Да ещё в дымке. Не имея возможности жить в реальном мире принадлежащей им собственности, законов, которые их охраняют от посягательств друг друга, государства и его служб, русские живут в воображаемом, имитационном поле надежд на справедливых правителей, на честные спецслужбы, которые зря не обидят. Происходит возобновляемая имитация справедливой жизни в российском обществе. В своём воображении жители России создают лубочные, радующие глаз картинки, которые направлены на поддержание мифов о довольстве, счастье, процветании и перспектив на хорошее будущее.

Очковтирательство было в России во все времена и не только по отношению к иностранцам, но и по отношению к своим вышестоящим лицам - царям, генеральным секретарям, президентам. Мол дороги, по которым поедет начальство заасфальтировать, заборы покрасить, встречающих детей умыть и причесать, речи заготовить. В русском языке существует много терминов, которые описывают это явление: “потёмкинские деревни,” “не ударить в грязь лицом,” “пустить пыль в глаза” - всё это называется одним словом “показуха.” И этим всегда отличалась Россия. Не имея возможности похвастаться тем, что в стране делается в реальности, чиновники создают лубочные картинки, красивые схемы, макеты, отражающие идеализированное настоящее или обозримое будущее. А что макет потом покроется пылью и паутиной и о нём после единичного показа никто вспоминать не будет, чиновников особенно не заботит.

По легенде, первые “потёмкинские” или бутафорские деревни были выстроены по указанию князя Потёмкина вдоль маршрута Екатерины II, когда она инспектировала свои новые владения в 1787 году в северном Причерноморье - Новороссии и Тавриде, незадолго до этого завоёванных у Османской империи. Дома и места каждодневной работы в этих деревнях выглядели значительно лучше, чем дома крестьян в центральной России. Эти липовые деревни вместе с крепостной прислугой перевозились с места на место по ночам по маршруту движения кортежа Екатерины II. Легенду впоследствии поставили под сомнение, якобы её придумал французский писатель Дюма, но термин "потёмкинские деревни" остался.

Очковтирательство в политике советских властей простыми людьми воспринималось как само собой разумеющееся явление. Все чиновники снизу доверху делали красивые картинки для своих начальников и для зарубежных гостей. Идеальная советская модель построения социализма в стране предполагала надувательство и обман, как часть коммунистической сказки. Ложь была смазочным материалом работы советской партийной машины с самого первого дня её создания. Многие преступления, которые большевики совершали, они прикрывали формулой: "Это решение принимали простые рабочие (солдаты, матросы), а мы только следовали их воле." На самом деле большевикам было плевать на рабочих (расстрел рабочих в Астрахани), на матросов (подавление выступлений моряков в Кронштадте), на солдат (расстрел отступающих солдат заградотрядами Троцкого и потом ещё персонально каждого десятого из отступивших).

В Советском Союзе (особенно в поздний "застойный" период) репетировали всё: речи ораторов на партийных съездах, пленумах и партконференциях, начиная с областного масштаба, военные парады и так далее. Решения, которые принимались делегатами этих съездов, пленумов и партконференций были заготовлены и известны участникам заранее. Были специальные люди, которые отвечали за грамотную постановку спектаклей такого рода.

Пока в 90-е годы в Российском бюджете не было денег на необходимое, то есть на зарплаты рабочим, на то, чтобы выплачивать пособия пенсионерам, денег на показуху оставалось мало. Правда производился ремонт Кремля под руководством управляющего делами Павла Бородина (дело Мабетекс), мэром Юрием Лужковым был восстановлен взорванный Михаилом Кагановичем Храм Христа Спасителя в Москве. Однако таких показных мероприятий в те времена было мало и в основном в крупных российских городах. Стоило ценам на нефть пойти в гору в 2003 году, как очковтирательство возобновилось в полном объёме.

Начиная с 2013 года экономика Российской Федерации начала буксовать и в России заговорили о застое и возврате к Брежневским временам. Показуха, построение "потёмкинских деревень" стало набирать обороты. Проводились бесконечные совещания, конференции, съезды, форумы (Байкальский, Питерский, Пермский, Сочинский и пр.). В 2014 году была проведена Сочинская Зимняя Олимпиада за 50 млрд долларов. И всё это для того, чтобы занять распухшую московскую и местную бюрократию, дать работу новым службам и людям, которые ничего кроме красивых слов не умеют производить. Кроме того, первые лица государства имеют возможность покрасоваться перед почтеннейшей публикой и показать народу, как много они работают. Изюминкой на каждом форуме является выступление главы государства и его ответы на вопросы зрителей и корреспондентов. Сейчас, когда его избрали на четвёртый (пятый) срок он стал экономить время, ограничивая общение с народом несколькими минутами, мол нечего баловать народ, который уже отдал за него свои голоса. Отбубнил написанный спичрайтером текст – и в бассейн или на хоккейную площадку.

Ради пыли, которую руководство страны пускает людям в глаза, во время военных парадов тратятся большие деньги налогоплательщиков, ежегодно бряцают оружием и танками, устраивая парад в честь дня Победы и его дубли-репетиции (до четырёх), перекрывая центр Москвы. Впрочем, власть предержащие считают, что бюджетные средства — это почти их личные деньги – куда хотят, туда и тратят. Хотят потратить на строительство Олимпийской деревни и подготовку к зимним олимпийским играм в Сочи-2014 – потратят. Хотя нужна ли эта олимпиада спившемуся населению русской деревни или миллионам наркоманов России, живущих от дозы до дозы – я сильно сомневаюсь. А сколько сраму получила Россия из-за липовых медалей, основанных на применении допинга российскими спортсменами?

Истинная цена любого "потёмкинского" проекта, остаётся за кадром. В реальности она, как правило, непропорционально результатам велика. Сколько в России построено таких "потёмкинских деревень," сколько сил и средств в это строительство вложено, какой низкий коэффициент полезного действия от такого очковтирательства, сколько разочарований, сломанных судеб… И всё равно строят, и строят чиновники "потёмкинские деревни" без конца. Среди них и внедрение нанотехнологий, и строительство научного центра Сколково – пиар-проекта Медведева и Вексельберга. Кому это надо, когда дороги в европейской части России в ужасном состоянии? Люди-то эмигрируют не от того, будет ли построен этот центр, а от плохих дорог и убогих жилищ, от отношения к человеку, как к приложению к государству оттого, что им некомфортно жить в этой стране - особенно когда они увидели, как живут обычные люди в цивилизованных странах, которые не были промолоты через жернова большевистского распределительного социализма.

Особенности русской ярмарки тщеславия состоят в том, чтобы показать, какие мы крутые, независимо от реального состояния дел с экономикой, политикой, правами и свободами человека. Причём это делается как на международном, так и на внутрироссийском уровнях. Один из примеров того, насколько дорого стоят российские амбиции — это майские парады, посвящённые дню Победы 9 мая 1945 года. Никто не спорит, это действительно знаменательный день. Но зачем празднование его сопровождать таким пафосом, помпой, показухой. Как будто нынешние чиновники сами одержали победу во Второй мировой войне. Любой праздник, а этот тем более, идёт от потребностей человека-гражданина, а не навязывается ему сверху. Если так пойдёт дальше, то скоро будут праздновать победу Дмитрия Донского на Куликовом поле, победу Петра Первого над шведами под Полтавой и Бородинское сражение Кутузова с Наполеоном. Я уж не говорю про те чудовищные во многом бессмысленные жертвы, которые понесла страна из-за большевиков. В этот день вся страна должна стоять на коленях и просить друг у друга прощения, а не праздновать и не демонстрировать очередную солидарность со своими бюрократами.

Посмотрите на совещания, которые в XXI веке проводят первые лица страны. Огромные длинные столы, за которыми часами сидят первые лица государства (иногда в два и в три ряда). Зарплата и другие доходы этих людей не ниже, а то и выше, чем у их зарубежных коллег в развитых странах. Их не волнует рост цен на продукты питания и расходы на ЖКХ. И всё это сидение делается для того, чтобы выслушать последние указания, заботливо написанные спичрайтерами для первых лиц государства или отчитаться о проделанной работе лично первому-второму лицу или даже выслушать от него нагоняй. Иногда на таких совещаниях проводятся обсуждения, но пользы от них немного. Всё равно "главный" всегда прав и возражать ему нельзя. Зато куча чиновников заняты обслуживанием таких совещаний и народ через телевизионный экран может убедиться в том, что верхние бюрократы не зря едят свой хлеб с чёрной икрой.

Хотя на самом деле лояльность первому лицу важнее информации, которую эти министры, полпреды, вице-президенты получат на таком совещании. Однако, попробуй не прояви лояльность и не приди на такое совещание. Тут же попадёшь в "чёрный список." Вон, губернатор Кировской области, Никита Белых как-то не пришёл на совещание к премьер-министру Путину. По уважительной причине не пришёл. Теперь хлебает тюремную баланду.

Сейчас идёт частичный возврат России к СССР, но уже в других условиях, когда человек ориентируется не на интересы советского, социалистического государства, а на личный успех, на зарабатывание денег любой ценой. Путин, Медведев и ещё несколько чиновников рангом пониже представляют собой презентабельный фасад искривлённого здания современного российского государства, выстроенного на трупах и костях жертв ленинско-сталинского коммунистического режима, на усилиях людей более гуманного общенародного государства 60-х – 80-х годов и на жульнически приватизированной в Ельцинском государстве собственности.

Своими хорошо пошитыми костюмами, модными сорочками, осторожными дипломатичными речами, современные лидеры прикрывают то, что творится за фасадом сегодняшней России – за восстановленным храмом Христа Спасителя, за перестроенным зданием Большого театра в Москве, Мариинского театра в Санкт-Петербурге, за нанотехнологическими выставками и за торговыми центрами крупных городов: а именно, значительное расслоение жизни “высших” и “низших” жителей России, утрату моральных устоев, толстокожесть людей по отношению к чужим страданиям и вообще к личности другого человека – страданиям не какой-нибудь поп-звезды, которой сделали неудачную пластическую операцию по увеличению размера груди, а страданиям простого человека с улицы.

Когда мы видим сейчас, что людей на митинги в поддержку президента организованно привозят на автобусах – более пожилые из нас вспоминают положение дел в СССР, где коммунисты организовывали показной народный энтузиазм. Никто не отрицает полезность репетиции во время учений по гражданской обороне или учений по спасению во время пожара в условиях стеснённых помещений – это важно для выживания. Но репетировать энтузиазм масс – это явное очковтирательство. Или народный энтузиазм есть, или его нет. Правда в России, как и в прежнем СССР энтузиазм масс власти организуют – так оно надёжнее.

10.2. Имитация Независимости Ветвей Российской Власти

Ключевым понятием бюрократического стиля работы в России является понятие “имитация.” Имитация активной деятельности происходит в виде “потёмкинских деревень” или “втирания очков” верховным представителям исполнительной власти и попутно народу. Фактически в России независимость ветвей власти имитируется на всех уровнях. Фактически речь может идти только о зоне ответственности отделений власти – какие частные вопросы может решать данное отделение без опасения, что ему погрозят пальчиком вышестоящие.

Имитация демократической деятельности в России происходит в виде формального слепого копирования институтов власти, принятых в демократических странах. Всё сводится к имитации демократических процедуры без реальной ментальной основы для демократии у представителей власти и у населения. Попутно идёт “втирание очков” друг другу, а заодно народам других стран: “У нас мол есть демократия, да ещё какая. Приезжайте посмотреть.”

Теперешние руководители в России понятия не имеют, что такое реальное, а не бумажное народовластие. Демократические институты и механизмы понимаются ими формально - положено иметь суды и парламенты разного уровня - пожалуйста, в России они есть. А то, что эти органы власти не выполняют свою демократическую функцию - быть противовесом исполнительной власти - до этого ни власти, ни большинству людей в России дела нет. В результате все эти институты оказываются встроенными в вертикаль исполнительной власти. А народ настолько не искушён в вопросах демократии и того, как она должна работать, что ему нет дела до того, насколько правильно и грамотно эти институты выполняют свои функции - лишь бы власть обеспечивала им сносный уровень жизни. Просматривается аналогия русских людей с животным миром – пока овца сыта, она счастлива и не нужна ей никакая демократия. И ладно бы эта сытая овца сама была счастлива со своим полным желудком, так нет, она ещё поучает людей в других странах, как им жить.

Государственная Дума и Совет Федерации не выполняют свою функцию быть противовесом исполнительной власти, то есть вести с ней диалог, дискутировать и выражать своё несогласие с ней с помощью голосования. Зато функцию площадки для борьбы противоборствующих точек зрения выполняет сама исполнительная власть, но выполняет втихую, под ковром, не вынося разногласия на телеэкран.

Наружу выносится только демонстрация лояльности российских чиновников всех уровней по отношению к исполнительной власти в виде показной личной преданности президенту, от которого в конечном итоге зависит карьерный рост и финансовое благополучие чиновника-администратора, чиновника-законодателя или чиновника-судьи. Результат их деятельности такой, какой нужен высшим чинам исполнительной власти, а они – эти чины - видят только то, что хотят видеть. Поскольку все граждане Российской Федерации находятся в одном стаде, то конкуренция между ними сводится к конкуренции в глазах единственного судьи, имя которому - “Главный бык”.

Владимир Путин, назначенный Ельциным премьер-министром в 1999 году, в течение своего первого срока (к 2004 году) фактически привёл Россию к единоличному ручному президентскому правлению. Всех “пережал.” Те фантазёры, которые просматривают в первом сроке Путина какую-то борьбу демократического и автократического начал ошибаются, обманывают себя и других. Он сразу расставил на все ключевые должности в России чекистов, военных и исполнительных людей из бывших коммунистов, а с оставшимися в его окружении демократами он играл в “кошки-мышки,” хорошо зная, чем эта игра для демократических мышек закончится. В результате, к 2013 году Россия во многом стала напоминать застойный Советский Союз эпохи Брежнева, но с поправкой на частную собственность, с ориентацией исполнительной власти на левый электорат, с подконтрольными президенту олигархами, с подконтрольными ветвями власти (законодательной и судебной) и с финансовым контролем исполнительной власти над большей частью СМИ.

О деятельности членов Верхней палаты парламента – Совете Федерации вообще мало что слышно. Надёжная соратница и член всё той же партии “Единая Россия,” Председатель Совета Федерации, Валентина Матвиенко, бывшая коммунистка и бывший губернатор Санкт-Петербурга, по сути, занимается утверждением нужных исполнительной власти решений – своим мнением там и не пахнет, разве что в сторону усиления, ужесточения политической линии президента. Большинство спускаемых сверху законов утверждаются быстро, почти без дискуссий и большинством голосов.[Прим.11]

Немалая часть работы чиновников российской власти сводится к тому, чтобы что-то делать, ничего не делая. Это и есть имитация деятельности. В России размер бюрократической надстройки соизмерим с размерами надстроек процветающих государств, но её эффективность значительно ниже хотя бы из-за необходимости приспосабливаться к вертикали власти, прогибаясь в нужном направлении.

Владимир Путин, судя по его авторитарному поведению, видимо, полагает, что русский народ до реального народовластия не дозрел. Поэтому он идёт по стандартному пути советских генеральных секретарей КПСС и ориентируется на левый, зависимый от государства, а поэтому очень уязвимый и послушный провинциальный электорат, на послушных чиновников зависимых от государства, на федеральные СМИ и на традиционный русский страх (“как бы хуже не стало”).

Эта стандартная для России политика, состоящая в том, чтобы держать в повиновении и под своим контролем всю страну и сохранять её целостность. Путь традиционный, хотя и малоперспективный. Он работает при сильном лидере и благоприятной мировой экономической конъюнктуре (в случае России - ценах на энергоносители). Судя по медленному ухудшению экономического положения россиян и того, что просвета у них в ближайшем будущем не видно, народное недовольство будет нарастать. Так что Путин правильно и вовремя создал национальную гвардию. До конца правления он на этом продержится.

По вопросам, по которым уже есть мнение президента или закон уже разработан в правительстве, депутатам Госдумы или Совета Федерации просто звонит чиновник “сверху” и говорят: “надо.” Почти никто из думцев не сопротивляется несмотря на откровенную глупость некоторых законов. Иллюстрацией сказанному является срочное и почти единогласное принятие закона имени Димы Яковлева перед Новым 2013 годом в ответ на акт Магнитского, принятый законодателями США за несколько недель до этого.

Другой пример – принятие в 2016 году так называемого пакета законов Озерова-Яровой, обязывающих провайдеров интернет-услуг в течение полугода хранить сообщения пользователей на серверах кампаний, а также предоставлять силовикам ключи для расшифровки трафика. Со своей стороны, СВР и ФСБ получат возможность безвозмездного удаленного доступа в государственные информационные системы, хотя это трудоёмкое начинание стоит больших денег.

Не имея желания и умения решать экономические проблемы “по уму,” правящая головка последние годы разыгрывает милитаристскую карту. У народа это вызывает прилив национальной гордости, но, как показал опыт, шовинистический угар проходит одним из первых, когда появляется много трупов и нечего есть.

10.3. Имитация Оппозиции в России

Выразителями альтернативных точек зрения в цивилизованной стране обычно являются представители оппозиции. Рассмотрим, существует ли реальная оппозиция в современной России и, если – “да,” то каковы её роль и место в жизни страны?

В монархической России князь, царь, император объяснял и оправдывал свои грехи и грехи своих подданных государственными интересами и Господней волей. В Советском Союзе практиковался другой паттерн поведения: раз Бога нет, а покойные Маркс и Ленин уже не могут посоветовать, что делать, поскольку пребывают в мире ином, за все грехи отвечают внутренние и внешние враги – шпионы и диверсанты, а также мировая буржуазия. Нынешний российский президент постепенно приходит к обвинениям в адрес “врагов-партнёров” вроде США, спекулянтов валютой, наживающихся на падающем рубле и организаций, финансируемых из-за рубежа очень напоминающих в профиль Пятую колонну.

Пока российский лидер держит власть в “крепкой руке,” у русской оппозиции шансов нет, что бы она о себе не воображала, какими бы иллюзиями она себя не тешила. В России традиционной является покорность подданных в отношении центральной исполнительной власти. Эта покорность основана на силе власти. Слабеет власть, слабеет государство, начинаются разброд и шатания в народе. Недаром, в смутные времена в России не оппозиция, бунтари, заговорщики выигрывали, а власть проигрывала. Как только российский (советский) лидер (царь, генсек) начинал играть против себя самого, демонстрировать сомнения в своём праве расправляться со своими подданными так, как он считает нужным, он совершал политическое самоубийство сам и приговаривал к тому же своё царство, империю, государство, обрекал на частичное уничтожение свой народ. Поэтому народ интуитивно за центральную власть и держится, какая бы никудышная она не была.

В качестве примера слабого лидера можно привести императора Николая Второго, который ввязался в Первую мировую войну, не просчитав последствий и не рассчитав своих персональных возможностей. Из этой ситуации он не смог выбраться, в результате чего его вынудили отречься от престола. Восстанавливать империю жуткой кровью пришлось уже Ленину, который правда преследовал свои идеологические цели.

Другой пример слабого лидера - генеральный секретарь КПСС Михаил Горбачёв, затеявший перестройку, а затем начавший “играть” против своей коммунистической партии, которая его выдвинула и против своего государства, создав условия, при которых и партия, и государство развалились. Восстанавливать урезанное Горбачёвым и Ельциным государство в XXI веке приходится уже Владимиру Путину. Однако, политические и финансовые издержки восстановления империи в XXI веке настолько велики, что вряд ли это имеет смысл делать вообще. Но “охота пуще неволи”.

Кстати, вы можете себе представить ситуацию, при которой Государственная Дума инициирует импичмент Путину по делу потери сотен миллиардов долларов и резком спаде экономики России в результате захвата Крыма? Я – нет. А всё потому, что свободных, независимых людей в России очень мало. Зато соглашателей и равнодушных – пруд пруди. Пусть теперь кушают то, что власти творят, прикрываясь их именем.

Реальная оппозиция – это та, которая хочет получить власть, и которая ради этого готова договариваться, торговаться, согласовывать интересы, искать компромиссы, уступать, вступать в блоки, которая имеет программу развития страны отличную от той, что предлагает и осуществляет существующая власть. Как и всякая торговля компромисс требует культуры. Поэтому в цивилизованных странах для согласования политических и экономических интересов приглашаются адвокаты, модераторы. Они работают за деньги и личностно никак не вовлечены в торг. Им платят за нейтральность и за готовность принять на себя агрессию клиентов.

Как-то журналист Максим Шевченко сказал про российскую оппозицию следующее: "Оппозиция напоминает мне тыкву на Хэллоуин. Горит, в темноте светится, прорисованы страшные зубы, но все это тыква по большому счету." [93] И действительно, оппозиционные партии в России – это во многом имитационные партии. Их лидеры ловко создают видимость оппозиционности. Идеологическая платформа есть только у коммунистов, и та стопятидесятилетней давности. Остальные партии объединяются на карьерной, денежной или спекулятивной основе. Те принципы, которые партийные лидеры провозглашают в качестве своих политических платформ легко меняются при смене политических условий и обстоятельств, а также при смене лидера партии.

Политическая "оппозиция" в современной России делится на официально разрешённую (системную) и неформальную (несистемную). Первая представлена в Думе в виде трёх партий, прошедших 5% пороговый барьер (коммунисты, либеральные демократы, справедливороссы) и ряда зарегистрированных, но не пользующихся популярностью партий. Вторая несистемная имеет постоянные конфликты с властью из-за своего радикального характера. Она может позволить себе больше в политическом плане, но за собственный счёт или за деньги частных спонсоров.

Системную или официальную оппозицию оппозицией можно назвать чисто условно. С небольшими вариациями она поддерживает исполнительную власть. Сами лидеры "оппозиционных" партий - Зюганов, Жириновский и Миронов пока держатся на плаву из-за того, что они яркие харизматические личности, лидеры, умеющие говорить с народом простым языком. Ну и, конечно, на рожон все трое не лезут, знают, когда надо отступить, а когда прогнуться перед исполнительной властью. По принципиальным для власти вопросам эти "оппозиционеры" голосуют так, как власти надо. По мелким вопросам по типу возврата в бюллетени для голосования графы "Против всех" партии ещё могут проявлять самостоятельность.

Среди лидеров несистемной оппозиции много ярких людей. Это – Алексей Навальный, Валерия Новодворская, Борис Немцов, Гарри Каспаров, Сергей Удальцов. Но они слишком влюблены в себя и не умеют уступать друг другу. Они не хотят понять простую истину, что политику нельзя принимать серьёзно. Это искусство уступок, искусство возможного. Недаром многих политиков запросто можно назвать политическими проститутками. И это лучше, чем упёртые фанатики вроде Ленина. В политике нельзя отдаваться какой-то идее (концепции) целиком, всей душой – проиграешь. По этой и по многим другим причинам оппозиция в России всегда в проигрыше. [Прим.12]

К тому же в условиях тотального контроля со стороны власти и государства оппозиционеру всё равно не дадут делать то, что он хочет. Ему не дадут выиграть. Все козыри у того, кто банкует. А банкует государство и те, кто им управляет. У них больше всего ресурсов. Оно может себе позволить иногда проиграть. В итоге оно всё равно выиграет. Не факт, что выигрыш пойдёт на пользу этому государству или народу, но тем самым правитель показывает, кто в доме хозяин. Именно он манипулирует общественным мнением, финансами, благополучием людей и, в конечном счёте, их жизнями.

В большинстве случаев русские протестные политические горы рождают мышей. В 2011-2012 годах высокий рейтинг оппозиции в народе довольно быстро упал, поскольку её лидеры не сумели грамотно оседлать справедливые протестные настроения. На лозунгах “Долой партию жуликов и воров,” “За честные выборы” или “Путин, уходи” далеко не уедешь. Только внятные позитивные лозунги с указанием конкретных мер дали бы им преимущество на митингах и в народе. А так даже те, кто не поддерживает “Единую Россию” и без симпатии относятся к президенту и премьеру с их договорными политическими манипуляциями, не нашли для себя подходящей платформы и программы для реальных оппозиционных действий.

Кроме того, население России состоит из десятков миллионов людей, которых в первую очередь волнует их повседневная жизнь, зарплата, платежи ЖКХ, цены на товары и услуги, выплата ипотечных кредитов, а не “Долой” и “Да здравствует.” Это тем более верно, что у оппозиции финансовые и политические ресурсы по сравнению с правящей партией ничтожны.

Как-то Владимир Путин сказал об оппозиционерах: “Мы не против вести переговоры с лидером объединённой оппозиции из тех, кто вышел на Болотную площадь и затем на проспект Сахарова. Но покажите мне этого лидера.” Ну вот, показала оппозиция лидеров. Ещё с лидерами легальной оппозиции – Владимиром Рыжковым и Борисом Немцовым, тогдашний президент Медведев хотя бы разговаривал. А с представителем несистемной оппозиции - Алексеем Навальным и другими разговор шёл через “жучки” и прослушивание их офисных и телефонных переговоров, взлом электронной почты, обыски и допросы в кабинете следователя. Хорош диалог с оппозицией. Путину оппозиция нужна послушная, заранее подготовленная к встрече с ним. Чтобы явилась на встречу с ним зная, кто в России хозяин.

Власть в России традиционно "играет" и за себя, и за оппозицию, она сама себе оппозиция. Её поведение опирается не столько на закон, сколько на здравый смысл и на личную преданность. А преданность, как известно, категория не юридическая, а нравственная. К сожалению, люди к этому привыкли. Впрочем, они сами больше пользуются здравым смыслом, чем законом. Поскольку реального самоуправления на местах нет, то чиновники на все ведущие должности назначаются и одобряются наверху по критериям отсутствия проколов и лояльности центральной власти.

Российская оппозиция неоднородна. Там есть свои идеалисты, отрицатели, правдолюбцы, насмешники, провокаторы и т.д. Этим они манят любопытствующих и недовольных, как манят светлячки в ночи.

10.4. Имитация Выборного Процесса в России

Главная поддержка существующей власти – это лежащая на диване у телевизора Россия.

Выборные имитации начались с приходом во власть большевиков. Они посадили свой народ в клетку и сказали: "Теперь голосуй, как хочешь и за кого хочешь. Это будет твой свободный выбор." Но у нас осталась только одна партия за которую ты можешь проголосовать. Остальные партии контрреволюционные, поэтому они в тюрьме или на кладбище. Но в любом случае голосуй, как хочешь. К сожалению, этот народ не скажет подобно Эзопу: "Где здесь пропасть для свободных людей?" Он ведь никогда свободным не был. Уж лучше проголосовать за того, кого тебе подсунула власть. С тех пор так всё в России и продолжается.

Выборы в нормальной стране — это способ разрешения и предупреждения кризисов, социальных конфликтов, изменение направления движения общества в ответ на вызовы времени. Сама комбинация из двух слов "честный" и "выборы" - уже нонсенс применительно к России. В России выборы сводятся к пиар-акциям и демонстрации лояльности существующей власти. Те, кто с ней не согласен или считает своё участие в выборах пустой тратой времени, на выборы просто не ходят. Тем более, что голосовать не за кого – реальная оппозиция в Думе не представлена, а порог явки отменён ещё в декабре 2006 года, все звенья властной вертикали находятся под контролем исполнительной власти, основные телевизионные каналы финансируются государством или компаниями, работающими на государство (например, Газпромом), а это то же самое. Практически любой расклад политических сил на результаты выборов не влияет.

Почему население России устойчиво голосует за существующего лидера и за тех людей, которых он и подконтрольная ему партия предлагают? Большинству людей просто всё равно. К тому же они привыкли к тому, что как бы они не проголосовали, выберут всё равно человека угодного власти. А без перспектив на выигрыш кто же играть станет? Многие даже не лукавят, когда голосуют за Владимира Путина. Просто в существующих условиях остальные выглядят ещё хуже или на голову ниже. Ну и, конечно, телевизионный пиар – непрерывный и направленный, льющийся с экранов телевизоров, который проплачивается государством. Небольшая кучка оппозиционеров в нескольких крупных городах, которые почитывают иностранные газеты и журналы, просматривают международные интернетовские сайты и смотрят оппозиционные телеканалы, не в счёт.

Свободный осознанный политический выбор – это сложная вещь, требующая политической культуры. Весь фокус состоит не в том, чтобы поставить “птичку” против фамилии кандидата, который тебе симпатичен, а в том, чтобы почувствовать на самом себе последствия своего выбора. Плохого выбрал, сам за это и расплачиваешься: работы нет, дороги не построены, жилищные условия у людей ужасные, люди вокруг злые оттого, что плохо живут и так далее.

Современный избиратель в России, как и пациент в реанимационном отделении “скорее мёртв, чем жив.” Фактически сейчас в России один избиратель и зовут его Владимир Путин. Он выбирает не только заместителей, но и все ключевые фигуры в руководстве страной. Конечно, до полицейских и судей муниципального уровня у него руки не доходят. За этим следят верные люди на всех уровнях вертикали власти. Такая практика назначения получила распространение ещё в годы советской власти. С тех пор что у Сталина, что у последующих генеральных секретарей процент тех, кто голосовал “за” предложенные КПСС кандидатуры редко опускался ниже 99%. Так что традиции назначения (с последующими выборами) нужных людей в России богатые. И Путин не считает нужным их сильно менять.

Правда в настоящее время 51-70% процентов, проголосовавших “за” нужного человека, достигается уже не такими прямолинейными методами, как в годы советской власти. Всё обставляется с помощью политтехнологов, манипулирующих общественным мнением, и выглядит, как добровольное голосование. Только через три месяца после выборов в Госдуму почти случайно вскрылись приписки и подтасовки результатов голосования в Мытищах (Московская область). 68 председателей избиркомов в этом подмосковном городе переписали результаты выборов. [100] Оказалось, что председателям местных избирательных комиссий пообещали квартиры и другие блага, если они увеличат процент избирателей, проголосовавших за “Единую Россию”.

По всему поэтому, реальное значение таких выборов невелико. Если политическая конъюнктура в стране меняется, то рейтинг практически любого кандидата в мгновение ока падает с 60-70% до нескольких процентов, а то и до долей процента. Так это было в 1996 году у Горбачёва на президентских выборах (0.51%) и так это было у Ельцина перед самыми президентскими выборами 1996 года (6%). В условиях вертикальной назначаемой власти выборы в России из альтернативной процедуры с элементами неопределённости превращаются в практически однозначную процедуру фиксации принятых наверху решений. По сути, российские выборы до сих пор являются не способом поменять власть, а способом сделать существующую власть легитимной.

С появлением доминирующей партии "Единая Россия," которую обещаниями и принуждением создал Путин, парламентаризм в России закончился. Правящая партия обладает достаточным административным и финансовым ресурсом для того, чтобы организовать нужные выборы и обеспечить себе если не конституционное, так простое большинство в Думе. Эта имитация выборов делается исполнительной властью для того, чтобы всегда можно было сказать избирателям: всё было по-честному - сами выбрали таких депутатов - теперь терпите. А у оппозиции пробиться в Думу не получается. Единственная цель нынешних выборов — навечно зафиксировать статус-кво исполнительной и других устраивающих власть ветвей. Претензии на власть кого угодно не имеют шансов. Хотите реальных неприятностей попробуйте посягнуть на российскую властную монополию. И тогда сложности будут у каждого, кто не хочет играть по нашим правилам. А они, эти правила, кстати, простые и понятные: хотите в политику - извольте, только с улыбкой играйте в наши имитационные регулируемые выборы, а уж мы сами определим подобающее вам место в своей государственной иерархии. Не могу не вспомнить очередную истерику Жириновского после того, как он ухлопал большие деньги на выборную кампанию, а ему позволили набрать только обычный процент в Госдуму и обделили при распределении депутатских портфелей его фракцию. А уж как он вылизывал президента - и императором его называл, и "Боже царя храни" пел. Но даже открытое холуйство Жирику не помогло. "Знай своё место, холоп" - эхом донеслось до него из Администрации президента.

Выбор народом органов власти используется как демократическое прикрытие для системы назначений сверху донизу. Выборы в России – это исключительно вопрос их организации. Причём бывает сделано всё так чисто, что комар носа не подточит. А для внешних наблюдателей российские выборы являются уроком, как грамотно манипулировать народом. Можете полюбоваться, если не жалко тратить деньги на посылку наблюдателей на избирательные участки. В реальности административные, финансовые и информационные возможности у так называемых системных партий настолько превосходит таковые у всех прочих, что у любой российской оппозиции практически нет шансов. Также, как нет шансов у трёх партий, имитирующих оппозицию в Государственной Думе по сравнению с основной партией.

Избирательная система Российской Федерации "вылизана" до совершенства, "вылизана" настолько, что что комар носа не подточит. Российские власти учли свои проколы на выборах начиная с 2003 года и за 13 лет их устранили. Всё схвачено снизу доверху – от уровня губернаторов, до уровня рядовых исполнителей. Эта система настолько отработана, что от честности и порядочности даже самого хорошего председателя избиркома мало что зависит – разве что по мелочи жуликов хватать получится. Например, политик Элла Памфилова, которую назначили председателем Федерального избиркома, ничего бы не смогла сделать с этой системой даже если бы и хотела. Теперь она играет по отработанным наверху правилам, оставаясь при этом честным принципиальным человеком. Вообразите себе, что вы российский избиратель. Вы слышали или читали, что в России существуют около 100 политических партий. Вы знаете только первые четыре ну и ещё Яблоко. Вокруг агитки за четыре партии и физиономии лидеров партий. Кого вы выберете? Самого проверенного, провластного. Остальные ненадёжны.

Люди с большевистским прошлым, как, впрочем, и их нынешние потомки хорошо усвоили максиму Сталина, которую он сказал по вопросу о том, как завоевать большинство в большевистской партии: "Важно не как голосуют, а как считают." Правда до него нечто подобное говорил император Наполеон III после очередного плебисцита во Франции: "не важно, как проголосуют, а важно то, как посчитают".

Деполитизация российских избирателей достигла своего пика во время третьего президентского срока нынешнего президента. Всем всё стало "до лампочки." Налицо апатия избирателей поскольку у большинства россиян сформировалось устойчивое ощущение того, что от них ничего не зависит. Как написал один блогер: "голосуй-не голосуй, всё равно получишь Пуй." Но власть уже создала свою машину народного волеизъявления. Даже если придёт несколько тысяч избирателей, то этого хватит, чтобы считать выборы состоявшимися. И пусть всё остальное горит синим пламенем. В результате получается, что кого меньше ненавидят и кто не успел проштрафиться, тот и пройдет в депутаты и на другие выборные должности. Деловые качества кандидатов практически не при чём.

По данным "Новая газета" на мартовские выборы президента Путина 2018 года активисты из ряда общественных организаций ("Голос", Ассоциация наблюдателей Татарстана, "Наблюдатели Петербурга") получили на руки тысячи записей с видеокамер, установленных для наблюдения на избирательных участках. Всего, по данным издания, к ним попали видеоматериалы с более восьми тысяч избирательных участков из разных регионов России. Они выявили масштабные фальсификации результатов голосования, в частности, с целью повышения явки и числа проголосовавших. Волонтеры посчитали количество людей, опустивших бюллетени в урны, а затем сравнили эти результаты с данными ЦИК. Выяснилось, что на большинстве участков реальная явка была в два, в три и даже в пять раз ниже официальной

Корреспондент БиБиСи Георгий Степанов побеседовал с рядом Российских экспертов в области социологии и психологии. Михаил Виноградов, директор Центра политической конъюнктуры России сказал: “Электоральная апатия сегодня, безусловно, существует, и она колоссальная. Она нарастала последние 15 лет, и здесь я бы выделил несколько рубежных точек. Первая “точка” — это первая половина 90-х годов, экономические реформы, которые породили огромное разочарование у части населения. Вторая “точка” - дефолт 1998 года, событие, почти убившее интерес граждан к политике. Третий этап — это путинское президентство, когда государство целенаправленно стремилось деполитизировать избирателей. В результате граждане живут скорее в пространстве телевизионных сериалов, глянцевых журналов, информации, не связанной с текущей жизнью. Они слабо следят за новостями и не очень понимают, каким образом эти новости могут касаться их самих.” [76]

Ловкость организаторов выборов 2016 года в Госдуму в России поражает. Внешне всё чисто, а ощущение обмана, шулерства сохраняется. Может быть потому, что народ 16 лет готовили к этому и направляли в определённое русло. И ещё потому, что государственное финансирование шло в основном 4-м парламентским партиям. К их услугам были телевидение, печать, имиджмейкеры, политологи-консультанты, целый штат обслуживающего персонала, возможности открытой агитации, помещения в удобных местах. В общем работает административный ресурс аккуратно режиссируемый и контролируемый исполнительной властью.

Проценты прохождения партий в Госдуму вот уже много лет сохраняются почти как замороженные. Когда нужно было изменить Конституцию РФ, то партии власти “Единая Россия” сделали конституционное большинство в парламенте в 2007 году. Теперь то же самое сделали в 2016 году – видимо не зря, а под какую-то новую инициативу президента. Теперь он может спокойно встречать политическую старость и в заключении пятого (пардон, четвёртого) срока передать бразды правления очередному “достойному” с его точки зрения преемнику или вообще поменять систему правления в

Российской Федерации и остаться лидером нации пожизненно. И, заметьте, никто даже не чирикнет.

С другой стороны, когда смотришь, как голосуют граждане России, так и хочется воскликнуть: “Безнадёжная страна, безнадёжный народ.” Я бы сказал точнее - “равнодушная изверившаяся страна.” Людям заплатить бы взнос за ипотеку и оплатить ЖКХ, да продуктов купить. Ну и детей воспитать достойными людьми. А кто там в Думе заседает - да кто б не заседал, всё равно будут принимать те законы, которые скажет Администрация президента. Даже если в Думу проскочит несколько человек, имеющих независимые мнения, то они всё равно ничего не изменят. “Укатала” избирателя, законодателя, судью и правоохранителя российская вертикаль власти.

Лицемерие, непоследовательность и обман — вот три главных инструмента, с помощью которых правят Россией назначенные во власть люди. Если покопаться, то большинство из них не были честно выбраны народом снизу, но все они были легитимизированы с помощью выборной процедуры. В отличие от прежних процедур, начиная с 1996 года, когда выборы президента были жульнически подтасованы его семьёй, процедура 2018 года выглядит образцово честной. Но давайте покопаемся поглубже.

Главное в политике - наличие сложившейся организационной структуры у каждой политической партии и её финансирование, без которого ни одного рекламного постера не напечатаешь и ни одной минуты времени на телевидении не получишь. В числе источников финансирования – как государство, так и богатые люди, которые готовы финансировать партию в обмен на лоббирование своих деловых интересов и депутатскую неприкосновенность. Чем более обросла партия всем этим антуражем, тем выше её шансы на любых выборах. Для лидеров партий главное - не делать грубых ошибок - и они в дамках - то есть в Думе. Все лидеры четырёх “системных” думских партий это и делают - я имею в виду - не делают грубых ошибок – не то, что было в 90-е годы, когда Владимир Жириновский таскал за волосы в Думе женщин и повышал себе популярность националистическими лозунгами. Конечно, их выберут.

О системе выборов в России лучше, чем правозащитник Сергей Ковалев в своём письме Путину всё равно ведь не скажешь. В 2008 году под занавес второго срока правления Путина он написал: “Вы, господин Президент, откровенно поделились с нами своими убийственными оценками Ваших главных сподвижников - партии власти “Единая Россия.” Какие еще “инновации”? Вы что же, рассчитываете жалкими заклинаниями про “четыре И” превратить стадо в творческую силу? Ой, вот это напрасно! Из жульничества, господа, ничего не рождается, кроме нового жульничества. На этом пути вы уже добились своей действительной главной цели. Публично вы важно называете ее стабильность, на самом же деле это всевластие. Попросту говоря, модернизируя и усовершенствуя (цинично, но довольно искусно, надо признать) советские идеологию и политическую практику, вы построили в России политическую конструкцию, в которой у вас нельзя выиграть выборы. Ни даже сколько-нибудь потеснить вас в парламенте. Ни даже оказать на вас заметное политическое влияние. Это закоулок, из которого ни одна тропинка не ведет к демократии. И постепенно вернуться назад тою же дорогой, по которой пришли, тоже нельзя, ибо вы обречены лгать. Как я уже говорил, вы не можете отречься от раз произнесенной лжи - тогда рухнула бы вся ваша система.” [34]

По данным "Новая газета" на мартовские выборы президента Путина 2018 года активисты из ряда общественных организаций ("Голос", Ассоциация наблюдателей Татарстана, "Наблюдатели Петербурга") получили на руки тысячи записей с видеокамер, установленных для наблюдения на избирательных участках. Всего, по данным издания, к ним попали видеоматериалы с более восьми тысяч избирательных участков из разных регионов России. Они выявили масштабные фальсификации результатов голосования, в частности, с целью повышения явки и числа проголосовавших. Волонтеры посчитали количество людей, опустивших бюллетени в урны, а затем сравнили эти результаты с данными ЦИК. Выяснилось, что на большинстве участков реальная явка была в два, в три и даже в пять раз ниже официальной.

Глава 11

Шкала Честности

Ложь никогда не считалась большим пороком в СССР. Лгали все. Лгали по делу и просто так. Лгали родители, жёны, мужья, дети, начальники, подчинённые, партийные деятели и учителя. Лгали чтобы спасти себя, лгали, чтобы продвинуться по службе, лгали преувеличивая свои достижения, результаты работы. И самое удивительное, что люди друг другу верили. Не всегда и не во всём, но по большому счёту верили.

Ложь всегда была фирменным лейблом советских людей. Истоки этого патологического всеохватывающего вранья лежали в общей надувательской системе распределительного социализма, в самой лубочной марксистской идеологии, в том, что советское государство покоилось на мифах, а не на реальной жизни.

Одним из прозвищ дьявола в старинных христианских религиозных книгах и на Руси было "Лукавый," то есть врун. Словосочетание "от лукавого" значило у русских не убийство, не разбой, не лихоимство, а враньё, то есть выдача недостоверной, лживой информации. В евангелии было правило, которое гласило: "Пусть ваше слово будет всегда: "нет, нет" или "да, да," а что сверх того будет от лукавого." Грамматически в русском языке слово "лукавый" имеет ласковый, мягкий оттенок. Так называют любимых детишек: "Лукавый, ты мой," как котёнка. Имеется много пословиц, неологизмов, связанных с лукавством и ложью.

11.1. Обман, как Важнейшая Часть Повседневной Практики Большевиков

Видимо, я не сильно ошибусь, если скажу, что русским нравится, когда им лгут. Но эта ложь не должна быть грубой, примитивной, а скорее оптимистической, изощрённой, которую нельзя сразу разоблачить. В этом русские недалеко ушли от своих наивных туземных предков. Если бы не эта доверчивость, двум интернациональным мошенникам - Ленину и Троцкому вряд ли удалось бы захватить власть и собственность в огромной российской империи. Начав со лжи, эти "лукавые" уже не могли без неё обходиться. Люди, которые составляли костяк советской власти – это или фанатики, или всегда всем недовольные люди, жаждавшие всё разрушить, или просто социопаты.

С момента захвата власти большевиками ложь, искажения, умолчания и подтасовка фактов стали ведущим средством управления страной и народом. Ложь стала таким естественным и обыденным явлением, так прочно вошла в повседневный обиход советского общества, что её уже никто не замечал. Кстати, не замечают до сих пор.

Захватывая власть и собственность, большевики осуществили следующие шаги:

1. Они отобрали фабрики и заводы у владельцев, собственников и отдали их в пользование рабочим Советам этих фабрик и заводов. Поскольку управление собственностью – это сложный процесс, то те же Советы рано или поздно попадали в зависимость от государства, управляемого партийными бюрократами. Юридически вся собственность также принадлежала государству.

2. Земля по начальному большевистскому декрету принадлежала крестьянам, которые на ней работали. По факту эту землю государство могло в любой момент у крестьянина отнять, что оно и сделало в 1930 году под предлогом обобществления земельной собственности и создания крупных крестьянских хозяйств – колхозов и совхозов.

3. Банки большевики сразу забрали в свою собственность и стали распоряжаться находившейся в ней наличностью и ценностями. Средства направлялись за границу для помощи братьям по классу, а по факту - владельцам собственности за рубежом и на секретные счета головки большевистской бюрократии в Швейцарии и других странах. Так что фанатики фанатиками, а личный интерес они никогда не забывали.

4. Никаких свобод людям советская власть не оставила. Военной силой и чекистским террором подавлялись любые спонтанные проявления людей снизу. Жители страны советов попали в жесткую зависимость от своей большевистской бюрократии и чекистских исполнителей её воли. Кстати, рядовые чекисты сами ни о чём не подозревали и работали как наёмные палачи за усиленный продуктовый паёк.

5. Коллегиальное управление рабочих на местах сменилось управлением с помощью назначенцев сверху. Процесс набирал обороты и скоро политическая власть оказалась сконцентрированной в Кремле, а ещё точнее в руках группы вождей, а затем и одного главного вождя, и его ближайших помощников. На этом процесс партийно-бюрократической революции завершился.

Перечисленные шаги узурпаторов от власти сопровождались красивыми сказками о народовластии, об экспроприации экспроприаторов и справедливом распределении народной собственности. Русский народ падок на сказки, в которых всё можно получить на халяву и без труда.

В советские времена, начиная с Ленина, ложь была частью государственной политики. Надо же было как-то воздействовать на рабочих и крестьян России во время Гражданской войны, да и позднее. С виду устройство нового общества выглядело справедливым, а в основе большевистских призывов и лозунгов лежала неправда. С тех пор мало что изменилось. Посмотрите, сколько усилий и денег нынешняя власть тратит на телевизионный пиар, показуху и одностороннее освещение событий.

Один из первых декретов советской власти назывался: "Декрет о печати." Согласно этому декрету закрывались существовавшие газеты, "призывающие к неповиновению правительству," "сеющие смуту путём клеветнического извращения фактов," "призывающие к действиям преступного характера." Потом было опубликовано еще два декрета – "О монополии на печатание объявлений" и "О революционном трибунале печати." Таким образом, Советская власть с первых дней создания была занята цензурой, контролем за мыслями и словами людей, изменением ментальности населения. Цензура и пропаганда применялись в тандеме: цезура запрещала думать по-старому, пропаганда заставляла думать по-новому. Очень быстро в печати центральной России, находившейся под контролем большевиков, воцарилась одна точка зрения - большевистская. Остальные были неправильными по определению. Критиковать действия новой власти стало негде, а скоро и некому.

В 1922 году было создано Главное управление по делам литературы и издательств, больше известное под названием Главлит. Это было одно из самых главных идеологических государственных учреждений СССР. Сотрудники Главлита контролировали все тексты – в газетах, журналах, книгах, радио и телепередачах, вычеркивая все, что противоречило официальной идеологии. Главным показателем идеологической чистоты и непорочности художественного произведения была фиолетовая печать: "Разрешено к печати".

Контролю подлежали не только газеты, журналы и книги, но и письма, телеграммы, почтовые посылки и пр. Контролировали книжные магазины и типографии, репертуары театров и фильмы. Например, согласно докладной записке руководителя отдела политконтроля Этингофа, "в течение одного лишь августа 1922 года работники политконтроля проверили 135 тысяч из 300 тысяч поступивших в РСФСР из-за границы почтовых отправлений и отцензурировали все 285 тысяч писем, отправленных из РСФСР за границу." "Репрессии ЧК и ОГПУ подавляли сопротивление населения, в ГУЛАГи отправляли миллионы людей. Людей приучали к мысли, что если сами не полюбят коммунизм, то это придется делать в лагерях." [55] "Держать и не пущать свободу самовыражения" — это тоже было ноу-хау Ленина, Троцкого и большевиков помельче задолго до того, как Сталин вошёл в силу.

Неважно, что писали большевики о себе и своём поведении до, во время и после Октябрьского переворота. Это, как правило, было ложью, хотя как им казалось, оправданной и допустимой ложью во имя хорошей идеи. Победитель всегда пишет историю. Проигрыш русского народа и русской культуры были объявлены выигрышем, достигнутым в результате всенародной победы. Из-за того, что изначальная ложь наслаивалась одна на другую, приглаживалась, совершенствовалась, преумножалась, достраивалась в сознании людей, она делалась похожей на правду. Поэтому с каждым годом всё труднее искать и доказывать правду о преступлениях большевиков. Тем более, что советские архивы, которые было приоткрылись в начале 90-х годов, сейчас снова закрылись.

В умах советских, а теперь российских людей присутствует подобие правды, сложившейся в результате десятилетий вранья и промывания мозгов со стороны коммунистических властей и прикормленных ими журналистов, писателей, кино- и театральных режиссёров, и пропагандистов. Все эти люди не только усвоили ложные коммунистические установки и концепции, как единственно правильные, но и выдают их за свои собственные. Им уже не нужны новые факты, подтачивающие их взгляд на мир. Им достаточно правдоподобных объяснений сложившейся на сегодняшний день ситуации, всё новые оправдания, отговорки, легенды и мифы, новые враги. Иначе бесполезность их жизни в СССР и в теперешней России, основанную на изначальном вранье, ничем не оправдать.

Варвары убивали людей только физически, убивали за то, чтобы жить не работая, за счёт награбленной добычи. Большевики калечили людей не только физически, но и духовно, создавая нового человека с извращённой советской психикой. Конечно, были фанатики и недалёкие люди, которые верили в коммунистические сказки. Но было и много жуликов, которые идеологическими соображениями прикрывали свой шкурный интерес пожить на халяву, за счёт других. Коммунистическая идеология оказалась настолько притягательной, что до сих пор находится немало людей по всему миру, которые в неё верят.

Создавая нового человека, ленинская власть избавлялась от человека старой формации. Вместе с ним она избавлялась от того хорошего, что было сделано в продолжении 200-летнего петербургского периода цивилизационного воспитания русского человека. И всё же понадобилось почти четверть века и мировая война для того, чтобы изготовить Гомо Советикуса - преданного коммунистической партии существа готового на всё ради коммунистических идеалов. Только смерть Сталина затормозила этот процесс.

Да и сейчас в России полно наследников зомбированных людей тех времён. Они могут не любить Сталина, но с теплотой относиться к Ленину, Троцкому и прочим авантюристам. Они могут ненавидеть людей, на халяву разбогатевших после краха СССР, но обожать порядок, который был при Сталине. Они могут обожать разрушителя СССР Ельцина, при котором они едва сводили концы с концами и ненавидеть собирателя земель Путина, при котором они неплохо живут.

На государственном уровне советские люди лгали постоянно. Это превратилось в привычку. Это было бы ужасно, но оправданием им служит то, что они либо не осознавали своей лжи, либо верили в то, что говорят правду. Подавляющее большинство советских людей жили в воображаемом мире советских мифов и иллюзий, однако, это их не очень волновало. Главное, что подобно пациентам психиатрической клиники, они не осознавали своей ущербности. Русскому человеку кажется, что если он лично никому не лжёт, то всё в порядке. Ложь на официальном уровне не в счёт. Обещания о выполнении планов, социалистических обязательств, клятвы о верности заветам Ленина и прочее относилось к такой лжи государственного уровня.

Есть люди, которые отдают себе отчёт в том, когда они лгут, а есть убеждённые искренние лжецы. Например, всякого рода экстремисты. Последних даже лжецами назвать трудно, они себя убедили и поверили в свою ложь. И после этого убеждают других. Начальные большевики в России – яркий пример. Они придерживались логики по типу: "Мы хотим всех людей сделать счастливыми, но сначала избавимся от ряда людей и организаций, которые мешают движению по нашему правильному пути к всеобщему процветанию." С этого времени началась негативная селекция жителей России. К чему она привела можно увидеть, выйдя из дома где-нибудь в провинциальной России, а потом погуляв по улицам провинциальных западных городов.

Режим, основанный на одной идеологии или одной религии вынужден лгать. Ложь, как правило, начинается с аксиомы, которая кажется правильной для апологетов этого режима. Например, утверждение о том, что социалистический способ ведения хозяйства эффективнее капиталистического. Из этой аксиомы выводятся следствия по типу: "Социализм - светлое будущее всего человечества." Если практика не соответствует теоретическим постулатам, то тем хуже для практики – значит были выбраны не те факты. Нужно отобрать те факты, которые соответствуют гениальной марксистско-ленинской теории. Кроме того, важна интерпретация любых фактов. Рабочий на Западе недовольный своей зарплатой – это прогрессивный пролетарий – надежда всего прогрессивного человечества. Рабочий в СССР, недовольный своей зарплатой – это распропагандированный буржуазной пропагандой подрывной элемент, которым должны заняться спецслужбы, чтобы эта "паршивая овца" не портила всё стадо.

Уничтожив и выгнав за рубеж живых свидетелей своих преступлений или заткнув им рот страхом за свою жизнь и жизнь их близких, "подмяв" под себя прессу, уничтожив исторические документы или спрятав их в спецхраны, наложив на оставшиеся документы гриф секретности или "для служебного пользования," поставив малообразованных людей, ещё недавно читавших по складам, во главе исторической науки, большевики получили полную возможность творить историю по своему велению, по коммунистическому хотению.

Внутри страны народ дурить несравненно легче, чем снаружи. Всё в руках власти. Подрастающие поколения советских людей слушали и читали в основном то, что им предлагала коммунистическая власть, пропагандисты и агитаторы. Тенденциозное изложение событий царского периода российской истории, замалчивание некоторых фундаментальных исторических фактов вроде сражений, побед и потерь Первой мировой войны суживало кругозор молодого поколения. Таким образом, большевики "вбили гвоздь в крышку гроба" значительной части русской национальной культуры. После этого советские писатели, поэты, историки, кинематографисты могли врать, сколько им было угодно. Если в новых советских произведениях, которые появились после октябрьского переворота и были элементы правды, то касались они вещей, которые невозможно скрыть.

В ленинско-сталинском государстве обманщиками постепенно стали все – каждый по-своему - кто-то экспроприировал, кто-то убивал, кто-то проповедовал необходимость классового подхода, кто-то использовал отнятые у буржуев и помещиков деньги для помощи "интернациональным братьям по классу," которых почему-то оказалось очень много во всём мире, кто-то просто закрывал глаза на всё это безобразие и угодливо поддакивал коммунистическим правителям потому, что боялся за свою жизнь. Многие жители России, если и не участвовали в безобразиях Гражданской войны, то по крайней мере не сопротивлялись, когда эти безобразия творили другие на их глазах. И эта гибкая, хитрая мораль замалчивания и невмешательства оказалась настолько живучей, настолько въелась в души людей, что и до сих пор составляет основу ментальности современных жителей России. То, что мы в России имеем сейчас в XXI веке, наши предки "посеяли" после Октября 1917 года.

Теперь стало видно, как можно перестроить ментальность любой нации, перевоспитать её. В принципе, любое общество подвержено такому оболваниванию. Просто более прагматичные, технократические народы не дают захлестнуть своё сознание малореальными полуфантастическими теориям, легендами и мифами. Более консервативное гуманитарное русское общество один раз уверовав в сказки дядюшки Маркса и дедушки Ленина так и остаются оболваненными дурачками надолго, если не на всю жизнь. И своим детям явно или неявно они эту мифологию передают.

Изначально проникновение ленинской идеологии паразита и халявщика просочилось в консервативное русское сознание через зависть к более умным, талантливым, успешным, через зависть к "белой кости." У некоторых жителей оказалось задействовано тщеславие. Теми или иными путями советская психология проникла в народное сознание обитателей России. И постепенно все жители СССР стали Гомо Советикусами.

Советский Союз – это страна, изначально построенная на лжи, легендах, мифах, которые должны были стать реальностью. И коммунисты дурачили народ так ловко, постоянно и последовательно, что народ в эти мифы поверил. Если не сразу и не все, то постепенно – не отец, так сын, но прониклись этими ложными идеями, которые стали для них реальностью. Всех, кто не соглашался с этой ложью, коммунисты изолировали от советского общества в Гулаге, в тюрьмах, в психушках или просто убивали. В результате все – даже скептически настроенные по отношению к советской власти люди во втором-третьем поколении начинали быть такими же носителями изначальной советской лжи, мифов и легенд, как и коммунистические фанатики. Уже после второй мировой войны большинство советского общества состояло из зомбированных Гомо Советикусов или конформных соглашателей. Все – и новая интеллигенция, и рабочие, и крестьяне - были на этом духовном советском фундаменте воспитаны. Отдельные скептики не могли сильно исказить общую картину советского счастья и процветания.

Перекодирование мозгов русского народа продолжалось много лет. Первые 5 из них были самыми кровавыми и стоили почти 13 миллионов умерших, убитых и уехавших из страны. Ещё пять лет шла доводка советской платформы в городах. Деревней большевики занялись позднее – в 1930 году. Русские крестьяне оказались настолько консервативными, что их пришлось частично уничтожить и переселить в другие места, проведя коллективизацию. Но окончательно проблему воспитания советского человека решила Вторая мировая война. Если для немцев эта война была попыткой реванша за поражение в Первой мировой войне и страхом перед большевиками, которые всё отберут и национализируют, то для русских это было защитой славянского населения от немецкого геноцида. Немецкий реванш провалился, но зато русская перекодировка мозгов на советские рельсы прошла успешно. Буксовать воспитательный процесс начал после разоблачения культа личности Сталина.

Из-за навязывания советской модели распределительного социализма другим нациям, русских так ненавидят в странах Восточной Европы. В Азии народ другой и традиции другие. Поэтому там советский путь перекодировки сознания жителей был изменён под местные традиции и обычаи. Например, северокорейская националистическая государственная идеология, основанная на марксизме - чучхе была адаптирована Ким Ир Сеном применительно к местной корейской специфике.

То, что в СССР в 30-е годы советские вожди (Калинин, Сталин, Молотов и др.) не реагировали на "письма правды" от творческой интеллигенции (вроде писем академика Ивана Павлова или писем академика Петра Капицы), так они понимали, что происходит в головах у людей, воспитанных при царе. Сами оттуда вышли. Иначе пришлось бы вырезать полстраны. Поэтому вырезали только "врагов народа" и то большей частью в случайном порядке, чтобы остальные работали с огоньком и с песнями.

Когда я многократно слышал о том, что в 1937 году Сталин репрессировал организаторов всесоюзного опроса, который показал, что в СССР к тому времени было ещё очень много православных – треть в городе и две трети в деревне - у меня (да и не только у меня) сформировался устойчивый образ, что эти две вещи коррелируют – православие населения и борьба советской власти с теистическим сознанием людей. И только много позже, когда я познакомился с результатами этого опроса, всё стало на свои места. Согласно опросу в 1937 году около 50% опрошенных в деревнях (в основном, пожилые люди) были неграмотны. И это после 20 лет советской власти и зомбирования населения тем, что эта власть принесла народу поголовную грамотность. Достаточно посмотреть цифры грамотности в Википедии в предвоенные годы – 93-95%. То есть причина репрессирования организаторов опроса была не столько в высокой религиозности населения, столько в разрушении одного из советских мифов о грамотности, на которых стояла советская власть.

Ложь советских СМИ и пропагандистов повторялась до тех пор, пока люди в нее не начинали верить. И чем ниже был уровень культуры человека, тем он больше проникался коммунистическими идеями. А поскольку большевистская власть поднимала наверх в основном людей из народа, то их было легко убедить в чём угодно. Например, в том, что скоро "и на Марсе будут яблони цвести".

Для того, чтобы ложь была более убедительной, марксисты-ленинцы делали её похожей на правду, а для этого включали в неё элементы правды (сделать из лжи так называемую полуправду – сейчас такая полуправда называется фейк-ньюз). Примеры:
1) Грамотность в Российской империи перед революцией была на уровне 43-62%. Так большевики никогда не сравнивали цифры грамотности в СССР с 1914 или с 1917 годами, а сравнивали успехи ликвидации неграмотности только с 1897 годом, когда грамотность была на уровне 28% (согласно Российской переписи населения).
2) В 30-е годы добыча угля, выплавка металла в СССР была выше, чем в последний мирный год перед войной. Этими данными и оперировала большевистская пропаганда. Однако большевики никогда не сравнивали производство зерновых или количество построенных жилых домов, или длину построенных железнодорожных путей в 1913 и в 1939 годах поскольку цифры были не в их пользу.

В советские времена писатели, продюсеры фильмов, постановщики спектаклей, обозреватели в СМИ, политики осуждали и критиковали многое из того, что было до Октябрьского переворота и замалчивали всё хорошее. В частности, они не упоминали о честности русских купцов, о больших финансовых и материальных пожертвованиях не только богатых, но и простых людей России на общественные нужды (строительство школ, театров, церквей), об офицерской чести, широко распространённой в среде русского офицерства, о многочисленных случаях жертвования своей жизнью за родину. А сколько в XIX начале XX века было всего построено - железных дорог, мостов, зданий, которые до сих пор стоят. Даже то, что было достойно подражания и развития, проводниками нового порядка представлялось как плохое, глупое, отжившее, хотя беспринципными конъюнктурщиками были именно эти советские "творческие" вруны.

Хочу отметить важную особенность войн, которые вёл Советский Союз. Он делал это в основном на чужих территориях, помогая установлению прокоммунистических режимов по всему миру. В течение всего периода коммунистического правления в советской прессе замалчивались или искажались реальные данные о войнах и воинских операциях. С народом, у которого "мозги промыты" пропагандой, власти легче иметь дело.

Если исходить из концепции о том, что распределительный социализм в советском исполнении и коммунизм – это неизбежные ступени, через которые рано или поздно предстоит пройти всем странам, то все свои войны Советскому Союзу надо было признать если и не справедливыми, то хотя бы исторически закономерными. Непонятно в таком случае, чего стеснялись советские руководители? Почему они всё время вели двойную игру? Почему всё делали втихаря, втайне? Зачем придумывали прикрытия, отговорки, легенды для своих войн? Только для того, чтобы не прослыть агрессором и оправдать свой лозунг: "Мы – за мир?"

Малоизвестными для своего собственного народа были почти все войны и воинские операции, которые вёл или в которых принимал участие Советский Союз после Второй мировой войны. Так было в Корее, Венгрии, Вьетнаме, Афганистане, многочисленные вооружённые конфликты на Ближнем Востоке, в Африке, на Советско-Китайской границе, на Кубе и пр. Там не было известных на всю страну героев. Не публиковались данные об операциях (удачных и неудачных), о потерях среди советских военнослужащих и военных советников, о героях, с честью проявивших себя в этих войнах и т.д. Всё делалось тихо, в обстановке строжайшей секретности, прикрываясь словами советского руководства о борьбе за мир во всём мире. Все вовлечённые в эти войны и операции люди – военные и гражданские - давали подписки о неразглашении государственной тайны. Получалось, что СССР вроде бы ведёт войну, а вроде бы и нет поскольку война неофициальная.

Между тем ощущение своей правоты очень важно для солдата. Ведь он идёт умирать "за правое дело" (по крайней мере так ему говорили советские политработники и командиры). Посылая своих солдат в горячие точки, советское руководство меньше всего думало о психологическом самочувствии своих солдат и "выезжало" в основном за счёт их исполнительности и партийно-политической зомбированности, к которой их приучили за долгие годы советской власти. А о том, что психологически подготовленный к войне за свою страну или за справедливый порядок в другой стране солдат воюет значительно лучше солдата, который воюет втёмную (так называемый "расходный солдат" или "солдат-пустышка") – об этом руководство страной думало меньше всего. Советский солдат рассматривался коммунистическими лидерами без уважения к нему, как к личности – просто, как советский человек, некто вроде собственности воспитавшего его советского государства.

Любая военная операция или война, которую ведёт страна – справедливая или несправедливая, захватническая или оборонная, в современном мире при современных средствах космической разведки является открытой для остального мира. Раз уж утаить её нельзя, надо хотя бы сделать так, чтобы цели такой операции или войны были открыты и понятны как для своего народа (прежде всего!), так и для всего остального мира. Хотя бы для того, чтобы солдаты чувствовали себя честными людьми, выполняющими свой воинский долг перед родиной. В таком случае правительство официально защищает своих солдат, награждает их, хоронит с почестями, выплачивать компенсации и пенсии семьям погибших. Ну и, конечно, ругает и дискредитирует противника на внутреннем и международном уровнях в информационных войнах. Конечно, в таких случаях приходится соблюдать подписанные международные договора, конвенции, официально через Красный Крест ходатайствовать о хорошем отношении к своим пленным и пр. И, хотя любая война является аморальной и бесчеловечной, раз там убивают людей, но эта аморальность поставлена в относительно моральные, договорные рамки.

Руководство СССР, а теперь России слово "война" старается не употреблять. Оно применяло и применяет термины: миротворческая миссия в виде военной помощи братским коммунистическим партиям (при введении своих войск в Венгрию и Чехословакию), интернациональная поддержка народно-освободительным движениям в их борьбе с колониализмом (при вооружении дружественных СССР режимов в африканских странах), борьба с империализмом и сионизмом (поставки вооружения Сирии и Египту в войнах против Израиля), вооружённые операции против боевиков и террористических бандформирований на территории России (операции в Чечне), операция по принуждению к миру (защита нашего воинского контингента в Южной Осетии в войне с Грузией).

Пока были живы люди, родившиеся до 1917 года, многие жители СССР ещё не могли переступить через установки и традиции своего семейного воспитания. Но понемногу в СССР стала торжествовать двойная мораль. Особенно эта тенденция усилилась после разоблачения Хрущёвым культа личности Сталина. Ведь рухнул идол. Это не проходит бесследно для народного сознания. И если либеральная интеллигенция за это разоблачение и за последовавшую за этим реабилитацию репрессированных и амнистию заключённых ГУЛАГа многое Хрущёву готова простить, то значительная часть простого народа после XX съезда партии почувствовала себя жестоко обманутой. В народе появились стишки, частушки, анекдоты о Хрущёве и примкнувших к нему "перевёртышах" из партийной верхушки, которые подточили веру в правильность советского пути развития. С этого момента народная вера в коммунизм в СССР покатилась под горку со всё возрастающей скоростью и даже обещания Хрущёва догнать и перегнать Америку и построить коммунизм к 1980 году не спасли положения.

При Сталине был создан немалый бюрократический аппарат, но советские чиновники, боялись наказания и вели себя сравнительно прилично (специальные продуктовые пайки, санатории, дома отдыха и спецдачи для избранных – можно считать пусть и несправедливой, но мелочью). При коммунистах второй волны КПСС ещё держала нравственность людей в своих крепких, партийных руках. Тем не менее, предательство, подсиживания, “пристраивание своих” на “тёплые” руководящие местечки были частью повседневной жизни в советской империи. Худшие черты советского человека стали вылезать наружу уже при позднем Брежневе и прочих генсеках. Нравственность многих людей покатилась под откос при позднем Горбачёве, когда в 1988 году был принят закон о кооперативах и советским людям было разрешено обогащаться. Однако “стоп-кран” с морали советских людей был сорван при Ельцине после роспуска КПСС и развала СССР, когда неприспособленных к рыночной экономике людей, всю жизнь работавших на государство и рассчитывавших на скромную, но гарантированную старость, “кинуло” само это государство.

История СССР и история ВКП(б) начиналась со лжи, подлости и обмана в 1917 году и закончилась ложью, подлостью и обманом в 1991 году. Как можно ещё назвать отказ честно обо всём рассказать, провести люстрацию коммунистов и чекистов обанкротившейся страны, построенной на обанкротившейся марксистско-ленинской идеологии. Причём потомки тех, кто обосновывал правильность этой идеологии, с такой же яростью и фанатизмом отстаивали её ложность и правильность новых рыночных идей, как это делали их предки в 1917 году. Вот эта патологическая боязнь признать свои ошибки и ошибки своих предков (как будто ошибки предков бросают тень на них самих), является ненормальным явлением уже не только в Российской истории, но и в психологии советских людей эпохи позднего СССР. Складывается впечатление, что бывших советских людей больше волнует вопрос о своей славе, о своём статусе, престиже, о роли своих предков в революции, а не вопрос о личной вине за участие в советском эксперименте, стоившем так дорого, как для народов всего мира, так и для народов своей страны.

11.2. Ложь, как Необходимая Часть Политики в Современной России

Исследования показывают, что все люди врут. Согласно социологическому исследованию, проведенному компанией “XX век Фокс” и опубликованному в британской “ДэйлиМэйл” женщины в среднем, врут не менее трёх раз в день, а мужчины шесть раз в день своим половинам, врачам, коллегам или начальству. То есть мужчины врут в два раза чаще, чем женщины. Люди врут для того, чтобы выглядеть получше в глазах окружающих и в своих собственных, чтобы пощадить чувства близкого человека, для самозащиты от угрызений совести, от неприятных или нудных разговоров, от репутации неудачника, от “влезания” в душу, для получения выгоды, для экономии времени и т.д.

Ложь — это сокрытие правды, действие, посредством которого один человек вводит в заблуждение другого, делая это умышленно, без предуведомления. Ложь — это и предоставление неправильной информации, выдавая её за истинную, это и искажение информации и т.д.

Советским, а теперь российским политикам высокого уровня для управления страной просто необходимы мифы и ложь. Причём самые высококлассные, “долгоиграющие” из них нередко обманывают и себя, и других бессознательно, внушая себе истинность, правильность того, что говорят и делают. Зашкаливающая доминанта власти пересиливает в их поведении всё – религиозность, порядочность, принципы, которые внушали им родители, церковь и школа в течение жизни.

Если вспомнить недавнюю историю СССР в XX веке, то людей в России обманывают постоянно.

1) Вначале Ленин и его большевики обманули крестьян, обещав раздать помещичью землю во полное наследственное владение, обманули рабочих с передачей им фабрик и заводов во владение, обманули весь народ, пообещав завершить войну, а сами, заключив мир с Германией, начали Гражданскую войну на своей территории - ещё более жестокую и кровавую, чем империалистическая.

2) Потом Сталин долгое время обманывал свой народ, внушая ему, что советские люди живут в условиях социалистической демократии, свободы, справедливых освободительных войн и прочих преимуществ истинного социализма, хотя страна жила в условиях безжалостной диктатуры, бедности и беспрерывных агрессивных войн.

3) Потом Хрущёв обманул свой народ, уверяя всех, что СССР вот-вот догонит и перегонит США по базовым показателям сельского хозяйства и промышленности, хотя при нём стали пустеть полки магазинов.

4) Уже при Брежневе никто лозунгам не верил. Народ жил по принципу: “один пишем, два в уме,” а СССР загнивал, по инерции балуясь лозунгами по типу: “Экономика должна быть экономной", “Народ и партия едины” и “Верной дорогой идёте, товарищи!”.

5) Горбачёв втянул народ в перестройку, сам не зная, куда он его ведёт и как из этой перестройки выбраться.

6) Ельцин под лозунгами социальной справедливости и избавления от "проклятого коммунистического прошлого," раздал общенародную собственность кучке жуликов, мошенников и убийц, которые, налепив на себя модные ярлыки демократов и либералов, обманули свой нищий народ, а затем обманом вынудили этот народ проголосовать за Ельцина на выборах 1996 года.

7) Путин в 2007 году договорился с Медведевым о рокировке по понятиям на президентском посту в 2008 и в 2012 годах, тем самым обманув свой народ, хотя по виду всё было сделано законно. А уже после февраля 2014 года (аннексия Крыма, манипуляции с восточными областями Украины), умалчивания, ложь и спецоперации стали постоянными спутниками его правления. Но самая большая ложь, которую без конца повторяет Путин: "Это решит народ." Как будто не знает, что народ в России никогда ничего не решал. И он сам об этом позаботился в первые четыре года правления, поставив своих людей на все ключевые точки во власти.

Таким образом, грамотно создавать иллюзию народовластия — это максимум, на который власть в СССР и в России способна.

Самое неприятное наследие СССР – это не упадок экономики, не отсталая промышленность и даже не кризис марксистско-ленинской идеологии, которая легла в основу построения советского государства. Самое страшное заключается в том, что все граждане стали врать друг другу и даже самим себе – врать даже этого не замечая. Ложь стала повседневным явлением, частью жизни и неизменным спутником каждого жителя СССР. Я подозреваю, что то же самое произошло во всех странах, которые пошли по пути распределительного социализма во всём мире. Причин этому несколько:

-большинство просто не замечало своей лжи поскольку она стала бытовым повседневным явлением – таким же обычным, как поход в туалет;

-многие полагали, что престиж страны на международной арене очень важен и ради этого можно пойти на любое враньё;

-кто-то не считал ложь, которая направлена на достижение личных монетарных целей чем-то плохим ("цель оправдывает средства," "не обманешь – не проживёшь," "зачем идти более сложным путём, если есть более лёгкие, пусть и нелегальные пути");

-кто-то жил по понятиям, по справедливости и в соответствии с групповыми представлениями о том, как надо жить, не считая ложь, которая направлена на достижение групповых целей чем-то плохим мол “все так делают,” “я не хочу быть белой вороной,” или “нормы моей референтной группы для меня важнее ценностей общества, в котором я живу”;

-кто-то жил в мире иллюзий (религиозных, национальных, идеологических) и хотел эти иллюзии сохранить во что бы то ни стало, ценой любой лжи, “закрывая глаза” на очевидные вещи;

-кто-то создавал образ непогрешимого “Я” (“что бы там не случилось, но я всегда прав,” “я не имею права проигрывать или показывать свою слабость, поскольку тогда нарушится моя самоидентичность, самодостаточность и исказится моя концепция Я”);

-кто-то хотел выглядеть получше, объясняя своё поведение с выгодной стороны и подбирая аргументы-отговорки для этих целей – аргументы похожие на правду, но не являющиеся правдой.

К середине 80-х годов XX века стала окончательно ясна несостоятельность базового положения марксизма-ленинизма о том, что коммунизм является экономически более продвинутым и перспективным строем по сравнению с капитализмом. Примеры с ГДР и ФРГ, а также Северной и Южной Кореями это экспериментально показали. О нравственном превосходстве идеалов советского строя над идеалами капитализма уже речи не идёт. Капитализм во многих странах (Швеции, Норвегии, да и других странах с высокоразвитой поддержкой неимущего населения) стал более гуманным и социально-ориентированным, чем распределительный социализм советского образца. И вот тут-то и началась стагнация советской империи – началась незаметно, но неотвратимо. Сейчас главную роль в этом упадке и развале “Советов” приписывают президенту США Рональду Рейгану и премьер-министру Великобритании – Маргарет Тэтчер. Однако это лишь часть правды. Огромный Советский “Титаник” потонул бы и без них – просто процесс загнивания и развала занял бы больше времени и был бы более кровавым.

В 1987 году советские люди (рабочие, интеллигенты) имели примерно одинаковую зарплату (от 100 до 500 рублей в месяц, в среднем - 250). И вдруг через какой-нибудь десяток лет у одного образовались миллиарды долларов, а другой убирал туалеты и чистил заплёванные и записанные парадные для того, чтобы не умереть с голоду. И это при том, что ни те, ни другие не были осенены гениальностью выдающихся изобретателей, крупных экономистов, блестящих организаторов современного производства. Разница между нами состояла только в моральных принципах. Первые оказались мошенниками, взяточниками, жуликами, ворами, а иногда и убийцами, умевшими заводить полезные знакомства и связи в верхах, находить ходы и выходы из любых ситуаций, использовать малейшую возможность, чтобы украсть у государства как можно больше, а отдать ему как можно меньше, а вторые оказались недотёпистыми честными людьми – наследниками утопических коммунистических представлений, которых родители на их несчастье воспитали порядочными людьми.

Несмотря на то, что советская система зиждилась на мифах и лжи, она была хороша тем, что давала своим гражданам ощущение защищённости. Но это была защищённость жвачных животных в загоне. А плоха тем, что не вырабатывала у них стойких норм выживания. Оказавшись на воле, в дикой природе, одомашненные животные быстро вымирают, дают слабое, неудачное потомство и пр. Кстати, если исходить из этих позиций, то Сталин, искусственно ограничивая численность советской популяции людей репрессиями, войнами, депортациями, способствовал выживанию более адаптивных особей. Правда выжившие редко отличались высокими моральными качествами. Поэтому, оказавшись в более свободных условиях перестройки, получив возможности для обогащения, эти аморальные советские люди-животные пускались “во все тяжкие”.

Как недавно заявил один из реформаторов 90-х годов Анатолий Чубайс: “Вся страна – за исключением нескольких сотен тысяч идиотов – понимала, что страна построена на лжи.” Я хочу добавить к словам Чубайса следующее. Понимали это далеко не все. Простые люди – работяги, инженеры, которым смолоду “компостировали мозги” всякие коммунистические пропагандисты этого не понимали, хотя могли критиковать конкретные неполадки, недостатки на своём производстве и пр. Эти люди были идиотами только в глазах таких лицемеров, как Анатолий Чубайс, который вступил в ряды компартии в 1977 (1980) году и тем не менее якобы не верил этой КПСС и считал, что советская система была построена на лжи. Способный парень, Анатолий Чубайс, но ведь какая сволочь.

К числу тотальных обманов русского народа можно отнести и жульническое разделение собственности советского государства, после 1993 года. Команда “демократов” заложила основы того необоснованного имущественного неравенства между людьми, которое существует в России до сих пор и только возрастает от года к году. И сегодня эти “ребята-демократы” могут хоть “на уши встать” - всё равно им доверия уже нету, хотя в 90-х годах в их действиях была своя логика – ну как ещё можно было быстро оттащить Россию от распределительного социализма? По сути, раздав (или продав за очень небольшие деньги) госсобственность тем, кто был рядом с властью, а также своим знакомым, родственникам, нужным людям и пр., они дискредитировали идею распределительной справедливости, ради которой Ленин с

Троцким уничтожили лучшую половину Российского общества. Тогда это обошлось в 12.7 млн, а сейчас - 9.4 млн потерь для народа.

Консервативный народ в России не забывает несправедливость невзирая на свою бессребренность и неприхотливость. Так что тем, кто вывел миллиарды долларов за рубеж, лучше последовать за своими капиталами, чтобы через одно-два поколения стереть из русской народной памяти это мошенничество, а заодно и свои имена. Кстати, наиболее дальновидные олигархи этому совету последовали, когда почувствовали, куда задул политический ветер в России в начале 2000-х годов. Большинство из них за рубежом оказались ни на что не способными деловыми импотентами.

Оказалось, что в России большевистская ложь “имеет длинные ноги.” За 74 года правления коммунистов она ушла вместе со всем народом так далеко, что правда её так и не догнала. Поэтому советская ложь до сих пор живет в сознании людей. Это метафорическое объяснение лжи-правды носит скорее поэтический, чем прагматический характер, но зато оно объясняет живучесть тех мифов и коммунистических предубеждений, которые поселились в сознании людей в России ещё с ленинских времён.

В нулевые годы российские мультимиллионеры и миллиардеры жаловались по всему миру, что Путинская власть их обижает, забирая у них в пользу государства “честно” уворованные у народа миллионы и миллиарды. Вообще, какие эти ребята к чёрту патриоты, если при первом настораживающем звоночке “сверху” они забирают свои денежки и бегут за границу, чтобы оттуда судиться со своим государством, которое им дало образование и часть своей собственности (нефть, алмазы, лес и другие природные ресурсы) – ведь не сам же бывший работник горкома комсомола или инженер с окладом 250 рублей в месяц вроде Ходорковского и Прохорова разведывал месторождения, разрабатывал машины для переработки упомянутых природных ресурсов и т.д. В нормальной цивилизованной стране такой человек мало бы чего добился со своим скромным стартовым капиталом и скромными знаниями ещё советской поры. Нынешние топ-менеджеры государственных нефтегазовых кампаний (такие путинские знакомые, как Алексей Миллер и Игорь Сечин) тоже звёзд с неба не хватают, но они хотя бы сидят на государственном окладе и имеют возможность зарабатывать премиальные уже не в миллиардах, а в миллионах долларов, что более справедливо для вчерашних советских людей.

Публицист Леонид Радзиховский как-то сказал, что понятие “честная репутация” в современной России не существует. Никого не интересует - правду говорят о человеке, или лгут. Также не интересуют народ поддельные документы, сокрытие налогов, а вот кто стоит за тем или иным действом, сколько человек за это заплатил, и кто какие коммерческие интересы преследует вызывает интерес. [61] Это смещение акцента с самого факта нарушения закона, с жульничества, как аморального явления недопустимого в здоровом обществе, на тайную составляющую нелегальной операции, само по себе неестественно и показывает невысокую мораль самих любопытствующих людей.

Самый большой парадокс послесоветской страны – это понятие “честный, порядочный бизнесмен.” От средней советской зарплаты 100-500 рублей в месяц мультимиллионером или миллиардером не станешь. Есть просто разная градация преступно нажитых капиталов:

-Небольшое мошенничество вроде уклонения от уплаты налогов (для России 90-х годов – это мелочь соизмеримая с “громко высморкаться в общественном месте”).

-Подкуп журналистов, покупка чиновников, взятки, откаты, распилы, оказание взаимных встречных услуг, включение в бизнес – это повседневная практика ведения бизнеса в 90-х годах, о которой даже не стоит упоминать всуе.

-“Отжимание” бизнеса, внедрение в чужой бизнес с целью его отъёма – эти операции зависят от связей бизнесмена в правоохранительных органах.

-Создание подставных фирм-однодневок, перекачка капиталов в офшоры – это тоже повседневность, которая зависит от ловкости и оборотливости бизнесмена.

-Дальше мы переходим к более тяжким преступлениям типа рэкета, торговли наркотиками, оружием, убийства и пр. Более осторожные бизнесмены сами этим не занимались. Для “мокрой” работы у них были охранники, которые нанимали мастеров заплечных дел, шестёрок, уголовников, бывших военных, спецназовцев, оставшихся без работы и пр.

Сейчас эти выжившие бизнесмены и ликвидаторы живут припеваючи в нормальных странах - Франции, Испании, Израиле, Великобритании и наслаждаются преимуществами, которые дают нечестно нажитые деньги и возможностью получить политическое убежище и гражданство, наняв самых дорогих адвокатов. И когда эти уехавшие за границу люди пытаются отнять друг у друга жульнически приобретённые капиталы (а другими они не могли быть по определению), используя оставшиеся документы, свидетелей – это выглядит настолько смешно, что только наивные Западные суды могут поверить в предоставленные ими доказательства поскольку преступники они почти все. Просто одни чуть умнее, ловчее, и не оставили явных следов своих преступлений, а другие - поглупее и оставили эти следы - то есть своевременно не уничтожили компрометирующие документы, не убрали свидетелей и пр.

Самые большие претензии по поводу 12 залоговых аукционов должны быть к госчиновникам, которые организовали и разрешили их проводить в 1995 году - Президент России Борис Ельцин, премьер-министр правительства Ельцина Виктор Черномырдин, первый вице-премьер правительства Анатолий Чубайс, вице-премьер Олег Сосковец, глава Госкомимущества Альфред Кох (ныне проживает в Германии). В Китае их бы расстреляли или надолго упрятали за решётку, а в России они по-прежнему в почёте и при деньгах. (К 2018 году из этого списка уходят люди – кто по здоровью, кто – за границу). К словам тех из них, кто на плаву всё ещё прислушиваются, на их мнение ссылаются новые либералы и демократы, которые ещё не успели наворовать свою долю русской собственности. В результате залоговых аукционов в собственность ряда коммерческих банков и в частную собственность перешли государственные пакеты акций нескольких крупных компаний таких, как "Сиданко" (теперь "ТНК-ВР"), "ЮКОС," "Норильский никель," "Сибнефть," "Сургутнефтегаз".

Относительно честными из современных богачей можно считать только тех, кто создал новый, современный бизнес с нуля, а это либо сфера высоких технологий, либо мобильная связь, интернет, либо развитие оригинальных идей, либо использование своих разработок ещё советского времени. Бизнесы, построенные на добыче и переработке сырья и полезных ископаемых, лесе, других природных ресурсах России редко бывают честными и прозрачными.

В 90-е годы "демократы" в главе с Егором Гайдаром создали экономическую машину, как инструмент разграбления русского и советского наследства и сокрытия наворованных денег в офшорах. Машина эта действовала до 2004 года, хотя и с перебоями. Нужно честно сказать, что в 90-е годы экономическая свобода в Российской Федерации работала, но главным образом для тех, кто сумел украсть большие деньги. Это была свобода от обязательств перед российским обществом. Многие из поднявшихся в этот период до сих пор не могут остановиться и пользуются этой свободой в личных целях, хотя сейчас при Путине это стало более рискованно. Ведь безбрежному морю спецслужбистов и правоохранителей надо чем-то заняться, чтобы оправдать своё существование.

Бессознательная ложь и изворотливый ум – главные качества многих современных богатеев. Некоторые из них даже не осознают, что лгут. В глубине души они считают себя порядочными людьми или, по крайней мере, не хуже, чем многие. При этом у них работает психоаналитический механизм защиты собственного "Я." "Как бы мне получше выглядеть, объясняя своё асоциальное поведение?" — это почти неосознаваемая ложь въелась в сознание любого "нового русского".

Ложь вошла в повседневную практику сотрудников правоохранительных органов. Сопротивление сотрудникам правоохранительных органов выполнять свой служебный долг - самая беспроигрышная статья для российских судов. Поэтому даже в малореальных ситуациях сотрудники УВД применяют именно её. Имеются случаи, когда по докладам полицейских (прежних милиционеров) хрупкая женщина избивает нескольких здоровых мужиков, или 19-летний мальчишка Святослав Речкалов, находясь в центре задержания УВД "Сокольники," применяет силу к полицейским и они в ответ его избивают, или артист Владислав Галкин (ныне покойный) укладывает сотрудника полиции на больничную койку с сотрясением мозга. В перечисленных случаях российских полицейских надо увольнять либо за плохую физическую подготовку, либо за враньё и подтасовку фактов.

В современной России полного доверия нет никому – ни партийному боссу, ни чиновнику, ни правоохранителю, ни бизнесмену, ни организации. Каждый ведёт свою игру, что-то недоговаривает, а то и даёт искажённую информацию. На памяти у многих слова президента Ельцина, которые он в своей обычной басисто-гнусавой манере публично изрёк в 1998 году о том, что девальвации рубля не будет. И через несколько дней начался августовский кризис 1998 года, когда разорились многие бизнесы. В приличных странах за такую дезинформацию и обман вкладчиков источник дезинформации привлекают к суду. А в России Ельцину всё сошло с рук. Царь всё-таки, хоть и врун.

Немудрено, что, когда кризис 2008-2009 годов "постучался в окошки" многих стран мира, жители России бросились менять рубли на доллары невзирая на заверения проправительственных СМИ о том, что в России всё будет в порядке. Опросы ВЦИОМ выявили резкое снижение доверия граждан к государственным СМИ в этот период. К концу декабря 2008 года почти половина жителей России пришла к выводу, что освещение прессой ситуации в экономике необъективно и преуменьшает существующие проблемы; примерно треть людей считали, что власти не разрешают журналистам говорить правду о реальной экономической ситуации в России. В любом случае, слабые и честные банкротились первыми, сильные и предусмотрительные выживали и даже умудрялись сохранить большую часть капиталов.

Всё, что даётся по телеканалам в современной России – это часть правды, подаваемая зрителю тенденциозно. Интересно, что прямых подтасовок пропагандисты стараются избегать – даже такие проправительственные, как Дмитрий Киселёв на телеканале “Россия-1” или Ирада Зейналова на телеканале НТВ. Бывают, конечно, и у них проколы. И только сравнивая то, как они подают один и тот же материал, какие цитаты вытаскивают, кого приглашают в эфир, как расставляют акценты, а также читая другие источники в СМИ и на Интернете, можно получить относительно объективную картину происходящего. И то только по отношению к вещам, которые не являются государственными секретами или не связаны со спецоперациями президента и его ближайшего окружения. Там же, где присутствуют секреты, затрагивающие государственные интересы или безопасность государства, настоящей правды не найдёшь – также как людей, которые нажимают на скрытые пружины и направляют политические и экономические процессы. Можно только догадываться или пользоваться слухами и непроверенной информацией.

Интернет и социальные сети являются главными возмущающими факторами в вертикальной схеме управления современной Россией. Интернет более открыт, анонимен, а поэтому располагает к большей честности и искренности с собой и с другими. В виртуальном пространстве человек может почувствовать себя более свободным и одновременно ощутить, что он не один. И это может подвигнуть его к высказываниям, на которые он в другом случае никогда бы не пошёл. Правда сейчас и Интернет всё больше попадает в сферу внимания российских спецслужб. Принят ряд законов, ограничивающих доступ к информации определённого рода, заблокированы некоторые социальные сети (LinkedIn), сажают за посты и пр.

Российское правительство излишне озабочено проблемой лживых сообщений, распространяемых в социальных сетях и интернет-ресурсах. В частности, оно озабочены ростом антироссийских настроений в Европе из-за направленной дезинформации. Ещё один популярный в России миф говорит о том, что Запад через коварные “неправительственные организации” и “пятую колонну” финансирует “цветные революции” в других странах, чтобы свергнуть тамошние пророссийские правительства и установить лояльные себе режимы, как это было сделано в Украине. Кроме того, потребители российских государственных СМИ даже не станут читать западную прессу, потому что уже заранее считают ее лживой или просто потому, что не знают иностранных языков. Разве что людям в правительстве больше заняться нечем, чем анализировать всякие сомнительные статьи.

Вот проблема расширения влияния российских медиаресурсов на международной арене – забава не такая уж невинная, как некоторым кажется. Пропагандистские СМИ вроде “Russia Today” дают однонаправленную тенденциозную информацию на языках других стран, которая, конечно, не всех за рубежом устраивает. Однако, её с трудом, но терпят, хотя в России нечто подобное давно бы закрыли.

Освещая практически любую проблему, российские федеральные каналы почти не врут, но подают материал выборочно под таким углом зрения, что лучше бы они его не давали вообще. Причём дают информацию почти синхронно, замалчивая и выпячивая почти одни и те же слова, факты и пр. Получить достоверную информацию из российских СМИ практически невозможно. Она просачивается крохами только в некоторых изданиях или на некоторых телеканалах. На остальных идёт синхронное, массовое оболванивание зрителя, читателя и слушателя.

Сообщения в Российских СМИ об Украине также как в Украинских СМИ о России очень тенденциозны. Поэтому, если хочешь получить объективную информацию, то ни ту, ни другую лучше не читать и не смотреть. Ведь и те, и другие - родственные народы, славяне и после Октябрьского переворота привыкли врать во славу коммунистов, как сивые мерины.

Алексей Венедиктов – главный редактор "Эха Москвы" как-то сказал, что отличие американских политиков от российских состоит не в том, кто лжёт, а кто говорит правду. Лгут и те, и другие. Главные отличия в том, что американские политики отчитываются перед избирателем за израсходованные финансы и вера в Бога не даёт им совсем обнаглеть и переступить через свою совесть в отличие от российских. [15]

Ещё одним индикатором иллюзорного представления русских людей об окружающем мире является их ложное представление о богатстве людей в США. Мол если уж тебе посчастливилось туда попасть, то ты обеспечен на всю жизнь. Это мол всё равно, как выиграть счастливый лотерейный билет. Развеивать этот миф бесполезно. Конечно, США страна богатая, богаче многих других, но сказать, что здесь всё для всех мёдом намазано я бы не стал. Я живу здесь уже почти четверть века. Могу сравнивать США с СССР и с Россией. Надо сказать, что особого богатства у большинства людей в США я не заметил. Богатством кичиться не принято в отличие от многих нуворишей из России, которые попали сразу из грязи в князи. То есть все, кто работает, живут пристойно, но большей частью экономно – даже те, кто получает неплохую зарплату, а она начинается, примерно, со 100 тыс. долларов в год на семью. Если есть возможность поесть на халяву или воспользоваться чем-то бесплатным (скидками, копеечными купонами и пр.) – даже обеспеченные американцы этим пользуются. Люди победнее пользуются гаражами-сейлами и магазинами, существующими на пожертвования: "Savers," "Salvation Army," "Goodwill," "Thrift Store" и другие. Бесплатные церковные раздачи бедные американцы тоже не обходят стороной. Американцы обычно экономят, сберегают лишний доллар, откладывают деньги в банк или в финансовую пенсионную организацию на старость, на чёрный день, а вовсе не "под матрас," как нередко делают в России.

По количеству завоёванных медалей на летних и зимних олимпиадах Россия всегда была в числе лидеров. Однако в 2010 году на зимних олимпийских играх в Ванкувере по количеству медалей Россия заняла лишь 11 место. Это был провал тех чиновников, кто отвечает в России за большой спорт. Зато Сочинская зимняя Олимпиада была любимым детищем Путина, которую Международный Олимпийский комитет разрешил проводить в практически неподготовленном для этого мероприятия городе - Сочи под честное слово президента. В подготовку к этой олимпиаде вложено очень много денег - и государственных, и частных. Называют цифру в 50 млрд. долларов. Любая другая по всему миру стоила на порядок меньше.

И вот спортивные чиновники, чтобы угодить Путину, и собрать как можно больше медалей, закрывали глаза на применение спортсменами допинга. Более того, нередко подмена образцов мочи с "грязных" на "чистые" в лаборатории РУСАДА поощрялась и проводилась организованно на регулярной основе. Этим занимались "Антидопинговый центр" в Москве и чекисты из ФСБ. В результате на сочинской олимпиаде Россия вышла на первое место по количеству медалей в командном зачёте. Об их махинациях стало известно благодаря показаниям бывшей бегуньи Юлии Степановой, её мужа, и показаниям директора "Антидопингового центра" в Москве, химика Григория Родченкова, который занимал эту позицию с 2006 по 2015 годы. Родченков разработал стероидный коктейль "Герцогиня" для улучшения спортивных результатов. Этот коктейль был оптимизирован для предотвращения обнаружения со стороны допинг-контроля. У WADA были и другие осведомители, имена которых не разглашаются из соображений их безопасности.

Допинговый скандал с подменой проб мочи спортсменов – это такая мелочь на фоне других подтасовок, лжи и имитаций, практикуемых в современной России, о которой не стоит долго говорить особенно на фоне великого коммунистического обмана, беспрерывно тянувшегося в России в течение 74-х лет. Чего уж тут удивляться тому, что немалая часть российских атлетов сидела на допинге, а высшие чиновники от спорта покрывали это мошенничество для того, чтобы их подопечные выиграли медали на мировых первенствах и подняли международный престиж российского спорта.

В конце концов, всех в мире это русское жульё достало и отношения к России в мире спорта стало соответствующим. Причём нет хороших и плохих спортсменов и чиновников. Есть покрывающие и покрываемые –

те, кто выдаёт и кто принимает допинг, а также те, кто продаёт свою страну за политическое убежище и те, кто пользуется результатами предательства, чтобы создать скандал на весь мир.

Независимое антидопинговое агентство WADA пригласило канадского профессора по международному спортивному праву Ричарда Макларена в качестве независимого эксперта для расследования “возможных случаев применения допинга российскими спортсменами на Олимпиаде в Сочи.” 18 июля 2016 года Макларен опубликовал отчёт о результатах своего расследования. В его докладе сообщается, что обвинения против государственной системы поддержки допинга в России, выдвинутые Григорием Родченковым, нашли подтверждение. Результатом расследования стала дисквалификация ряда призёров Сочинской олимпиады и перемещение России с первого на пятое место по числу медалей в общекомандном зачёте.

Например, комиссии ВАДА удалось уловить информацию о результатах проверки прошлых проб по данным антидопинговой комиссии Макларена в 2013-2014 годах. Оказалось, что из 86 допинговых нарушений параолимпийцев 22 относились к Российским спортсменам (четверть). Поскольку у комиссии были основания считать, что допинг давался не на частном, а на государственном уровне, как часть государственной программы в политических целях, то ВАДА не допустила всех российских легко- и тяжелоатлетов, а также всю параолимпийскую сборную России на Олимпиаду в Рио-де-Жанейро.

Вместо того, чтобы признать этот факт, как свою плохую работу и сделать выводы на будущее, российские чиновники стали “гнать слезу” из широкой российской публики, мол хотим посмотреть в глаза тем гадам, которые принимали решение о недопуске российских инвалидов на соревнования, составляющие единственный смысл их несчастной покалеченной жизни. Где ваш хвалёный Западный гуманизм? А то, что спортсмены-жулики могут отобрать награды у честных спортсменов-инвалидов из других стран, которые тоже несчастные, которые тоже тренировались, это российских чиновников не волнует. Как и всегда бывает в России: “Победа любой ценой.” А то, что, победив, российские чиновники от спорта тут же забудут своих инвалидов и отправятся в ресторан отмечать личный успех: “Вот мол мы какие умные – всех обманули и выиграли, а как выиграли, так это проблема тех лопухов из международного параолимпийского комитета, которые не сумели нас уличить”.

В стране с нормальным отношением к спорту, например, Норвегии, спортсменам, тренерам и жуликам-чиновникам, замешанным в допинговом скандале, никто бы руки не подал. Они – изгои в обществе. Поскольку в России жизнь по понятиям – это норма, а соблюдение норм общечеловеческой порядочности – исключение, то все начали друг друга оправдывать и покрывать, начиная с самого президента Путина. Более того, стали искать недостатки с применением допинга в других странах. Для этого российские хакеры взломали сервер ВАДА, чтобы найти зарубежных спортсменов, которые пользовались допингом, пусть и с разрешения врачей.

А тут ещё российские хакеры подсуетились – взломали ВЭБ-сайт ВАДА с медицинскими данными спортсменов, легально принимавших допинг по назначению врачей из своих стран и допинговое дело, приняло совсем неприличный оборот. С одной стороны, с врачами не поспоришь – они дипломированные и лицензированные, а с другой, когда ведущие спортсмены планеты принимают препараты, содержащие допинг по медицинским показателям (например, из-за подросткового синдрома Дефицита Внимания и Гиперактивности), а потом завоёвывают медали – это попахивает не очень хорошо. Если ты больной (больная), тогда нечего лезть на соревнования вместе со здоровыми, легально накачавшись допингом. Вначале подлечись, а потом поезжай на соревнования или простись с большим спортом навсегда. А может надо проверить чистоплотность врачей, выдавших нужные справки, и лишить их медицинской лицензии. Ведь деньги-то в большом спорте крутятся немалые, а дьявол-искуситель – он ой как силён. Причём силён для всех, а не только для спортсменов.

У политиков и дипломатов умолчания и одностороннее изложение фактов и точек зрения составляет важную часть их работы. Умолчание - самый невинный вид лжи. Оно определяется личной выдержкой дипломата и хорошей выучкой в дипломатической школе. Другой тип лжи основан на фактах, которые кажутся достоверными, но интерпретация этих фактов производится в пользу нужной политику концепции. Третий тип лжи – манипулятивный основан на уловках, риторических приёмах и ухищрениях.

Для хитрых российских дипломатов искусство византийской подковёрной игры – это естественный комплекс навыков и умений, которым они овладевают уже на подступах к верховной власти, чтобы выжить и продвинуться на дипломатическом поприще. Политические виртуозы пользуются этим набором также естественно, как дышат. Их этому учат во всяких учебных заведениях вроде МГИМО.

У представителей власти в России есть ещё несколько способов выкладывания информации или аргументации. “Что скажем своему народу?” и “Что скажем во внешнем мире?” Для каждого человека и дипломата есть свой уровень лживости, превышение которого приводит к необратимым психосоматическим изменениям. Например, сердце полпреда России при ООН Виталия Чуркина в какой-то момент не выдержало необходимости защищать интересы своей страны с помощью хитроумных политических трюков. Лаврову это даётся, видимо, легче, но и ему приходится время от времени расслабляться и снимать психическое напряжение алкоголем. Путин снимает напряжение поездками в Сибирь, чтобы пообщаться с животными и птицами, которые несравненно честнее, чем многие его приближённые.

Когда Кремль устами своих дипломатов призывает предоставить доказательства или начать независимое расследование какого-либо международного инцидента – это значит – рыльце у Кремля в пушку и что-то там нечисто. Расследование позволяет оттянуть время, получить данные, которые могут поставить под сомнение базовую закордонную версию и т.д. Тем более, когда в инциденте замешаны несколько стран, однозначных доказательств по разным причинам получить не удаётся. А сомнение трактуется в пользу ответчика. Эту тактику Кремль использовал во многих случаях – и с использованием допинга российскими спортсменами на Зимней олимпиаде в Сочи в 2014 году, и со сбитым 17 июля 2014-го года Боингом МН-17, и с участием российских военнослужащих в гибридной войне на Донбассе, и с химической атакой в Сирии от 4 апреля 2017 года. Однако, с каждым месяцем фактов, проясняющих каждую ситуацию, становится всё больше. Так что упираться, уворачиваться и отрицать очевидное становится всё труднее.

Меня насторожило то, как дружно вся правящая головка России пошла в церковь и стала осенять себя крестами после смены власти. Многие чиновники в одночасье стали верующими. Ещё совсем недавно клялись в верности делу Маркса и Ленина, которые были воинственными атеистами, а тут свечки держат, проповеди священника с умным видом слушают и пасхальные яйца целуют. Так не бывает. Люди, которые только что сдавали в ВУЗах научный коммунизм и марксистско-ленинскую философию не могут вдруг, в одночасье поверить в легенды про Христа. Пусть не обижаются на меня истинно верующие. Или вчерашние советские люди забыли, как их предки крушили православные церкви и уничтожали мощи святых после 1917 года? Конечно, немалое количество свежих православных людей неискренни. И тем более лгут чиновники-карьеристы, у которых вера и принципы в большой мере зависят от таковых у их боссов и определяется их положением в вертикали власти. Они будут верить в то, во что надо верить в соответствии с их должностями и зарплатами.

В общем, залежи “навоза” из советских “Авгиевых конюшен,” прошлых преступлений, лжи и ошибок, начиная с Ленина, надо было разгребать своевременно и последовательно, слоями причём делать их достоянием гласности немедленно и на государственном уровне. Освещение выборочной правды в очередной раз ни к чему хорошему не привело и не приведёт. Уж слишком много слоёв недоговорённостей и лжи за последние сто лет скопилось в Российской истории. Одной лопатой этот "навоз" не поднять, одними граблями не разгрести. Вместо этого мы видим стремление властей представить русскую-советскую историю в виде единого непрерывного процесса развития русской цивилизации.

А нужна ли русским правда? Может быть, пусть живут в своём сказочном мире, который для них создают их правители? Кому нужна эта правда, из-за которой люди переживают, страдают, мучаются? В сказочном дурмане, как и в наркотическом всё воспринимается легче. Боль под наркотиком не чувствуется и совесть засыпает.

Российская власть нетерпима ко всему, что её не устраивает. А не устраивает её всё, что не вписывается в заранее заданную схему о том, как должно быть на самом деле. Недаром, в последнее время ложь Кремля стала настолько всеохватывающей, а пропаганда столь примитивной, что это никого не удивляет. Их измышления никто уже не опровергает. Приводят конкретные факты и всё.

Когда Дмитрий Песков говорит о стене непонимания между Россией и другими странами, ему просто нечего больше сказать. По большинству вопросов Кремлёвские чиновники уходят в глухую несознанку, то есть отрицание фактов. Всё чаще защищаются с помощью обвинения самого обидчика. На самом деле обманывать не надо, тогда не придётся оправдываться и придумывать хитроумные объяснения своим действиям.

Шведский специалист по экономике Восточной Европы, в особенности России и Украины, профессор Андерс Ослунд как-то сказал, что в международном обиходе существует выражение: "Ничему не верь до тех пор, пока Москва это не опровергнет." [4] Это ж надо "достукаться" до таких слов и оценок.

Основными способами манипулирования информацией, используемыми российскими СМИ, по утверждению сотрудников Белорусского регионального отделения Академии военных наук РФ Ю.Е. Кулешова, Б.Б. Жутдиева и Д.А. Федорова, являются:
– откровенная ложь в целях дезинформации населения своей страны и зарубежной общественности;
– сокрытие критически важной информации;
– погружение ценной информации в массив информационного мусора;
– упрощение, утверждение и повторение (внушение);
– подмена терминологии: применение понятий и терминов, смысл которых не ясен или претерпел качественные изменения, что затрудняет формирование реальной картины события;
– введение табу на определенные виды информации и разделы новостей;

– узнавание образа: известные политические деятели, представители шоу-бизнеса могут участвовать в заказных политических акциях, оказывая тем самым определенное влияние на мировоззрение их поклонников;
– подача негативной информации, которая лучше воспринимается аудиторией по сравнению с позитивными новостями. [цит. по 48]

Редактор информационной службы Радио Свобода, Андрей Шароградский писал: "При путинском режиме появилось то, что на Западе называют "постправдой." В 2016 году Оксфордский словарь признал "постправду" словом года. Этот термин обозначает рост популизма, когда эмоции и личные взгляды превалируют над объективными фактами. "Постправда" – не ложь, а игнорирование правды. Очень циничное использование лжи, при одновременном признании правды ненужной и неуместной. Ты можешь лгать, и это при Путине в порядке вещей. Огромное количество вранья было сказано по поводу событий на Украине. Я не думаю, что в России многие считали украинцев русофобами, фашиствующими бандитами и так далее. Может, кто-то и считал, но лишь малая часть. Но россиян заставили так считать. И, что страшнее, многие даже хотят так считать. В конце концов, "Крым наш!". В эпоху "постправды" люди начинают принимать неправду, не обращают внимания на то, что им врут. Правда сказанное или ложь – перестает быть важным. Путин открыто лгал, когда говорил, что "зеленые человечки" в Крыму – не российские военные. Потом он говорил прямо противоположное. Но, обратите внимание, никого это не волнует." [91]

Эмоционального в поведении русского человека с каждым годом становится всё больше. Чувства, эмоции, переживания – индивидуальные и групповые (то есть индуцируемые с помощью группы) захлёстывают русского человека. И этот эмоциональный настрой становится кодом общения, взаимодействия. Эмоциональная культура в России забивает рациональную. Поэтому русские могут себе позволить много фантазий, лжи, импровизации. Более того правители и телевизионщики управляют народом на эмоциональной базе. Она работает лучше всего. Всё в России стало эмоциональным – политика, реклама. Даже фактический материал кишит эмоциями, образными словечками, выражениями с элементами невербального общения. Посмотрите на работу обозревателей и комментаторов федерального телевидения. Сплошные эмоции, скоростной напор, внушения.

Глава 12

Шкала Доверия

12.1. История Исчезновения Доверия Между Людьми в СССР

Доверие – психическое состояние в силу которого человек полагается на что-то или кого-то (на мнение, на авторитетное суждение, на норму морали) – что или кто кажется ему авторитетным и заслуживающим расположения и внимания.

Доверчивость - качество личности, склонность принимать информацию без критического размышления или анализа, готовность верить слову, обещанию человека или группы.

В автократических обществах подобных российскому, атмосфера доверия между людьми ниже, чем в демократических. Однако, повернув Россию лицом к Европе, и приглашая специалистов у себе на службу, Пётр Первый стимулировал упрочение честных отношений внутри российских сословий в Российской империи. Купеческие, офицерские, дворянские традиции, которые базировались на православии способствовали этому процессу. Вместе с честностью в профессиональных отношениях, в обиходе закреплялись традиции доверия между людьми.

Когда каторжники, террористы и люди с генетическими и психопатическими отклонениями захватили власть в России в 1917 году, они стали внедрять в государственные органы систему уголовных норм и понятий – взятие и расстрел заложников, распространение ложных слухов, уничтожение улик своих преступлений, повсеместное внедрение своих шпионов, грабёж чужой собственности и ценностей, секретные сходки в узком партийном составе, назначение своих людей на ключевые посты в советском государстве и пр. Все эти вещи обвалили доверие между людьми в обществе и породили атмосферу недоверия и подозрительности, которая с тех пор стала постоянным спутником взаимоотношений в советском обществе.

Прикрываясь марксизмом, эти люди действовали, как уголовная мафия в масштабах огромного государства. Не обладая достаточным образованием и внутренней культурой для того, чтобы руководить государством "по совести," эти люди создали систему тотального террора, страха и голода в России и в СССР. Многих порядочных людей они вырезали, упрятали в концлагеря и выгнали за границу.

Уничтожив сословия, и, сделав ставку на Шариковых и Швондеров, большевики окончательно уничтожили атмосферу доверия в советской стране, которая уже и так была расшатана мировой войной и февральской революцией 1917 года. С тех пор доверие между людьми в России так и не восстановилось. Это не значит, что современных людей в России связывают только жульнические неискренние отношения, но верить на слово коллегам, знакомым стало рискованно.

Особенно атмосфера подозрительности, недоверия, слежки и доносительства распространилась при Сталине в 30-е годы. Наследники тех, кто сумел приспособиться и выжить в условиях военного коммунизма до сих пор живут и управляют Россией. А как известно, от осины не родятся апельсины.

При этом недоверие к конкретным людям, группам людей или организациям могло сочетаться с необоснованной доверчивостью в отношении глобальных целей строительства великих строек коммунизма и веры в непогрешимость вождей. Социальная паранойя стала всеобщей национальной болезнью людей в СССР уже в 30-е годы. К этому же времени относится появление разнообразных теорий заговора. Например, заговора капиталистических держав против СССР или заговора внутренних врагов, шпионов и диверсантов против строителей социализма. После этого многие советские люди как на государственном, так и на персональном уровнях стали искать чёрную кошку в тёмной комнате, вне зависимости от того есть ли она там или является плодом воображения искателей.

После того, как страна пошла по "лёгкому" коммунистическому пути недоверие превратилось в одну из главных социальных болезней советского и теперь русского общества, а доверие стало редкой разменной монетой между людьми. Советского человека мог предать любой, кому он доверил свои сокровенные мысли. Ему улыбались, с ним соглашались, а потом сообщали об этом в ВЧК, НКВД, КГБ. Порядочность в общеупотребительном смысле слова практически исчезла из межличностного общения. Даже у себя в семье люди старались не говорить на политические темы, не рассказывать анекдотов, особенно при детях - те могли сболтнуть что-нибудь лишнее в школе или на улице, а неприятности были бы у их родителей.

Сообщать в НКВД о действительных или мнимых прегрешениях человека стало особо распространено в 30-е годы. Каждый советский гражданин находился под негласным присмотром со стороны коммунистов и чекистов. Почти на каждого мало-мальски значимого человека собирался компромат. Впрочем, и о самих верховных рукодителях страны было известно многое. Как только у Сталина человек начинал вызывать подозрение на него заводилось политическое или уголовное дело, основанное на доносах тех, с кем он работал. Так на главного чекиста СССР Генриха Ягоду, арестованного в 1937 году, дали показания его ближайшие сотрудники - Я. С. Агранов, Л. М. Заковский, С. Г. Фирин, С. Ф. Реденс, Ф. И. Эйхманс, З. Б. Кацнельсон, И. М. Леплевский и др.

Прямым следствием доносительства и террора, утаивания правды друг от друга в советском обществе, потоков лжи, глупостей и мифов на страницах печатных изданий была нездоровая обстановка в обществе, страх, недоверие друг к другу, готовность к тому, что любой человек, с которым ты общаешься, может оказаться либо “стукачом,” либо “врагом народа.” Этот страх не исчез с уходом революционных поколений, а перешёл по наследству потомкам тех, кто воспитывался в ту эпоху. Недоверие друг к другу и презумпция виновности — это две стороны одной советской медали. Эту “болезнь” легко “подцепить,” но избавиться от неё и её последствий бывает очень трудно, практически невозможно. Особенно если у человека есть к этому предрасположенность.

“Железный занавес” между СССР и окружающим миром был поставлен с целью ограждения советских граждан от нежелательной информации, которая может испортить их “идеологическую невинность". Начиная с прихода большевиков к власти стало ясно, что люди в цивилизованных странах живут лучше и свободнее, чем в СССР. Зная свой народ, который непременно бы начал роптать, если бы всё это видел и сравнивал, головка партии большевиков сразу ограничила такую возможность, оставив в списках на выезд за границу только проверенных людей и поставив перед остальными советскими людьми бюрократический заслон в виде партийных разрешений, согласований и наличия заграничных паспортов. Этот заслон с годами становился всё более непреодолимым и после 1920 года, выехать за границу простому человеку стало трудно, а после 1928 года - почти невозможно.

За иностранцами в СССР был особый контроль – особенно за жителями Западных стран. К каждому из них был приставлен человек из НКВД-КГБ, который регулярно составлял на иностранца отчёты по типу: “Что делал?,” “Куда ходил?,” “С кем встречался?,” “Какие разговоры вёл?” и даже “Что ел?.” Привычки, пристрастия, нестандартные поступки, переписка – всё было отражено в отчёте, естественно, в пределах компетенции “стукача”.

Граждане, имеющие родственников за границей, демонстрировавшие нелояльное поведение по отношению к коммунистической власти, были особо подозрительны и, поэтому, удостаивались индивидуальных досье. Их нередко вызывали в ВЧК-НКВД-КГБ для профилактических бесед. Никогда нельзя было быть уверенным, что телефонные разговоры советского гражданина не прослушиваются, его письма не просматриваются, его знакомые на него не “стучат” и т.д.

Достойна вниманию читателя похожая на анекдот история, которую я слышал от своего хорошего знакомого Зафара Душабаева – сына репрессированного узбекского партийного работника - о том, что в Узбекистане самый высокий калым даже в советские времена давали за девушку, которая не выезжала за пределы своего кишлака. Если девушка ездила в Ташкент – столицу Узбекской республики, то она уже была подпорчена городской культурой и калым был меньше. Если же девушка жила некоторое время в Москве или в Ленинграде, то она вообще шла по бросовой цене.

Это смешно звучит, но все жители Советского Союза, проживавшие за “железным занавесом,” находились в положении этой узбекской девушки. Они ничего не знали помимо той пропагандистской “развесистой клюквы,” которой их потчевали коммунистические власти, а потом они сами потчевали этой “клюквой” других. И что самое поразительное – многие и не хотели знать об истинном положении дел; они не верили тем, кто приоткрывал хотя бы часть фактов о том, что происходило в мире. И этот феномен советского человека оказался живуч до сих пор. По всем федеральным телеканалам широким потоком льётся односторонняя нужная власти информация.

Советское общество было построено на коммунистических мифах, идеологических предрассудках и имитациях. Советский человек жил в мире иллюзий и веры в светлое будущее. Он-то считал, что живёт в мире советской реальности, но эта реальность была иллюзорной. Чем более наивным и доверчивым был советский человек, тем проще ему было жить с верой в те сказки и утопии, на которых его воспитывали большевистские пропагандисты. При столкновении с неприглядной действительностью доверие уменьшалось, но не у всех и постепенно. Само доверие было ограниченным: “от сих до сих” или условным: “один пишем, два в уме”.

И тем не менее советские люди были по-своему счастливы поскольку жили в красивом идеальном мире полном сказок, легенд, теоретических концепций, штампов и вранья – вранья, которое они осознавали лишь частично и не в полном объёме. Они манипулировали марксистско-ленинскими терминами, строили теоретические конструкции разной степени достоверности и были тем счастливы. Но это было счастье наркоманов после очередной дозы политического наркотика. Хотя в этом условном мире вранья и красивых картинок многие и, в частности, мои знакомые по Ленинградскому университету, находили свой смысл и свою прелесть.

Во многом СССР действительно напоминал сказку: справедливые короли, прекрасные принцессы, мир советского добра, которое противопоставлялось внешнему капиталистическому злу, советская правда, которая противопоставлялась буржуазной лжи. И это неважно, что эту правду иногда приходилось защищать с помощью уловок, обмана и даже оружия. У простых людей были значимые далеко идущие цели, преодоления, свершения, работа на энтузиазме с мизерной оплатой, но с верой в светлое будущее.

В рамках всех этих красивых взаимоотношений между идеальными людьми образовался особый вид доверия – мифическое, сказочное доверие. К нарушениям, обманам в рамках такого доверия люди относились достаточно легко. Ведь доверие условное, сказочное.

Я так подробно описал советские корни доверия и доверчивости поскольку в тех временах военного коммунизма и распределительного социализма лежат корни теперешнего отношения людей друг к другу и ещё потому, что в современной России в психологическом плане мало что изменилось. Доверие к людям так и не вернулось. Россияне по-прежнему везде ищут недоброжелателей, врагов, козлов отпущения, которым верить нельзя ни в коем случае. На этих плохих людей они и стараются свалить ответственность за свои неудачи, проблемы, и даже за то, что свет в конце тоннеля никак не становится выходом из этого тоннеля.

12.2. Доверие в Посткоммунистическую Эпоху

Атмосфера паранойи, которая стала уменьшаться в обществе после смерти Сталина, стала вновь расти при нынешних российских правителях. Особенно она усилилась при нынешнем президенте, который просто не может мыслись иными категориями, чем его учили в КГБ. Он никогда никому не доверял полностью и доверять не будет.

Поскольку в современной России настоящей демократии так и не появилось, то и настоящего доверия возникнуть не может. Нынешней имитационной демократии соответствует имитационное доверие.

Недоверие до сих пор пронизывает всё российское общество – сверху донизу и снизу доверху. Оно стало частью менталитета и традиций народа. Государство не верит гражданам, те, в свою очередь, не верят государству и заодно друг другу. В соответствии с представлениями, идущими с коммунистических времён, все, кто человека окружает -

нечестные люди, все его могут обмануть, и при первой же удобной возможности предать. Даже если находится человек, который вопреки ожиданиям не обманул сегодня, то он обязательно обманет завтра или послезавтра, а если не этот, то обманет другой. Многие ограничивающие законы, которые ныне принимает Государственная Дума, являются по сути отражением недоверия друг к другу в обществе. Выполнение этих законов определяется не совестью и порядочностью человека, а его страхом перед наказанием.

Современная политическая атмосфера в Кремле предполагает борьбу с заговорами, тайными умыслами, плетение интриг. Журналист Владимир Соловьёв об этом пишет так: "Кремль - вообще место, где постоянно борются с заговором, постоянно ожидают каких-то интриг. Любая информация, которая туда доходит никогда не воспринимается с позиции "правда это или нет." Всегда смотрят, кто написал." [73, с.160] Такие византийские придворные игры включают подтекст, подставы, скрытую борьбу, применение условных символических языков общения. Каждый чиновник постоянно озабочен такими вещами, как: "Почему человек это сказал?" "Чем он руководствовался?" "Что это на самом деле обозначает?" "Кто за этим стоит?" и так далее.

Из-за этой въевшейся в подсознание ещё с советских времён подозрительности и недоверия, жители России нередко увязывают в единую цепочку вещи несвязанные друг с другом.[Прим.13] Например, в конце сентября 2013 года российские пограничники задержали активистов международной организации Гринпис, пытавшихся повесить экологический баннер на нефтяной платформе "Приразломная," расположенной в Печорском море, а затем арестовали и отвели их судно "Arctic Sunrise" в порт города Мурманска, где активисты Гринпис предстали перед судом по статье "пиратство" (ст. 227 УК РФ). Поскольку судно Гринписа шло под голландским флагом, то Голландия подала иск к России в Международный трибунал за неправомерное задержание судна в международных водах.

Вскоре после этого события 5 октября 2013 года жена российского дипломата Дмитрия Бородина будучи в нетрезвом состоянии, во время парковки повредила в своём дворе соседские машины. Она была задержана голландской полицией. В тот же день соседи Бородина позвонили в полицию и пожаловались на то, что слышали плач детей в его квартире. Полиция попыталась войти в квартиру дипломата, чтобы разобраться в ситуации. Он не пускал, оказал сопротивление и, будучи пьяным, ввязался с ними в драку. Его самого и двух его детей задержали и отвезли в полицию.

Так вот, эти два события никак друг с другом не связанные, параноидное сознание некоторых российских политических деятелей и журналистов (в частности, главы комитета Госдумы по международным делам Алексея Пушкова и главы Совета по внешней и оборонной политике России Фёдора Лукьянова) привязало одно к другому, как факт того, что голландцы таким образом мстили за арест голландского судна. Ну ладно бы упомянутые официальные лица имели такое мнение и держали его при себе, но зачем выносить его на всероссийский уровень без проверки фактов? И вот это стремление видеть даже несуществующую связь в разных явлениях, стремление искусственно подтягивать факты под априорную концепцию и является неотъемлемой частью советской ментальности, воспитанной у упомянутых людей ещё в коммунистические времена.

Конечно, от драконовских Сталинских времён общество отошло, но и того, что осталось хватает для того, чтобы парализовать личную, политическую и деловую активность граждан. И это при том, что в последние десяток лет главные лица России обращались к правоохранителям и другим контролирующим организациям с предложением "не кошмарить российский бизнес." Так не помогает – кошмарят всё равно. Вроде им приказали, а они не слушаются. А разогнать эти ненужные организации, которые являются тормозом в развитии экономики – смелости видно не хватает.

Центр макроэкономических исследований "Сбербанка" и "Левада-центр" изучили, как на финансовое поведение россиян влияют неэкономические факторы: доверие друг другу, контроль и ответственность за условия собственной жизни, взаимодействие в обществе. Оказалось, что "межличностное доверие россиян очень низко, и, если сравнить с данными прежних опросов, оно быстро уменьшается: 74% испытывали дефицит доверия в 2008 году, 81% - в 2011-м. В 2012 году уверенно о доверии к другим сообщили всего 5%, еще 27% сочли себя склонными к нему." [97]

Не только представители власти, но и сами граждане не доверяют бизнесменам и методам ведения бизнеса в России. Так, опрос телезрителей на тему о том в чём нуждается русский бизнес больше всего, проведённый во время передачи НТВ "Честный понедельник" с ведущим Сергеем Минаевым в сентябре 2009 года, показал, что по мнению простых людей бизнес нуждается в контроле (57%), в поддержке (23%) и ни в чём не нуждается (20%). Власть в России, как "плоть от плоти народа" также априорно считает, что бизнесмены в России — это прежде всего жулики, а поэтому их надо всё время контролировать. При такой негативной установке, при таком предвзятом отношении трудно ожидать от бизнесменов в России заинтересованности в развитии экономики страны.

Если бизнесмен всё время ожидает подвоха, проверки, штрафа со стороны вышестоящих контролирующих организаций, то его мозг заполнен придумыванием методов ухода, уклонения, а не работой по совершенствованию бизнеса. А если к этому добавляется необходимость хотя бы внешнего соблюдения законов, уплаты налогов, открытости финансовой и деловой документации для любого проверяющего и следственного работника, то он ощущает психологическое давление постоянно. Этот пресс делает его мозг изощрённым, подозрительным. Получается, что российская государственная система устроена так, что она способствует пробуждению худшего, а не лучшего в человеке.

Большой проблемой в России из-за того же недоверия является заключение контрактов и получение займов в банке. Проверка надёжности человека, организации подчас отнимает 35-45% от всего затраченного на оформление контракта или займа времени и требует уйму денег. И это всё прямые затраты на преодоление презумпции виновности и недоверия к людям.

В нормальном капиталистическом обществе доверие и репутация – это такой же товар, как автомобиль или книга. Один жулик-банкир может надолго испортить “деловое лицо” банка. В России не все это понимают, а поэтому деловая репутация человека мало что стоит. Старые купеческие традиции царских времён утрачены, а новые ещё очень сырые. Многие бизнесмены ведут себя в России, как авантюристы – хапнули деньги и перевели их в офшоры или удрали за границу.

О том, насколько общество и власть не доверяют друг другу свидетельствует установка ВЭБ-камер на избирательных участках перед 5 марта 2012 года - днём выборов президента России. Это значит, что недоверие избирателей к власти достигло такого уровня, что независимо от того, говорит ли власть правду или нет, подсчитывает ли они голоса правильно или жульничает, доверия к ней у избирателей всё равно нет. А это уже ненормально для здорового общества. Кстати, эти камеры работали и на последующих выборах 2018 года.

Когда президент РФ Владимир Путин говорит: “Доверие между людьми складывается только тогда, когда общество скреплено общими ценностями” это не так. Ценности у людей могут быть разными. И это нормально. Общим должен быть только закон, который действует одинаково для всех и для каждого, и неотвратимо для президента и для уборщика мусора. А когда закон выполняется по-разному для разных граждан и, тем более, для президента, то и доверия между людьми в обществе быть не может несмотря на общность официально объявленных ценностей.

Президент Путин втихаря обманул свой народ, подсунув ему липовую кандидатуру Медведева в качестве временного президента. Этим он временно обрушил доверие народа к себе. Но поскольку Путин беспрерывно общается со своим народом через телеэкран, через прямые линии и с помощью других СМИ, у людей не проходит ощущение постоянного контакта с ним. Кроме того, он насадил кучу чекистов и пропагандистов, которые гарантирует ему его раздутую распиаренную власть - власть актёра над толпой. Избирателям втирают очки и доверенные лица президента, выступающие от его имени.

Представители правоохранительных, судебных и законодательных органов полагают, что гражданам России ничего важного доверить нельзя по причине их некомпетентности в юридических и политических вопросах. И постепенно под благовидными предлогами, а иногда и без оных, отбирают у граждан их конституционные права. А поскольку это делается постепенно, поэтапно, то неизбалованное гражданскими правами и свободами население России всё это "кушает." А если власть что-то из отнятого и возвращает назад (например, выборы губернаторов), то обставляет это таким количеством условий и ограничений, что в конечном итоге губернатора всё равно назначает президент и тот отчитывается прежде всего перед ним, а не перед народом, который его по виду выбрал. То есть роль каждого гражданина в российской политике как была ничтожна при коммунистах, так и сейчас ничтожна, а цифры доверия народа к президенту и, тем более, президента к народу – это сплошная липа. На деле Путин и его ближайшее окружение свой народ презирают, как это и свойственно большинству чекистов.

Недоверие граждан России к любой власти и чиновникам, от которых зависят их деньги, их работа, их благополучие - повсеместно. Такое впечатление, что доверие к Путину – это единственная радость в их жизни. Поэтому многие по любому поводу апеллируют к президенту, он - единственный отец-спаситель и защитник. Опять-таки корни надо искать в культуре народа. У русских абсолютистское сознание. Вот Путин и пытается оправдать доверие населения популистскими методами. Налоги сохраняет на разумном уровне, пенсию повышает, задолженность по зарплате погашает.

По данным социологов Фонда общественного мнения в 2015 году доверие президенту Путину составляло 83-85% — это завышенные цифры. Такие бывают при авторитарной власти. Большая часть граждан понимает, что этот президент "готов править властью написанного им закона, но не готов поставить себя под власть закона." Он делает так, как считает нужным, а не так, как обязывает делать остальных, то есть выполняет только те законы, которые его устраивают. Остальные он тихонечко исподтишка обходит в задней комнате своих дворцов или переделывает под свои нужды через зависимых от него людей. Но попробуй ему об этом скажи – тут же начинает возражать, что это не так. “Я – представитель государства и отвечаю только за чиновников, которые работают в моём непосредственном подчинении. Остальные – свободные люди. Что хотят, то и делают.” Да не делают они то, что хотят раз зарплату им платит государство. В лучшем случае “помалкивают в тряпочку,” чтобы не нарушать единство верховной власти.

Но это тут же перестаёт быть личным делом российских граждан, когда они пытаются реализовать свои конституционные права на свободу собраний и митингов или высказать своё оппозиционное мнение в социальных сетях. Здесь полиция, ФСБ и Роскомнадзор бывают незамедлительны и неумолимы. Только попробуй что-нибудь сомнительное с точки зрения власти сделать, они тут как тут. Появляются мгновенно, как чёртики из табакерки. Арестовывают даже без предъявления обвинений, а подконтрольные исполнительной власти судьи дают оппозиционерам реальные сроки за перепост сомнительной с позиций власти информации.

О возрастающем недоверии к простым людям говорит и тот факт, что компетенция присяжных заседателей в судах в последнее время сокращается. Верховный суд России подготовил ряд поправок в Уголовно-процессуальный кодекс, которые существенно ограничивают полномочия заседателей. Из сферы их рассмотрения изымаются дела, связанные с военными и террористическими преступлениями. Взяточничество, изнасилование, похищение человека, терроризм, захват заложников, бандитизм без отягчающих обстоятельств остаются профессиональным судьям. И только если обвиняемому грозит пожизненный срок, суды привлекают присяжных заседателей. [20]

Главный редактор “Независимой газеты” Константин Ремчуков сообщил, что в скандинавских странах с развитой демократией и высокой социальной защищённостью граждане доверяют друг другу значительно больше поскольку они больше отождествляет себя с обществом. В этих странах радиус идентификации и доверия в обществе гораздо выше, чем в России. [65]

В России люди не доверяют ни официальной статистике [52], ни своим судам [10], ни сообщениям официальных СМИ [13, 14]. Они доверяют только своему ближайшему кругу. В лучшем случае своей клановой или профессиональной группе.

Есть такое словосочетание: “говорят одно, а делают другое.” Это важнейший индикатор недоверия к власти. Имеется в виду, когда граждане на словах доверяют рублю, а на деле покупают доллары и евро, или на словах голосуют за партию “Единая Россия,” а на самом деле делают это только потому, что боятся неприятностей на работе, или на словах демонстрируют патриотизм и любовь к Родине, а на самом деле при первой же возможности удирают за рубеж.

У чекистов недоверие — это профессиональная болезнь похожая на паранойю. Многих из них отличают закрытость, склонность всё секретить даже от своих семейных и родственников. Про тех из них, кто имеет дело с зарубежными деятелями уже и разговоров нет. Даже шутки в этом направлении у нынешнего чекиста-президента стали какими-то паранойяльными. "Вы все – объекты разработок соответствующих спецслужб" - заявил он журналистам президентского пула - "велика вероятность того, что АНБ вплотную занимается особо сведущими репортерами" отслеживать ваши переговоры и т.д. [68] Впрочем, похоже, это уже не шутка.

Чиновникам, чьи дети учатся или учились за границей (например, министру иностранных дел - Сергею Лаврову) Путин рекомендовал вернуть их в Россию, чтобы они учились на родине поскольку через ребёнка легко воздействовать на чиновника - он становится уязвим для зарубежных спецслужб.

Ладно бы чиновники не доверяли друг другу сами, так ещё детей учат никому не верить. В Кировской и Иркутской областях, к примеру школьникам не рекомендовали пользоваться поисковиком Google, а учителям рекомендовали не доверять служебную информацию по почтовой переписке поскольку "корпорация Google может предоставлять доступ к своим базам данным спецслужбам США." [32]

12.3. Доверие и Презумпция Невиновности

Власть предержащие в России часто забывают о том, что ключевым фактором успеха в инновационных областях и в экономике в целом является доверие. В инструкциях всего не пропишешь, да и хлопотно следить за их выполнением. Без презумпции невиновности бизнесменов и новаторов тоже далеко не уедешь. Потому в настоящее время доверие и презумпция невиновности являются необходимыми условиями ведения любого бизнеса и выполнения экономических и политических договорённостей.

В конце концов, честнее, дешевле с экономической точки зрения и просто порядочнее верить человеку, чем не верить. Если он хочет обмануть, предать, то он это сделает всё равно. Истории огромного количества перебежчиков и предателей родины это подтверждают. Да и на бытовом уровне это очень частое явление. И тем не менее главной установкой в России до сих пор остаётся установка на презумпцию виновности, а к презумпции невиновности относятся, как к надоедливой собачонке, привязавшейся на улице. Относятся так, как будто человек виноват уже самим фактом своего существования на российской земле.

Презумпция виновности в России имеет давнюю традицию. Однако, последнюю сотню лет существования монархии суды были независимыми от исполнительной власти и судьи судили по закону. Советские юристы долго ковырялись в уголовных делах, которые рассматривали царские судьи, но так и не смогли найти в них ошибок. Можно сказать, что суды царской России были мирового уровня. Соблюдалась презумпция невиновности. Но наступила эпоха военного коммунизма и само сочетание слов "презумпция невиновности" стало нонсенсом.

У "изначальных" коммунистов весь мир делился на "своих" и "не своих." "Свои" – это члены большевистской партии, ближайшие соратники Ленина. "Не свои" – это все остальные. Если на "своих" презумпция невиновности распространялась, то на "не своих" – нет. Она отменялась, как буржуазный пережиток. "Не свои" вообще рассматривались, как руда для переплавки или человеческий материал, который соответствовал или не соответствовал целям партийной "головки." Закон для "не своих" подменялся классовой целесообразностью. Презумпция невиновности отменялась, как буржуазный пережиток. Сталин усовершенствовал эту схему. В категорию "своих" он с уверенностью включил одного себя. Остальные "свои" были временными. Они в любой момент могли стать "не своими".

Суд цивилизованного государства если не может доказать вину, оправдывает. Даже компенсацию выплатят. В России принято относиться к людям, которые попали в поле зрения правоохранительных органов, опираясь на презумпцию виновности. Если человек под сильным подозрением, то Полиция, Следственный комитет, Прокуратура, ФСБ могут собирать на него доказательства вины любыми способами – с помощью несанкционированного прослушивания его телефонных разговоров, вскрытия его электронной почты, постановки жучков в его офисе, видеокомпромата и пр. Разрешения на прослушку, на вскрытие почты нередко оформляются задним числом, если вообще оформляются.

Слова капитана милиции Глеба Жеглова из фильма "Место встречи изменить нельзя": "Если Кирпич вор, то он должен сидеть в тюрьме. И людей не беспокоит каким способом я его туда упрячу" - стали руководством к действию для многих правоохранителей и следователей в России. Эти люди, видимо полагают, что они ещё до суда имеют право определять степень виновности человека, "выбивать" из него показания на самого себя и даже подкладывать ему улики, особенно если у руководства уже сложилось мнение насчёт этого человека. Даже с закоренелым преступником этого лучше не делать, а когда следователь "роет материал" на невиновного перед законом человека, то это пахнет злоупотреблением закона и теоретически уголовно наказуемо. Недаром граждане полицейских боятся больше, чем преступников и обращаются в полицию только если нет другого выхода.

В книге "Скорость доверия" Стивен Кови (мл.) и Ребекка Меррилл выдвигают тезис о том, что чем выше доверие, тем выше скорость принятия решений. [35] Если веришь партнёрам по бизнесу, то в выигрыше оказываются все – и государство и частный бизнес. А главное, в выигрыше оказывается всё общество. От "паршивых овец" в бизнесе любой страны никто не застрахован, но не они "делают погоду." Государству выгоднее регулярно и в разумных пределах "стричь шерсть" с развивающегося бизнеса в виде налога на прибыль, чем недоверием и подозрительностью подрубать этот бизнес на корню, как это нередко делается в России. Поэтому бизнесмены в развитых странах больше доверяют государству и друг к другу и больше заинтересованы в честном, грамотном ведении бизнеса.

Принцип презумпции невиновности со стороны правоохранителей предполагает, что выгоднее поверить человеку, чем не поверить. В цивилизованных странах контроль и проверки бизнесов и конкретных людей не осуществляются без обоснованных претензий к ним. Государство и его структуры стоят на страже интересов каждого гражданина и его бизнеса и охраняют его от несправедливостей.

Экономическая альтернатива в России проста – дать самостоятельность бизнесу и доверять ему, или продолжать тянуть распределительное одеяло на государство в лице многих чиновников и тем самым убивать перспективы бизнеса. Хотя решение этой альтернативы очевидно, но тем не менее в России существует 160 проверяющих и контролирующих организаций и один миллион людей, которые занимаются контролем. Большинство из них просто лишние, но зато они органично вписываются в существующую параноидную взяткоёмкую вертикаль власти, а значит, убивают перспективы бизнеса.

В России презумпция невиновности часто игнорируется. Наоборот, на первый план выступает презумпция виновности человека, а именно: если есть подозрение, что человек виноват, то надо во что бы то ни стало эти подозрения подтвердить, обосновать фактами или свидетельскими показаниями, а в крайнем случае подозреваемый в совершении преступления сам должен себя изобличить чистосердечным признанием. Вот уже 20 лет действует статья 51 Конституции РФ о том, что никто не обязан свидетельствовать против себя самого, своего супруга и близких родственников. Но этой статьёй пользуются далеко не все.

В связи с вышесказанным стало общим местом говорить об обвинительном крене в современной российской правоохранительной и судебной системе. Причём презумпция виновности в этой системе является основной, а презумпцией невиновности играет роль надоедливой мухи, от которой следователи и судьи всё время отмахиваются. Этот обвинительный крен совпадает с настроениями не слишком гуманных людей в современном русском обществе - постоянно недовольных и агрессивных. Поэтому обвинительные вердикты не шокируют русскую общественность, хотя их не меньше 99% от общего числа приговоров.

Кто в первую очередь страдает от недоверия и неоправданной секретности в России? Да русские сами и страдают. А всё потому, что находятся на прокрустовом ложе устарелых советских стереотипов и медленно меняют методы своей работы в этой сфере. Хотя XXI век на дворе, пора бы ускориться.

В настоящее время в России сложилась такая ситуация, что никто никому не доверяет: государство не верит гражданам, те, в свою очередь, не верят государству и заодно друг другу. Какая там презумпция невиновности? В соответствии с этой логикой все, кто человека окружают - нечестные люди, все его могут обмануть, и при первой же удобной возможности предать. Даже если находится человек, который вопреки ожиданиям не обманул сегодня, то он обязательно обманет завтра или послезавтра, а если не этот, то обманет другой.

12.4. Секретность, как Следствие Недоверия

При Сталине недоверие друг к другу и секретность стали повсеместным явлением и нормой жизни в стране. Многие организации и предприятия работали в режиме строгой секретности по отношению к своим собственным служащим и тем более людям со стороны. В режимных организациях многие материалы независимо от их истинной новизны и ценности облагались грифами секретности. Помещения закрывались на ключ и даже опечатывались. Нередко вводилось несколько уровней секретного допуска. Спецохрана была повсеместной.

Несмотря на смягчение режима секретности вскоре после смерти Сталина, руководители страны по инерции продолжали относиться к человеку, как к расходному материалу, которому не обязательно знать, куда его направят, чтобы выполнять свой гражданский или воинский долг. Вышестоящие партийные организации и специальные органы при них - такие, как КГБ, утаивали почти всё: участие советских военнослужащих в корейской и вьетнамской компаниях, количество солдат, погибших во время подавления венгерского восстания, потери во время военных испытаний вроде учений на Тоцком полигоне, стихийные бедствия и катастрофы вроде Кыштымской трагедии. Из-за пресловутой секретности нельзя было сказать правду о том, где и как погиб человек. К тому же неинформированным, зомбированным человеком – "манкуртом" легче управлять. Из него легче сделать послушного расходного солдата.

Одной из главных причин начальной военной катастрофы, а потом выигрыша СССР во Второй мировой войне была направленная пропаганда армии и народа, которая делала их расходными советскими патриотами. И это несмотря на повсеместную секретность, низкую информированность о действительном положении вещей на фронте и в тылу. Писатель Виктор Некрасов, который получил Сталинскую премию за книгу "В окопах Сталинграда" полностью изменил своё отношение к войне и к партийному руководству страны после того, как познакомился с объективными данными о том, что в действительности происходило во время войны и какой ценой велась эта война.

А чего стоили обманы, которыми пользовались спецслужбы СССР для того, чтобы засекретить преступные учения на Тоцком полигоне, в которых участвовало около 40 тыс. военнослужащих и гражданских лиц? Дело в том, что в сентябре 1954 г. на Тоцком полигоне было проведено ядерное испытание, где многие из них потеряли свою жизнь или здоровье. На полигоне была испытана возможность прорыва "вражеской" укрепленной линии с помощью атомной бомбы. На этих учениях командование послало войска через эпицентр ядерного взрыва. Оказалось, что прорвать даже очень хорошо защищённую укрепленную линию противника можно, но вскоре после этого собственные солдаты уже не способны сражаться. Военнослужащим, которые остались в живых после этих учений, под страхом смерти было запрещено о них рассказывать или ссылаться в течение 25 лет (25 лет - средний срок действия подписки о неразглашении секретной информации в Советском Союзе). Поскольку всем военнослужащим и гражданским лицам были выписаны фальшивые командировочные удостоверения в совсем другие места нежели Тоцкий полигон, они не могли даже ссылаться на эти учения и получать правильное лечение от лучевой болезни в течение многих лет. Они просто погибали от "неустановленных причин" с диагнозами "рак," "инфаркт," "сосудистые поражения," "гормональные нарушения," "пневмония" и пр. Они не могли требовать финансовой компенсации или пенсии по инвалидности за утраченное здоровье. Даже врачи не имели права ставить им правильный диагноз. Кто жертвам ядерного эксперимента поверит, если в документах их участие в ядерных военно-полевых учениях все равно не зафиксировано? Вот так правительство и Коммунистическая партия СССР относились к собственным военнослужащим.

Такая же участь ждала участников ликвидации последствий аварии на химическом комбинате “Маяк,” расположенном в закрытом городе “Челябинск-40” (теперь – Озерск). “Кыштымская авария” произошла 29 сентября 1957 года. Из-за выхода из строя системы охлаждения, взорвалась ёмкость объёмом 300 кубических метров, где содержалось около 80 м^3 радиоактивных ядерных отходов. В атмосферу было выброшено около 20 млн кюри радиоактивных веществ. На высоте до двух километров радиоактивное облако накрыло территорию площадью 23 тысячи км^2 с населением 270 тысяч человек. Для ликвидации последствий аварии были привлечены сотни тысяч военнослужащих и гражданских лиц. Многие из них получили большие дозы облучения. Об этой техногенной катастрофе власти не сообщили ни им, ни населению заражённых радиацией населённых пунктов. Все привлечённые к ликвидации аварии люди давали подписку о неразглашении государственной тайны. Перед ними был выбор – либо идти в тюрьму за нарушение подписки, либо умирать от лучевой болезни и её последствий поскольку рассказать врачам о действительной причине болезни они не имели права, да никто бы и не дал им этого сделать.

Советская практика утаивания информации даже от своих сотрудников, которым по должности положено знать о том, что случилось в действительности, продолжалась практически до развала СССР. Про взрыв четвёртого энергоблока Чернобыльской атомной станции в 1986 году вскоре стало известно всему миру – слишком многие страны оказались в зоне радиоактивного заражения. Одни только советские люди все новости узнавали последними из “вражеских” голосов. Те советские работники, которые были уполномочены отвечать за ликвидацию последствий этой аварии, сами вели себя, как беспомощные “слепые котята.” Сама мысль о подобной аварии была настолько невероятна в обстановке тотального советского умалчивания, секретности и вранья, что большинство ответственных партийных работников не знали, что делать в подобных случаях. Большинство из них занимали свои должности не столько потому, что были компетентны в том, или ином техническом вопросе, а потому, что подходили по анкетным характеристикам. У них доминировала установка на то, что не надо людям ничего говорить, чтобы не вызвать панику. Не их это ума дело. Кроме того, “меньше знаешь – спокойнее спишь.” А что кто-то из спящих может и не проснуться, это коммунистов никогда не волновало. Народу-то в СССР всегда было много по крайней мере до его развала.

В связи с установкой на тотальную секретность власти СССР утаивали от ликвидаторов Чернобыльской аварии (пожарников, геологов, пилотов вертолётов, военнослужащих) правду так долго, как только могли. Данные о радиоактивности района и площади поражения в течение первых месяцев держались в тайне. Рассекреченные документы политбюро ЦК КПСС свидетельствуют о том, что никто не знал о масштабах происшедшей трагедии – ни украинские чекисты, ни многие ответственные за эту часть атомной программы руководящие работники. Это только потом, когда весь мир заговорил о Чернобыле, кое-какая информация стала просачиваться и в советские СМИ, но для людей, привлечённых к ликвидации последствий Чернобыльской катастрофы эта информация запоздала. Многие гражданские и военные уже успели "схватить" большие дозы радиоактивного облучения. Они и стали вскоре болеть и умирать.

В России хранение секретных материалов в закрытых архивах продолжается и поныне даже на вещи, которые государственной тайны давно не составляют. Например, - преступный террор ВЧК, НКВД, начиная с 1917 года, Голодоморы на Украине и в Поволжье, сожжение своих деревень, взрывы собственных домов, сооружений и плотин, расправы с невинными людьми и т.д. Ведь тогда сразу станет видна бесчеловечность того фундамента, на котором стоит нынешнее российское государство и нынешняя власть.

Наиболее открытый период в жизни советского-русского народа наступил при позднем Горбачёве и раннем Ельцине. Люди говорили то, что думали, было положено начало многопартийной демократии, открылись секретные советские архивы и фонды. Так, например, диссидент Владимир Буковский смог скопировать часть закрытых ранее советских архивов и разместил эти документы в интернете. Историк-лениновед Анатолий Латышев получил возможность прочесть документы о Ленине из секретного фонда Ленина и закрытых архивов КГБ. Политик Виктор Илюхин вскрыл подделку архивов Катынского расстрела польских военнослужащих. Но этот период открытости быстро закончился. Россия вновь погрузилась в пучину секретности, недоговорённостей, лжи и фальсификаций. А объяснение неоправданной секретности у власть предержащих простое: народ мол до правды не дозрел. Так ведь никогда и не дозреет.

Нужно сразу сказать, что есть "закрытая" информация двух типов: за неразглашение первой сотрудник организации расписывается и получает зарплату от государства, неразглашение второй – это дело его совести и порядочности. Иллюстрацией нарушителей первого типа неразглашения служат американские разоблачители - Брэдли Меннинг и Эдвард Сноуден, а также многочисленные перебежчики из советских и российских спецслужб (НКВД, КГБ, ФСБ).

Информация о методах работы секретной службы, о сослуживцах, их психологические портреты тоже нежелательна к разглашению, однако под уголовную статью она не попадает. И тем не менее в России разоблачителей такого рода тоже не одобряют. В частности, бывший генерал КГБ Олег Калугин в своей книге "Прощай, Лубянка!" дал психологические портреты некоторых своих сослуживцев и сейчас он подлежит суду в случае, если окажется в зоне действия российских спецслужб (у него, правда, были и другие "грехи" с позиций этих самых спецслужб).

За последние годы в качестве мер по совершенствованию обеспечения информационной безопасности Российской Федерации приняты: закон "О государственной тайне," об Архивном фонде Российской Федерации и архивах, законы "Об информации, информатизации и защите информации," "Об участии в международном информационном обмене" и ряд других.

По идее закон о Государственной тайне должен применяться только по отношению к государственным секретам, которые не нужно знать непосвящённым, а также к лицам – носителям, дававшим подписку о неразглашении, но применять его без паранойяльных излишеств, а только так, как написано. К сожалению, применение этого закона в России неоправданно расширено, и он используется как заградительный барьер для человека, а не для сохранения секрета. При этом о презумпции невиновности и доверии к носителю секретной информации уже и речи нет.

Иногда российская секретность при подписании международных договоренностей больно бьёт по самой России (как, например, долгое время было в случаях с ценой на газ, транспортируемый через Украину), но тем не менее отказываться от неё власти не собираются. Секретные протоколы, персональные договорённости в задней комнате являются необходимой частью российской дипломатии. Понятно, что без них часто никак не обойтись, но должна быть разумная мера между публичной и непубличной составляющей международных соглашений. По крайней мере власти страдают от своей склонности договариваться на персональном уровне (в задней комнате) гораздо больше, чем от разглашения хотя бы части информации для широкой публики. Москва проигрывает некоторые внешнеполитические партии из-за своей закулисной секретной политики.

Ну, допустим, есть секретные операции, которые бросают тень на государство и поэтому должны оставаться под грифом "секретно" какое-то количество времени. Однако, скольким вещам официальные лица ставят гриф секретности без оснований? Особенно когда речь идёт о таких всемирно известных вещах, как обмен русского и эстонского лётчиков Владимира Садовничего и Алексея Руденко на Рустама Хукумова – родственника президента Таджикистана или о защите МИДом России российского торговца оружием Виктора Бута, или о вытаскивании из Катарской тюрьмы убийц бывшего президента Чечни Зелимхана Яндарбиева. В этих случаях цивилизованные спецслужбы ведут себя разумнее. Я привожу только события, которые обсуждается в открытых источниках. А сколько остаётся за кадром?

Спору нет, если человек работает на Россию – его надо защищать, но лучше делать это в открытую, как делают спецслужбы цивилизованных стран - США, Израиля, Великобритании. Однако, защищать людей с сомнительной преступной репутацией – обходится дороже для репутации самого государства. Всякая сомнительная сделка, порочащая честь государства, приводит к тому, что потом официальным лицам приходится врать, оправдываться, "затыкать рты" журналистам и т.д. Из-за отрицания очевидных фактов начиная с 2014 года Россия стала изгоем в западном международном сообществе.

Немалая доля современного бизнеса в России связана с "теневой" экономикой. Поэтому главные причины секретности в русском бизнесе определяются сомнительными источниками доходов, коррупционными схемами, уводом денег за рубеж в офшоры, их отмыванием, утайкой доходов от государства для того, чтобы избежать налогов. Таинственность ведения операций распространяется на большинство российских компаний. У каждой олигархической группировки есть своя область тайн.

Любопытство простого народа переводится на гламурные рельсы: с кем живёт та, или иная поп-звезда, какая сексуальная ориентация у того или иного артиста, какова стоимость и размер дворца, который себе построил в России или купил за границей тот или иной российский богач, сколько отсудила у него денег при разводе жена. Что касается достоверной информации о жизни и политических планах властителей России, то она, как правило хранится "за семью печатями" и узнать её простому смертному или журналисту чрезвычайно трудно, а иногда и невозможно. Людям в России остаётся только гадать, какие конкретные шаги предпримут нынешние властители завтра, через месяц, год и что будет со страной в том или другом случае.

Современная путинская команда унаследовала многие черты, присущие высшим чиновникам в СССР. Она очень устойчива к внешним возмущающим факторам. Утечек оттуда практически не бывает. А если бывают, то в виде направленной дезинформации или касаются частных вопросов. Люди, вхожие в узкий круг посвящённых лиц, изначально отбираются по принципу "короткого языка" и умения себя контролировать. Сказанное подтверждается словами главного редактора "Независимой газеты" Константина Ремчукова: "режим Путина характеризуется практически полным отсутствием утечек информации. Потому что чекистская кофточка, лояльность своему отряду меченосцев, она выше, чем лояльность каким-то институтам гражданского общества. Поэтому утечек нет, поэтому можно только спекулировать на эту тему." [64]

Про тёмные финансовые делишки официальных вышестоящих лиц РФ вообще речи нет. Если какой-то скандал и всплывает в открытой печати, то истерические комментарии официальных лиц "тянут" на высказывания пациентов психиатрической клиники. Чего, например, стоит последнее разоблачение журналистского сообщества о панамских офшорах мировых лидеров и официальных лиц в апреле 2016 года (так называемый "Панамагейт"). "Героями" офшорных расследований стали депутаты Виктор Звагельский, Александр Бабаков и Михаил Слипенчук, вице-мэр Максим Ликсутов, сенатор Сулейман Геремеев, супруга пресс-секретаря президента РФ Дмитрия Пескова - Татьяна Навка, друг детства президента Путина - виолончелист Сергей Ролдугин, губернатор Челябинской области Борис Дубровский, сына и жены министра экономического развития, Алексея Улюкаева и другие. Собственно, наличие офшора само по себе – это не преступление. Таковым оно становится только тогда, когда с прибылей на эти деньги их собственники не платят налоги.

А чего стоила секретность в вопросе о том, кто будет баллотироваться на должность президента России. Так было за полгода перед выборами 2008-го, 2012-го и 2018-го годов? О договорённостях между претендентами народ узнаёт в последний момент. Например, о договорённости между Путиным и Медведевым насчёт того, кто из них будет баллотироваться в президенты в 2012 году, по словам помощника Медведева – Аркадия Дворковича, не знали даже ближайшие заместители обоих. Раз уж они об этом не знали, то доверия в командах нет, а, следовательно, и команд нет. Есть группы лиц, чей статус в управленческой иерархии, зарплаты и доходы зависят от главного лица страны. Из-за отсутствия доверия и неумения честно разговаривать со своей командой и с собственным народом, атмосфера секретности, недоговорённостей, умолчания сохраняется практически по любым значимым вопросам. Это объясняется скрытым балансом сил, которые Путин поддерживает среди своих подчинённых, чтобы они не дай бог не договорились и его не свергли в его отсутствие.

Рейтинги чиновников остаются на хорошем уровне вплоть до самой их отставки. Только тогда могут выясниться неприглядные подробности их жизни, их проколы и провалы или проколы их родственников (например, мэра Москвы Юрия Лужкова, министра обороны Анатолия Сердюкова, министра экономического развития Алексея Улюкаева). Также непонятны принципы выдвижения чиновников на высшие должности в государстве, их перемещения с места на место или попадания в кадровый резерв. Вместо открытой и честной конкуренции, когда люди могут сравнить профессиональные и личностные качества кандидатов, наверх поднимают верных Путину людей и понижают или снимают тех, кто нарушил какие-то неписанные правила.

В конце мая 2015 года Президент Путин подписал указ о внесении изменений в перечень сведений, отнесенных к государственной тайне от 30 ноября 1995 года. До этого указа гостайной считались сведения о потерях личного состава только во время военных действий. Теперь параграф про секретность потерь личного состава российской армии в военное время дополнен словами "а также в мирное время в период проведения специальных операций." За разглашение гостайны по закону может грозить до семи лет тюрьмы (статья 283 УК РФ). Это значит, что армейское руководство России может не отчитываться о том, куда оно посылает своих солдат, поскольку потери личного состава засекречены. А как ещё проверишь, что оно ведёт спецоперацию по усмирению, примирению или для усиления влияния России в каком-либо регионе мира.

Многие документы в России до сих пор не рассекречиваются, хотя срок давности для этого давно прошёл и никакой тайны эти документы уже не содержат. За этим стоят как ведомственные, так и личные интересы. Например, потомки палачей ленинского и сталинского периода не хотят раскрывать неблаговидные делишки своих предков. До недавнего времени не сообщалась правда о 22 тысячах расстрелянных чекистами польских военнослужащих в Катыни. Тайной до сих пор является судьба части пленных немецких военнослужащих, попавших в советский плен во время Второй мировой войны. А сколько документов советского периода снова вернулись в спецхраны и вновь обрели гриф секретности после окончания периода относительной свободы начала 90-х годов. И всё потому, что нынешним наследникам Ленина и Сталина выгоднее держать свой народ в неведении. Из некомпетентного человека легче сделать расходный материал для поддержания бюрократической власти.

Историк Борис Соколов пишет, что секретность на историческую информацию продолжается и поныне. Это часть политики власти в отношении своего народа опирается на 137-ю статью Уголовного кодекса, позволяющую карать за "незаконное собирание сведений о частной жизни лица, составляющих его личную, семейную тайну, без его согласия." Действия ФСБ по запугиванию историков, в частности, изъятие документов и компьютеров у архангельского историка профессора Михаила Супруна и его коллег, участвовавших в совместном русско-германском проекте "Этнические русские немцы, репрессированные в 40-е годы." Возбуждение против Супруна уголовного дела, опирается на положение, согласно которому разглашать сведения о частной жизни людей, содержащиеся в военных архивах, без согласия тех лиц, кого эти сведения затрагивают в течение 75 лет нельзя. [70]

Чего стоят изменения, недавно внесённые законодателями в 275-ю статью Уголовного кодекс (Государственная измена) о том, что судить за шпионаж и выдачу государственной тайны можно не только лиц, которые допущены к государственной тайне, но и тех лиц, которым государственная тайна не была доверена, но стала известна по службе, работе или учёбе. Уголовным преступлением также считается оказание финансовой, материально-технической, консультационной или иной помощи иностранному государству, международной либо иностранной организации или их представителям в деятельности, направленной против безопасности Российской Федерации. Многие термины в этом законе однозначно не определены и допускают произвольное толкование. За одно и то же подсудимого можно оправдать или засудить на много лет.

Широко известны уголовные дела, возбуждённые против двух профессоров из Балтийского технического университета "Военмех" из Санкт-Петербурга Евгения Афанасьева (умер в колонии от инфаркта миокарда в 2015 году) и Святослава Бобышева, дело возбуждённое против физика из Красноярска - Валентина Данилова, а также дело против военного журналиста Григория Пасько, которых ФСБ обвинила в разглашении государственной тайны и измене Родине. И хотя убедительных доказательств виновности этих людей не было представлено, а, по их словам, они пользовались несекретными данными, находящимися в открытом доступе, их отправили за решётку. Как сказал позднее Григорий Пасько: "В России опасно для жизни и здоровья пользоваться головой".

Если бы секретность на информацию была поставлена на рациональную основу и сочеталась с доверием к людям – носителям секретных сведений – это был бы разумный подход, который принят в цивилизованных странах. То тотальное недоверие ко всем – "на всякий случай," является признаком шпиономании, распространённой в тоталитарных государствах. Такой подход порочен поскольку мешает созданию творческой атмосферы, необходимой для инноваций и открытий. На этом погорел Советский Союз, на этом горит современная Россия.

И всё это происходит из-за формального подхода к вопросам секретности со стороны спецслужб. На одно и то же деяние можно посмотреть с позиций разумного, порядочного человека, который не имел злого умысла совершая его или даже сделал это по недосмотру и по глупости, а можно посмотреть заведомо предвзято, мол вокруг враги и шпионы, которых нужно своевременно выявить и наказать. Первым признаком загнивания и упадка государства является идиотизм под названием “неоправданная секретность.” Российская секретность проистекает от интеллектуальной лености, недоверия к человеку и избыточной перестраховки.

12.5. Недоверие ко всем и Изоляция России

Большой помехой при сотрудничестве в сфере политики безопасности между НАТО и Россией, между США и Россией, а также между странами ЕС и Россией является взаимное недоверие. Поэтому так трудно и долго идут переговоры по поводу Украины и Сирии, да и по многим другим вопросам.

В 1990 году я сам лично наблюдал, как толпились немецкие бизнесмены около генерального секретаря КПСС Михаила Горбачёва, когда он приезжал в Штутгарт. Тогда между странами было доверие. Да и бывший канцлер ФРГ Герхард Шрёдер до сих пор доверяет Путину. Вначале он организовал строительство подводного трубопровода “Северный поток” по дну Балтийского моря, а теперь взялся за строительство трубопровода “Северный поток 2”.

После Мюнхенской речи Путина 2007 года у России появились отчётливые враги, с которыми “общая песня” не получается ни при каких обстоятельствах, с которыми трудно достигнуть компромисс по большинству вопросов. Это США и НАТО, а заодно и Западноевропейские страны. Теперь на них можно валить все неудачи и огрехи Российской политики и экономики.

После аннексии Крыма и сбитого Буком малазийского Боинга взаимное доверие между Россией и странами Запада было в значительной степени подорвано. После этого и после введения санкций иностранные инвесторы меньше доверяют Кремлю и проявляют меньший интерес к ведению бизнеса в России. Судя по проводимой Путиным политике, его не интересуют структурные экономические реформы, а следовательно, и зарубежные инвестиции в российскую экономику. Ему легче управлять закрытой, вялоразвивающейся страной, где он – единственный “свет в окошке” для своего народа.

По прогнозу агентства Мудис от 14 августа 2015 г., в ближайшие 10 лет отставание России от развитых стран будет увеличиваться. Также будет затруднён выход России из кризиса, обусловленного недоверием бизнеса, подавлением инновационной деловой активности, хроническим оттоком капитала и разрастанием неэффективного госсектора при ослаблении рыночных и правовых институтов. Санкции будут усиливать это отставание.

Руководство России и надзорные ведомства постепенно "не мытьём, так катаньем" изолируют страну от окружающего мира. Например, 17 ноября 2016 года Роскомнадзор заблокировал американскую профессиональную социальную сеть LinkedIn, которая имеет в России около 5 млн пользователей из-за пустяковых отговорок о том, что данные российских пользователей с их фотографиями не хранятся на российских серверах. В апреле 2018 года тот же Роскомнадзор с подачи ФСБ попытался закрыть кроссплатформенный мессенджер Telegram, но у него ничего не получилось. Примитивный уровень сознания тех держиморд, которые пытаются остановить научно-технический прогресс всегда проиграет думающим людям.

А чего стоит охота, которая ведётся надзорными ведомствами за организациями, которые финансируются или получают деньги из-за рубежа и приклеивание к ним обидной клички "Иностранный агент"?

6 декабря 2016 года Президент РФ подписал Доктрину информационной безопасности Российской Федерации [23]. Согласно этому документу права и свободы граждан России, а также неприкосновенность их частной жизни теперь входят в состав национальных интересов государства в информационной сфере. Российское государство уже давно ведёт информационную войну с Западным миром, который воздействует на её население и, в первую очередь, на молодежь. По мнению Путина и его приближённых чекистов делает это Запад в целях размывания традиционных российских культурных, исторических и духовно-нравственных ценностей.

Доктрина Путина и его спецслужбистов является ответом российского государства на арабскую весну, на серию Майданных революций, на информационные технологии современности, из-за которых революционные процессы могут начаться и в России.

Глава 13

Шкала Консервативности

13.1. Преемственность Имперского Консерватизма

В философии и социологии выделяют пять базовых идеологий, действующих в современных обществах: авторитаризм, демократизм, либерализм, социализм и консерватизм. Долгое время базовой идеологией в России был Имперский консерватизм. Московское княжество, а затем Российская империя держались на этой идеологии в течение нескольких столетий, начиная с правления Великого князя Ивана III. Необходимой составной частью Имперского консерватизма было Православие. Никакой республиканской федеративности, никакого сепаратизма такое государственное устройство не предусматривало.

Консерватизм состоит в приверженности традиционным ценностям, устоявшимся правилам и религиозным доктринам. Разновидностью консерватизма считается традиционализм, как избегание инноваций и приверженность практическим социокультурным моделям, передаваемым из поколения к поколению. Основными проводниками и хранителями традиций консервативной идеологии являются церковь, семья и армия.

Понадобилось около 70 лет прежде, чем консервативный народ в России с амортизировал всех этих большевиков-революционеров, террористов, психо- и социопатов, маньяков и других психически девиантных людей с их бесчисленными личностными комплексами, густо замешанными на любви к власти и на марксистско-ленинских идеях. Хотя эта "амортизация" обошлась ему в более чем пятьдесят миллионов жизней. И вот после краха СССР в 1991 году, базовой идеологией в России ненадолго стал демократический либерализм, но вскоре его сменил привычный авторитаризм – вначале Ельцинский псевдодемократический, потом Путинский консервативный.

Консервативный тренд в России с опорой на мощное государство продолжается последние 18 лет, а люди опять, как и при советской власти превращаются в винтики имперской машины. Одно утешает, что винтики стали стоить дороже, чем при Ленине-Сталине.

Консервативная идеология и соответствующий ей стиль и способ управления, наиболее удобны для консервативного русского народа, привыкшего к подчинению одному лидеру и возглавляемой им исполнительной власти. В состав этой исполнительной власти входят как традиционные органы: Совет Министров и Администрация Президента, Следственный Комитет, Прокуратура, Спецслужбы, Армия, Флот и Воздушно-космические войска, так и обновлённые государственные прокладки в виде законодательной и судебной власти. Формально оставаясь независимыми от исполнительной, они фактически ей подчиняются и самостоятельно могут решать только второстепенные вопросы. Президент правит, опираясь на своё ближайшее окружение и поддакивающий народ, который он задействует раз в шесть лет во время выборов.

Почему рано или поздно происходил развал Российской, а потом Советской империи? Всё дело в ригидности сознания правителей России, которые не смогли своевременно почувствовать приближение политического, военного или экономического кризиса и коллапса страны. А не чувствовали они этого поскольку были в большинстве своём далеки от реальной жизни, от реальных проблем своего населения. Авторитарная власть не давала им вовремя почувствовать состояние и настроение своего народа. Не почувствовал приближение конца царь Николай Второй, подписавшийся под продолжением Первой мировой войны в начале 1917 года, хотя обстановка в тылу и на фронтах была предреволюционная. Не почувствовал приближающегося развала СССР Михаил Горбачёв, уехавший отдыхать в Форос в августе 1991 года, когда обстановка в стране была близка к критической. Не почувствовал приближающегося Майдана президент Украины Виктор Янукович, в начале 2014 года подписавший документы на экономический союз с Россией вместо союза с Евросоюзом. Все трое потеряли власть, а Николай Второй и жизнь.

Массовое сознание в России меняется медленно. Однако, было шесть экстремальных событий и соответствующих им периодов в Русской истории, которые заставляли это сознание меняться быстрее, хотя и не обязательно в лучшую сторону. К числу таких событий можно отнести:

1) введение киевским князем Владимиром Святославовичем Христианства на Руси (Крещение Руси в конце X века),

2) монголо-татарское завоевание Руси и связанная с этим завоеванием необходимость населения приспосабливаться к завоевателям и частично принимать их ценности (в XIII-XV веках),

3) европеизация русского общества, осуществлённая императором Петром I и продолженная Екатериной II с начала XVIII века,

4) освобождение крестьян от крепостной зависимости, проведённое императором Александром II в 1862 году,

5) большевистский переворот, организованный Лениным, и огосударствление частной собственности в 1917 году и в последующие годы,

6) отпуск цен и отмена монополии внешней торговли, введённые правительством Ельцина-Гайдара в конце 1991 года.

Все эти события под какими бы лозунгами они не осуществлялись – христианизации, выживания при жестоких завоевателях, европеизации, освобождения от крепостной зависимости, объявления пролетарской диктатуры и смены формы собственности – не меняли авторитарного содержания имперской централизованной власти. Изменения проводились либо главным лицом (группой лиц) сверху, либо завоевателями извне, либо группой заговорщиков использующих недовольство людей снизу. При этом ментальность человека в России оставалась недемократической и зависимой.

В XX-XXI веках в России бывали разумные, дальновидные политики, экономисты и хозяйственники (например, премьер-министры Сергей Витте, Пётр Столыпин, Алексей Косыгин), которые пытались проводить нужные для страны экономические и политические преобразования, но их усилия рано или поздно сводились на нет. Это происходило либо из-за негибкой позиции монархов, генеральных секретарей и президентов, которые, принимая решения, не желали поступаться неограниченной властью и имперскими амбициями, а ведя войны, не считались с потерями, либо из-за консервативности русского народа, который сопротивляется изменениям, когда от него требуется менять привычный уклад жизни, совершенствовать способы работы. Например, отмена крепостного права в 1861 году. Это, в конечном счёте, тормозило и тормозит прогрессивные изменения и даже отбрасывает Россию назад.

Советская авторитарная экстенсивная модель развития страны оказалась неспособной к изменениям в новых экономических и политических условиях. А ведь именно на более прогрессивный характер пролетарской социально-экономической модели построения коммунизма по сравнению с буржуазной капиталистической моделью развития общества и экономики уповал бородатый пророк новой веры – Карл Маркс. Распределительный социализм соревнование проиграл, потому и вся придуманная Марксом и “усовершенствованная” Лениным теоретическая система (марксизм-ленинизм) была дискредитирована. И это неважно почему она была дискредитирована – из-за её несовершенства или из-за “порочности” людей, которые воплощали её в жизнь.

Эволюционные постепенные преобразования в России были гораздо менее успешны, чем радикальные революционные и рано или поздно заканчивались откатом на прежние позиции. Давно пора дело делать, а русские только обсуждают и ссорятся. Гром давно грохочет, а русский мужик только креститься начал – может хоть это поможет, от грозы убережёт.

На первых шагах своего правления некоторые лидеры Советского Союза и России внесли положительный вклад в развитие своей страны (отметим Хрущёва, Горбачёва, Ельцина, Путина). Но проходило каких-то два-три года и всё возвращалось на круги своя, то есть в авторитарную колею и сводилось к поддержанию лидером своего статуса несмотря на то, что лидер “изживал” сам себя и становился тормозом для дальнейшего развития страны. А сам он не мог вовремя остановиться. Другие остановить его тоже не могли поскольку главное лицо в России обладает практически неограниченной властью и уменьшать свою власть или отказаться от неё он, как правило, не намерен. Разговоры о том, что я мол рад бы уйти на пенсию, но время ещё не пришло, остаются пустыми разговорами. Вот и “загнивает” этот лидер вместе с руководимым им государством. Только встреча с Богом, дворцовый переворот или прекращение существования государства может сместить его с главного поста.

Консервативность правителей и народа не давали проводить устойчивые изменения в управлении Российской-Советской империей. Так уж получалось, что каждый раз, когда для страны открывалось “окно возможностей,” они упускали свой шанс. Восстание декабристов, недоведённые до конца реформы Александра Второго, первая русская революция в 1905 году, застой в советской системе экономике в 50-е – 60-е годы. Все эти индикаторы регресса должны было заставить правителей задуматься о будущем страны, о мерах по изменению негативного сценария. Но каждый раз что-то или кто-то мешал реализовать перспективные начинания, и страна шла консервативным и даже реакционным путём. В лучшем случае на монархию, на советскую систему, на нынешнюю российскую вертикаль власти накладывали очередную “заплатку” и все продолжало катиться по старым рельсам. Нынешняя система власти – это “штопанная” со всех сторон имперская система.

Единственное, что пока спасает политическую и экономическую систему России от банкротства, это обилие природных ресурсов. За счёт этого руководство страны с упрямством магнитной стрелки компаса вновь и вновь возвращается к традиционной авторитарной модели государственного устройства с одним лидером во главе, с привязкой к базовой религии – Православию (перед этим был марксизм-ленинизм). Это определяет поступательное развитие страны импульсами, толчками и чередование периодов активности и пассивности, энтузиазма и застоя.

Страна способна на реализацию больших проектов (типа построения Байкало-Амурской магистрали или подготовки и проведения Сочинской олимпиады 2014 года, или строительство Крымского моста через Керченский пролив) только напряжением всех сил, под личным наблюдением первого лица государства и через неоправданно большие материальные затраты. В советские времена в народе ходил такой анекдот: "чтобы запустить первый искусственный спутник земли в 1957 году 150 миллионов населения СССР держали рогатку, а 100 миллионов натягивали резинку".

13.2. Консервативность, как Качество Личности

Консервативность — это неумение и нежелание по-новому смотреть на привычные повседневные вещи и события, на текущую ситуацию, неумение или нежелание улучшать то, с чем работаешь – методы, инструменты, устройства. Консервативность – это сохранение старого, жизнь по апробированным схемам, в соответствии с устоявшимися понятиями, используя проверенные способы действия.

К консервативности вплотную примыкают такие психологические качества, как упрямство, приверженность своей позиции, нежелание уступать даже в очевидных вопросах, неумение менять тактику при изменении ситуации и зацикленность мышления на устоявшихся истинах, неспособность выйти за пределы априорных идей и концепций. К числу таковых относятся базовые социальные идеи вроде важности для России авторитарного правления, жизни во вражеском окружении и необходимости защищаться от внешних врагов с целью выживания народа. Слабая дальновидность также входит в число свойств консервативного мышления.

16-факторный вопросник Раймонда Б. Кеттелла позволяет оценивать базовые полярные свойства личности. Одно из этих свойств измеряется на континууме (шкале) консерватизма-радикализма. Полюс консервативности характеризуется боязнью дискуссий и перемен, работой без инновационных сюрпризов, зацикленностью на прежнем опыте, на имперских амбициях, неизменностью властного сознания, поддержанием устойчивого жизненного уклада, и уравнительными тенденциями.

Глава 13. Шкала Консервативности

Согласно Кеттеллу консервативность — это устойчивость по отношению к традициям. Консервативные люди сомневаются в отношении новых идей и принципов, сопротивляются переменам, имеют более узкие интеллектуальные интересы, ориентируются на конкретную реальную деятельность. Они хуже информированы, больше склонны к морализаторству и нравоучениям, мало интересуются наукой, склонны к догматической интерпретации действительности. Они не склонны к нарушению привычек и устоявшихся традиций, им свойственна зависимость суждений, взглядов и поведения от прошлого опыта.

Народ в России неприхотлив, консервативен и покорен центральной власти. Его надо очень сильно достать, чтобы он взбунтовался и попытался скинуть эту обрыдлую власть. Поскольку у российской власти в руках СМИ, финансы, силовики, то в мирное время сделать это снизу практически невозможно. Государственный переворот сверху, пожалуй, самый реальный вариант смены власти. Но и после этого не факт, что что-то начнёт меняться в государстве российском в лучшую сторону.

Из-за консервативности, приверженности к стереотипам и привычным способам реагирования людей в России известный философ Александр Ципко как-то высказался в том духе, что дебольшевизация, деленинизация и декоммунизация были бы для нас катастрофой. За 74 года советской власти люди срослись со всеми этими вещами – большевизмом, ленинизмом и коммунизмом, до такой же степени, до какой раньше срослись с царизмом, крепостничеством и православием сотней лет раньше. Резкая ломка российского сознания возможна, но цена изменений будет весьма велика. Медленные изменения в сознании русского человека тоже происходят, но могут затянуться на десятилетия.

У русских очень сильна негативная, неконструктивная реакция на препятствия. Хлебом не корми – дай найти то, что им мешает или кто им мешает. Причём каждому мешает своё. В результате пока не придёт большой босс и не стукнет кулаком по столу дело не движется.

Недаром говорят, что русский человек крепок задним умом. Когда читаешь современных российских историков — это сплошное "что было бы если бы обстоятельства сложились по-другому" или "как бы изменился исход события, если бы он сделал это раньше" и т.д. Уже даже появилась дежурная фраза для таких еслибыдакабышников: "у истории нет сослагательного наклонения," но всё равно такое наклонение почему-то появляется в каждой новой дискуссии.

Вера в то, что все изменения в общественно-политической жизни должен делать не он, а кто-то другой — это неискоренимая, устойчивая, работающая почти на подсознательном уровне вера русского человека.

Она лежит в основе народного сознания. Даже когда царь жестокий и несправедливый вроде Ивана Грозного или Иосифа Сталина - всё равно он от Бога и тут уже никуда не денешься - надо терпеть такого и повиноваться ему, даже если он вырезает часть населения страны.

Одно ясно, что большая часть проблем, которые современная Россия унаследовала от СССР связана с архаичной ментальностью бывших советских людей, которая мешает обществу двигаться вперёд и развиваться вместе с остальным цивилизованным человечеством. Эта ментальность состоит прежде всего в стремлении людей в России к воспроизведению вертикальной авторитарной системы, не располагающей экономику и технологии к изменениям, инновациям и развитию.

Складывается впечатление, что бюрократы в России считают, что русские люди не способны сами отличить хорошее от плохого. Поэтому ими во всём нужно руководить и указывать, что надо делать, подобно тому, как родители помогают своим маленьким детям. Ценностями в воспитании являются позитивные примеры или образцы правильного поведения. Например, обращение к народным воспоминаниям о победах в Отечественных войнах 1812 и 1941-45 годов, которые способствуют консолидации общества через "коллективную память." Однако, когда мероприятия становятся обязательными и регулярными акциями, энтузиазм у людей проходит и акция превращается в скучную рутину. Такими стали ношение георгиевских ленточек по праздникам и понемногу становится акция "Бессмертный полк" 9 мая каждого года.

Людям в современной России надоело ждать счастливого будущего. Они хотят жить здесь и сейчас. И поэтому большая часть населения России встречает очередные начинания и идеи руководства страны скептически и разделяет эти планы и идеи на реальные и нереальные. Проект строительства дороги из пункта А в пункт Б более реален и необходим, чем проект борьбы с коррупцией на уровне целого государства. Но по непонятной причине лидеры России выбирают борьбу с коррупцией, а не строительство дороги (если, конечно эта дорога не является частью большого пиар-проекта, лелеемого этими лидерами вроде моста на остров Русский на Дальнем Востоке, строительства дорог и коммуникаций для Сочинской олимпиады 2014 года или строительства моста в Крым).

Почему русский народ несмотря ни на что всё же поддерживает Путина? И лишь небольшой процент поддерживает "либеральную тусовку," сосредоточенную в нескольких оппозиционных СМИ - печатных, интернетовских, на радио и телеканалах – в основном, кстати, московских. Может быть потому, что люди чувствуют, что при другом правителе страны будет не так спокойно жить. Зачем искать "от добра добра" даже если добро уже изрядно поизносилось?

Значительную часть простых плохо защищённых людей не больно-то волнуют вопросы ограничения работы некоммерческих организаций (НКО) в России, запрета на усыновление российских сирот в США, "антимагнитский" закон и пр. А вот относительное снижение размера пенсии, повышение налогов, тарифов ЖКХ, пенсионного возраста, ограничения на ведение личного крохотного бизнеса – это может вызвать всплеск протестной активности и падение рейтинга лидера. То есть, когда правительство принимает законы, ухудшающие положение слабозащищённых категорий населения или усложняющие условия ведения малого бизнеса, этот бизнес уходит в тень или не выходит из тени, а рейтинг лидеров падает. У советских, а теперь и российских граждан ощущение защищённости было и есть в числе главных жизненных приоритетов с времён СССР.

13.3. Консерватизм, Застой и Стабильность

Консервативное государство гарантирует человеку определённый уровень стабильности, устойчивости, доверия к этому государству во всём, что касается устойчивости традиционных ценностей, работы и личного финансового благополучия. И этим оно симпатично многим современным людям в России. Один из наиболее привычных способов их существования – бегство в идеализированное прошлое и празднование устойчивого настоящего. Мол менять ничего не надо. "Ленина не троньте," "Сталин - эффективный менеджер," "Народ в СССР спокойнее всего жил при Брежневе," "Путин – президент из народа." И так далее. Самое любопытное, что эти люди нередко имеют высшее образование и имеют возможность сопоставлять и анализировать факты и последствия происходящих событий. Но по своим политическим взглядам они остаются консерваторами и предпочитают пристёгивать новые факты и события к своей точке зрения.

"Стабильность тектонической плиты под названием Россия" (Андрей Кончаловский) определяется пространствами страны и невозможностью на эти пространства влиять или воздействовать. Что бы человек не включённый в какой-нибудь большой государственный проект ни сделал, всё уходит в никуда. И возвращается он из поездки или с работы в своё скромное жилище со своими консервативными привычками, и несёт свой крест у себя в избушке или квартирке, и отвечает за своё ограниченное пространство в несколько соток, где выращивает картошку, овощи и фрукты для дома, для семьи. Зато ему душу греют огромные пространства матушки России, которые хотя и не принадлежат ему, но служат главным источником его мечтаний о будущем. Алкоголь даёт ему видимость освобождения, ухода от скромной реальности.

Другой консервативный способ существования русского человека - переживание вины за чужие ошибки, сделанные кем-то и когда-то. Например, персонажами книг русских классиков. Причём к чужим ошибкам он лично не имеет отношения, но вместо того, чтобы жить сегодняшним днём, улучшать свою продуктивность на рабочем месте, делать и исправлять свои собственные ошибки, работать на будущее, он копается в прошлом и пытается найти причины, объяснения и оправдания чужих ошибок или определяет, кто виноват в этих ошибках. Даже если это относится к литературным персонажам Льва Толстого. Повальное увлечение людей российской историей тоже относится к числу таких особенностей современных русских. Многие из них живут вчерашним днём, вчерашними событиями. Такая вот консервативность сознания.

В ноябре 2016 года в русской прессе получила широкое хождение история, озвученная жителем Томска Денисом Карагодиным о том, как он искал и в конце концов нашёл сотрудников НКВД, виновных в расстреле его прадеда в 1938 году. Внучка одного из них - Юлия извинилась за своего предка - помощника начальника Томской тюрьмы - Николая Зырянова, участвовавшего в расстреле. [57] Потом появились другие материалы о том, что прадед Дениса Карагодина тоже был не святой и активно выступал против Советской власти после Октябрьского переворота, а, следовательно, расстрел заслужил. [77] Но ведь Денис тратили время, чтобы удовлетворить свой интерес. Он вряд ли мог до конца осознать психологию своих предков, которые в ту переломную эпоху жили и его оценки не могут быть объективными. Хорошо, если ожесточение и ненависть не проникли в его сердце.

Более последовательные люди докапываются до истоков этих ужасных событий. А именно, кто инициировал массовые репрессии (Сталин), и, в частности, кто подписал приказ на создание Гулага (Рыков), кто организовывал процесс этих репрессий и поставил репрессии на поток, кто создал в СССР систему концентрационных лагерей по использованию заключённых в качестве бесплатной расходной рабочей силы (Френкель), кто подавал самые длинные расстрельные списки наверх (Хрущёв), кто подписывал расстрельные списки (Сталин, Молотов, Каганович), кто поставил пытки и убийства на поток (Дзержинский, Менжинский, Ягода, Ежов, Берия). Можно сформулировать цели и задачи, мотивы организаторов Большого Террора, а именно, создание атмосферы страха в стране, чтобы люди без материальных стимулов быстрее и лучше работали, чтобы изменить структурный состав населения СССР (от крестьянского к пролетарскому) и уменьшить численность малопроизводительных крестьянских хозяйств. А можно просто оставить прошлое ушедшим поколениям, положить свои знания в дальний уголок памяти и заняться чем-то более полезным, чем мазохистское копание в истории – например, посвятить себя воспитанию детей или просто честно жить и добросовестно работать.

Как и в начале XX века, столетие спустя, новые русские консерваторы во главе с президентом Путиным стремятся обеспечить устойчивое развитие России, сохранить ее централизованную политическую систему и возродить национальную идентичность в новых условиях. Но поскольку нельзя войти в одну воду дважды, эта стратегия в XXI веке оказывается тупиковой.

В постсоветской России XXI века идеологию консерватизма воплощает правящая партия "Единая Россия." Её главными ценностями по мнению президента Путина являются бережное отношение к российским традициям и традиционным религиям, к материнству, детству, к своей истории и её достижениям. Однако есть и менее симпатичные следствия консервативной идеологии, торжествующей в России и, в частности, принятие в 2013 году закона об НКО – "иностранных агентах," "антигейский" закон и "антикриминальный фильтр".

Застой – это очень точное слово для описания того, что происходило в последние десятилетия существования СССР. Варварская, бездушная, советская коммунистическая система во времена Ленина-Троцкого-Сталина обрезала перспективы развития России на много лет вперёд. Эти лидеры рассматривали людей в России не как самостоятельных личностей и индивидов, а как объект социального воздействия, как массы людей, которыми управляют объективные социально-экономические законы, массы, которых нужно мобилизовать на труд и на ратные подвиги. Впрочем, и последующие лидеры СССР этим грешили.

Брежнев жил сам и давал возможность советскому народу относительно спокойно прожить почти два десятка лет. Фактически он заморозил процесс распада Советского государства. Он не стал сильнее закручивать гайки, а в экономической сфере даже немного отпустил их. Брежнев и стал создателем советского застоя. Но неравномерное развитие страны с сильным креном в сторону военного сектора в конце концов привело её к распаду.

Политик Владимир Рыжков на основе анализа общественно-политической литературы выделил несколько типичных черт брежневского застоя. Во-первых, "несменяемость кадров: та же команда, которая в 1964 г. свергла Хрущева, так и сидела до конца. Во-вторых, коррупция. Тогда ходило такое выражение: “Генсек сам живет, и другим дает” - то есть, когда на нижних уровнях все закрывают глаза на то, что там творится. Третье – идеология - крайний консерватизм, боязнь дискуссий, боязнь перемен. Четвертое - управление: административная вертикаль, максимальная централизация, бюрократическая иерархия. Пятое – экономика: сырьевая, именно 70-е годы запомнились нам на фоне нефтяного бума рентно-сырьевой экономикой. И некий общественный договор между властью и народом: мы вам некий уровень жизни и развлечения, а вы не лезете в политику. [94]

Так что Брежневское время не без оснований называют временем застоя. Это был прежде всего духовный застой, связанный с технологическим отставанием в инженерных отраслях, который происходил несмотря на обилие шпионской информации из-за рубежа, которая по-прежнему поступала в советские конструкторские бюро, правда расположенные уже не за колючей проволокой, а в обычных режимных предприятиях и организациях. Советская система истощила тот интеллектуальный потенциал, который был заложен ещё в императорской России, а животный страх за свою жизнь при Брежневе работать перестал.

Кроме того, в 60-х годах XX века человечество сильно шагнуло вперёд по линии технологического прогресса и для того, чтобы быть на мировом уровне научно-технических достижений, страха, патриотизма и организаторских способностей было уже мало. То, что удалось сделать Сталину и его нквдшникам во второй четверти XX века, то не удалось сделать гуманисту Горбачёву во второй половине 80-х годов.

По инерции коммунистическая “телега” катилась ещё некоторое время. Создавались новые виды оружия, человек летал в космос. Но уже в 70-е годы застойные явления в стране стали носить необратимый характер. Коммунисты уже ничего не могли сделать со всё более отстающей от мирового технологического прогресса советской экономикой. Они могли только поддерживать тонущий корабль под названием СССР на плаву. А тонул Советский Союз очень медленно – десятилетия. С виду это всё ещё была прочная советская держава – оплот мировой системы социализма, которая выглядела, как монолит, а изнутри гниение охватывало всё новые и новые отсеки этого корабля, всё новые и новые советские люди из “винтиков” превращались в личности.

Пришедший к власти в 1885 году Михаил Горбачёв, окружённый недалёкими партийными и экономически малокомпетентными людьми, да и сам не имеющий должного образования и подготовки, не знал, что делать самому и куда вести огромную страну и мировую систему социализма. В результате он потерял и власть, и страну. Прошло шесть лет после красивых Горбачёвских слов о перестройке, свободе и гласности, и Советский Союз с грохотом развалился.

Этого можно было избежать, если бы дать финансовую самостоятельность предприятиям, урезать аппетиты военно-промышленного лобби, постепенно отменять монополию внешней торговли, вводить рыночные механизмы и понемногу отпускать цены. В середине 80-х годов это ещё было можно сделать. И СССР просуществовал бы ещё немало лет. Не развалился же Китай после смерти Мао Цзе Дуна. Не развалился бы и СССР (по крайней мере в 1991 году), если бы с самого начала перестройку вести по-умному и не оглядываться на коммунистических "динозавров" из Политбюро. Конечно, гайки в политической сфере пришлось бы снова подкрутить, как сделал Дэн Сяо Пин на площади Тэн А Мин. Нельзя сразу давать демократию людям, которые до неё не дозрели. Однако верный своей политике "и вашим и нашим," Горбачёв, сам того не желая, подготовил распад СССР.

Желая подтолкнуть технологическое развитие СССР, Горбачёв начал своё правление с вложения значительных государственных средств в микроэлектронику и машиностроение. Однако, при нём модернизация промышленности провалилась. В конце XX века были нужны люди с другой технологической ментальностью, чем та, которая сформировалась у советских инженеров к середине 80-х годов. Можно озолотить такого инженера, имеющего слабую информационную связь с внешним миром и работающего в сверхсекретные конструкторские бюро, но технологического прорыва от него ждать не стоит, какие бы хорошие профессиональные задатки у него не были. Творческая атмосфера не та.

К концу 80-х годов советские люди устали быть бездушными "винтиками" в государственной машине. Поэтому, как только появилась возможность, в 90-е годы, они вылезали из коммунистических вериг не просто с удовольствием, а с каким-то остервенением. Однако, этот либеральный период вседозволенности в России не мог продолжаться долго, как не может долго продолжаться бурная любовная страсть. Он и закончился через несколько лет, закончился установлением привычного консервативного русского жизненного уклада, который ныне приветствуется большинством жителей страны, уставших от беспредела, беспорядка и мошенничества на всех уровнях.

Решения о разделении СССР на 16 частей и об отпуске цен, инициированные Борисом Ельциным и Егором Гайдаром, были главными инновационными решениями в политике и экономике России доведёнными до конца за последние четверть века. Всё, что произошло с Россией после 1991 года было следствием этих решений. Более того, если бы эти два решения были реализованы постепенно в несколько этапов, то велика вероятность, что никаких экономических преобразований в России не произошло бы вообще, а страна в конце концов вернулась бы в распределительный социализм или развалилась бы с большой кровью. Недаром уже в 2000-е годы усилилась централизация и бюрократизация власти, и устранение народа из процесса управления страной в обмен на выплату ему ренты в виде зарплат, пенсий и пр. Но это случилось уже в XXI веке.

В результате развала СССР от России осталась одна вывеска на входе: "Полезные ископаемые и другие природные ресурсы на потребу развитым странам." Тем, что правительство в 90-е годы раздало немалую часть общих ресурсов малокомпетентным людям в одночасье превратившимся в "новых русских" и олигархов, оно не улучшило положение с инновационной активностью основной массы народа. Также как, кстати, не улучшилась ситуация с инновациями и после возврата немалой части нефтегазовой собственности под управление государства в нулевые годы. Просто второй вариант оказался более справедливым. На этом и держится сейчас Путин и его окружение.

Каждый народ пожинает плоды собственного национального характера. Если в Германии после Второй мировой войны на Нюрнбергском процессе СС, гестапо и национал-социалистическая партия были объявлены преступными организациями, их руководители были осуждены и подвергнуты люстрации [53], то в России ничего подобного не произошло. В результате бывшие чекисты, комсомольские и коммунистические функционеры заняли места в новой Русской власти и в бизнесе. И даже не покаялись за прошлые грехи. Наоборот, раз Россия объявила себя правопреемницей Советского Союза, то все прежние награды, престижные знакомства у советских партийных и комсомольских чиновников сохранились. Деятели райкомов, горкомов, обкомов КПСС, чекисты оказались пристроены на тёплые места при новой российской власти. В России по-прежнему воспроизводится паразитический образ жизни не по уму, а через распределение и перераспределение чужого добра. Нефтегазовые и другие природные ресурсы – это тоже чужое добро, данное природой, только расположенное на территории России.

После взрыва социально-экономической энергии в 90-х годах, в России наступил очередной откат и замораживание вертикальной политической системы уже в нулевые годы. Ориентация на стабильность и несменяемость вертикали власти являются главными показателями застоя как на уровне государства, так и на персональном уровне. Когда у человека нет твёрдых морально-этических устоев, ориентиров в жизни и имеет место рассогласование между декларируемыми и реальными ценностями, у него появляется тяга к стабильности, а, следовательно, к застою. Ведь ему лично не за что и незачем бороться, открывать что-то новое, куда-то рваться. За него решают другие. А эти другие тоже заинтересованы в сохранении существующего стабильного положения вещей, благо цены на энергоносители позволяют это делать.

Складывается такое впечатление, что у людей в России не хватает пассионарности, энергетических резервов для того, чтобы идти к новой, более прогрессивной форме управления государством, к новой форме индивидуального и общественного развития, к новым более прогрессивным экономическим моделям развития страны. В России вот уже несколько сотен лет действует централизованная, инерционная, неповоротливая система управления. Большая часть согласовательных, указательных и разрешительных функций взяла на себя Москва. При такой огромной территории это крайне нерационально. Делиться полномочиями центр с регионами не хочет. Большая часть денежных ресурсов с мест стекается в Москву, а затем часть из них перераспределяется в регионы. В центре окопалось огромное количество бюрократов, каждый из которых хочет чувствовать свою полезность, нужность и значимость (а некоторые ещё "наваривают гешефт" на своём руководящем положении). Политические игры подменяют для них реальную деятельность. Руководители России панически боятся давать свободу выбора людям на местах, а то те сразу поймут ненужность избыточной паразитической центральной власти.

Нынешняя Россия всё ещё недалеко ушла от Советского Союза. Мышление у пожилых людей во многом осталось советским, консервативным. От замены Маркса и Ленина на Христа народ лучше, по-другому, по-новому мыслить не стал. Президент института стратегических оценок Александр Коновалов в своей статье в журнале "Огонёк" написал, что инновационный центр в Сколково или проект по созданию управления по исследованию перспективных оборонных проектов (ДАРП), как в США, в условиях России по-настоящему не работают. Примерно треть предприятий ВПК фактические банкроты и выживают только за счёт государства. Их станочный парк изношен, а молодые специалисты в оборонку не идут. [39, с. 3] "Я не против Сколково. Это весьма интересный технический проект, но он не имеет никакого отношения к модернизации страны. Такой поздний советский вариант ВДНХ" - сказал экономист Александр Аузан. А владелец компании "Р-фарма" Алексей Репик как-то заметил, что у российских бизнесменов "желание заработать на пустом месте до сих пор сильнее желания что-то создавать".

Неравномерный характер социализма в СССР и теперь капитализма в России не даёт почвы для реальных изменений в промышленности. Из-за этого отдельные отрасли, например, военная или космическая, развивались в СССР более интенсивно, чем остальные, а другие, например, лёгкая промышленность оставались "на обочине." Сейчас технологические изменения в России не "запускаются," поскольку представители власти боятся их. "Пущенные на самотёк" изменения сопряжены с ростом самостоятельности на местах и связаны с риском потерять всю полноту централизованной распорядительной власти, к которой Кремль так привык. Лидеры в России мечтают о том, чтобы что-то сменить, ничего не меняя, модернизировать не модернизируя, демократизировать не демократизируя, дать людям крупную собственность, но с такими ограничениями, чтобы её можно было в любой момент отобрать.

Современная Россия – это коррумпированная, довольно бессмысленная страна, которая пытается оправдать никчёмность своего существования возрождением централизации, вертикали власти, амбиций и поддержанием мифов царских и советских времён поскольку своих мифов правителям не хватает. Есть, правда точка зрения, согласно которой Россия – это страна развивающаяся – такая же, как Индия или Бразилия, но как-то уж очень медленно она развивается. И, главное, в ней нет верховенства закона над всеми, кто в стране живёт. А без этого президент Путин может позволить себе всё, чего хочет его левая нога – хоть Конституцию менять под свои нужды, а уборщица в поликлинике не может себе позволить купить кусок курицы, чтобы накормить семью.

13.4. Консервативность и Инновационность

Голландский ученый Гирт Хофстед в 1970-е годы работал в психологической службе американского концерна IBM. Он попытался выделить факторы, определяющие экономическое отставание разных стран. Россия в методике Хофстеда получила почти максимальный балл по параметру избегания неопределенности. Сильное избегание неопределенности по Хофстеду означает, что работа до изнеможения не приветствуется, конфликты рассматриваются, как угроза стабильным отношениям, имеется потребность в консенсусе и в детальных законах и правилах, присутствует стремление уклоняться от неудач. Хофстед обнаружил нежелание русских рисковать, брать на себя ответственность, страх за будущее, а поэтому ориентированность на механическое, нетворческое исполнение заданий в соответствие с четкими правилами.

К странам с низкой степенью избегания неопределенности по Хофстеду относились Великобритания, Скандинавские страны (кроме Финляндии), Дания, США. На другом полюсе находятся Германия, Бельгия, Австрия, Швейцария, страны Юго-Западной Европы. В отличие от США и Японии, в России уровень непринятия риска (избегания неопределенности) на уровне промышленных предприятий и государства в целом один из самых высоких в мире. Риск требует хорошего расчёта и предвидения последствий – как негативных (для их минимизации), так и позитивных (для их грамотного использования). А это в свою очередь требует рациональной культуры мышления разработчиков. [16]

Любая инновационная или научно-техническая политика по-русски рано или поздно заканчивается неизбежным выбором – "из двух зол меньшее." Меньшее зло проверено, "обкатано," без сюрпризов – "дерьмо, да своё," "сукин сын, но это наш сукин сын," "лучше синица в руках, чем журавль в небе." Люди в России, как правило, выбирают это самое меньшее зло. От нового, непрогнозируемого выбора неизвестно, чего ждать. Зачем брать на себя риски от инноваций и модернизаций, когда можно пойти проверенным путём. Они нередко доводят себя и страну до той точки, когда хорошего выхода уже нет. Вот и получается, что они, с одной стороны, ставят перед собой излишне амбициозные общие цели и задачи на 15-20 лет вперёд, "на вырост," а, с другой, дотягивают выполнение конкретных проектов до пред аврального состояния, когда всё становится дороже.

Какая может быть модернизация в современной России в XXI веке (про инновации уже и разговоров нет), если значительная часть населения всё ещё живёт в крохотных неотремонтированных "хрущобах," по сути временных жилищах, построенных в 60-е годы XX века. Если отъехать от любого крупного города на 50-100 километров (а иногда и отъезжать не надо), дороги становятся такими же ухабистыми, как сотни лет назад. Вонючие свалки из пищевых и промышленных отходов окружают крупные города со всех сторон.

Руководство России всё время ставит перед собой и своим народом новые амбициозные задачи. Одна из них – инновационное развитие промышленности и науки. Насколько это реально при существующей в стране материально-технической базе? Ответ даёт глава российского Союза промышленников и предпринимателей Александр Шохин, который в 2010 году в своей статье в газете "Известия" написал: "Для нас важнее сейчас именно модернизация. Посмотрим правде в глаза: состояние промышленной базы в России таково, что думать об инновациях – все равно, что грезить о полетах в космос, сидя в пещере." [95]

В мотивированном развивающемся человеческом обществе у людей постоянно присутствует нацеленность на совершенствование и инновации в своей профессии и в рамках своей ответственности, тогда как в России старое советское прошлое мёртвой хваткой сдерживает развитие настоящего и не даёт этим инновациям развиваться.

Степень сопротивления людей инновациям и нововведениям является главным показателем консервативности, инерционности и вообще архаичности общества. Россия является обществом, в котором большинство людей предпочитают плыть по течению и не делают над собой усилий, чтобы что-то изменить в себе и в окружающем политическом мире России. Власти не только не способствуют изменению отживших стереотипов и стимулированию инновационной активности, а наоборот, всячески поддерживает застойные тенденции. Ведь ограничивать и запрещать легче, чем стимулировать и не мешать. По мнению немалого числа людей Россия на всех парах возвращается в Советский Союз, но с поправкой на рыночные отношения.

Ждать от недавних советских исполнителей инноваций или того, что они начнут "двигать горы," как свободные собственники, совершенно бессмысленно. Отличия существующей в России вертикали власти от сталинского жёсткого управления — это возможность поездок за границу, получения практически любой информации кроме классифицированной, жизнь не в условиях товарного дефицита и возможность более свободно высказывать своё мнение (если, конечно оно есть и не попадает под статью Уголовного Кодекса, а также под новые законы и ограничивающие поправки к ним, которые напринимала Государственная Дума РФ после 2013 года).

Инновации связаны с неопределённостью, нестабильностью и рисками, а в России вкладывать деньги в новые проекты стало рискованно. В случае неуспеха - с долгами не расплатишься, в случае успеха могут отобрать. Технологическая подготовленность проектов, соблюдение сроков выполнения поставок и финансовых смет - есть главное условие современной цивилизации. А когда "прописали на бумаге и забыли про овраги, а по ним ходить," а в оврагах грязи по пояс и вся техника там тонет, когда для получения разрешений на всех уровнях нужно давать "откаты" и взятки, то благие намерения руководителей и бизнесменов в России быстро превращаются в ничто.

Немаловажным фактором отставания России является и то, что в противоборстве двух категорий населения - тех, кто создаёт новый продукт и обеспечивает рост производительности труда и тех, кто живёт за счёт государства и общества, начиная с 1917 года в России неизменно побеждают вторые, тогда как в цивилизованной развивающейся стране должны побеждать первые. В результате экономика страны рано или поздно входит в полосу рецессии, стагнации и упадка. И так до следующего поражения в войне, финансового кризиса, переворота во власти.

Функция контроля у властной верхушки всегда доминировала в России над функцией грамотного управления и разумной дозволенности. А раз главным продуктом деятельности чиновника является взимание штрафов и поборов за недоимки, нарушения, а не помощь в организации и развитии новых бизнесов, Россия далеко не продвинется по пути инноваций.

Копировать и воспроизводить уже сделанное, запрещать и ограничивать уже имеющееся, критиковать и клеймить уже созданное легче, чем придумывать новое, оригинальное. Семь потов сойдёт прежде, чем что-то новенькое, необычное и оригинальное придумаешь. Модифицировать, внося элементы своего, несравненно легче.

Чтобы заработали инновации требуется создать подходящую атмосферу, располагающую к творческой деятельности. А именно нужна материально-техническая база и организационно-управленческие условия - капиталовложения и инвестиции, грамотная организация процесса. Также требуется заинтересованность инвесторов, их мотивация и привлечение талантливых разработчиков, инженеров, учёных. Тогда возможны нововведения и результаты не замедлят появиться. К несчастью, люди в России всё время скатывается к мобилизационной модели разработок по схеме "диктат сверху и страх снизу." Главная роль в такой модели отводится начальнику, боссу, на которого всё и замыкается. Остальные - всего лишь исполнители.

Для того, чтобы нововведения в такой стране, как Россия были возможны, её инновационные производства должны быть включены в международное разделение труда. Не надо делать ракету от первого до последнего винтика. Делай хорошо свою часть. Совершенствуй её. Но люди в России из-за своих амбиций не хотят быть одним из колёс в телеге. Им обязательно нужно быть кучером, рулить, и получать за это деньги независимо от того, годятся ли они для роли кучера или нет. А встраиваться в чужую технологическую цепочку по изготовлению каких-нибудь смартфонов — это пусть другие - менее гордые и менее амбициозные народы делают. Перефразируя Маяковского: "У русских собственная гордость: на всех прочих смотрят свысока." Вот и остаются они со своей гордостью хозяйничать на своей бензоколонке и нюхать собственный бензин.

Чтобы создать творческую атмосферу, нужно разогнать значительную часть российских контролирующих органов. Работающие в них чиновники кроме ненужных ограничений инициативы, бесконечных инструкций, проверок ничего не дают. Бюрократы — это как кандалы на ногах у творческого работника. Только перераспределять деньги, да собирать взятки и откаты умеют.

Пока нынешние лидеры России не умеют мыслить категориями конкретного человека, а не только категориями целого государства, они не способствуют созданию творческого инновационного, климата в стране, чтобы инвестиции шли потоком. В результате производительность труда не растёт. Под усиленным контролем и под неусыпным наблюдением государства заниматься созданием нового невыгодно. Остаётся имитировать инновационный процесс, которого нет.

Людям в России нужна постоянная нацеленность на обновления, как в США. Такие вещи в одночасье, как в сказке, не делаются. Нужна специальная устойчивая атмосфера в обществе. Без творческой нацеленности на новое нет развития. Остаётся повторение, копирование, подражание, следование шаблонам. Новатор, создатель должен хорошо получать за свой труд. Иначе стимулы теряются – особенно если достижения одних перераспределяются между людьми, которые к изобретениям, инновациям не имеют отношения.

Заключение

Тем, что банда большевиков-марксистов захватила власть в России в 1917 году, она более, чем на сто лет затормозила развитие цивилизованного Российского Государства. Авторитарное государство, которое продолжается в России и поныне, это прямое следствие феодальной монархии и коммунистической деспотии со всеми неизбежными минусами этих режимов – произволом сверху, подобострастием снизу и прочими "прелестями" вроде ограничения политических свобод и коррупции. Ни у кого из правителей России и СССР не хватило воли и характера сломать эту порочную тенденцию.

При этом нельзя сказать, что за прошедшие сто лет в стране ничего не было сделано. КПД этих достижений всегда был очень низкий поскольку надсмотрщик с плёткой редко помогает проявиться творческому началу в человеке. Самое большее, на что способны такие авторитарные режимы – это воплощать большие мегапроекты напоказ: Сочинскую Зимнюю Олимпиаду, Крымский мост, восстановить разрушенное большевиками царское наследие вроде Храма Христа Спасителя или Константиновского дворца. А в сфере высоких технологий они занимаются в основном копированием чужого.

Если исходить из нынешнего состояния человеческой цивилизации, то можно предположить, что каждая общественный строй, каждая нация имеет свой потенциал саморазвития. Этот потенциал определяет возможность движения вперёд по пути промышленного и общественно-политического прогресса. У большинства авторитарных жёстких режимов этот потенциал низок, у демократических он несравненно выше. Однако, насильственное свержение авторитарного режима изнутри или извне, навязывание народу новых ценностей, до которых он ещё психологически не дозрел, не всегда работает на благо народа, не всегда улучшает общественный строй.

Свергая авторитарные режимы, более цивилизованные нации вроде бы несут прогресс более отсталым нациям, а, с другой стороны, ломая политические и религиозные конструкции, устоявшиеся веками и впитанные населением "с молоком матери," они производят слишком крутую ломку в психологии людей, которые не могут одномоментно адаптироваться к новым условиям. Чаще всего эти военные вмешательства плохо заканчиваются для тех, кого хотят быстренько преобразовать "отсталую" страну и цивилизацию. Да и тем, кто преобразует это рикошетом отскакивает неприятными последствиями (например, терактами или массовым переселением мигрантов из Африки и Ближнего и Среднего Востока в Европу в результате "Арабской весны," например).

Россию извне никто не преобразовывал поскольку всю её никто не завоёвывал. Отдельные части страны на короткое время попадали под иноземное управление. Все изменения в стране инициированы изнутри. С одной стороны, пути изменения были более естественными, с другой, лечить себя самому далеко не просто особенно, если по своей ментальности врач сам недалеко ушёл от пациента. Да и страна уж больно велика и разнообразна по культуре, религиозным традициям и развитию. В этом и состоит главное препятствие на пути цивилизационных преобразований России. И менять авторитарную форму правления русские никак не хотят, мол сами справимся. Ну вот и справляются с грехом пополам.

В начале первого тысячелетия нашей эры славянские племена жили и на Западе вплоть до Рейна, и на Юге – на Балканах и на Чёрном море, и на Севере, а это почти до Балтийского моря, ну и, конечно, на Востоке – здесь ареал их обитания на среднерусской равнине простирался почти до Волги. Однако, так уж получилось, что западнославянские племена и народы быстрее цивилизовались, чем восточнославянские. Про угро-финские племена я уж и не говорю – стоило им получить независимость в 1918 году, как маленькая Финляндия просто расцвела. Сегодня по рейтингу образования Финляндия одна из ведущих стран мира. Да и другие окружающие Россию страны начинали развиваться быстрее, как только на них переставал действовать слоновий авторитарный пресс в виде СССР или России. И только сама Россия до сих пор пребывает в состоянии экономического застоя вместе со своим природными ресурсами, ядерным оружием, полётами в космос и территориальными амбициями. Движение России напоминает мне движение автомобиля в трафике в часы пик: стоп-старт-стоп. В общем, Россия как была бензоколонка с ракетами, так ей и остаётся. Путинские разговоры насчёт прорыва, рывка – это для убогих дурачков. Да он и сам первый не позволит этому рывку осуществиться. И не потому, что он желает зла своей стране, а потому, что он так воспитан.

Все большие (не обязательно хорошие) изменения в России сделали изнутри лидеры тактического толка – князь Владимир Святославич, царь Иван Грозный, император Пётр Первый, императрица Екатерина Вторая, император Александр Второй, затем основатели Советского Союза – Ленин и Сталин. Стратеги в России не приживаются за исключением может быть Сталина, который много чего успел наделать за 30 лет правления, опираясь на советские идеи, на непритязательный русский народ и на его экспансионистский дух. Про других правителей я вообще не хочу говорить. Это были проходные или слабовольные правители. Путин – правитель скорее консервативно-тактического толка, чем стратегического. Поэтому при нём Россия меняется медленнее, чем малые страны. А сейчас вообще топчется на месте.

Нынешняя Россия недалеко ушла от СССР. В отличие от многих продвинутых в промышленном отношении стран Запада и Востока она развивалась не от частного капитализма к социально справедливому государству, а от государственного распределительного социализма к частному капиталистическому производству с сильной олигархической составляющей. Руководители страны ни на минуту не выпускают из своих железных объятий частных предпринимателей. Основные рычаги управления экономикой до сих пор находятся в руках правящей верхушки. В результате всё в России рано или поздно возвращается на круги своя: приоритет ВПК не подлежит обсуждению, природные энергоресурсы в большой мере монополизированы государством.

Власть, которая “ставит” прежде всего на централизацию и экспансию в ущерб экономическим и политическим реформам внутри своей страны, рано или поздно проигрывает. России всё больше изолирует себя от других стран. Она плохо вписывается в современный международный расклад экономических и политических сил. Только если она опирается на инициативу и лучшие качества народа, у неё появляются шансы на выживание и успех. Но президент и его окружение полагаются на себя и свою убогую отжившую вертикаль власти. Этим самым они перекрывают перспективу технологического развития своей страны.

Исполнительная власть России (Президент и Правительство) идут по привычному пути смещения центра тяжести с внутренних проблем на внешние, а также на поиск врагов – внешних и внутренних. Видимость управленческой работы такая активность создаёт, а толку от работы мало. По виду правительство активно работает, головы у народа тоже заняты – то “присоединением” Крыма, то войнами в Луганде, то экономическими “преддефолтными” проблемами Украины, то успехами российских ВКС в Сирии. На самом деле руководители России занимаются смещением акцентов с реальных проблем (сырьевая зависимость страны, гиперцентрализация, плохие дороги, мусорные свалки) на псевдопроблемы, которые российский президент и его силовой блок создают сами себе и своему народу. Хотя, по внешней видимости, зарплаты свои они отрабатывают, на телевизионных экранах регулярно появляются. На самом деле своими докладами, публичными распоряжениями, участием в показных мероприятиях, они вытесняют из сознания людей настоящие проблемы страны, к которым они даже не знают, как подступиться, а если и знают, то не хотят утрачивать контроль над всем в стране. Ведь без такого контроли президент превратится в свадебного генерала, а значительную часть московских бюрократов придётся сократить.

И хотя немало людей в России понимают ущербность и анахроничность ручной вертикальной модели управления обществом в XXI веке, попав в которую “маленький человек” барахтается как муха в паутине, однако ничего сделать не могут. Решение важнейших вопросов в жизни государства и общества по-прежнему осуществляется через неформальные договорённости между лидерами без привлечения мнения народа. И даже когда это мнение привлекают, то кремлёвские политтехнологи организуют это “волеизъявление” так, что варианты выбора у людей невелики.

Выходом из тупика могло бы быть изменение политической системы управления обществом. И первым шагом было бы ограничение полномочий президента с помощью других ветвей власти, а вторым – отмена должности президента и замена его выборным коллегиальным органом - советом, который регулярно и в обязательном порядке обновляется целиком. И никто из представителей разных ветвей власти друг друга не назначает и не утверждает. Этот совет состоит из лучших людей общества, и выбирается народом на демократической основе после всенародного обсуждения кандидатур без знакомств и блата. Причём нарушитель этого порядка, если он занимает государственный пост, немедленно объявляется вне закона. Это необходимо иначе людей опять засосёт в воронку самовластья. Путин уже привёл Россию к состоянию, когда хороших вариантов развития у неё не осталось. А сам он ломать то, на что потратил 18 лет жизни уже не будет, да и не сможет – ментальность не та.

Зато все, кто желает России зла, или хотят рано или поздно поживиться за её счёт, обязаны поддержать нынешнего президента во всех его реакциях и проявлениях. Также как они обязаны безоговорочно поддержать любого следующего самовластного президента и вообще президентскую форму правления. Тогда Россия ещё долго останется бензоколонкой с ракетами, то есть страшилкой вроде персонажей Хэллоуина. При этом странам, которые мечтают поживиться за счёт этого персонажа рано или поздно останутся территории, природные ресурсы. А это не так уж мало для 21-го века. Так что терпеливым нациям надо только подождать и время от времени поглаживать похваливать русского правителя. Ведь амбициозные начальники сами не способны изменить свою природу, равно как и природу страны, которой они управляют.

Примечания

1. Ересь - осуждённое церковью учение, искажающее основные христианские догматы. Еретик — это человек, кто ради собственных представлений о религии отпадает от церковного единства. Известные в России ереси - стригольничество, нестяжательство, ересь жидовствующих.
Секта - организация, отличающаяся полным непринятием господствующей церкви. Известные сектанты - хлысты, скопцы, шалопуты, духоборцы, молокане, штундисты, баптисты.

2. Согласно роману киргизского писателя Чингиза Айтматова "Буранный полустанок" ("И дольше века длится день") [1], манкурт — это человек, превращённый в бездушное создание, который ничего не помнит из предыдущей жизни и полностью подчинён воле своего хозяина. Термин применяется по отношению к людям, потерявшим связь со своими национальными, религиозными и семейными корнями.

3. "Общак" — это созданный нелегально денежный фонд и фонд собственности, который не контролируется государственными или вышестоящими органами и который может быть потрачен держателем "общака" по своему усмотрению – для выдачи бонусов за работу, оплаты оказанных услуг, заёма денег, поддержания лояльных людей и т. д.

4. Понятие "реституция," от латинского слова restitutio – восстановление, применяется в международном праве, как форма материального возмещения ущерба в результате незаконного отъёма собственности у владельца.

5. "Кто был ничем, тот станет всем" - слова французского анархиста и революционера Эжена Потье из стихотворения "Интернационал," который был официальным гимном СССР с 1918 по 1943 год.

6. Шариков – персонаж повести Михаила Булгакова "Собачье сердце" [11] - человек, созданный гениальным хирургом – профессором Преображенским из бездомной собаки. Швондер – пролетарий, председатель домового комитета, который занимался расселением и регистрацией так называемых обездоленных людей и пролетариев в квартиры, принадлежавшие до Октябрьского переворота обеспеченным и интеллигентным людям.

7. Например, одним из двух маршалов, которых Сталин не сумел расстрелять был казак Семён Будённый. Он встретил чекистов, которые пришли его арестовать, очередью из пулемёта и Сталин решил не связываться с настоящим воином. Тот бы отбивался до последней возможности, а он был очень сильный и везучий человек. Так что трупов среди чекистов было бы немеряно. А Сталин не любил шума.

8. "Субкультура (лат. subcultura) — термин в социологии, антропологии и культурологии, обозначающий относительно независимую часть общественной культуры, присущей группе, имеющей свой язык общения, ценности, среду обитания и даже одежду.

9. Классовый стратоцид - геноцид по параметру социальной принадлежности.

10. Я ставлю слово "творцы" в кавычки поскольку и Максим Горький, и Владимир Маяковский были творцами только до тех пор, пока не отдали свой талант на службу конъюнктурным интересам большевиков.

11. Меня порадовало известие, которое я прочёл в статье проректора Омской юридической академии Александра Минжуренко, уволенного в марте 2015 года за инакомыслие, о том, что предложение о предоставлении президенту Путину полномочий на ввод российских войск в Украину с 1 марта 2014 года в Совете Федерации набрало только 54 % голосов. Из почти 166 человек, на кнопки "Да" нажали 90 человек. Остальные не голосовали по разным "уважительным" причинам. Еще буквально на два голоса меньше, и могло бы не хватить. Минжуренко сделал вывод о том, что эти остальные просто трусы, но ведь хотя бы не сумасшедшие – уже хорошо. [49]

12. Идейному фанатику – Ленину с его крохотной промарксистской большевистской партией и бунтарю Троцкому однажды удалось захватить власть в России, но это следует признать скорее исключением, чем правилом, поскольку такое стечение неблагоприятных для страны обстоятельств, какое было на исходе Первой мировой войны нетипично.

13. Корни подозрительности и недоверия были частью общественной жизни восточных славян задолго до Крещения Руси. В те времена это было наивное, дремучее недоверие. Цивилизоваться недоверие стало с времён Ивана Третьего, когда его жена – Софья Палеолог привезла с собой правила ведения византийской интриги, распространённые при константинопольском императорском дворе.

Библиография, ссылки

1. Айтматов Чингиз. "Буранный полустанок (И дольше века длится день)." - М.: 1981. - 210 с.
2. Армстронг Карен. "История Бога. 4000 лет исканий в иудаизме, христианстве и исламе." Пер. с англ. - 2-е изд. - М.: Альпина нон-фикшн, 2010. – 500 с.
3. Баландин Рудольф. "Мифы революции 1917 года." // Сер. Тайны советской эпохи. - М.: Вече, 2007. - 352 с.
4. Белянинов Кирилл. / Андерс Ослунд: "Теперь будет очень сложно утверждать, что Россия не повлияла на ход выборов в США." / 2018. 17. Февр. [Электронный ресурс]. URL: https://www.golos-ameriki.ru/a/anders-aslund-on-muller-indictment-interview/4258368.html (дата обращения: 14.05.2018).
5. Библейская энциклопедия Брокгауза. // Фритц Ринекер, Герхард Майер. / 2-е изд. 1994. [Электронный ресурс]. URL: http://www.agape-biblia.org/books/Book03/ (дата обращения: 18.05.2018).
6. Берлин Исайя. "Две концепции свободы." // пер. с англ. - М.: 1998. [Электронный ресурс]. URL: http://kant.narod.ru/berlin.htm (дата обращения: 02.06.2018).
7. Бердяев Николай. "О власти пространства над русской душой." // В кн.: Судьба России. Опыты по психологии войны и национальности. (Репринтное воспроизведение издания Г.А.Лемана и С.И.Сахарова 1918 года). - М.: Изд-во МГУ, 1990. - с. 62-68.
8. Бердяев Николай. "Слова и реальности в общественной жизни." // В кн.: Судьба России. Опыты по психологии войны и национальности. (Репринтное воспроизведение издания Г.А.Лемана и С.И.Сахарова 1918 года). - М.: Изд-во МГУ, 1990. - с. 220-225.
9. Бердяев Николай. "Истоки и смысл русского коммунизма." (Репринтное воспроизведение издания YMCA-PRESS. Париж. 1955) - М.: Наука, 1990. - 108 с.
10. Бом Майкл. "Нема дурных по делу Савченко." 2016. 29. Май. [Электронный ресурс]. URL: https://echo.msk.ru/blog/bom_m/1774194-echo/ (дата обращения: 18.05.2018).
11. Булгаков Михаил. "Собачье сердце." // Избранные произведения, т.2 / Минск.: Изд-во: Мастацкая литература, 1990. С. 251-337.
12. Бурда Эдуард. "Казаки эмигранты первой волны 20 - 40-е годы: жизнь на чужбине." // Интернет-портал: "Агентство Политических Новостей". / 2011. 26. Окт. [Электронный ресурс]. URL: http://www.apn.ru/publications/article25195.htm (дата обращения: 14.05.2018).

13. В правительстве назвали критическим число бедняков в России. // Internet Portal: "newsru." / 2015. 13. Июль. [Электронный ресурс]. URL: http://www.newsru.com/russia/13jul2015/bednota.html (дата обращения: 14.05.2018).
14. Веллер Михаил. "Подумать только …" Авторская передача. 2016. 16. Окт. [Электронный ресурс]. URL: https://www.youtube.com/watch?v=NO_x4gKrOlI (дата обращения: 14.05.2018).
15. Венедиктов Алексей (ААВ-старший). "Два сущностных отличия." // Радио: "Эхо Москвы." / 2014. 04. Май. [Электронный ресурс]. URL: http://www. (дата обращения: 14.05.2018).
16. Восканян Марине. "Русская ментальность в организационной культуре: алгебра и гармония." 2010. 12. Апр. // Интернет-портал: "Изборский клуб" / [Электронный ресурс]. URL: http://www.dynacon.ru/content/articles/387/ (дата обращения: 02.06.2018).
17. Гайдар Егор. "Государство и эволюция." — М.: Евразия, 1995. — 208 с.
18. Головин Николай. "Военные усилия России в Мировой войне" (Исх. Издание: Париж: Т-во объединённых издателей, 1939). [Электронный ресурс]. URL: http://militera.lib.ru/research/golovnin_nn/index.html (дата обращения: 17.05.2018).
19. Голубев Алексей. "Имя бога должно быть забыто на всей территории СССР." // Журнал: "Diletant". 2013. 15. Май. [Электронный ресурс]. URL: http://www.sclj.ru/massmedia/detail.php?SECTION_ID=371&ELEMENT_ID=5020 (дата обращения: 06.01.2018).
20. Гомзикова Светлана. "Присяжным оставят смертников. Судьбу подозреваемых, которым не грозит высшая мера наказания, будут решать районные судьи." 2012. 10. Нояб. // Интернет-портал: "Свободная пресса" / [Электронный ресурс]. URL: http://svpressa.ru/society/article/60534/ (дата обращения: 02.06.2018).
21. Гонтмахер Евгений. "Крепостное правовое государство. "Дань," "барщина" и "оброк" вернулись в социальную политику под новыми именами." 2016. 14. Июль. // Интернет-портал: "MKRU" / [Электронный ресурс]. URL: http://www.mk.ru/politics/2016/07/14/krepostnoe-pravovoe-gosudarstvo.html (дата обращения: 14.05.2018).
22. Гусейнов Рафаэль, Соколов Борис, Чубайс Игорь. "Адекватно ли отражены в предпраздничной документалистике судьбы советских военнопленных периода начала войны?" / [Беседовал В. Кара-Мурза] // Радио "Свобода". Программа "Грани Времени". 2010. 23. Апр. [Электронный ресурс]. URL: https://www.svoboda.org/a/2023329.html (дата обращения: 02.06.2018).
23. Доктрина информационной безопасности Российской Федерации. 6 декабря 2016 года. [Электронный ресурс]. URL: http://www.scrf.gov.ru/documents/6/5.html (дата обращения: 14.05.2018).
24. Емельянов Николай. "Оценка статистики гонений на Русскую Православную Церковь (1917 - 1952 годы)." 2012. 29. Окт. [Электронный

ресурс]. URL: http://www.goldentime.ru/nbk_31.htm (дата обращения: 02.06.2018).
25. Ермолин Анатолий и др. Передача “Полный Альбац”. / [Беседовала Е. Альбац] // Радиостанция “Эхо Москвы”. 2011. 22. Авг. [Электронный ресурс]. URL: http://echo.msk.ru/programs/albac/804099-echo/ (дата обращения: 20.09.2013).
26. Земельный вопрос в России в 1917 году. Материал из Википедии. [Электронный ресурс]. URL: https://ru.wikipedia.org/ (дата обращения: 02.06.2018).
27. Иноземцев Владислав. Прогрессирующая нерациональность России. 2015. 28. Дек. [Электронный ресурс]. URL: https://snob.ru/selected/entry/102646 (дата обращения: 14.05.2018).
28. Истоки и причины русской революции. // Программа “Уроки истории” / С участием Якова Гордина, Кирилла Александрова, протоиерея Александра Степанова. 2007. 07. Нояб. [Электронный ресурс]. URL: http://grad-petrov.ru/archive.phtml?subj=9&mess=121 (дата обращения: 14.05.2018).
29. Калугин Олег. “Прощай, Лубянка! (XX век глазами очевидцев).” - М.: ПИК-Олимп, 1995. - 352 с. [Электронный ресурс]. URL: http://www. (дата обращения: 14.05.2018).
30. Карамзин Николай. “История государства Российского.” - М.: Эксмо, 2010. - 1024 с.
31. Кирилл, Патриарх. Из выступления Святейшего Патриарха Кирилла на Тюменском форуме Всемирного русского народного собора 21 июня 2014 г. [Электронный ресурс]. URL: http://www.patriarchia.ru/db/text/3676901.html (дата обращения: 17.05.2018).
32. Кировским учителям рекомендовали не использовать Google для служебной переписки. // Интернет-портал: “newsru.” / 2014. 16. Июль [Электронный ресурс]. URL: http://www.newsru.com/russia/16jul2014/google.html (дата обращения: 14.05.2018).
33. Ключевский Василий. “Курс Русской истории, полное издание в одном томе”, Изд-во: Альфа-книга, Москва, 2009. 1198 с.
34. Ковалёв Сергей. “Страна невыученных уроков. Сергей Ковалев обвинил Путина во лжи.” Открытое письмо Сергея Ковалева В.В.ПУТИНУ, президенту РФ; В.Е.ЧУРОВУ, председателю Центральной избирательной комиссии РФ; С.В. ЛАВРОВУ, министру иностранных дел РФ. // Интернет-портал: “Эхо Москвы” / 2008. 25. Февр. [Электронный ресурс]. URL: http://www. (дата обращения: 14.05.2018).
35. Кови Стивен. мл., Меррилл Ребекка. “Скорость доверия.” / Пер с англ. Р. Пискотина, М. Ильин. - М.: Альпина Паблишер, 2012. – 432 с.
36. Козлов Николай. “Жить по правде — это как?” [Электронный ресурс]. URL: http://www.psychologos.ru/ (дата обращения: 14.05.2018).
37. Кончаловский Андрей. Передача “Особое мнение”. / [Беседовала Н. Асадова] // Радио: “Эхо Москвы”. 2011. 14. Окт. [Электронный ресурс].

URL: http://echo.msk.ru/programs/personalno/820359-echo/ (дата обращения: 02.06.2018).
38. Кончаловский Андрей. "Рабство легко, свобода трудна." 2011. 26. Нояб. [Электронный ресурс]. URL: http://www.konchalovsky.ru/blog/2011/11/26/rabstvo-legko-svoboda-trudna/ (дата обращения: 02.06.2018).
39. Коновалов Александр. "Истребители триллионов." // Журнал: "Огонёк". №10. / 2011. 14. Март. (Цит. по [Электронный ресурс]. URL: http://www.kommersant.ru/doc/1597497) (дата обращения: 02.06.2018).
40. Краткий курс истории ВКП(б) (1938). Репринтное воспроизведение стабильного издания 30-40-х годов. - М.: Писатель, 1997. - 230 с. [Электронный ресурс]. URL: http://www.lib.ru/DIALEKTIKA/kr_vkpb.txt (дата обращения: 02.06.2018).
41. Кречетников Артём. "Вой холодной войны." 2011. 18. Мар. [Электронный ресурс]. URL: https://www.bbc.com/russian/russia/2011/03/110316_ussr_jamming (дата обращения: 02.06.2018).
42. Кривякина Елена. "Кто защитит миллионы русских на осколках СССР." // Интервью с демографом Владимиром Тимаковым. / 2016. 21. Нояб. [Электронный ресурс]. URL: http://www.kp.ru/daily/26609/3626671/ (дата обращения: 14.05.2018).
43. Кудрикова Валентина. - Статья Дмитрия Медведева: "Россия – страна правового нигилизма". // Газета: "Труд". №10. // Интернет-портал: "trud.ru". 2008. 23. Янв. [Электронный ресурс]. URL: http://www.trud.ru/article/23-01-2008/125073_dmitrij_medvedev_rossija--strana_pravovogo_nigiliz.html (дата обращения: 02.06.2018).
44. Культ героя: во благо или на зло? – Центр Системных Инициатив. 2017. 17. Сент. [Электронный ресурс]. URL: http://center-si.com/events/kult... (дата обращения: 17.05.2018).
45. Куртуа С., Верт Н., Панне Ж-Л., Пачковский А., Бартошек К., Марголен Ж-Л. "Чёрная книга коммунизма. Преступления, террор, репрессии. 95 миллионов жертв." / пер. с франц. – 2-е изд., испр. – М.: Три века истории. Робер Лаффон, 2001. - 780 с. [Электронный ресурс]. URL: http://www. (дата обращения: 14.05.2018).
46. Лавров Владимир. История "Красного террора." / [Беседовала О. Бычкова] // Телеканал "OnlineTV". 2013. 27. Авг. [Электронный ресурс]. URL: http://www.onlinetv.ru/video/1015/ (дата обращения: 16.02.2014).
47. Мельгунов Сергей. "Красный террор" в России 1918 – 1923. 2-е изд. доп. - М.: СП "PUICO", "P.S.", 1990. - 209 с. [Электронный ресурс]. URL: https://royallib.com/book/melgunov_sergey/krasniy_terror_v_rossii_1918_1923.html (дата обращения: 02.06.2018).
48. Микрюков Василий. "Победа в войне должна быть достигнута еще до первого выстрела." 2016. 15. Янв. [Электронный ресурс]. URL: http://nvo.ng.ru/concepts/2016-01-15/10_infowar.html (дата обращения: 14.05.2018).

49. Минжуренко Александр. “В Совете Федерации не все сумасшедшие. Но все трусы”. 2014. 03. Март. [Электронный ресурс]. URL: http://superomsk.ru/news/28905-aleksandr_minjurenko_prorektor_po_mejdunarodnm_svy/ (дата обращения: 18.05.2018).
50. Млечин Леонид. Передача “Особое мнение”. / [Беседовала О. Журавлева] // Радиостанция “Эхо Москвы”. 2011. 25. Апр. [Электронный ресурс]. URL: http://www.echo.msk.ru/programs/personalno/768886-echo/ (дата обращения: 02.06.2018).
51. Николаев Борис. “Жизнь и труды Г. В. Вернадского” Предисловие к книге Г.В.Вернадского: “Древняя Русь”. 1999 [Электронный ресурс]. URL: http://www.vixri.ru/d/Vernadskij%20G.%20V.%20_Drevnjaja%20Rus.pdf (дата обращения: 18.05.2018).
52. Николаев Игорь. “Инфляция 2012-2016.” // Интернет-портал: “Эхо Москвы”. / 2016. 10. Май [Электронный ресурс]. URL: https://echo.msk.ru/blog/nikolaev_i/1762686-echo/ (дата обращения: 18.05.2018).
53. Нюрнбергский процесс. Сб. материалов. Под ред. К.П. Горшенина и др. - Т. 2. 2-е изд., испр. и доп. - М.: Гос. изд-во юр. лит., 1954. - 1153 с. [Электронный ресурс]. URL: http://nurnbergprozes.narod.ru/022/11.htm (дата обращения: 02.06.2018).
54. Пайпс Ричард. “Русская революция.” В 3-х кн. - Кн. 3. Россия под большевиками. 1918-1924. - М.: Захаров, 2005. - 704 с.
55. Панфилов Олег. “Ложь похоронила СССР, похоронит и Россию.” // Интернет-портал: “Крым.Реалии” / 2014. 04. Май. [Электронный ресурс]. URL: http://ru.krymr.com/content/article/25372155.html (дата обращения: 14.05.2018).
56. Пензев Константин. “Русский Царь Батый.” Изд-во: Алгоритм. 2006. 320 с.
57. Прокина Алена. “Потомок офицера НКВД извинился за деда.” // Интернет-портал: “Комсомольская Правда” / 2016. 25. Нояб. [Электронный ресурс]. URL: http://www.kp.ru/daily/26611/3628352/ (дата обращения: 14.05.2018).
58. Путин Владимир. “Преемников никаких не будет. Будут кандидаты.” // Пресс-конференция Президента РФ Владимира Путина для российских и иностранных журналистов. // Интернет-портал: “Комсомольская Правда” / 2007. 12. Февр. [Электронный ресурс]. URL: https://www.kp.ru/daily/23848.4/62910/ (дата обращения: 02.06.2018).
59. Путин Владимир. “Почему трудно уволить человека.” // Газета: “Русский пионер”. №9. / 2009. 28. Май. (Цит. по: [Электронный ресурс]. URL: http://litcey.ru/informatika/39848/index.html (дата обращения: 02.06.2018).
60. Радзиховский Леонид. Передача “Особое мнение”. / [Беседовал С. Бунтман] // Радиостанция “Эхо Москвы”. 2009. 06. Февр. [Электронный ресурс]. URL: http://echo.msk.ru/programs/personalno/570700-echo/ (дата обращения: 02.06.2018).

61. Радзиховский Леонид. Передача "Особое мнение". / [Беседовала А. Гребнева] // Радиостанция "Эхо Москвы". 2009. 20. Мар. [Электронный ресурс]. URL: http://www.echo.msk.ru/programs/personalno/579857-echo/ (дата обращения: 17.09.2013).
62. Ремчуков Константин. Передача "Особое мнение". / [Беседовала М. Королева] // Радиостанция "Эхо Москвы". 2011. 18. Апр. [Электронный ресурс]. URL: http://echo.msk.ru/pda/programs/personalno/766896-echo/text.html (дата обращения: 23.09.2013).
63. Ремчуков Константин. Передача "Особое мнение". / [Беседовала О. Бычкова] // Радиостанция "Эхо Москвы". 2012. 04. Июнь. [Электронный ресурс]. URL: http://echo.msk.ru/programs/personalno/895333-echo/ (дата обращения: 02.06.2018).
64. Ремчуков Константин. "Старый миф "Путин - это стабильность" - разрушен. Рождается новый миф: "Путин - защитник русских"" 2015. 16. Мар. [Электронный ресурс]. URL: http://www.ng.ru/politics/2015-03-16/100_echo160315.html (дата обращения: 14.05.2018).
65. Ремчуков Константин. "О чекистократии, сокращении радиуса доверия и страхе утратить власть." 2016. 28. Июль. [Электронный ресурс]. URL: http://www.ng.ru/politics/2016-07-28/100_chtkistokratia.html (дата обращения: 18.05.2018).
66. Седакова Ольга. "О феномене советского человека." / [Беседовала Е. Кудрявцева] // журнал: "Огонёк" (№ 2). 2011. Январь. [Электронный ресурс]. URL: http://www.olgasedakova.com/interview/903 (дата обращения: 02.06.2018).
67. Слиска Любовь. Передача "Без дураков". / [Беседовал С. Корзун] // Радиостанция "Эхо Москвы". 2012. 18. Июнь. [Электронный ресурс]. URL: http://echo.msk.ru/programs/korzun/899010-echo/ (дата обращения: 02.06.2018).
68. Смирнов Дмитрий. "Я тоже желаю себе выйти на пенсию. Когда время придёт." // Интернет-портал: "Комсомольская Правда" / 2016. 27. Окт. [Электронный ресурс]. URL: http://www.kp.ru/daily/26600.4/3616049 (дата обращения: 14.05.2018).
69. Смолин Михаил. "Письма к Русской нации - Имперское мышление и имперский национализм М.О.Меньшикова." 2005 [Электронный ресурс]. URL: http://www.russdom.ru/oldsayte/mom/m5/m500.html (дата обращения: 14.05.2018).
70. Соколов Борис. "Частное против честного." // Internet Portal: Grani.ru / 2009. 09. Окт. [Электронный ресурс]. URL: http://grani.ru/Politics/Russia/m.160407.html (дата обращения: 02.06.2018).
71. Соколов Дмитрий. "К 90-летию декрета "О красном терроре"." 2008. 03. Сент. [Электронный ресурс]. URL: http://www.epochtimes.ru/content/view/19251/34/ (дата обращения: 02.06.2018).
72. Солженицын Александр. "Красное колесо. Узел 4. Апрель Семнадцатого." - Кн. 2. 1991. - 568 с. // Узел XX – весна двадцать второго.

[Электронный ресурс]. URL: https://www.litres.ru/aleksandr-isaevich-solzhenicyn/krasnoe-koleso-uzel-4-aprel-semnadcatogo-kniga-2/ (дата обращения: 17.05.2018).
73. Соловьёв Владимир. "Путин. Путеводитель для неравнодушных." - М.: Эксмо, 2008. - 416 с.
74. Соловьёв Сергей. "История России с древнейших времён." - М.: Эксмо, 2010. - 1024 с.
75. Солоневич Иван. "Народная монархия. История проблем русского народа." – М.: Римис, 1973. - 710 с.
76. Степанов Георгий. "В чем причина аполитичности россиян?" // Корреспондент БиБиСи побеседовал с Российскими экспертами в области социологии и психологии. / 2008. 24 февр. [Электронный ресурс]. URL: http://news.bbc.co.uk/hi/russian/russia/newsid_7261000/7261822.stm (дата обращения: 14.05.2018).
77. Стешин Дмитрий. "Не будите в своих предках палачей и жертв. Иначе 37-й год вернется." // Интернет-портал: "Комсомольская Правда" / 2016. 04. Янв. [Электронный ресурс]. URL: http://www.kp.ru/daily/26615.7/3632489/ (дата обращения: 14.05.2018).
78. Тайбаков Алексей. "Преступная субкультура." 2001. - 93 с. [Электронный ресурс]. URL: http://ecsocman.hse.ru/data/040/900/1216/014_tajbakov.pdf (дата обращения: 02.06.2018).
79. Тернон Ив. "Размышления о геноциде." 1999 // Институт прав человека. [Электронный ресурс]. URL: http://www.hrights.ru/ (дата обращения: 01.06.2018).
80. Троицкий Артёмий. Передача "Особое мнение". / [Беседовала О. Журавлева] // Радиостанция "Эхо Москвы". 2009. 25. Март. [Электронный ресурс]. URL: http://www.echo.msk.ru/programs/personalno/580887-echo/ (дата обращения: 02.06.2018).
81. Туровский Владимир. "Жемчужины мысли." [Электронный ресурс]. URL: http://www.inpearls.ru/comments/21793 (дата обращения: 18.05.2018).
82. Усенко Алена. "179 млрд. долларов – такова на сегодня цена для России за аннексию Крыма." 2014 . 09. Апр. [Электронный ресурс]. URL: http://www.profi-forex.org/novosti-rossii/entry1008207123.html (дата обращения: 18.05.2018).
83. Усков Николай. "Неизвестная Россия. История, которая вас удивит." // Серия "Русский путь." Эксмо; Москва; 2014. 330 с.
84. Участие России в войнах. // Интернет-портал: "http://federacia.ru/encyclopaedia/". [Электронный ресурс]. URL: http://federacia.ru/encyclopaedia/war/ (дата обращения: 17.05.2018).
85. Федотов Георгий. "Судьба и грехи России." - Т. 2. - Спб.: София, 1992. // Электронная библиотека RoyalLib / [Электронный ресурс]. URL:

https://royallib.com/book/fedotov_georgiy/sudba_i_grehi_rossii.html (дата обращения: 02.06.2018).
86. Филимошин Михаил. “Людские потери вооружённых сил СССР.” / Советские военнопленные во время Великой Отечественной войны. 1999 / [Электронный ресурс]. URL: https://www.e-reading.club/book.php?book=134828 (дата обращения: 02.06.2018).
87. Форбс составил рейтинг самых богатых бизнесменов России. 2018. 19. Апр. // Интернет-портал журнала: “Форбс”. / [Электронный ресурс]. URL: https://politexpert.net/101951-forbes-sostavil-reiting-samykh-bogatykh-biznesmenov-rossii (дата обращения: 17.05.2018).
88. Хольм Керстин. “Мои 22 года в России.” 2013. 11. Дек. [Электронный ресурс]. URL: http://www.colta.ru/articles/society/1478 (дата обращения: 14.05.2018).
89. Цветков Иван. “Категории “негативной” и “позитивной” свободы в российских описаниях американской повседневности.” 2010. 14. Окт. / Сборник: Америка и мир: история и современность. - СПб.: Изд-во СПбГУ, 2006. - с. 122-138. (Цит. по: [Электронный ресурс]. URL: http://ushistory.ru/stati/18-freedom.html) (дата обращения: 02.06.2018).
90. Шамбаров Валерий. “Польская война.” 2015. 26. Май [Электронный ресурс]. URL: http://www.zavtra.ru/content/view/polskaya-vojna/ (дата обращения: 14.05.2018).
91. Шароградский Андрей. “Журналист для Путина – что шпион.” 2018. 02 Февр. [Электронный ресурс]. URL: https://www.svoboda.org/a/29011575.html (дата обращения: 14.05.2018).
92. Шевченко Дарина. “Мне стало очень стыдно.” // Интернет-портал: “Радио Свобода” / 2017. 03. Апр. [Электронный ресурс]. URL: http://www.svoboda.org/a/28406880.html (дата обращения: 03.09.2017).
93. Шевченко Максим. Передача “Особое мнение”. / [Беседовала Т. Фельгенгауэр] // 2013. 02. Май. [Электронный ресурс]. Радиостанция “Эхо Москвы”. URL: http://echo.msk.ru/pda/programs/personalno/1064986-echo/text.html (дата обращения: 20.09.2013).
94. Шейнис Виктор, Бунин Игорь. “Новый застой в политической жизни нашей страны скорее сохранит Россию или скорее разрушит?” Программа: “Осторожно, история”. / [Беседовали В. Рыжков, В. Дымарский] // Радиостанция “Эхо Москвы”. 2010. 11. Июль. [Электронный ресурс]. URL: http://echo.msk.ru/pda/programs/att-history/693922-echo/text.html (дата обращения: 20.09.2013).
95. Шохин Александр. “Еще раз об инновациях и модернизации.” // Газета: “Известия”. 2010. 23. Март. [Электронный ресурс]. URL: http://izvestia.ru/news/359814 (дата обращения: 02.06.2018).
96. Эдельман Ольга. “Легенды и мифы Советского Союза.” 1999. 15. Май. [Электронный ресурс]. URL: http://www.ruthenia.ru/logos/number/1999_05/1999_5_15.htm (дата обращения: 02.06.2018).

97. Экономику России ведут в тупик ее собственные граждане... // Интернет-портал: “Newsru.com”. 2013. 07. Февр. [Электронный ресурс]. URL: http://www.newsru.com/finance/07feb2013/doverie.html (дата обращения: 02.06.2018).
98. Элдер Мириам. “Предупредительный выстрел Владимира Путина в сторону либералов: в обществе должен быть порядок.” 2010. 17. Дек. [Электронный ресурс]. URL: https://inosmi.ru/politic/20101217/164998145.html (дата обращения: 18.05.2018).
99. Эш Люси. “Военная хитрость России: от Куликова поля до Крыма.” 2015. 15. Янв. [Электронный ресурс]. http://www.bbc.co.uk/russian/international/2015/01/150130_russian_deception_strategy_ash (дата обращения: 14.05.2018).
100. Юрасова Татьяна. “Мытищи-гейт. 68 председателей избиркомов в одном только подмосковном городе переписали результаты выборов. Представляем доказательства.” 2016. 04. Февр. [Электронный ресурс]. URL: https://www.novayagazeta.ru/articles/2016/12/04/70762-kak-na-samom-dele-proshli-vybory-v-moskovskoy-oblasti (дата обращения: 14.05.2018).
101. Ясин Евгений. и др. “Российские мифы - старые и новые.” 2009. 31. Май. // Круглый стол в Фонде “Либеральная миссия”. Discussion. 2009. 31. Май. [Электронный ресурс]. URL: http://www.liberal.ru/articles/4270 (дата обращения: 02.06.2018).

www.ingramcontent.com/pod-product-compliance
Lightning Source LLC
Chambersburg PA
CBHW080046280326
41934CB00014B/3232